TOEFL
für Dummies

TOEFL für Dummies – Schummelseite

Wichtige Adressen und Nummern

Folgende Adressen und Nummern sollten Sie zur Hand haben, wenn Sie Informationen zum TOEFL benötigen:

Für die Vereinigten Staaten:

E-Mail:	toefl@ets.org
Internet:	http://www.toefl.org
Telefon:	001-609-771-7100 (Montag bis Freitag von 8.30 bis 21.30 Uhr, New York Time)
Fax:	001-609-771-7500
Postanschrift:	TOEFL/TSE Services
	P.O. Box 6151
	Princeton, NJ, 08541-615
	USA

Bei Fragen zum Test wenden Sie sich an:

ETS Test Security Office   Tel: 001-609-406-5430
(Montag bis Freitag von 7.30 bis 17.30 Uhr, New York Time)

Fax:	001-609-406-9709
E.Mail:	TSReturns@ets.org

Für Deutschland, Österreich und die Schweiz:

Postanschrift:	Thomson Prometric
	Attn: PTC Group Registrations Europe
	P.O. Box 2024
	8203 AA Lelystad
	Niederlande
Telefon:	0031-320-239540
Fax:	0031-320-239541
E-Mail:	groupreg.emea@prometric.com

Allgemeine Hinweise

- ✔ Der TOEFL wird am Computer geschrieben. (Nur in wenigen Ländern wird er noch in der Bleistift-Papier-Form angeboten.)

- ✔ Sie brauchen keine speziellen Computer-kenntnisse, um am TOEFL teilzunehmen. Vor Beginn des Tests werden Sie mit den für den Test notwendigen Kenntnissen im Umgang mit dem Computer vertraut gemacht.

- ✔ Die Zeit, die Ihnen für jeden Abschnitt des Tests zur Verfügung steht, und der Ablauf wird am oberen Rand des Computerbildschirms angezeigt. Sie können die Uhr aber auch abstellen, wenn Sie der Countdown nervös macht.

- ✔ Sie können eine Frage nicht überspringen und später wieder darauf zurückkommen, um die Frage zu beantworten oder zu ändern (außer im Abschnitt Leseverständnis).

- ✔ Beim TOEFL werden für eine falsche Antwort keine Punkte abgezogen.

- ✔ Die höchste Punktzahl beim TOEFL beträgt 300.

Tipps zum Hörverständnis

- ✔ Sie hören Monologe (von einer Person) oder Unterhaltungen zwischen zwei Personen.

- ✔ Sie verwenden Kopfhörer und stellen vor Beginn des Tests die gewünschte Lautstärke ein.

- ✔ Die Fragen und die zur Auswahl stehenden Antworten erscheinen auf dem Bildschirm erst, wenn der Sprecher seine Rede beendet hat.

- ✔ Sie dürfen keine Notizen zum Gehörten machen.

- ✔ Achten Sie besonders auf Worte der Zustimmung oder des Nicht-Einverstanden-Seins.

- ✔ Lassen Sie sich nicht von Worten aufhalten oder ablenken, die Sie nicht kennen.

- ✔ Eine von zwei Antworten, die genau das Gegenteil behaupten, ist meist richtig.

- ✔ Wenn zwei Antworten ähnlich klingen, dann ist eine davon oft richtig (und die andere falsch, Vorsicht Falle!)

- ✔ Hören Sie genau hin. Sie können es kein zweites Mal abspielen.

TOEFL für Dummies – Schummelseite

Tipps zum Satzbau

✔ Dieser Abschnitt beinhaltet zwei Fragetypen: Sprachgebrauch und Satzergänzung. Die beiden Typen werden in diesem Abschnitt in unregelmäßiger Reihenfolge verwendet: So kann auf eine Frage zum Sprachgebrauch eine zur Satzergänzung folgen, dann eine weitere zum Sprachgebrauch und so weiter.

✔ Fragen zum Sprachgebrauch bestehen aus einem Satz mit vier unterstrichenen Satzteilen. Klicken Sie auf den unterstrichenen Satzteil, der geändert werden muss, damit der Satz korrekt ist.

✔ Zu den häufig gemachten Fehlern bei den Fragen zum Sprachgebrauch gehören die Übereinstimmung von Subjekt/Verb, Präpositionen, Sprachstil (die falsche Verwendung von Wörtern) und die doppelte Verneinung. (Im vierten Kapitel werden diese Fehler ausführlich dargestellt.)

✔ Achten Sie darauf, dass Sie die Fehler beim Lesen des Satzes nicht automatisch korrigieren und deshalb glauben, dass der Satz so, wie er dasteht, richtig ist. In jedem Satz ist ein Fehler enthalten.

✔ Fragen zur Satzergänzung bestehen aus einem Satz mit einer oder zwei Leerstellen. Klicken Sie diejenige Antwort an, die den Satz korrekt ergänzt.

✔ Wenn möglich sollten Sie die fehlenden Wörter selbst vorhersagen, bevor Sie die Antworten lesen. Sie sollten zumindest vorher überlegen, ob die Leerstelle ein »gutes« (positives) oder »schlechtes« Wort verlangt.

✔ Lesen Sie den ganzen Satz mit der eingefügten Antwort noch einmal durch, um sicher zu sein, dass er auch einen Sinn ergibt.

✔ Halten Sie Ausschau nach Wörtern wie although, despite, because und moreover, da diese den Sinn eines Satzes verändern können.

✔ Sehen Sie sich die Sätze aufmerksam an. Sie können nachträglich keine Änderungen vornehmen.

Tipps zum Leseverständnis

✔ Dieser Abschnitt enthält fünf Textpassagen mit 11 bis 14 Fragen zu jeder Passage.

✔ Nur im Abschnitt Leseverständnis haben Sie die Möglichkeit, eine Frage auszulassen, um eventuell später darauf zurückzukommen.

✔ Der Text ist immer auf dem Bildschirm angezeigt. Sie können ihn auf- und abbewegen, um ihn so oft zu lesen, wie Sie wollen.

✔ Bei den Texten kann es sich um Themen aus der Wissenschaft, den Geisteswissenschaften (Kunst, Musik, Literatur, Menschen), (ganz selten) aus Romanen oder die Wiedergabe einer persönlichen Meinung handeln.

✔ Typische Fragen verlangen eine Antwort darauf, wie Ausdrücke verwendet werden, worauf sich ein Pronomen bezieht, welcher Schluss gezogen oder welche Andeutung gemeint sein könnte, wie die Textstelle aufgebaut ist, wo zusätzliche Informationen im Text untergebracht werden können, wie eine Zeichnung zu verstehen ist, womit sich der Text hauptsächlich beschäftigt, welchen Zweck die Aussage verfolgt, welche Information im Text nicht vorkam, oder sie fragen nach einem bestimmten Detail oder Sachverhalt.

Tipps zum Aufsatz

✔ Sie können den Aufsatz entweder am Computer verfassen oder auf Papier, das Ihnen von der Aufsicht zur Verfügung gestellt wird, niederschreiben. (Bringen Sie Ihren eigenen Bleistift und Radiergummi mit, wenn Sie vorhaben, den Aufsatz von Hand zu schreiben.) Sie haben dafür 30 Minuten Zeit.

✔ Das Ergebnis kann zwischen 1 (am niedrigsten) und 6 liegen.

✔ Beziehen Sie sich bei der Antwort auf die Frage. Es gibt keine »richtigen« und »falschen« Antworten, aber vage Verallgemeinerungen, die das Ergebnis negativ beeinflussen können.

✔ Untermauern Sie Ihre Antwort mit Beispielen, Zitaten und kleinen Geschichten. (Diese müssen nicht immer ganz wahr sein!)

✔ Kontrollieren Sie lieber zweimal die Grammatik und den richtigen Gebrauch von Wörtern. In den Fällen, wo Sie sich darüber nicht ganz sicher sind, sollten Sie etwas anderes verwenden.

✔ Trachten Sie danach, dass sich Ihr Aufsatz von anderen hervorhebt, indem Sie Ihre Sätze abwechslungsreich gestalten.

Suzee Vlk

TOEFL
für Dummies

Ihr Sprungbrett in die USA

Übersetzung aus dem
Amerikanischen von
Ingrid O'Connor

Bibliografische Information Der Deutschen Bibliothek
Die Deutsche Bibliothek verzeichnet diese Publikation
in der Deutschen Nationalbibliografie;
detaillierte bibliografische Daten sind im Internet über
<http://dnb.ddb.de> abrufbar.

ISBN 3-8266-2939-6
1. Auflage 2001
Korrigierter Nachdruck 2003

Übersetzung der amerikanischen Originalausgabe:
Suzee Vlk: TOEFL For Dummies

Printed in Germany

Inhaltsverzeichnis

Teil IV
Der Abschnitt Satzbau und Schreiben

Kapitel 5
Eine Leerstelle: Satzergänzung

Kapitel 6
Spielen Sie den Satz zu Ende: Übungen zur Satzergänzung   *107*

Kapitel 7
Die Übung macht den Meister: Aufgaben zum Sprachgebrauch   *113*

Kapitel 8
Beweisen Sie, was Sie können: Fragen zum Sprachgebrauch   *121*

Einführung

Herzlich Willkommen bei *TOEFL für Dummies*. Nehmen Sie den Titel bitte nicht persönlich. Sie sind nicht dumm, Sie sind nur normal. Leider können ganz normale Menschen bei diesem Test ganz schön ins Schwitzen kommen. Ich habe in den mehr als zwanzig Jahren, in denen ich mich mit dem TOEFL herumschlage, gelernt, dass dieser Ihre Geduld ganz schön auf die Probe stellen und Ihr Hirn ausdörren kann. Wenn Sie die schlechte Nachricht erhalten haben, dass Sie nur mit einem Nachweis des TOEFLs Kurse an einem College oder an einer Universität in den USA belegen können, dann bleiben Sie ganz ruhig, greifen Sie zu diesem Buch und arbeiten Sie es Schritt für Schritt durch.

Dieses Buch wird bei der Vorbereitung auf den Test eine wertvolle Hilfe sein, Sie nicht im Stich lassen, Ihnen die Angst nehmen und Sie auf schnellstmögliche Art und Weise zum Ziel führen. Mir ist klar, dass Sie so schnell wie möglich wieder zu einem normalen Leben zurückkehren möchten. Ziel dieses Buches ist es, Ihnen dabei behilflich zu sein, das zu lernen, was Sie brauchen, um den TOEFL erfolgreich meistern zu können – nicht mehr und nicht weniger. Ich verzichte darauf, Sie mit Informationen zu bombardieren, die nur dazu da sind, um Sie zu beeindrucken. Ich habe auch alle unnötigen Kommentare weggelassen, deren Zweck nur wäre, das Buch zum dicksten auf dem Markt zu machen. Wenn Sie schon unbedingt einen Türstopper brauchen, dann greifen Sie doch lieber zum Telefonbuch. Wenn Sie auf der Suche nach einer schnellen und einfachen Vorbereitungshilfe auf den TOEFL sind, dann halten Sie das richtige Instrument hierfür in der Hand.

Warum Sie dieses Buch brauchen

Wahrscheinlich kommen Sie um den TOEFL nicht herum, wenn Sie ein College oder eine Universität in den Vereinigten Staaten besuchen möchten. Immer mehr Schulen verlangen den Test, um sich ein Bild davon machen zu können, wie gut die Englischkenntnisse von Studenten aus dem Ausland sind. So ist zum Beispiel die Note A in Englisch an der Intelligenzbolzen-Universität in einem Land nicht gleichzusetzen mit einem A, das am Fröhlichen Mittelmaßcollege in einem anderen Land erlangt wurde. Schulen benötigen standardisierte Methoden, anhand derer sich der Wissensstand von Studenten vergleichen lässt. Auch wenn Sie es kaum glauben können, so ist das nur zu Ihrem Vorteil. Wenn Sie in der Schule ein wenig versagt haben und in Englisch nur »3« oder »4« schafften, dann beweisen gute Ergebnisse beim TOEFL, dass Sie trotzdem kein Dummkopf sind, und Sie werden von den Universitäten akzeptiert, die Sie anhand Ihrer Noten allein nicht aufnehmen würden.

Ich zeige Ihnen in *TOEFL für Dummies*, wie Sie sich einer Frage nähern und herausfinden, was wirklich dahinter steckt (nein, es ist tatsächlich immer ein »Sinn im Unsinn« zu finden, ein Grund dafür, warum jede Frage seine Berechtigung hat). Ich weise besonders auf die Stellen hin, die sich anhand meiner langjährigen Erfahrung als Unterrichtende für die Vorbereitung auf den TOEFL als diejenigen herausgestellt haben, die den Schülern besonders viele Schwierigkeiten bereiten. In diesem Buch werden auch die Grundlagen der englischen Sprache (wie etwa Grammatikregeln) wiederholt, und ich werde auch ab und zu einen Witz einstreuen, damit das Erlernen dieses Stoffs so angenehm wie möglich ist.

Wie Sie das meiste aus diesem Buch herausholen

Wenn Sie das Buch nur als Türstopper oder als Sitzunterlage für ein Kleinkind verwenden, werden Sie sein Potential sicherlich nicht ausschöpfen. Ich schlage Ihnen diese beiden Alternativen vor:

✔ **Verbessern Sie Ihre Kenntnisse.** Schlagen Sie in bestimmten Abschnitten nach, wenn Sie spezielle Informationen und Hilfe suchen. Die Organisation des Buches macht es Ihnen leicht, die Seiten zu finden, auf denen diejenigen Grammatikregeln stehen, mit denen Sie immer schon Schwierigkeiten haben, auf denen Vorschläge stehen, wie Sie Fragen zum Leseverständnis beantworten können (manchmal brauchen Sie hierfür nicht einmal den ganzen Abschnitt zu lesen), und Tipps finden, wie Sie intelligent raten können. Wenn Sie bereits mit der Materie vertraut sind (weil Sie es an der Schule bereits gelernt haben oder eine Erklärung für gewisse Regeln suchen) und nur ein wenig Nachhilfe benötigen, dann können Sie sich auf diese Abschnitte im Buch beschränken.

✔ **Sie gehören zu den Anfängern.** In diesem Fall beginnen Sie auf der ersten Seite und arbeiten das Buch von vorne nach hinten durch. Mir wäre es am liebsten, wenn Sie das Buch so lesen. Egal wie gut Sie in einem bestimmten Teil abschneiden, Sie können immer noch besser werden. Es wird immer wieder der Fehler gemacht, dass nur an den Schwachstellen gearbeitet wird. Die Punkte, die Sie in den leichteren Abschnitten erzielen, sind genau so viel wert wie die Punkte, die Sie sich unter Seufzen und Stöhnen, Schweiß und Flüchen in den schwierigeren Abschnitten erarbeiten. Wenn Sie die Zeit haben, dann tun Sie sich den Gefallen, dieses Buch von vorne bis hinten zu lesen. Außerdem möchten Sie sicherlich keinen meiner Witze verpassen, oder?

TOEFL für Dummies ist einfach und direkt geschrieben, so dass es auch für die Opfer – ich meine Studenten –, die das erste Mal mit dem Test zu tun haben, leicht nachvollziehbar ist. Sie können sich mit diesem Buch so gut auf den Test vorbereiten, dass Sie ihn bereits beim ersten Mal bestehen. Es ist aber auch umfassend und schwierig genug, dass für die Fortgeschrittenen unter Ihnen noch genügend wertvolle Informationen enthalten sind, die Ihnen zu wahrhaft ausgezeichneten Ergebnissen verhelfen.

Damit Sie sich besser und schneller im Buch zurechtfinden, habe ich einige Abschnitte mit Icons versehen, die Sie auf die wichtigsten Dinge hinweisen. Die Icons sehen so aus:

 Wenn Sie dieses Zeichen sehen, sollten sich Ihre Antennen ausfahren und sehr aufmerksam lesen. Wichtige Dinge werden Ihnen mitgeteilt!

 Dieses Zeichen macht Sie auf Tipps aufmerksam, die Ihnen den Test erleichtern sollen. Diese Hinweise allein sind schon den Preis des Buches wert. Glauben Sie mir das ruhig.

 Obwohl der TOEFL nicht so viele Fallen wie andere standardisierte Tests enthält (GMAT oder GRE zum Beispiel), so gibt es auch hier trickreiche Fragen. Dieses Icon macht Sie darauf aufmerksam, was passieren kann, wenn Sie über eine Frage nicht lange genug nachdenken. Lernen Sie, ein Problem vorauszusehen, und Sie werden überrascht sein, wie leicht der TOEFL zu bezwingen ist.

 Dieses Zeichen weist auf Probleme hin, die so im Buch und auch im Test vorkommen könnten.

Wenn Sie dieses Icon sehen, sollten Sie zur CD greifen, die diesem Buch beiliegt. Im Text erfahren Sie, welche Spur auf der CD Sie aufrufen sollen.

Die Verwendung der CD in diesem Buch

Dieses Buch enthält in Kapitel 3, 13 und 15 Abschnitte mit Übungen zum Hör- und Leseverständnis. Deshalb liegt diesem Buch auch eine CD bei, die Sie abspielen, wenn Sie bei einer dieser Übungen angelangt sind. Die CD befindet sich im hinteren Buchumschlag. Legen Sie diese in Ihren CD-Player und stellen Sie auf Aufforderung die entsprechende Spur ein.

Sorry, aber ich habe auch andere Dinge zu tun: Wer hat für so was Zeit?

Sie gehen zur Schule oder zur Arbeit (oder beides!), machen Sport oder haben andere Hobbys, Verpflichtungen Ihrer Familie gegenüber und – natürlich – auch ein Sozialleben (zumindest manchmal). Wo sollen Sie hier auch noch die Vorbereitung auf einen TOEFL unterbringen?

Der Zeitaufwand für die einzelnen Abschnitte

Die Anschaffung des Buches war eine ausgezeichnete Entscheidung. (Na gut, Ihr Mitbewohner, Ehegatte oder Freund hat es gekauft und Ihnen mit der gemeinen Bemerkung »Du kannst alle Hilfe gebrauchen« zugeworfen. Was soll's.) Wie viel Zeit sollte es in Anspruch nehmen, sich durch dieses Buch durchzuarbeiten? Ich schlage 20 Stunden vor.

Jeder Teilbereich (Satzbau, Hörverständnis, Leseverständnis und Schreiben) enthält eine Erklärung dessen, was erwartet wird, zuzüglich Tipps für die Beantwortung. Jeder Erklärung folgt ein Kapitel mit Fragen, anhand derer getestet wird, was Sie zuvor gelernt haben. In meinen detaillierten Antworten werden die Fehler aufgezeigt, die Sie hätten machen können (die Fallen, in die Sie vielleicht getappt wären!), und die Tipps genannt, die Sie hätten verwenden können, um diese Fehler zu vermeiden. Sie werden bemerken, dass Sie nur in dem Abschnitt Leseverständnis Fragen überspringen können. In den anderen Abschnitten müssen Sie alles beantworten, bevor Sie zur nächsten Frage gehen können. Ich sage Ihnen, wie Sie erkennen, bei welchen Fragen Sie nur raten sollten, und welche es wert sind, länger darüber nachzudenken. Jeder Abschnitt, einschließlich der Fragen, sollte etwa zwei Stunden in Anspruch nehmen.

So viel Zeit sollten Sie sich für die praktische Prüfung beim TOEFL schon nehmen

Am Ende des Buchs finden Sie zwei Übungen, anhand derer Sie Ihre Kenntnisse prüfen können.

 Die Zeit, die Sie für diese Tests benötigen, kann leicht unterschiedlich sein. Die Ihnen hierfür zur Verfügung gestellte Zeit erlaubt Ihnen für den Satzbau 60 Minuten, Hörverständnis 60 Minuten und Leseverständnis 90 Minuten. Für den Aufsatz stehen Ihnen 30 Minuten zur Verfügung. Insgesamt haben Sie für den Test also vier Stunden Zeit.

Planen Sie auch 90 Minuten für die Kontrolle Ihrer Arbeit ein. Dieser Vorschlag meint nicht, dass ich kein Vertrauen in Ihre Leistungen habe. (Wo ich doch für jeden, der dieses Buch kauft, voller Bewunderung bin!) Ich meine damit auch nicht, dass Sie Fragen falsch verstanden haben könnten. Sie brauchen diese Zeit, weil ich Ihnen empfehle, die Erklärung für *alle* Antworten anzusehen, einschließlich derjenigen, die auch Ihre richtigen Antworten erklären. Die Erklärung der Antworten ist eine gute Wiederholung des gelernten Stoffs. Sogar wenn Sie die Frage richtig beantwortet haben, kann die Erklärung einen Hinweis darauf enthalten, wie Sie anders vorgehen und dadurch vielleicht Zeit gewinnen können. Oder es ist die Wiederholung eines Stoffs, den Sie schon wieder vergessen haben. Ich gehe daher großzügig mit der Zeit um, wenn ich vorschlage, dass Sie für den Test und die Wiederholung fünfeinhalb Stunden einplanen. Nachfolgende Tabelle ist ein Vorschlag für eine sinnvolle Zeiteinteilung.

Art der Tätigkeit	Beanspruchte Zeit
4 Abschnitte, jeweils 2 Stunden	8 Stunden
2 Tests, jeweils 5 ½ Stunden (einschließlich der Wiederholung)	11 Stunden
1 Grammatikwiederholung	1 Stunde
Zeit, in der Sie sich über die Witze der Autorin schlapp lachen	5 Minuten
Zeit, die Sie dafür aufwenden, einen Brief an das Lektorat über die lauen Witze der Autorin zu schreiben	5 Minuten
Gesamtzeit	*20 Stunden, 10 Minuten*

Niemand erwartet von Ihnen natürlich, dass Sie das ganze Buch von vorne bis hinten in einem Stück durcharbeiten. Jeder Bereich ist in sich selbst abgeschlossen. Die Erklärung der Antworten frischt vielleicht Dinge wieder auf, die Sie in anderen Kapiteln bereits gelernt haben. Das ist gut so, denn jede Wiederholung ist gut für das Erlernen und das Behalten von Informationen. Sie können aber auch jeden Themenbereich für sich alleine durcharbeiten.

Sind Sie bereit? Blöde Frage. Sie haben sich damit abgefunden, dass Sie den TOEFL machen müssen, Sie haben keine andere Wahl. Dann ist es doch besser, wenn Sie das Lernen mit so viel Spaß wie möglich verbinden. Atmen Sie tief durch, blättern Sie um, und los geht's.

Das 10-Tage-TOEFL-Immersions-Programm

Sie haben nur ein paar Tage Zeit, um sich auf den Test vorzubereiten? Dann habe ich genau das Richtige für Sie: das 10-Tage-TOEFL-Immersions-Programm. Folgen Sie meinem nachfolgenden Programm, wenn Sie in kürzester Zeit (etwa zwei Stunden Lernzeit pro Tag) den größten Nutzen erzielen möchten:

1. Tag: Beschäftigen Sie sich mit den Grammatikregeln in Kapitel 4.

2. Tag: Lesen Sie den Abschnitt über die Satzergänzung und beantworten Sie die Übungsfragen in Kapitel 6 und 8.

3. Tag: Lesen Sie den Abschnitt über die Schreibfertigkeit.

4. Tag: Verfassen Sie zwei Aufsätze. Die Themen entnehmen Sie Kapitel 10.

5. Tag: Lesen Sie den Abschnitt zum Leseverständnis (Kapitel 11).

6. Tag: Machen Sie die Übungsaufgaben in Kapitel 12.

7. Tag: Lesen Sie den Abschnitt zum Hörverständnis in Kapitel 2.

8. Tag: Machen Sie die Übungsaufgaben in Kapitel 3.

9. Tag: Machen Sie den Abschnitt Satzbau und Schreibfähigkeit in der praktischen Prüfung 1.

10. Tag: Machen Sie den Abschnitt Hörverständnis und Leseverständnis in der praktischen Prüfung 1.

Teil I

Aus der Vogelperspektive betrachtet: Worum geht es beim TOEFL überhaupt?

In diesem Teil ...

Mir ist schon klar, dass der einzige Blick von oben, den Sie auf den TOEFL haben möchten, von der Kabine eines Flugzeugs aus sein sollte, das Sie ganz weit fort von diesem Test trägt. Nutzen Sie die Informationen, die dieses Buch bietet, und Sie werden den TOEFL bezwingen, die Aufnahme in eine Universität erreichen und einen tollen Job finden – um sich dann Ihren Privatjet zu kaufen und ganz niedrig über das Gebäude zu fliegen, in dem sich der Studienberater verschanzt hat, der Ihnen einmal die Auskunft gab, dass es für Sie die beste Möglichkeit wäre, viel Geld zu haben, wenn Sie reich heiraten. Hey, das könnte man doch wirklich ins Visier nehmen (das Ziel, nicht den Berater!).

Sie können es wahrscheinlich kaum noch erwarten, mit der Vorbereitung auf den TOEFL zu beginnen (Ha! Hier ist wohl eher der Wunsch der Vater des Gedankens!). Nehmen Sie sich aber dennoch die Zeit, das Einleitungskapitel zu lesen. Je mehr Informationen Sie vorher über Ihren Feind sammeln können, desto besser sind Sie auf die Schlacht vorbereitet.

Blicken Sie Ihrem Feind ins Gesicht: Wie Sie sich den TOEFL vorstellen müssen

1

In diesem Kapitel

▶ Machen Sie sich mit dem TOEFL bekannt

▶ Benutzen Sie für den Test einen Computer

▶ Machen Sie sich damit vertraut, wie ein TOEFL aussieht

▶ Das Überblättern von Testfragen

▶ Die Bewertung des Tests

▶ Was nehmen Sie mit zum Test und was nicht

▶ Wie Sie mit besonderen Umständen umgehen

▶ Wiederholen Sie das Gelernte

---

*L*egen Sie Ihren Bleistift zur Seite und schnappen Sie sich die Tastatur: Der TOEFL findet jetzt fast ausschließlich auf der Hightech-Ebene statt. In den meisten Ländern haben Bleistift und Papier ausgedient; sie wurden durch einen Computer ersetzt.

Was unter TOEFL zu verstehen ist

TOEFL ist die Abkürzung für *Test of English as a Foreign Language*. Es handelt sich dabei um ein standardisiertes Examen im Multiple-Choice-Verfahren. Sie verwenden hierfür einen Computer. (Diejenigen unter Ihnen, die früher schon einmal den Test gemacht haben, werden sich noch an die Bleistift-Papier-Version des Tests erinnern. Seit dem Juli 1998 ist es damit vorbei). Viele Universitäten und Colleges in den Vereinigten Staaten testen anhand von TOEFL die *Kenntnisse* (Fertigkeit und Fähigkeit) von ausländischen Studenten beim Lesen, Schreiben und Verständnis der englischen Sprache.

Frage: Kann ich den Test auch mit Bleistift und Papier machen, wenn mir das lieber ist?

Antwort: Wahrscheinlich nicht. Fast überall wird der Test am Computer abgehalten. Es gibt hier nur ganz wenige Ausnahmen, in einigen wenigen Ländern. Hier müssen Sie den Test noch mit Papier und Bleistift machen. Sobald aber auch in diesen Ländern die Version für den Computer zur Verfügung steht, müssen Sie den Test in dieser Form absolvieren.

 Da die große Mehrheit der Studenten den TOEFL am Computer machen wird, bezieht sich dieses Buch auch auf diese Version. Wenn Sie vermuten, dass Sie den Test noch mit Bleistift und Papier ausführen werden, sollten Sie sich Informationen darüber einholen, inwiefern sich diese Testverfahren unterscheiden.

Wo man am TOEFL teilnehmen kann

Den TOEFL kann man jeden Werktag machen, zu jeder Zeit, wofür Sie jedoch einen Termin vereinbaren müssen. In Amerika ist das beim ETS (Educational Testing Service), in Sylvan Technology Centers und, natürlich, an den Universitäten, in Europa werden die Tests über Thomson Prometric in Lelystad, Niederlande, organisiert. Meist können Sie mit diesen Testcentern eine Zeit vereinbaren, die Ihrem Tagesablauf entgegenkommt. Der Test kann von Frühaufstehern bereits morgens bewältigt werden, aber auch diejenigen, die erst abends so richtig munter werden, haben zu späterer Stunde noch Gelegenheit dafür.

Was beim TOEFL verlangt wird

Der TOEFL besteht aus drei Teilen mit Multiple-Choice-Fragen und einem Aufsatz. Die Zeit, die jeweils zur Verfügung steht, ist unterschiedlich. Eine Uhr am oberen Rand des Bildschirms zeigt an, wie viel Zeit pro Aufgabe noch verbleibt. Sie können diese Uhr aber auch abschalten, wenn Sie dieser Zeitdruck nur nervös macht.

In den folgenden Abschnitten erhalten Sie einen kurzen Überblick über jeden der vier Teile des Tests. Viel mehr Information über jeden Fragentyp finden Sie in den Lektionen der Kapitel 2, 5, 7 und 9.

Um Ihnen bei der Vorbereitung auf den Test etwas entgegen zu kommen, haben wir hinter die englischen Texte und Fragen jeweils gleich auch die deutsche Übersetzung eingefügt. Im TOEFL selber finden Sie solche Hilfen natürlich **nicht**.

Leseverständnis

Der Abschnitt Leseverständnis ist »linear« aufgebaut. Das bedeutet, dass Sie einen Text vor sich haben, den Sie durchlesen, um anschließend Fragen darüber zu beantworten. Dieses Verfahren ist dem ähnlich, das Sie für gewöhnlich bei den üblichen Papier-und-Bleistift-Tests vorfinden.

 Nur der Abschnitt Leseverständnis gibt Ihnen beim TOEFL die Möglichkeit, eine Frage auszulassen, um später wieder darauf zurückzukommen.

Hörverständnis

Der Abschnitt Hörverständnis ist »anpassungsfähig« (_adaptive_). Darunter ist zu verstehen, dass der Computer den Schwierigkeitsgrad der Fragen den Leistungen des Prüflings anpassen kann. Die erste Frage ist von mittlerem Schwierigkeitsgrad. Wenn Sie diese Frage fehlerlos meistern, wird die nachfolgende Frage bereits schwieriger ausfallen. Wenn die erste Frage aber falsch beantwortet wurde, wird die nachfolgende Frage leichter ausfallen. Man kann einen _Computerized Adaptive Test_ (kurz _CAT_) als einen Test betrachten, der speziell für Sie geschrieben wurde.

Im Abschnitt Hörverständnis verfolgen wir sowohl Unterhaltungen als auch _Monologe_ (die Rede einer Person). Diese können kurz, aber auch relativ lang sein. Nach jeder Unterhaltung oder jedem Monolog wird eine Frage gestellt. Die Möglichkeiten der Fragen und Antworten werden auf dem Bildschirm angezeigt. Sie wählen die Antwort aus, die Ihrer Meinung nach am besten die Frage beantwortet. Zur Wiederholung: Die Unterhaltungen, Monologe und Fragen werden nur akustisch dargeboten. Die Fragen und Antworten können jedoch vom Bildschirm abgelesen werden.

Sie tragen Kopfhörer, um von außen nicht gestört werden zu können. Während der Einführung in den Abschnitt Hörverständnis ist es für Sie möglich, den Ton noch lauter oder leiser zu stellen. Nutzen Sie diese Möglichkeit, denn sobald der eigentliche Test beginnt, können Sie an der Lautstärke nichts mehr verändern.

Satzbau

Der Abschnitt Satzbau wird hin und wieder auch als der Grammatikteil bezeichnet. Auch dieser ist »anpassungsfähig«, was bedeutet, dass der Computer den Schwierigkeitsgrad der Fragen dem Wissensstand des Prüflings anpasst. Die erste Frage ist mittelschwer. Wenn Sie sie richtig beantworten, wird die zweite Frage bereits schwieriger sein. Wenn Sie bei der ersten Frage einen Fehler machen, ist die folgende Frage etwas leichter.

Im Abschnitt Satzbau (Grammatik) treffen Sie auf zwei verschiedene Arten von Fragen. Zum einen handelt es sich um die althergebrachte Methode, fehlende Wörter oder Satzteile einzusetzen. Einige Studenten sind der Meinung, dass diese Art der Fragestellung sowohl die Lesefähigkeit als auch den Wortschatz testet. Die zweite Art der Fragestellung ist ein reiner Grammatiktest, hier trifft man zum Beispiel auf Begriffspaare wie *lay (hin-, niederlegen) – lie (lügen)* und *affect (beeinflussen) – effect (bewirken)*.

Schreiben

Beim TOEFL wird verlangt, dass Sie einen Aufsatz schreiben. Sie können den Aufsatz am Computer tippen oder auch von Hand schreiben (die Entscheidung liegt bei Ihnen). Das Thema wird genannt (nein, Sie dürfen sich kein eigenes aussuchen). Sie haben genau 30 Minuten Zeit für diesen Test. Sie müssen nicht das eigene Papier mitbringen, aber Bleistift und Radiergummi, wenn Sie sich für die von Hand geschriebene Version entscheiden.

Übungsaufgaben

Bei einigen standardisierten Testverfahren kann es vorkommen, dass ein ganzer Abschnitt nicht mit in die Bewertung einfließt. Beim TOEFL ist es anders, hier zählt jeder *Abschnitt*, einige *Fragen* vielleicht aber nicht. In einen Abschnitt können ein paar Übungsaufgaben oder Fragen, ähnlich wie sie im Test vorkommen können, auftauchen. Diese Fragen tragen nicht zur Endnote bei. Warum sind sie dann überhaupt im Test zu finden? Entgegen der weit verbreiteten Annahme sind sie nicht nur deswegen da, um Sie zu quälen, sondern dienen denjenigen dazu, die sich diese Tests ausdenken, neue Fragen und bessere Tests zu erstellen. Betrachten Sie sich einfach als tapfere Vorhut einer Truppe, die sich für die nach Ihnen Kommenden opfert.

Sie werden nicht erkennen, welche Fragen nur zur Übung da sind. Glauben Sie nicht, dass eine Frage, die wirklich schwer ist (oder im Gegensatz hierzu eine, die von jedem Idioten beantwortet werden könnte) nicht zählen wird. Es *kann* sein, aber es *muss nicht* sein. Behandeln Sie alle Fragen gleich und versuchen Sie bei jeder Ihr Bestes. Sie haben auch gar nicht die Zeit dafür, darüber nachzudenken, welche Frage zählen könnte und welche nicht.

Bill Gates bin ich nicht: Hilfe für Computerlaien

Was ist, wenn ich in meinem Leben noch mit keinem Computer in Berührung kam? Das ist kein Grund zur Sorge. Alles, was Sie brauchen, sind die grundlegenden Maschinenschreibtechniken. Und es reicht sogar aus, wenn Sie nur »das Suchen-und-Treffen-Prinzip« beherrschen. Jeder Computer bietet einen Hilfe-Button an, den Sie nur anklicken müssen, wenn Sie eine Antwort auf Fragen zum Gebrauch des Computers (nicht des Tests) benötigen. Diesen Hilfe-Button können Sie während des gesamten Tests anklicken.

Bevor Sie mit dem Test selbst beginnen, erhalten Sie eine kurze Einweisung in den Gebrauch des Computers. Sie lernen zum Beispiel, wie Sie eine Antwort eintippen, wie die Maus benutzt wird, wie Sie die nächste Frage aufrufen – alles, was Sie eben für die Ausführung des Tests am Computer brauchen. Sie müssen nichts – ich wiederhole, *nichts* – über Computer wissen, um den TOEFL zu bestehen.

Das Erscheinungsbild ist wichtig: Wie der TOEFL aussieht

Der Bildschirm zeigt immer nur eine Frage an. Bei den Fragen, die *angepasst* (adaptive questions) werden (Sie finden sie in den Abschnitten Hörverständnis und Satzbau), konfrontiert man Sie zuerst mit einer mittelschweren Frage. Wenn Sie die Frage richtig beantworten, ist die nächste Frage vom gleichen oder einem etwas höheren Schwierigkeitsgrad. Wenn Sie die erste Frage falsch beantworten, bietet Ihnen der Computer anschließend eine leichtere an.

Wenn Sie den Test am Computer machen, räumt man Ihnen etwas mehr Zeit ein, als bei einem Test mit Bleistift und Papier. Benutzen Sie die Zeit mit Verstand. **Denken Sie daran:** Sie können nicht einfach eine Frage auslassen, um später noch einmal darauf zurückzukommen oder sie zu verändern, außer im Abschnitt Leseverständnis. (Der Abschnitt Leseverständnis ist linear aufgebaut. Sie können daher hier eine Frage auslassen und später wieder darauf zurückkommen. Im elften Kapitel werden Sie mehr darüber erfahren.)

 Lassen Sie mich diesen Hinweis noch einmal wiederholen, da er sehr, sehr wichtig ist. Sie *können nicht* mehr zu einer Antwort zurückkehren, um sie zu ändern.

Das bedeutet, dass Sie bei den ersten Fragen, die mittelschwer sind, sehr sorgfältig antworten müssen, damit Ihnen anschließend der Computer schwerere Fragen anbietet. Kommt Ihnen das komisch vor? Die Erklärung ist einfach. Sie möchten schwierigere Fragen beantworten, weil das Ergebnis des Tests davon abhängt, welchen Schwierigkeitslevel Sie erreichen. Wenn Sie ganz am Anfang einen Patzer machen, ist das noch kein Beinbruch, da noch genügend weitere Fragen folgen werden, anhand derer Sie beweisen können, dass der anfängliche Fehler ein Ausrutscher war und man Ihnen nun schwierigere Fragen anbieten kann. Wenn Sie aber bereits am Anfang bei den leichteren Fragen mehrere Fehler machen, beschließt der Computer, dass der Schwierigkeitsgrad der gestellten Fragen für Sie zu hoch ist, und er bietet Ihnen daher leichtere an. Sie mögen all diese leichteren Fragen richtig beantworten, aber die Zeit, die Ihnen für diesen Testabschnitt zur Verfügung steht, wird ablaufen, ohne dass Sie die Möglichkeit hatten, die schwierigeren Fragen, die auch mehr Punkte einbringen, beantworten zu können.

Wird eine Frage einfach vom Bildschirm verschwinden, wenn ich mich nicht darum kümmere?
Das Auslassen von Fragen

Außer im Abschnitt Leseverständnis wird es durch das Computerprogramm unmöglich gemacht, sich bereits der nächsten Frage zuzuwenden, bevor Sie die aktuelle nicht beantwortet haben. Nehmen wir mal an, Sie haben wirklich keine Ahnung, wie Sie die Frage beantworten sollen (was Ihnen aber niemals passieren wird, weil Sie klug genug waren, dieses Buch zu kaufen und, wenn Sie es durchgearbeitet haben, ganz ausgezeichnet vorbereitet sind), dann entscheiden Sie sich *schnell* für die, die Ihnen am ehesten zusagt. Sie werden bei diesem Test für falsche Antworten nicht bestraft (mehr hierzu weiter hinten im Kapitel), dennoch bestrafen Sie sich selbst, indem Sie kostbare Zeit mit einer Frage vergeuden, die für Sie zu verwirrend oder zu schwierig ist. Tippen Sie einfach auf eine Antwort und machen Sie weiter.

Das Ende der Anspannung: Das Ergebnis

Nachdem Sie den Test beendet haben, haben Sie die Möglichkeit, sich Ihr inoffizielles Ergebnis anzeigen zu lassen (welches, wenn nicht gerade eine Störung im Computersystem vorliegt, mit größter Wahrscheinlichkeit auch Ihr offizielles Testergebnis sein wird). Das offizielle Ergebnis wird Ihnen etwa zehn Tage nach dem Testtag per Post zugestellt. (Mehr Informationen darüber, wie sich das Ergebnis des Tests im Einzelnen zusammensetzt, erhalten Sie in einem späteren Kapitel.)

 Das vom Computer ermittelte Ergebnis berücksichtigt nur die Multiple-Choice-Fragen und nicht die Bewertung des Aufsatzes. Es ist offensichtlich, dass ein Computer keinen Aufsatz bewerten kann; nur Leser können das. Deshalb müssen Sie auf die Bewertung des Aufsatzes auch warten, bis Sie per Post das Gesamtergebnis aus dem Test mitgeteilt bekommen.

Fünf unterschiedliche Ergebnisse

Der TOEFL setzt sich aus den Ergebnissen von fünf unterschiedlichen Tests zusammen. Drei resultieren aus den Bereichen Hörverständnis, Satzbau und Leseverständnis. Für jedes Teilergebnis können maximal 30 Punkte erzielt werden. So erreichen Sie zum Beispiel beim Hörverständnis eine 24, beim Satzbau eine 17 und beim Leseverständnis eine 20. Das vierte Teilergebnis berücksichtigt die erzielten Punkte für den Aufsatz, die von 1 bis 6 reichen können. Das fünfte Ergebnis ist das Endergebnis, welches sich natürlich aus den einzelnen Ergebnissen zusammensetzt. Das Endergebnis (ein Mittelwert aus den Ergebnissen für Hören, Satzbau und Lesen multipliziert mal 10) kann bei maximal 300 Punkten liegen.

Zusammen mit dem Endergebnis erhalten Sie auch eine so genannte *Konkordanztafel*. Diese Tafel erlaubt es Ihnen, das vom Computer ermittelte Ergebnis mit den Ergebnissen aus einem Bleistift-und-Papier-Test zu vergleichen. Sollte einer Ihrer Bekannten schon einmal den TOEFL mit Bleistift und Papier absolviert haben, dann können Sie anhand dieser Tafel ziemlich gut nachvollziehen, wie Ihr vom Computer ermitteltes Ergebnis mit dem Examen auf Papier übereinstimmt. Schulen verwenden ebenfalls diese Konkordanztafel, um die Ergebnisse aus den zwei unterschiedlichen Testverfahren zu vergleichen.

 Wie wichtig sind die Ergebnisse aus den einzelnen Teilabschnitten? Viele Schulen (aber nicht alle) schauen nur auf das Endergebnis. Das bedeutet natürlich, dass Sie Ihren Durchschnitt dadurch anheben können, dass Sie in einem Teilbereich sehr gut abschneiden. Sie haben zum Beispiel Schwierigkeiten mit dem Verständnis eines Textes, dafür fällt Ihnen aber der vorgelesene Text um so leichter. Sie können also Ihr schwaches Ergebnis aus dem Lesetest durch den Hörtest kompensieren. Bevor Sie den TOEFL machen, sollten Sie bei der Schule, in die Sie aufgenommen werden möchten, nachfragen, wie sie die Einzelergebnisse aus den Tests bewertet. Tun Sie das, *bevor* Sie damit beginnen, sich auf den TOEFL vorzubereiten. Sie sollten die Vorbereitung auf den Test davon abhängig machen, wie die Schule das Ergebnis betrachtet.

Das Ergebnis in Prozent gerechnet

Viele standardisierte Bleistift-und-Papier-Tests sagen Ihnen in Prozent, wie Sie im Vergleich zu den anderen Testteilnehmern abschnitten. Beim TOEFL erhalten Sie ein Endergebnis, aber keinen Vergleich mit anderen.

»Gute« Ergebnisse

Beim TOEFL gibt es kein eindeutiges Ergebnis, das »Durchfallen« oder »Bestehen« bedeutet. »Gut« ist ein Ergebnis, das die Anforderungen des Colleges oder der Universität erfüllt, wo Sie studieren möchten. Manche Schulen sind schon mit einer relativ niedrigen Punktezahl zufrieden, andere verlangen eine hohe. Im Allgemeinen kann gesagt werden, dass alles unter 150 (von 300 möglichen) Punkten nicht gut genug ist und Sie den Test wahrscheinlich wiederholen müssen. Sollten Sie aber die Zahl 240 erreichen, können Sie sicher sein, dass man Sie nur zu gerne in der Schule Ihrer Wahl aufnimmt. Sie sollten sich frühzeitig bei den Schulen informieren, welche Anforderungen Sie beim TOEFL-Ergebnis aufgestellt haben. Wenn die Schule, die Sie sich zum Studium ausgesucht haben, mit einem relativ niedrigen Ergebnis zufrieden ist, brauchen Sie am Samstagabend nicht auf das Ausgehen verzichten, um sich auf den Test vorzubereiten.

Keine Strafpunkte

Der TOEFL baut Sie auf. Für jede Frage, die Sie richtig beantworten, bekommen Sie Punkte, aber es werden keine abgezogen, wenn Sie was falsch machen, wie es bei manchen standardisierten Testverfahren der Fall ist. Beim TOEFL ist es nicht möglich, Fragen unbeantwortet zu lassen. Nur im Abschnitt Leseverständnis können Sie Fragen überspringen und später wieder darauf zurückkommen; in den anderen Abschnitten (Hörverständnis und Satzbau), müssen Sie sich für eine Antwort entscheiden, bevor Sie sich der nächsten zuwenden.

Informationen und Registrierung

Es ist möglich, in zirka 180 Ländern am TOEFL teilzunehmen. Für West- und Osteuropa befindet sich die Zentrale seit kurzem in Lelystad, Niederlande. Hier erhalten Sie Informationen über Registrierung, Prüfungsstätten und Termine.

Thomson Prometric
Attn: PTC Group Registrations Europe
P.O. Box 2024
8203 AA Lelystad
Niederlande
Tel: 0031-320-239540
Fax: 0031-320-239541
E-Mail: `groupreg.emea@prometric.com`

Im deutschsprachigen Raum wird der TOEFL in Berlin, Genf, Frankfurt, München, Zürich und Wien abgehalten.

Ein Foto, eine Methode und ein Gebet: Was Sie zum Test mitnehmen sollten

Nehmen Sie Ihr Gehirn aus dem Regal, stauben Sie es ab und nehmen Sie es mit zum Test. Zusätzlich möchten Sie vielleicht noch ein paar weitere Dinge mitnehmen:

✔ **Zulassungsschreiben**: Ob Sie ein solches benötigen, dürfte davon abhängen, ob Sie an dem Test an einer Universität oder einem privaten Testcenter teilnehmen. Wenn Sie ein solches Schreiben erhalten, sollten Sie es auf alle Fälle mit einpacken.

✔ **Ausweispapiere**: Lesen Sie im folgenden Kasten nach, was ein offizielles Ausweispapier ist. Für die meisten bedeutet das einen gültigen Ausweis, der sowohl vor dem Test als auch nach dem Test überprüft wird. Wenn Sie Ihren Ausweis vergessen, werden Sie nicht zum Test zugelassen.

✔ **Eine Uhr**: Sie brauchen keine eigene Uhr, wenn Sie den Test am Computer absolvieren, da am oberen Bildschirmrand immer die Zeit eingeblendet wird, die Ihnen für die Beantwortung der Frage noch zur Verfügung steht. Dieser »Countdown« macht einige Leute jedoch nervös und Sie stellen die Uhr ab (diese Möglichkeit haben Sie). Nehmen Sie also für alle Fälle eine eigene Uhr mit – für den Fall, dass Sie selbst die Uhrzeit von Zeit zu Zeit kontrollieren möchten. Welche Uhr Sie mitnehmen, spielt keine Rolle, solange sie keine Töne von sich gibt, welche die anderen Testteilnehmer stören könnten.

✔ **Kleidung**: Was hat das mit dem Test zu tun? Die Räume, in denen die Tests abgehalten werden, sind dafür bekannt, dass sie entweder zu kalt oder zu warm sind. Stellen Sie sich darauf ein, indem Sie etwas tragen, was Sie ausziehen können, und nehmen Sie eine extra Jacke mit.

✔ **Bleistifte und Radiergummi**: Für den Fall, dass Sie den Aufsatz doch nicht am Computer, sondern auf dem Papier verfassen, sollten Sie ein paar Bleistifte und einen Radiergummi einstecken.

✔ **Essen und Trinken:** Nein, lassen Sie Ambrosia und Champagner zu Hause für den Tag, an dem Ihnen Ihre großartigen Testergebnisse mitgeteilt werden. Sie dürfen in den Prüfungsraum keinerlei Nahrungsmittel mitnehmen (nicht einmal Kaugummi, Süßigkeiten oder Erfrischungsgetränke). Daher sollten Sie sich ausreichend stärken, bevor Sie mit dem Test beginnen ... oder etwas für die Stärkung der Nerven gleich nach dem Test mitnehmen.

 Während des Tests selbst sind nur kurze Pausen zwischen den einzelnen Testabschnitten erlaubt. Wenn Sie außerhalb dieser Pausen zur Toilette gehen müssen, können Sie die Zeit nicht nachholen. Die Zeit, die Sie für die Unterbrechung benötigen, wird Ihnen beim Test fehlen.

Ihre Ausweispapiere bitte

Hinweis: Das Bulletin of Information für den TOEFL, das offizielle Handbuch, das Sie verwenden, um sich für die Prüfung anzumelden, enthält ausführliche Informationen darüber, was Sie benötigen, um sich für den Test auszuweisen. Lesen Sie diese Informationen im Bulletin sehr genau. Wenn Sie nicht die richtigen Ausweispapiere dabei haben, werden Sie zur Prüfung nicht zugelassen.

Auf Ihrem Zulassungsschreiben steht, welche Art von Ausweis Sie benötigen. Die Aufsicht kontrolliert sowohl vor als auch nach dem Test dieses Dokument. Seit dem 1. August 2000 sind folgende Ausweisdokumente vorgeschrieben:

Wenn Sie die Prüfung in Ihrem Heimatland ablegen, müssen Sie eines der folgenden Dokumente vorlegen:

✔ Reisepass

✔ Führerschein

✔ Personalausweis

✔ Truppenausweis

Das Dokument muss gültig und darf nicht abgelaufen sein.

Das Dokument muss im Original sein und darf nicht als Kopie vorgelegt werden.

Das Dokument muss vom Inhaber unterschrieben sein.

Das Dokument muss ein erkennbares Foto enthalten.

Im Dokument müssen alle Namen aufgeführt sein, die Sie bei der Anmeldung für den TOEFL angegeben haben.

Die letzte Information ist so wichtig, dass ich sie noch einmal hervorheben möchte. Achten Sie darauf, dass Sie sich beim TOEFL genau unter dem Namen anmelden, wie er im Ausweispapier steht. Wenn Sie zum Beispiel Pablo Jesus de Avila heißen, im Alltag aber P.J. genannt werden, müssen Sie auf der Anmeldung Pablo Jesus angeben.

Wenn Sie die Prüfung außerhalb Ihres Heimatlandes ablegen:

In diesem Fall MÜSSEN SIE IHREN REISEPASS VORLEGEN: Für Bürger der Europäischen Gemeinschaft/des Schengener Abkommens gelten folgende Bestimmungen:

Wenn Sie keinen Pass haben und ein Bürger eines der Länder der Europäischen Union und/oder eines Landes sind, das das Schengener Abkommen unterzeichnet hat (Belgien, Dänemark, Deutschland, England, Finnland, Frankreich, Griechenland, Island, Irland, Italien, Luxemburg, Niederlande, Norwegen, Österreich, Portugal, Spanien, Schweden), dürfen Sie Ihren nationalen oder europäischen Personalausweis verwenden. **Asylsuchende** können sich mit einem offiziellen Reisedokument ausweisen, das die Bestimmungen des Europarats erfüllt (Abolition of Visas for Refugees). **Wenn sich auf Ihrem offiziellen Ausweisdokument nicht Ihre Unterschrift befindet, benötigen Sie ein weiteres Dokument, das Ihre Unterschrift enthält.**

Wenn Sie Asylant sind, müssen Sie sich mit dem Test Security Office of Educational Testing Service, Tel: 001-609-406-5430, Fax: 001-609-406-9709, E-Mail: TSReturns@ets.org in Verbindung setzen.

Panik, Paranoia und Beruhigungsmittel: Was Sie nicht mit zum Test nehmen sollten

Ihre Träume, Hoffnungen, Ziele und Erwartungen dürfen Sie mit in das Testcenter nehmen, folgende Dinge sind jedoch nicht erlaubt:

✔ **Bücher und Notizen:** Lassen Sie das lieber, das Aneignen von Wissen in letzter Minute. Sie dürfen keine Bücher oder Aufzeichnungen mit in den Raum nehmen (schlagen Sie sich das völlig aus dem Kopf – die Aufsicht kann schon aus der Ferne einen Spickzettel erkennen!).

✔ **Schmierzettel:** Sie brauchen beim TOEFL keine Schmierzettel (schließlich handelt es sich ja nicht um einen Mathe-Test) und dürfen deshalb auch keinen mit in den Prüfungsraum nehmen. Sollten Sie Ihren Aufsatz auf Papier niederschreiben wollen, müssen Sie das der Aufsicht nur mitteilen, die Ihnen dann auch Papier aushändigen wird. Sie müssen am Ende des Tests auch alle Papierbögen zurückgeben, sogar diejenigen, die nicht benutzt wurden. Die Vorschriften werden bei diesem Test sehr streng gehandhabt.

✔ **Elektrische Geräte:** Sie dürfen Ihr Handy im Prüfungsraum nicht verwenden, also lassen Sie es lieber gleich zu Hause oder im Auto. Sie dürfen auch keinen Pager mitnehmen, der ja auch losgehen könnte und so die anderen Testteilnehmer aus ihrer Konzentration reißt. Es versteht sich wohl von selbst, dass auch ein Walkman oder CD-Player draußen bleiben müssen. Sie dürfen nichts mitnehmen, von dem ein Geräusch ausgehen könnte. Wir haben schon von Aufsichtskräften gehört, die Uhren in Verwahrung nahmen, die mit einem Wecker oder Alarmton ausgestattet waren. Es gibt kaum etwas, was einem mehr auf die Nerven geht, als das Fehlen einer Uhr, wenn man es gewohnt ist, alle paar Sekunden einen Blick darauf zu werfen. Wenn Ihre Uhr mit all diesem technischen Schnickschnack ausgestattet ist, dann leihen Sie sich besser eine »normale« Uhr von einem Freund.

Ausnahmeregelungen

Die Welt ist bunt und die Leute, die sie bevölkern, sehr unterschiedlich. Wenn Sie zu denen gehören, die aus welchem Grund auch immer nicht an einem normalen TOEFL teilnehmen können, sollten Sie sich über die Ausnahmeregelungen informieren. Hier einige der wichtigsten davon:

✔ **Fragen Sie nach einer Befreiung vom Test.** Einige Schulen verzichten auf den Test, wenn Sie eine Behinderung haben. Bevor Sie sich jedoch um diese Möglichkeit bemühen, sollten Sie fragen, ob es an der Schule, die Sie besuchen möchten, überhaupt möglich ist, auf andere Art und Weise Ihre Englischkenntnisse zu beweisen.

✔ **Beginnen Sie mindestens drei Monate im voraus.** Klar, dass Sie nicht immer genau wissen werden, was Sie an jenem fernen Tag tun werden, an dem der Test abgehalten werden soll. Die Erfahrung hat aber gelehrt, dass es in der Regel drei Monate dauert, wenn man sich um eine Ausnahmeregelung bemüht. Wenn Sie glauben, dass die Möglichkeit besteht, dass Sie wegen einer Lernbehinderung mehr Zeit für den Test benötigen, dann sollten Sie bereits *jetzt* mit dem Testcenter Kontakt aufnehmen, um diese Frage zu klären.

✔ **Suchen Sie Ihre Dokumente zusammen.** Um für eine Ausnahmeregelung in Frage zu kommen, müssen Sie nachweisen, dass Ihnen diese auch zusteht. Am besten tun Sie das mit Dokumenten, die beweisen, dass Ihre Behinderung schon bei früheren Tests berücksichtigt wurde, so wie das zum Beispiel bei Legasthenikern der Fall sein kann. Bitten Sie die Schule, bei der Sie diese Tests abgelegt haben, Ihnen eine Bestätigung darüber auszustellen.

Ein paar Bemerkungen zum Schwindeln

Jede Kultur hat ihre eigenen Moralvorstellungen. Als ich an einer internationalen Universität unterrichtete, habe ich festgestellt, dass die Meinungen darüber, was als Schwindeln zu bezeichnen ist, weit auseinanderdriften. Beim TOEFL haben Sie nicht die Möglichkeit, diese Entscheidung zu treffen. Egal ob Sie hier die Regeln für sinnvoll oder unsinnig ansehen, Sie müssen sich daran halten. Nachfolgend nenne ich ein paar Verhaltensweisen, die als Schwindeln angesehen werden. Wenn man Sie bei einer erwischt, dürfen Sie den Test nicht zu Ende führen, und er wird auch nicht bewertet. Sie werden vielmehr gebeten, den Raum zu verlassen.

✔ **Sprechen mit anderen Testteilnehmern:** Sie dürfen während des Tests niemanden um Hilfe bitten oder selbst helfen. Wenn Sie eine Frage stellen möchten, dann dürfen Sie diese nur an das Aufsichtspersonal richten.

✔ **In Büchern und Aufzeichnungen nachsehen, die Sie mitgebracht haben:** Wenn Sie diese Gegenstände in Ihren Taschen oder einem Rucksack mit in den Raum gebracht haben und dabei entdeckt werden, dass Sie darin nachschlagen, werden Sie sofort des Raums verwiesen.

✔ **Die Verwendung eines elektronischen Hilfsmittels:** Natürlich ist es auch verboten, ein elektronisches Wörterbuch mitzubringen. Ein eigener Laptop oder ein Kassettenrekorder sind ebenfalls nicht erlaubt. Sie dürfen nur Ihr Gehirn einschalten.

Übung macht den Meister

Sie können den TOEFL einmal pro Monat machen. Sollten Sie ihn zum Beispiel am 31. August das erste Mal versuchen und nicht bestehen, dann können Sie bereits am 1. September wieder Ihr Glück damit versuchen. Sie können am Test jedoch nicht am 1. September teilnehmen und ihn am 30. September wiederholen.

Frage: Sollte ich den Test so früh wie möglich wiederholen oder ein paar Wochen oder Monate warten?

Antwort: Das hängt davon ab, warum Sie das erste Mal schlechter abschnitten als Sie erwartet hatten. Wenn es daran lag, dass Sie mit dem Computer nicht zurechtkamen (weil Sie die Maus nicht richtig benutzen konnten oder die Zeit vergaßen), können Sie den Test gleich wiederholen, weil das, was Sie in der Vorbereitung gelernt haben, noch frisch im Gedächtnis ist. Wenn Sie aber deswegen nicht bestanden, weil der Stoff zu schwierig war, sollten Sie ein paar Monate warten und sich in der Zwischenzeit weiter darauf vorbereiten (konzentrieren Sie sich dabei zum Beispiel verstärkt auf die Grammatikregeln oder schreiben Sie mehrere Aufsätze).

Die Anerkennung früherer Testergebnisse

Schule ist nicht gleich Schule. Manche sind bei der Einschreibung auch mit älteren TOEFL-Ergebnissen zufrieden. Diese Schulen verwenden bei der Bewertung der früheren Ergebnisse die Übereinstimmung-Tabellen, um die beim Test mit Bleistift und Papier erzielten Ergebnisse auf das computergestützte Testverfahren umzurechnen. Wenn Sie ganz viel Glück haben, dann reicht es vielleicht, die alten Ergebnisse des TOEFL einzusenden, und keiner verlangt von Ihnen, dass Sie noch einmal an so einem Test teilnehmen. Wenn das der Fall ist und Sie mich nun an dieser Stelle verlassen, sage ich Adios und wünsche Ihnen viel Glück, und bitte, geben Sie dieses Buch an einen Freund weiter. All denjenigen, die sich nicht so schnell von mir verabschieden können, wünsche ich viel Spaß bei der weiteren Lektüre.

Internationaler Humor

Eine Mäusemutter ging mit ihrem Kind spazieren, als plötzlich eine riesige Katze direkt vor ihnen auftauchte. Der Katze lief bereits beim Anblick der Mäuse der Speichel aus dem Mund. Die Mäusemutter starrte der Katze fest in die Augen und bellte so laut sie nur konnte: »WUFF! WUFF! WUFF!« Die Katze erschrak so sehr, dass sie sich umdrehte und das Weite suchte. Die Mäusemutter wandte sich lächelnd ihrem Kind zu. »Siehst du«, sagte sie, »habe ich dir nicht immer gesagt, dass die Kenntnis einer Fremdsprache nützlich sein kann?«

Teil II

Jeder liebt den Zuhörer: Hörverständnis

The 5th Wave   By Rich Tennant

@RICHTENNANT

TOEFL Examen

Hörverständnis

Downloading
Rap Music

In diesem Teil ...

Antwort: Dumbo der Elefant. Mickey Mouse. Ein TOEFL-Teilnehmer.

Frage: Nennen Sie mir drei Dinge, die durch ihre großen Ohren auffallen.

Sind Sie ein guter Zuhörer? Werden Sie von Ihren Freunden gerne in Anspruch genommen, wenn es darum geht, dass diese etwas Aufregendes erzählen oder ein Problem besprechen wollen? Nun endlich machen sie sich bezahlt, all die Jahre des Zuhörens.

Im Abschnitt Hörverständnis des TOEFL folgen Sie der Unterhaltung von Leuten oder einem (eher etwas langatmigen – und, ehrlich gesagt – langweiligen) Monolog. Anschließend werden Sie über das Gehörte ausgefragt.

Damit Sie sich gut auf den Test vorbereiten können, habe ich dieses Buch mit einer CD ausgestattet, mit der Sie die Abschnitte Hörverständnis üben können. Ich weise Sie im Text darauf hin, wenn Sie die CD abspielen sollen. Nehmen Sie die CD aus der Hülle, legen Sie sie in Ihren CD-Player und wählen Sie die vorgegebene Spur.

Ich kann kaum glauben, was ich höre: Hörverständnis

2

In diesem Kapitel

▶ Der Aufbau des Abschnitts

▶ Die Kunst des Zuhörens: volle Konzentration

▶ Wichtige Tipps und Hinweise auf Fallen

▶ Auslassen, zurückverfolgen und raten

▶ Das Ende ist in Sicht: eine abschließende Zusammenfassung

Hier sind Sie also, bereit, sich auf den Test einzulassen. Ihre Finger sind ganz wild drauf, die Tastatur zu bearbeiten. Sie haben Ihr Hirn aus dem Regal genommen, abgestaubt und auf Touren gebracht. Sie sind so konzentriert, dass der Ausdruck auf Ihrem Gesicht kleine Kinder und Hunde erschreckt. Sie atmen tief ein, machen sich mit den Vorschriften über die Bedienung des Computers vertraut und beginnen mit dem ersten Abschnitt des TOEFL: Hörverständnis.

Die Struktur und den Mechanismus des Abschnitts verstehen

Der Abschnitt Hörverständnis ist der erste von vier beim TOEFL und besteht aus zwei Teilen, die drei Typen von Fragen beinhalten. Im ersten Teil, schlauerweise Teil A genannt, verfolgen Sie Unterhaltungen zwischen zwei Leuten. Jede Unterhaltung ist nur zwei oder drei Sätze lang. Der Teil B kann eine Unterhaltung zwischen zwei Personen und 20 oder 30 Sätze lang sein, aber auch aus einem Monolog bestehen.

Das Gesprochene wird von einem Sprecher oder mehreren Sprechern vorgetragen, die auf dem Bildschirm erscheinen. Anschließend werden Ihnen eine oder mehrere Fragen zum vorgetragenen Text gestellt. Die Frage und die möglichen Antworten erscheinen auf dem Bildschirm. Sie klicken die beste Antwort an.

 Hier ein Beispiel dafür, wie so eine Frage aussehen könnte. Diese Frage ist aus Teil A, kurze Unterhaltung. (**Anmerkung:** Die Fragen, die man beim TOEFL stellen wird, sind weniger lustig. Ich möchte Sie mit meinen Beispielen unterhalten, damit Ihnen das Lernen Spaß macht!)

Mann: Mein kleiner Bruder erzählte mir den Witz, dass es in einem Fußballstadion immer windig ist, weil es mit Fans (Fan = Ventilator) gefüllt ist!

Frau: Schämst du dich nicht, so einen Witz zu erzählen?

Was will die Frau damit sagen?

○ Ein höflicher Mann würde diesen Witz keiner Frau erzählen.

⊘ Der Witz ist sehr albern.

○ Der Mann weiß nicht, wie man einen Witz richtig erzählt.

○ Der kleine Bruder des Mannes sollte keine Witze erzählen.

Beim Test selbst erscheint im Abschnitt Hörverständnis der Text nicht auf dem Bildschirm, was bedeutet, er kann nicht mitgelesen werden. Mein Beispiel ist also eine Ausnahme, die nur der Erklärung dient. Während des Tests tragen Sie Kopfhörer und betrachten die Sprecher, die diesen Text vorlesen.

Sie klicken auf die richtige, in diesem Fall zweite Antwort. Im weiteren Verlauf werde ich die möglichen Antworten mit A, B, C oder D versehen.

Schauen Sie voraus: Lesen Sie die Antwort, bevor Sie die Frage hören

Die häufigste Frage, die mir zum Abschnitt Leseverständnis gestellt wird, ist: »Sollte ich die Fragen lesen, bevor ich den Text lese?« Das Gleiche werde ich beim Abschnitt Hörverständnis gefragt: »Sollte ich die Fragen und die möglichen Antworten durchlesen, bevor der Sprecher mit dem Text beginnt?« Meine Antwort ist traurig, aber wahr: »Das ist leider nicht möglich.«

Sie können die Fragen und die möglichen Antworten *nicht* lesen, bevor der Sprecher mit dem Text beginnt, weil diese erst dann auf dem Bildschirm auftauchen, wenn der gesprochene Text beendet ist. Das ist natürlich anders als beim TOEFL, der noch mit Bleistift und Papier durchgeführt wurde. Hier konnten Sie die Fragen und Antworten lesen, bevor der oder die Sprecher mit dem Text begannen. Das war natürlich ein Vorteil, weil die Gedanken schon in eine bestimmte Richtung gelenkt wurden. Damit ist es nun leider vorbei. Sie werden jetzt die Sprecher hören, und erst danach werden die Fragen und möglichen Antworten auf dem Bildschirm erscheinen.

Weg mit den Bleistiften

Hier eine Frage zur Geographie, die an amerikanischen Schulen gerne gestellt wird.

In welchem Staat lässt es sich am besten schreiben?

(Pencil)vania!

Wenn Ihnen dieser Witz so doof vorkommt, dass Sie am liebsten nie wieder einen Bleistift in die Hand nehmen möchten, so ist das gar nicht schlecht, weil Sie das beim TOEFL nicht dürfen (außer Sie möchten den Aufsatz auf einem Papier festhalten).

 Sie dürfen keine – wiederholen Sie das, *keine* – Notizen machen, während Sie zuhören. Das ist traurig, aber wahr. Sie dürfen weder auf ein Blatt Papier, noch in den Staub auf dem Schreibtisch etwas schreiben, sondern nur zuhören.

Konzentrieren Sie sich

Meine Schüler erzählen immer wieder, dass es das Schwierigste am TOEFL sei, sich darauf zu konzentrieren, was vorgetragen wird. Zugegeben, die Unterhaltungen und Monologe sind nicht gerade spannend, so dass die Gedanken schon mal wandern können. Manches ist auch schlichtweg langweilig, anderes verwirrend, was vorgetragen wird. Einige sind *beides*, langweilig und verwirrend. Hier einige Beispiele, wie Sie sich besser konzentrieren können und vermeiden, in Fallen zu treten, die Ihnen mitunter gestellt werden:

✔ **Passen Sie auf, wer spricht.** Verwechseln Sie die Sprecher nicht. Wenn Sie einem Dialog zuhören, konzentrieren Sie sich darauf, ob der Mann oder die Frau etwas sagt. Dieser Punkt ist vor allem bei den längeren Unterhaltungen wichtig. Wenn Sie sich 20 oder 30 Sätze anhören, kann es schon vorkommen, dass Sie vergessen, ob es die Frau war, die (zum Beispiel) ins Kino gehen wollte, und der Mann wollte ins Fußballstadion, oder umgekehrt.

✔ **Konzentrieren Sie sich auf zustimmende oder widersprechende Äußerungen.** Wenn die Frau sagt: »Ich weiß, was du meinst«, ist das eine Zustimmung, wohingegen in der Äußerung »Ich bin nicht dieser Meinung« ein Widerspruch enthalten ist. Es wird im Test häufig die Frage gestellt, ob Sie meinen, dass ein Sprecher dem Gesagten zustimmt oder nicht. Merken Sie sich dies für den Abschnitt Hörverständnis.

 Ich mache den Vorschlag, dass Sie sich eine Liste mit Wörtern machen, die Sie sich unter der Überschrift Zustimmung oder Unstimmigkeit merken. Wenn Sie die Übungsaufgaben und den Übungstest in diesem Buch machen, merken Sie sich jeden Ausdruck, der auf Zustimmung oder eine andere Meinung hinweist. Nachfolgend finden Sie eine kurze Liste dieser Wörter. (Schreiben Sie die Wörter, die Zustimmung ausdrücken, auf Karten in Ihrer Lieblingsfarbe, zum Beispiel gelb, und die anderen auf Karten in einer Farbe, die Sie nicht mögen, zum Beispiel braun. Die Verwendung von Farben ist ein ausgezeichnetes Mittel, um Ihr Gedächtnis zu unterstützen. Während des Prüfungsstresses vergessen Sie vielleicht, was ein Ausdruck bedeutet, aber Sie erinnern sich vielleicht an die Farbe. »Er ist braun, das bedeutet Unstimmigkeit.«)

Zustimmung	Unstimmigkeit
I know what you mean.	I don't know what you mean.
Ich weiß, was Sie meinen.	*Ich weiß nicht, was Sie meinen.*
That's so.	Oh, well.
So ist es.	*Nun, ja.*
Why not?	I doubt it.
Warum nicht?	*Das bezweifle ich.*
Me, too.	Not me.
Ich auch.	*Ich nicht.*
I'll say!	Hardly.
Das sag ich auch.	*Kaum.*
That's all right.	You're kidding!
Das ist richtig.	*Du willst mich wohl anschwindeln!*

✔ **Ignorieren Sie Wörter, die Sie nicht kennen oder verstehen**. Sie werden wahrscheinlich nicht jedes Wort des Dialogs oder Monologs verstehen. Das ist ganz normal. Wenn Sie ein Wort nicht kennen, können Sie den Rest der Unterhaltung über den Kontext erschließen. Das Schlimmste, was Sie in so einer Situation tun können, ist, sich an dem unbekannten Wort festzubeißen und den weiteren Text zu vernachlässigen.

✔ **Achten Sie auf den Ton in der Stimme des Sprechers**. Eine Person kann einen Kommentar mit einer bejahenden oder verächtlichen, einer freundlichen oder sarkastischen Stimme abgeben. Der Ton beeinflusst unser Verständnis des Gesagten.

Hinweise auf Tipps und Fallen in den Antworten

Nachdem Sie nun wissen, worauf Sie beim Zuhören achten sollen, sollten Sie auch verstehen, woran Sie die Fallen erkennen, die in den möglichen Antworten enthalten sein können. Im Anschluss sehen Sie die gängigsten Beispiele.

Die Antworten sind richtig, betreffen aber nicht die Frage

Nehmen wir mal an, Ihr Lehrer möchte von Ihnen hören, wie die Hauptstadt von England heißt, und Sie antworten: »Im rechtwinkligen Dreieck ist die Summe der Kathetenquadrate gleich dem Hypotenusenquadrat.« Sie haben natürlich recht damit, aber was hat das mit der Frage zu tun, die Ihnen Ihr Lehrer gestellt hat? Nichts. Machen Sie daher nicht einfach eine richtige Aussage, sondern beantworten Sie die Frage, die Ihnen gestellt wurde. Das Gleiche gilt natürlich für den TOEFL. (Nein, keine Panik, Mathe wird beim TOEFL nicht getestet; das war nur ein Beispiel von mir.) Nur weil in den Antworten, zwischen denen Sie wählen können, richtige Aussagen enthalten sind, heißt das nicht, dass Sie damit die Frage richtig beantworten. Hier ein Beispiel:

Nehmen wir mal an, Sie hören einen Monolog über die Entwicklungsgeschichte des Telefons. Die Frage lautet: »Welche der folgenden Aussagen nennt den Grund für die schnell wachsende Beliebtheit des Telefons?« Hier die vier möglichen Antworten:

(A) Telephones cost too much money when they were first invented.

 Telefone waren noch zu teuer, als sie erfunden wurden.

(B) Telephones were available only in certain areas of the country for many years.

 Die Telefone standen jahrelang nur in bestimmten Teilen des Landes zur Verfügung.

(C) A »party line«, with multiple subscibers, cost less than a standard individualized line.

 Eine Telefonleitung, die sich mehrere teilten, kostete weniger als eine Leitung für nur einen Anschluss.

(D) The telephone made communication more convenient and immediate.

 Das Telefon erleichterte und beschleunigte die Kommunikation.

Alle Antworten sind richtig, aber nur eine beantwortet die Frage. Das ist natürlich D. Die anderen Antworten nennen Gründe, warum das Telefon _nicht_ sofort zu einem Erfolg wurde.

Konzentration auf das zuletzt Gesagte

Hier nenne ich Ihnen eine typische Falle beim TOEFL. Der Sprecher spricht über viele Dinge und erst zum Schluss über sein überzogenes Bankkonto. Weil über das Geld zuletzt gesprochen wurde, erinnern Sie sich daran auch am besten. Die möglichen Antworten könnten so aussehen:

What is the main topic of the discussion? *Wovon handelt die Diskussion hauptsächlich?*

(A) The overdrawn bank account. *Von dem überzogenen Bankkonto.*

(B) The high cost of student loans. *Den hohen Zinsen für Studentendarlehen.*

(C) The necessity of learning good job interview skills. *Die Notwendigkeit, sich gut auf Job-Interviews vorzubereiten.*

(D) The many majors available at college. *Die vielen Hauptfächer, die man am College belegen kann.*

Das Thema eines Monologs, wie auch das eines Textes, kann sehr breit gefächert sein. Wählen Sie nicht als Antwort, an was Sie sich deshalb besonders gut erinnern, weil zuletzt darüber gesprochen wurde. (Mein Lieblingskommentar über das Gedächtnis kam von einem früheren Schüler von mir, der sagte: »Ich habe ein fotografisches Gedächtnis. Nur schade, dass ständig der Film voll ist!«) Und wählen Sie auf keinem Fall automatisch A, die Chancen sind genau so hoch, dass es B, C oder D ist.

Würde ich Sie denn anlügen?

Frage: Benötigen Sie irgendwelche bestimmten Kenntnisse oder Vorgehensweisen, um die Fragen im Abschnitt Hörverständnis beantworten zu können?

Antwort: Nein, absolut nicht. Aber ein gutes Allgemeinwissen kann sehr hilfreich sein. Wenn zum Beispiel der Sprecher etwas über Chemie erzählt, müssen Sie nicht viel über Chemie wissen, um die Frage richtig beantworten zu können. Wenn Sie aber etwas darüber wissen, dann verstehen Sie vielleicht besser, worüber gesprochen wird.

Frage: Werden im TOEFL bewusst Lügen eingebaut?

Antwort: Wahrscheinlich nicht. Anders gesagt, wenn Sie etwas über Wirtschaftstheorien hören, wird der Sprecher Ihnen keine falschen Fakten nennen. Es ist zwar möglich, dass so etwas passieren kann, aber nicht sehr wahrscheinlich. Niemand wird Sie davon überzeugen wollen, dass die Erde flach ist!

Interpretieren Sie in eine Aussage nicht zu viel hinein

Kennen Sie diesen Witz?

Verkäufer: Sie sollten sich dieses Übungsheft kaufen. Damit haben Sie schon die Hälfte der Hausaufgaben erledigt.

Schüler: Super! Dann nehme ich zwei davon!

Wir können alle etwas mit der Reaktion des Schülers anfangen. Die meisten von uns denken, dass, wenn eine Sache gut, zwei besser sein müssen und drei sogar noch besser. Das hieße jedoch die Sache übertreiben. Diejenigen, die sich den TOEFL ausdenken, hoffen inständig, dass wir darauf hereinfallen. Nehmen wir mal an, Sie hören diese Konversation:

Mann: I was hoping you'd like to go see a movie with me this evening. *Ich hatte gehofft, du würdest heute Abend mit mir ins Kino gehen.*

Frau: I'm sorry, I already have plans for tonight. *Es tut mir leid, aber ich habe heute Abend schon etwas vor.*

Was meint die Frau mit dieser Aussage?

(A) She doesn't like the man. *Sie mag den Mann nicht.*

(B) She doesn't want to date the man. *Sie möchte mit dem Mann nicht ausgehen.*

(C) She doesn't like to see movies. *Sie geht nicht gerne ins Kino.*

(D) She can't see the movie that evening. *Sie kann diesen Abend nicht ins Kino gehen.*

Ist Ihnen aufgefallen, dass die Fragen A, B und C weit über das Gesagte hinausschießen? Sie bewegen sich über den logischen Bereich des Gesagten hinaus. Nur weil die Frau gesagt hat, dass sie *diesen* Abend nicht ins Kino gehen kann, heißt das nicht, dass sie Kino oder den Mann nicht mag. Sie macht alleine die Aussage, dass sie an diesem bestimmten Abend den Film nicht sehen kann. Meine Erfahrung hat mich gelehrt, dass dieses Überinterpretieren die Hauptursache für Fehler beim TOEFL sind.

Auslassen, zurückverfolgen und raten

Im Abschnitt Hörverständnis können Sie nicht einfach eine Frage auslassen und später wieder darauf zurückkommen. Sie *müssen* sich für eine Antwort entscheiden, bevor der Computer die nächsten Fragen anzeigt.

Weil Sie keine Fragen auslassen können, ist es wichtig, dass Sie, wenn Sie sich bei einer Antwort nicht sicher sind, gut raten können. Ich habe weiter vorne schon ein paar Tipps diesbezüglich abgegeben, verrate Ihnen hier aber noch mehr darüber.

Gegensätze ergeben oft die richtige Antwort

Wenn sich unter den zur Auswahl stehenden Antworten zwei befinden, die sich offensichtlich widersprechen, dann ist eine davon oft die richtige. Hier ein Beispiel:

Sie haben einem langen Monolog über das Fotografieren zugehört. Die Frage lautet: »Was ist die Meinung des Sprechers beim Vergleich von Fotos gegenüber Dias?« Die vier Antworten lauten

(A) The speaker thinks that prints are more expensive than slides. *Der Sprecher meint, dass Fotoabzüge teurer als Dias sind.*

(B) The speaker likes black-and-white-film better than color film. *Der Sprecher zieht Schwarz-Weiß-Fotos den Farbfotos vor.*

(C) The speaker never uses slides. *Der Sprecher verwendet niemals Diafilme.*

(D) The speaker saves money by using prints rather than slides. *Der Sprecher spart Geld, weil er Farbfilme und keinen Diafilm verwendet.*

Welche beiden Antworten widersprechen sich? Ganz klar A und D. A drückt aus, dass Fotoabzüge teurer sind als Dias, wohingegen in Antwort D gesagt wird, dass man Geld spart, wenn man Farbfotos anstelle von Diafilmen macht, was heißt, das Farbfotos billiger sind. Nur eine dieser Antworten kann korrekt sein. Eine dieser Aussagen ist wahrscheinlich die richtige Antwort.

Starke, theatralische, weit hergeholte Antworten sind oft falsch

Sie haben wahrscheinlich in der Schule gelernt, dass Antworten, die die Wörter »niemals« oder »immer« enthalten, nicht so gut sind wie solche, in denen »selten« oder »gewöhnlich« vorkommen. Das Gleiche gilt auch für die Antworten beim TOEFL. Wenn Sie zum Beispiel die Auswahl zwischen zwei Antworten haben, von denen eine lautet: »Der Mann hasst diese Idee« und die andere »Der Mann möchte diese Idee nur ungern verwenden«, welche von beiden dürfte wohl die richtige sein? Die letztere. Bei den TOEFL-Antworten kommt es selten vor, dass ein starker Ausdruck wie hassen verwendet wird.

 Mein Motto: Wenn Sie sich nicht sicher sind, dann wählen Sie die schwächere, »wischi-waschi« Antwort.

Wenn zwei Antworten fast gleich klingen, dann ist häufig eine davon die richtige

 Weil wir uns hier mit dem Hörverständnis befassen, werden Sie vielleicht zwei Antworten antreffen, die ein wenig ähnlich klingen. Das kann zum Beispiel so aussehen:

(A) The new refrigerator is similar to the old one. *Der neue Kühlschrank ist so ähnlich wie der alte.*

(B) The older refrigerator is broken. *Der ältere Kühlschrank ist kaputt.*

(C) The older refrigerators are dissimilar to the new models. *Die älteren Kühlschränke sind den neueren Modellen nicht ähnlich.*

(D) The new refrigerator is more expensive than the old one. *Der neue Kühlschrank ist teurer als der alte.*

Ist Ihnen aufgefallen, dass »Kühlschrank ist ähnlich« und »Kühlschränke sind nicht ähnlich« fast gleich klingen? Deshalb kann man diese Antworten sehr leicht verwechseln. Wenn zwei Antworten gleich klingen, dann ist eine für *gewöhnlich* die richtige (hier möchte ich Sie aber ausdrücklich darauf hinweisen, dass es sich dabei um einen Tipp und keine Regel handelt. Denken Sie daran, dass Sie in diesem Abschnitt auch mal *raten* müssen, da der Computer erst mit der nächsten Frage fortfährt, wenn Sie die eine beantwortet haben. Wenn Sie also wissen, dass sich unter zwei ähnlichen Antworten oft die richtige befindet, dann stehen die Chancen schon 50 : 50. Und das ist beim Raten doch gar keine schlechte Ausgangsposition.

Das Ende ist in Sicht: Eine kurze Zusammenfassung

In diesem Kapitel haben Sie eine Menge an Informationen erhalten. Nehmen Sie sich zum Schluss noch eine Minute Zeit und lassen Sie das Gelernte noch einmal Revue passieren. Machen Sie erst weiter im Stoff, wenn Sie auch wirklich alle Punkte verstanden haben.

Die Verfahrensweise

✔ Machen Sie keine Notizen zum vorgetragenen Text.

✔ Konzentrieren Sie sich auf den jeweiligen Sprecher und darauf, was er sagt.

✔ Werden Sie hellhörig bei Wörtern, die eine Zustimmung oder einen Widerspruch bekunden.

✔ Ignorieren Sie die Wörter, die Sie nicht kennen. Lassen Sie sich davon nicht durcheinander bringen oder ablenken.

Ablenkungsmanöver

✔ Achten Sie auf Aussagen, die wahr sind, aber nicht relevant für die Frage.

✔ Wählen Sie nicht die letzte Aussage, weil Sie sich daran am besten erinnern.

✔ Überinterpretieren Sie nicht das, was Sie gehört oder gelesen haben. Halten Sie sich an die Fakten.

✔ Eine von zwei gegensätzlichen Antworten ist oft die richtige.

✔ Starke, übertriebene Aussagen sind oft falsch.

✔ Wenn zwei Antworten ähnlich klingen, ist eine davon häufig die richtige (und die andere die Falle, in die Sie tappen sollen!).

Jetzt wird's ernst: Hörverständnis-Übungsaufgaben

Sicherlich kennen Sie das Sprichwort »Übung macht den Meister«? Es bedeutet ganz einfach, dass erst durch die Wiederholung das Gelernte im Gedächtnis verankert bleibt. Wenn Sie die folgenden 30 Fragen (für jeden Fragetyp zehn) beantworten, bekräftigen Sie die im zweiten Kapitel gelernte Theorie.

Ich erinnere mich an einen Studenten, der mich verwundert ansah und sagte: »Zuhören und Verstehen? Sehen Sie, ich kann entweder zuhören oder verstehen, aber nicht beides auf einmal!« Wenn Sie den TOEFL bestehen wollen, müssen Sie jedoch beides gleichzeitig beherrschen. In diesem Teil des Buchs können Sie das üben.

Wie bereits im zweiten Kapitel dargestellt wurde, besteht der Teilbereich Hörverständnis aus zwei Abschnitten mit drei unterschiedlichen Fragetypen. (Nein, diese heißen nicht Grauenhaft, Schlimmer und Unmöglich!) Der Test besteht aus zwei Teilen, A und B. Da jeder Teil aus drei Fragetypen (kurze Konversationen, lange Konversationen und Monologe) besteht, wird in diesem Buch der Stoff untergliedert, und es werden Fragen zu jedem einzelnen Typ gestellt.

Kurze Konversationen

Die ersten zehn Fragen befassen sich mit dem ersten Fragetyp, der kurzen Konversation. Stellen Sie die CD auf die Spuren 1 bis 10 ein und lauschen Sie den kurzen Unterhaltungen. Jede Frage besteht aus einer eigenen Spur: die erste befindet sich auf Spur 1, die zweite auf Spur 2 und so fort. Wenn Sie länger brauchen, um die Frage zu beantworten, als Ihnen die CD zur Verfügung stellt, dann drücken Sie auf Ihrem Gerät auf Pause oder die Fernsteuerung. Wenn Sie bereit sind, mit der Übung fortzufahren, drücken Sie wieder auf Pause.

Anweisungen: In diesem Teil der Übungen verfolgen Sie kurze Unterhaltungen zwischen zwei Leuten. Jede Unterhaltung wird nur einmal vorgetragen. Hören Sie sich die Unterhaltung kein zweites Mal an. Am Ende der Konversation wird man Ihnen eine Frage stellen. In diesem Buch können Sie die Frage und die möglichen vier Antworten nachlesen. Lesen Sie die Antworten durch und wählen Sie eine davon. Denken Sie daran, es ist nicht erlaubt, Notizen zu machen.

1. [Spur 1] What does the man imply? *Was deutet der Mann an?*

   (A) He is not interested in seeing the show. *Er interessiert sich nicht für die Show.*

   (B) The show is not very funny. *Die Show ist nicht besonders lustig.*

   (C) He wanted to buy a program. *Er wollte ein Programm kaufen.*

   (D) The programs were too expensive. *Die Programme waren zu teuer.*

Wenn sich der Mann angestellt hat, um ein Programm zu kaufen, dann ist davon auszugehen, dass er dies auch wollte. (Warum sollte er sich sonst anstellen und riskieren, den Ärger seiner vernachlässigten Freundin auf sich zu ziehen?) Die richtige Antwort ist C.

 Wissen Sie, was das Wort _imply_ bedeutet? Es meint andeuten, darauf schließen lassen. Dadurch, dass eine Person etwas andeutet, vermeidet sie eine direkte Aussage. Der Mann hat nicht direkt gesagt, dass er ein Programm kaufen möchte, aber die Tatsache, dass er sich anstellte, lässt darauf schließen, dass er das tun wird.

 2. [Spur 2] What does the woman imply? _Was deutet die Frau an?_

   (A) Running is too dangerous. _Laufen ist zu gefährlich._

   (B) The man should run indoors. _Der Mann sollte in der Halle laufen._

   (C) She doesn't like to run. _Sie läuft nicht gerne._

   (D) It is snowing. _Es schneit._

Als der Mann sich darüber beschwert, dass der Weg mit Schnee bedeckt ist, spricht die Frau über einen Lauf in der Halle. Indem sie andeutet, dass das Laufen in der Halle nicht so gefährlich ist wie auf einem verschneiten Pfad, deutet sie an, dass der Mann in der Halle joggen sollte. Die richtige Antwort ist B.

 Wenn Sie sich für die Antwort D entschieden haben, sind Sie in die Falle getappt. Eine falsche Antwort beinhaltet oft ein Schlüsselwort, das Sie während der Konversation aufgeschnappt haben. Nur weil in der Unterhaltung auch über Schnee gesprochen wird, heißt das nicht, dass die Frau etwas über Schnee andeutet. Denken Sie daran, andeuten heißt etwas nicht direkt sagen.

 3. [Spur 3] What does the man imply? _Was deutet der Mann an?_

   (A) Having a birthday on Friday the 13th is very unlucky. _Am Freitag den 13. Geburtstag zu haben bringt Unglück._

   (B) The woman should go to the store. _Die Frau sollte zum Geschäft gehen._

   (C) The brother is older than his sister. _Der Bruder ist älter als seine Schwester._

   (D) The brother wants a briefcase. _Der Bruder wünscht sich eine Aktentasche._

Der Mann informiert die Frau darüber, dass ihr Bruder sich im Geschäft Aktentaschen angeschaut hat. Daraus könnten Sie schließen, dass sich der Bruder eine Aktentasche wünscht. Die richtige Antwort ist D.

Da wir schon von einem Freitag, den 13. sprechen, möchte ich nebenbei eine Quizfrage stellen: Wenn in einem Monat der 13. auf einen Freitag fällt, wird der Monat immer an welchem Tag beginnen? Sonntag. In jedem Monat, der an einem Sonntag beginnt, fällt ein Freitag auf den Dreizehnten.

 4. [Spur 4] What does the woman imply? _Was deutet die Frau an?_

   (A) She may not have time to finish the homework. _Sie hat vielleicht nicht genügend Zeit um die Hausaufgaben zu beenden._

   (B) She thinks that the man gives too much homework. _Sie denkt, dass der Mann zu viele Hausaufgaben aufgibt._

(C) She is too lazy to do the homework. *Sie ist zu faul, um die Hausaufgaben zu machen.*

(D) The homework is too hard to do. *Die Hausaufgaben sind zu schwierig.*

Dadurch, dass die Frau sagt, dass sie viel zu tun hat, deutet sie an, dass sie vielleicht nicht ausreichend Zeit für die Hausaufgaben hat. Deshalb kann sie damit vielleicht auch nicht rechtzeitig fertig sein. Die richtige Antwort ist A.

Kennen Sie den Ausdruck *procrastinator*? Ein procrastinator ist jemand, der alles bis zum letzten Moment hinauszögert. Ich habe einmal einen Komödianten sagen hören, dass er so ein Hinauszögerer ist, dass er sein Muttermal erst mit zehn Jahren bekam.

5. [Spur 5] What does the woman mean? *Was meint die Frau?*

(A) She doesn't have a smoke alarm. *Sie hat keinen Feuermelder.*

(B) She will call the man later if she thinks of something. *Sie wird den Mann später anrufen, wenn ihr etwas einfällt.*

(C) She wants to return home that evening with the man to look at the smoke alarm. *Sie möchte am Abend mit dem Mann nach Hause gehen, damit er sich den Feuermelder anschaut.*

(D) She doesn't know anything about smoke alarms. *Sie kennt sich mit Feuermeldern nicht aus.*

Der Ausdruck »Let me get back to you on that« (»*ich werde mich später dazu äußern*«) bedeutet, dass eine Person eine andere zu einem späteren Zeitpunkt kontaktieren wird. So fragt Sie zum Beispiel ein Freund, ob Sie mit ihm an einem bestimmten Abend ausgehen. Sie wissen jedoch nicht, ob Sie nicht schon etwas anderes vorhaben. In diesem Fall werden Sie antworten: »Let me get back to you on that«. Dies bedeutet, dass Sie erst nachfragen werden, ob Sie an diesem Abend schon etwas anderes vorhaben, und Ihrem Freund später Bescheid sagen werden. Im vorliegenden Beispiel deutet die Frau an, dass sie darüber nachdenken wird, warum der Feueralarm losging, und dann den Mann anrufen wird, um ihm ihre Gedanken darüber mitzuteilen. (Ich selbst bin so eine schlechte Köchin, dass mir mein Feuermelder immer verkündet, wenn mein Essen fertig ist!) Die richtige Antwort ist B.

Wenn Sie A oder D als richtige Antwort gewählt haben, sind Sie in die Falle getappt, auf der »ähnliche Wörter« steht. Nur weil in einer Antwort ähnliche Wörter enthalten sind – Wörter, die in der Unterhaltung vorkommen – heißt das nicht, dass es sich dabei automatisch um die richtige Antwort handelt. Zugegeben, die Unterhaltung betrifft Feuermelder, aber die Frau sagt nicht, dass sie keinen Feuermelder hat oder darüber nicht Bescheid weiß. Sie sagt stattdessen, dass sie über die Frage des Mannes – welche sich auf Feuermelder bezieht – nachdenken und ihn später deswegen zurückrufen wird.

6. [Spur 6] What does the woman mean?

(A) She was lost in the library. *Sie hatte sich in der Bibliothek verirrt.*

(B) She didn't see the man. *Sie hat den Mann nicht gesehen.*

(C) She wasn't in the library. *Sie war nicht in der Bibliothek.*

(D) The article was very interesting. *Der Artikel war sehr interessant.*

Der Ausdruck »to be lost in« bedeutet, dass man sich so sehr auf etwas konzentriert, dass man auf nichts anderes mehr achtet. Man kann sich zum Beispiel leicht in Musik »verlieren« (get lost in music). Sie hören Ihre Lieblings-CD und bevor Sie es noch merken vergeht die Zeit, Sie vergessen alles um sich herum und natürlich auch für den TOEFL zu üben! Dieser Ausdruck ist also metaphorisch gemeint und nicht buchstäblich. Die Frau war nicht wirklich verloren, sie hatte sich auch nicht etwa in der Bibliothek verirrt und fand den Ausgang nicht mehr. Wenn Sie die Antwort A gewählt haben, haben Sie diesen buchstäblichen Sinn gewählt. Die richtige Antwort ist D.

7. [Spur 7] What does the woman mean? *Was meint die Frau?*

   (A) She thinks that the project is too hard. *Sie glaubt, dass die Aufgabe zu schwierig ist.*

   (B) She wants to work together on the project. *Sie möchte mit jemandem zusammen die Aufgabe lösen.*

   (C) She thinks that the man is wrong. *Sie glaubt, dass der Mann nicht recht hat.*

   (D) She has nothing to do on Saturday afternoon. *Sie hat am Samstag Nachmittag nichts vor.*

Der Mann schlägt vor, dass sie zusammen arbeiten. Die Frau schlägt daraufhin eine Zeit vor, zu der sich treffen können. Daraus können Sie schließen, dass die Frau mit den Plänen des Mannes übereinstimmt und dass sie auch für eine Zusammenarbeit ist. Die richtige Antwort ist B.

Wenn Sie sich für D entschieden haben, haben Sie die Aussage der Frau überinterpretiert. Nur weil die Frau für ein Treffen den Samstag Nachmittag vorschlägt, heißt das nicht, dass sie zu diesem Zeitpunkt nichts zu tun hat. Vielleicht hat sie ja vor und nach dem Treffen andere Dinge zu tun. Passen Sie auf, dass Sie Ihre Antworten »nicht zu weit auslegen«.

8. [Spur 8] What does the man imply about his own grandmother? *Was deutet der Mann über seine eigene Großmutter an?*

   (A) She ist dead. *Sie ist tot.*

   (B) She wouldn't like the woman's grandmother. *Sie würde die Großmutter der Frau nicht leiden können.*

   (C) She used to tell funny stories, too. *Sie erzählte auch lustige Geschichten.*

   (D) She didn't like jokes. *Sie mochte keine Witze.*

Der Ausdruck »I know what you mean« (»*Ich weiß, was Du meinst*«) zeigt für gewöhnlich an, dass der Sprecher über ähnliche Erfahrungen verfügt. Wenn ich Ihnen zum Beispiel sage, dass ich beim TOEFL immer Kopfschmerzen bekomme, und Sie mir antworten »I know what you mean«, deuten Sie an, dass es Ihnen dabei genau so ergeht. Der Mann versteht die Frau, weil seine Großmutter, wie die Großmutter der Frau auch, lustige Geschichten erzählte. Antwort C ist richtig.

Frage D ist in diesem Beispiel die offene Falle. Nur weil in der Unterhaltung das Wort *funny* (*lustig*) auftaucht, meint das nicht, dass die richtige Antwort etwas mit Witzen zu tun hat.

9. [Spur 9] What does the woman mean? *Was meint die Frau?*

   (A) The shirt is too short. *Das Hemd ist zu kurz.*

   (B) The belly button is not visible. *Der Bauchnabel ist nicht sichtbar.*

(C) She has a belly button, too. *Sie hat selbst auch einen Bauchnabel.*

(D) She is looking at her own belly button. *Sie schaut auf ihren eigenen Bauchnabel.*

Die Frau macht sich über die Situation lustig. Sie deutet an, dass sie den Nabel des Mannes sehen kann, dass er sich direkt vor ihren Augen befindet. Die richtige Antwort ist A.

 Obwohl man mit Sicherheit davon ausgehen kann, dass C richtig ist (schließlich hat jeder Mensch einen Nabel!), beantwortet diese Antwort nicht, was die Frau durch ihren Kommentar sagen wollte. Seien Sie vorsichtig dabei, eine Antwort nur deshalb auszuwählen, weil sie etwas Wahres ausdrückt. Wenn es sich bei der Frage zum Beispiel um Schulen handelt und eine Antwort lautet: »Die Hauptstadt von Texas ist Austin«, dann ist das zwar wahr, hat aber absolut nichts mit der Unterhaltung zu tun.

 10. [Spur 10] What does the woman imply? *Was deutet die Frau an?*

(A) The seven deadly sins are listed in the book. *Die sieben Todsünden werden im Buch aufgezählt.*

(B) The man has been in her dorm room before. *Der Mann war bereits vorher bei ihr im Studentenwohnheim gewesen.*

(C) The report is hard to write. *Der Bericht ist schwer zu verfassen.*

(D) The man has a poor memory. *Der Mann hat ein schlechtes Gedächtnis.*

Die Frau unterrichtet den Mann über das Buch, damit er findet, was er sucht. Deshalb ist es nur logisch, davon auszugehen, dass das, was er sucht – eine Liste der sieben Todsünden – im Buch zu finden ist. Die richtige Antwort ist A.

Bonus: Nur zum Spaß, kennen Sie die sieben Todsünden? Sie heißen: Wut, Habsucht, Neid, Unmäßigkeit, Begierde, Stolz und Faulheit. Die meisten Leute wissen nicht, dass es auch sieben positive Eigenschaften gibt: Glaube, Hoffnung, Mildtätigkeit, Keuschheit, Gerechtigkeit, Standhaftigkeit und Mäßigkeit.

Wie viele der Fragen haben Sie richtig beantwortet? Fünf oder mehr ist gut. Dieser Abschnitt soll Ihnen dabei helfen, sich mit der Art der Fragestellung anzufreunden. Wenn Sie weiter hinten die zwei Tests in voller Länge ausführen, werden Sie noch viel mehr Fragen mit längeren Erklärungen zu den Antworten antreffen. Das ist doch wirklich etwas, worauf man sich freuen kann!

Lange Konversationen

Der zweite Fragentyp im Abschnitt Hörverständnis des TOEFL stellt eine längere Unterhaltung zwischen zwei Personen dar. Wie unterscheidet sich diese Unterhaltung vom ersten Fragentyp? Im ersteren Fall besteht die Konversation in der Regel aus einem Satz, den die Frau, und einem Satz, den der Mann spricht. In diesem Abschnitt nun ist die Unterhaltung wesentlich länger, und jede Person (für gewöhnlich ein Mann und eine Frau) macht mehr als nur eine Aussage. Sie müssen sich hier auf die gesamte Unterhaltung konzentrieren, um dann Fragen darüber zu beantworten. Hier haben Sie die Gelegenheit, eine Unterhaltung zu belauschen, ohne gegen den guten Anstand zu verstoßen. Für diejenigen unter Ihnen, die sich gerne in Angelegenheiten anderer einmischen, ist dies der ideale Abschnitt!

Anweisungen: Sie werden nun Unterhaltungen hören, die ein wenig länger sind als die im vorhergehenden Abschnitt. Anschließend werden Ihnen Fragen über das Gehörte gestellt. Jede Unterhaltung werden Sie nur einmal hören; eine Wiederholung ist nicht möglich.

Nachdem die Frage vorgelesen wurde, lesen Sie die vier Antworten, unter denen Sie diejenige auswählen, die am besten die Frage beantwortet.

 Fragen 1 – 5: Folgen Sie der Unterhaltung zwischen zwei Freunden in einem Einkaufscenter.

Stellen Sie die CD auf Spur 11 ein, um diese Konversation zu hören.

 1. [Spur 12] What are the man and woman doing? *Was tun der Mann und die Frau gerade?*

    (A) Shopping for something for the man. *Sie wollen etwas für den Mann kaufen.*

    (B) Shopping for something for the woman. *Sie wollen etwas für die Frau kaufen.*

    (C) Studying together for their classes. *Sie bereiten sich zusammen auf den Unterricht vor.*

    (D) Arguing over money. *Sie haben eine Auseinandersetzung wegen des Geldes.*

Der Mann und die Frau sprechen darüber, was sie auf einem Verkaufstisch fanden. Wenn sie sich etwas ansehen, was im Angebot ist, dann befinden sie sich folglich beim Einkaufen. Die richtige Antwort ist B.

 Wenn Sie A gewählt haben, haben Sie nicht richtig aufgepasst. Es stimmt, der Mann ging mit der Frau zusammen ins Geschäft. Ja, er fand den Pullover und zeigte ihn der Frau. Aber er sagt ausdrücklich, dass sie hier sind, um für sie eine Tasche zu kaufen. Es ist also die Frau, die etwas kaufen möchte.

Die Antwort D ist ebenfalls eine Falle. Der Mann und die Frau diskutieren darüber, wie viel Geld sie ausgeben können. Aber sie haben deswegen keine Auseinandersetzung.

 2. [Spur 13] Why is the woman interested in the sweater? *Warum interessiert sich die Frau für den Pullover?*

    (A) She is very cold. *Ihr ist sehr kalt.*

    (B) The sweater is on sale. *Der Pullover ist im Angebot.*

    (C) The man is willing to buy the sweater for her. *Der Mann möchte den Pullover für sie kaufen.*

    (D) The sweater is her favorite color. *Der Pullover ist in ihrer Lieblingsfarbe.*

Der Mann zeigt der Frau den Pullover und weist darauf hin, dass er im Angebot ist. Die Frau interessiert sich für den Pulli erst, als sie bemerkt, dass er für »einen guten Preis« zu haben ist. Bevor sie bemerkt, dass der Pullover im Angebot ist, sagt sie, dass sie sich nicht für Pullover interessiert, da sie nach einer Handtasche sucht. Wegen des Preises wird der Pullover interessant. Die richtige Antwort ist B.

 Die Antwort C ist eine Falle. Der Mann findet den Pullover und zeigt ihn der Frau. Das deutet jedoch nicht darauf hin, dass er diesen auch für sie kaufen wird. Tatsächlich fragt er sie ausdrücklich, wie viel *sie* ausgeben kann.

3. [Spur 14] How many sweaters does the woman have? *Wie viele Pullover hat die Frau?*

    (A) Two. *Zwei*

    (B) Five. *Fünf*

    (C) A dozen. *Ein Dutzend*

    (D) She doesn't know. *Sie weiß es nicht.*

Der Mann sagt, dass er die Frau in mindestens einem Dutzend unterschiedlicher Pullover gesehen hat und fragt sie dann, wie viele Pullover sie hat. Die Frau weist ausdrücklich darauf hin, dass sie das nicht weiß, weil sie ihre Pullover nie gezählt hat. Die richtige Antwort ist D.

4. [Spur 15] Why does the woman want to buy a purse? *Warum möchte die Frau eine Handtasche kaufen?*

    (A) The purses are on sale. *Die Taschen sind im Angebot.*

    (B) She wants a new purse to match her new outfit. *Sie möchte eine neue Tasche passend zu ihrer neuen Kleidung.*

    (C) She wants to give a purse as a gift to a friend. *Sie möchte die Tasche einer Freundin schenken.*

    (D) She wants to buy a purse to take to a job interview. *Sie möchte eine neue Tasche für ein Einstellungsgespräch.*

Der Mann fragt die Frau, warum sie eine neue Tasche möchte. Sie antwortet, dass sie zu einem Einstellungsgespräch geht und eine Tasche braucht, die teuer aussieht. Daraus können Sie schließen, dass sie eine neue Tasche für das Einstellungsgespräch möchte. Die richtige Antwort ist D.

5. [Spur 16] What does the man suggest that he and the woman do next? *Was schlägt der Mann vor, was die beiden als Nächstes tun sollen?*

    (A) Go back to school and study. *Ihre Ausbildung fortsetzen*

    (B) Go to a different store. *In ein anderes Geschäft gehen*

    (C) Buy the purse. *Die Tasche kaufen*

    (D) Go back and buy the sweater that was on sale. *Zurückgehen und den Pullover kaufen, der im Angebot war*

Dieser Abschnitt ist ziemlich schwierig. Der Mann sagt als Letztes, dass es auf der anderen Seite des Einkaufszentrums einen anderen Laden gibt. Daraus könnten Sie schließen, dass er vorschlägt, dieses Geschäft aufzusuchen. Der Mann sagt nirgends direkt, dass er und die Frau woanders hingehen sollen; in diesem Fall müssen Sie »zwischen den Zeilen lesen.« Die richtige Antwort ist B.

Fragen 6 – 10: Hören Sie zwei Freunden beim Gespräch zu.

Stellen Sie die CD auf Spur 17, um sich die Unterhaltung anzuhören.

6. [Spur 18] What was the man asking the woman? *Was hat der Mann die Frau gefragt?*

    (A) Why she was angry with him. *Warum sie auf ihn böse war*

(B) Why she wasn't listening to him. *Warum sie nicht auf ihn gehört hat*

(C) What she wanted to do on the weekend. *Was sie am Wochenende tun möchte*

(D) Where she wanted to go for dinner that night. *Wo sie am Abend zum Essen hingehen möchte*

Der Mann sagt, dass er wissen möchte, was die Frau am Wochenende unternehmen möchte. Die richtige Antwort ist C.

Wenn Sie B gewählt haben, sind Sie in die Falle gegangen. Es ist am Anfang der Unterhaltung offensichtlich, dass die Frau dem Mann nicht zuhört. Der Mann muss sie auf sich aufmerksam machen. Aber er fragt sie nicht, warum sie ihm nicht zuhört.

7. [Spur 19] Why does the man not want to go to see the movie? *Warum möchte der Mann den Film nicht sehen?*

(A) The movie costs too much money. *Der Eintritt ist zu teuer.*

(B) He heard that the movie was very boring. *Er hörte, dass der Film sehr langweilig ist.*

(C) The theater will be too crowded this weekend. *Das Kino wird an diesem Wochenende zu voll sein.*

(D) He has too much homework to do. *Er hat zu viele Hausaufgaben zu machen.*

Der Mann sagt, dass dies das erste Wochenende ist, an dem der Film vorgeführt wird und daher das Kino überfüllt sein wird. Die richtige Antwort ist C.

Haben Sie bemerkt, dass die Antwort A genau das Gegenteil dessen enthält, was gesagt wurde. Die Frau bemerkt, dass die Eintrittskarten dieses Wochenende nur den halben Preis kosten werden. Oft ist in einer Antwort etwas enthalten, was gesagt wurde, aber genau »anders herum« oder inkorrekt. So kann zum Beispiel während einer Unterhaltung ausgesagt werden, dass eine Unterrichtsstunde ausfällt, bei den Fragen jedoch auftauchen, »die Unterrichtsstunde findet statt.« Seien Sie auf der Hut vor diesen »gegensätzlichen« Antworten und legen Sie sie schnell bei Seite.

8. [Spur 20] Why doesn't the woman want to go hiking in the desert? *Warum möchte die Frau nicht in der Wüste wandern gehen?*

(A) She heard that the weather will be bad. *Sie hat gehört, dass das Wetter schlecht sein wird.*

(B) She doesn't like hiking. *Sie wandert nicht gerne.*

(C) She would rather see the movie. *Sie würde lieber den Film sehen.*

(D) She doesn't feel well. *Es geht ihr nicht gut.*

Die Frau sagt, dass der Wetterbericht meldete, dass es am Wochenende Gewitter geben wird. Sie möchte nicht bei schlechtem Wetter wandern gehen. Die richtige Antwort ist A.

9. [Spur 21] What does the woman want to do over the weekend? *Was möchte die Frau übers Wochenende machen?*

(A) Go hiking in the desert. *In der Wüste wandern*

(B) See the movie in the crowded theater. *In einem überfüllten Kino den Film sehen*

(C) Stay home and study. *Zu Hause bleiben und lernen*

(D) Go to a party. *Auf eine Party gehen*

Die Frau sagt, dass das Wetter schlecht sein wird und sie deshalb lieber zu Hause bleibt und lernt. Die richtige Antwort ist C.

Die Antworten A und B stellen Fallen dar. Über eine Wanderung in der Wüste wird zwar diskutiert, aber die Frau möchte *nicht* gehen, weil sie glaubt, dass das Wetter schlecht sein wird. Die Frau stimmt dem Mann jedoch zu, wenn er sagt, dass das Kino am Wochenende zu voll sein wird und sie den Film zu einem anderen Zeitpunkt anschauen sollten. Achten Sie darauf, dass Sie eine Antwort nicht deshalb wählen, weil etwas darüber in der Unterhaltung erwähnt wird. Denken Sie gründlich darüber nach, wonach Sie wirklich gefragt werden.

10. [Spur 22] What »deal« do the man and woman agree to? *Was »handeln« der Mann und die Frau aus?*

(A) He will go hiking alone, and she will stay home and study. *Er wird alleine wandern gehen und sie bleibt zu Hause, um zu lernen.*

(B) They will see a different movie that weekend. *Sie werden sich am Wochenende einen anderen Film ansehen.*

(C) They will hike if the weather is nice, but they will study if the weather is bad. *Sie werden wandern gehen, wenn das Wetter schön ist, und sie werden lernen, wenn das Wetter schlecht ist.*

(D) They will study together. *Sie werden gemeinsam lernen.*

Gegen Ende der Unterhaltung schlägt der Mann einen Kompromiss vor. Sollte das Wetter schön sein, werden die beiden wandern gehen. Die Frau stimmt zu, fügt jedoch hinzu, dass die beiden, sollte das Wetter schlecht sein, zusammen lernen werden. Die richtige Antwort ist C.

Wie ging es Ihnen in diesem Test? Viele Studenten glauben, dass Fragen über lange Unterhaltungen schwerer zu beantworten sind als solche über die kurzen Unterhaltungen, weil man sich mehr merken muss. Wenn Sie fünf oder mehr richtig hatten, können Sie zufrieden sein und mit dem nächsten Fragentyp weitermachen: die wirklich langen Monologe. Auf geht's!

Monologe

Bei diesem Fragentyp hören Sie einen relativ langen Monolog. Ein Person redet ... und redet ... und redet .... (Das erinnert mich an meinen letzten Rendevouzpartner!) Ihr Job ist es, dem Sprecher genau zuzuhören und am Ende des Vortrags Fragen zu beantworten. (Ich gebe Ihnen einen Tipp, wie Sie diesen Teil gut meistern können. Tun Sie so, als müssten Sie einem Freund alles erzählen, was Sie gehört haben. Sie werden überrascht sein, wie gut Sie sich an den Stoff erinnern können.)

Anweisungen: Bei diesem Fragentyp werden Sie mehrere kurze Reden hören. Sie hören die Reden nur einmal, eine Wiederholung findet nicht statt.

Jeder Rede folgen mehrere Fragen. Lesen Sie die vier Fragen durch und wählen Sie die beste darunter aus.

 Fragen 1 – 5: Hören Sie sich die Rede eines Mitglieds einer Burschenschaft an junge Männer an, die sich für eine Aufnahme interessieren.

Stellen Sie die CD auf Spur 23 ein, um diesen Monolog zu hören.

 1. [Spur 24] Why is the speaker talking to the students? _Warum redet der Sprecher mit den Studenten?_

    (A) To discourage them from applying to the fraternity. _Um ihnen davon abzuraten, Mitglied in der Burschenschaft zu werden_

    (B) To invite them to a fraternity party that weekend. _Um sie zu einer Party der Burschenschaft am kommenden Wochenende einzuladen_

    (C) To give them information about the fraternity. _Um ihnen Informationen über die Burschenschaft zu geben_

    (D) To ask them to join in a charity project. _Um sie zu bitten, an einer Wohltätigkeitsveranstaltung teilzunehmen_

Der Sprecher stellt den jungen Männern die Burschenschaft vor. Er erzählt voraussichtlich zukünftigen Mitgliedern etwas über die Vereinigung und deren Aktivitäten und Ziele. Die richtige Antwort ist C.

Die anderen Antworten sind trickreich. Wohltätigkeitsveranstaltungen (in Antwort C) werden erwähnt, allerdings werden die jungen Männer nicht dazu aufgefordert, sich daran zu beteiligen. Wohltätigkeitsveranstaltungen sind nur eine Aktivität, die die Burschenschaft ausübt. Inhalt der Rede ist es jedoch, _alle_ Aktivitäten der Burschenschaft vorzustellen. Antwort B ist ebenfalls falsch. Es stimmt zwar, dass in der Burschenschaft auch Partys stattfinden, aber auch das ist nicht die Hauptaussage des Sprechers.

 Seien Sie sehr vorsichtig damit, nicht eine Antwort zu wählen, nur weil davon die Rede ist. Sie müssen auf eine Frage _spezifisch_ eingehen. Hier lautet die Frage, warum das Mitglied der Burschenschaft zu den jungen Männern spricht und nicht, worüber er spricht.

 2. [Spur 25] How does the fraternity help its members to get good grades? _Wie hilft die Burschenschaft ihren Mitgliedern, gute Noten zu bekommen?_

    (A) It offers a study hall every night. _Sie bietet jeden Abend einen Studienraum an._

    (B) It gives out answers to tests. _Sie händigt die Antworten zu den Tests aus._

    (C) It accepts only the smartest students. _Sie akzeptiert nur die klügsten Studenten._

    (D) It encourages members to help and tutor each other. _Sie fordert ihre Mitglieder zur gegenseitigen Unterstützung und Nachhilfe auf._

Der Sprecher sagt, dass » ... we all tutor each other to keep those grade point averages high ... _wir uns alle gegenseitig unterstützen, um einen guten Notendurchschnitt aufrechtzuerhalten_.« Die richtige Antwort ist D.

Ich hoffe, Sie sind nicht in Falle B getappt! Im TOEFL werden Sie nie etwas über Betrügereien bei einem Test hören oder lesen. Das ist die erste Antwort, die Sie als falsch erkannt haben müssten.

Antwort C ist genau das Gegenteil von dem, was der Sprecher sagt. Er weist ausdrücklich darauf hin, dass *nicht nur* Intelligenzbolzen akzeptiert werden. Jeder, der bereit ist, hart zu arbeiten, wird akzeptiert. Und Anwort A ist falsch, weil von einem Studierzimmer nie die Rede ist.

 Wenn Sie die Fragen beantworten, sollten Sie sich bei den Antworten nicht nur auf ihr Allgemeinwissen verlassen. Vielleicht ist Ihnen bekannt, dass in vielen Burschenschaften Studierzimmer zur Verfügung stehen, oder Sie denken, dass das sehr wahrscheinlich der Fall ist. Sie können die Auswahl der Antwort nicht nur auf Ihrem Wissen oder Ihrer Erfahrung beruhen lassen. Konzentrieren Sie sich darauf, was der *Sprecher* sagt, und beantworten Sie die Frage anhand dieser Aussage.

 3. [Spur 26] What does the speaker mention as an example of charity work? *Was nennt der Sprecher als Beispiel für einen wohltätigen Zweck?*

    (A) Painting houses. *Häuser anstreichen*

    (B) Baby-sitting. *Babysitten*

    (C) Handing out food to the homeless. *Verteilung von Essen an Obdachlose*

    (D) Collecting money. *Spendensammlung*

Der Sprecher sagt: »We also put in many volunteer hours on different charity projects, like painting houses for poor and underprivileged people … *wir leisten auch viel freiwillige Arbeit für wohltätige Zwecke, wie etwas das Anstreichen der Häuser von armen und unterprivilegierten Leuten.*« Die richtige Antwort ist also A.

 Während des Monologs sollten Sie sich vor allem die genannten Beispiele merken. Sie könnten beim TOEFL nach bestimmten Beispielen gefragt werden, wie sie lauten und warum sie erwähnt werden.

 4. [Spur 27] Why does the speaker mention football games? *Warum erwähnt der Sprecher Footballspiele?*

    (A) To show that the school has a winning team. *Um darauf hinzuweisen, dass die Schule über eine erfolgreiche Mannschaft verfügt*

    (B) To show that the fraternity members have fun. *Um darauf hinzuweisen, dass die Mitglieder in einer Burschenschaft Spaß haben*

    (C) To encourage football players to join the fraternity. *Um Footballspieler zu ermuntern, in die Burschenschaft einzutreten*

    (D) To predict that his school's football team will win next year. *Um vorherzusagen, dass die Footballmannschaft an seiner Schule nächstes Jahr gewinnen wird*

Nachdem der Sprecher sagte, wie hart die Mitglieder der Burschenschaft lernen und wie sehr sie sich für wohltätige Zwecke einsetzen, weist er darauf hin, dass sie aber auch zu Veranstaltungen und Footballspielen gehen, damit der Spaß nicht zu kurz kommt. Die richtige Antwort ist B.

 Immer, wenn Sie ein Beispiel hören, sollten Sie sich fragen, *warum* der Sprecher das tut. Beim TOEFL kann auch durchaus nach dem Grund für ein Beispiel gefragt werden.

5. [Spur 28] What is the main topic of the speech? *Was ist die Hauptaussage des Monologs?*

(A) The parties and social life of the campus. *Die Partys und Geselligkeit an der Schule*

(B) The reasons the fraternity is looking for new members. *Die Gründe dafür, warum die Burschenschaft neue Mitglieder sucht*

(C) How much fun the fraternity is. *Wie viel Spaß man in einer Burschenschaft hat*

(D) What activities the fraternity members participate in. *An welchen Aktivitäten die Mitglieder der Burschenschaft teilnehmen*

Das Hauptthema in einer Rede ist vergleichbar mit der Hauptaussage in einem Lesestück. Generell ist es sehr breit und allgemein gehalten und bietet nur einen Überblick. Lehnen Sie sich zurück und stellen Sie sich die Frage: »Was habe ich eben gehört?« Versuchen Sie, das Gehörte zusammenzufassen, bevor Sie die Fragen lesen. In diesem Fall spricht der Redner darüber, was die Mitglieder einer Burschenschaft alles tun, vom harten Arbeiten über Spaß haben bis hin zu wohltätigen Werken. Er spricht also ganz allgemein über Aktivitäten in einer Burschenschaft. Die richtige Antwort ist D.

Alle anderen Fragen sind Fallen, in die Sie treten sollten. Ja, es wird von den Partys gesprochen, die die Mitglieder der Burschenschaften besuchen, aber dies stellt nur einen *Teil* der Rede dar und ist nicht das Hauptthema. Es wird auch davon gesprochen, warum die Burschenschaft weitere Mitglieder aufnehmen kann, aber auch das ist nur ein *Teil* der Rede und nicht das Hauptthema. Der Sprecher erzählt, wie viel Spaß sie alle in der Burschenschaft haben, aber das ist auch nur ein *Teil* der Rede und nicht das Hauptthema. Können Sie das Muster erkennen? Nur weil eine Aussage richtig ist oder etwas erwähnt wird, bedeutet das nicht, dass es das Hauptthema der Rede ist.

Fragen 6 – 10: Hören Sie den Monolog eines Trainers für Kunsteislauf an.

Stellen Sie die CD auf Spur 29, um diesen Monolog zu hören.

6. [Spur 30] What is the main topic in this lecture? *Was ist das Hauptthema der Rede?*

(A) How to skate better. *Wie man besser Schlittschuh läuft*

(B) How expensive skating is. *Wie teuer das Schlittschuhfahren ist*

(C) The right foods to eat for good health. *Die richige Ernährung, um gesund zu bleiben*

(D) The importance of conditioning in skating. *Wie wichtig beim Schlittschuhfahren eine gute Kondition ist*

Oft wird die Hauptaussage bereits am Anfang der Rede gemacht. Hier sagt der Trainer bereits, dass der wichtigste Aspekt für das Schlittschuhlaufen eine gute Kondition ist. Dieser Punkt wird während der Rede des öfteren wiederholt. Die richtige Antwort ist D.

7. [Spur 31] Why does the speaker mention brushing teeth? *Warum erwähnt der Sprecher das Zähneputzen?*

(A) As an example of something that is part of a routine. *Als ein Beispiel für eine Tätigkeit, die Routine geworden ist*

(B) To stress the importance of good dental health. *Um zu zeigen, wie wichtig gesunde Zähne sind*

(C) To explain that teeth need conditioning, too. *Um zu erklären, dass auch die Zähne konditioniert werden müssen*

(D) As an example how skating affects every aspect of life. *Als ein Beispiel dafür, wie das Schlittschuhlaufen jeden Teilbereich des Alltags beeinflusst*

Wenn Sie C gewählt haben, dann sollten Sie sich jetzt schämen. Ich mache nur Spaß, aber C ist wirklich eine dumme Antwort. Zähne können nicht »konditioniert« werden. Sie haben wahrscheinlich diese Antwort gewählt, weil Sie das Wort *conditioning* enthält.

 Passen Sie bei der Wahl der richtigen Antwort auf, dass Sie nicht diejenige wählen, die ein Wort enthält, das Ihnen bekannt vorkommt, auch wenn dieses Wort das Hauptthema in der Rede ist. Sie möchten sicher sein, dass Sie die Frage nach dem »Why« »Warum« beantworten. *Warum* wird dieser Punkt erwähnt? In diesem Beispiel macht der Trainer die Aussage, dass für seine Schüler das Konditionstraining genau so selbstverständlich wird wie das Zähneputzen. Das Zähneputzen ist also nur ein Beispiel für einen Routineakt. Die richtige Antwort ist A.

 8. [Spur 32] What does the speaker say might happen to a skater who holds her breath? *Was sagt der Sprecher darüber, was mit einer Schlittschuhläuferin passieren kann, wenn sie die Luft anhält?*

(A) She might pass out. *Sie könnte ohnmächtig werden.*

(B) She might miss the jump. *Sie kann vielleicht einen Sprung nicht ausführen.*

(C) She might lose points with the judges. *Die Punkterichter könnten Punkte abziehen.*

(D) She might forget what she was doing. *Sie könnte vergessen, was sie getan hat.*

Der Trainer sagt: »Some skaters hold their breath so long that they pass out.« *»Einige Läufer halten die Luft so lange an, dass sie ohnmächtig werden.«* Bei dieser Art der Fragestellung wird nach einem bestimmten Detail in der Rede gefragt. Dabei müssen Sie nicht zwischen den Zeilen lesen oder Schlussfolgerungen ziehen. Sie müssen sich nur an eine bestimmte Aussage erinnern. Die richtige Antwort ist A.

Wenn Sie C gewählt haben, dann haben Sie eine Aussage gewählt, die in der Rede nicht vorkommt. Obwohl Sie wissen, dass Eiskunstläufer von Punkterichtern beurteilt werden, so ist dennoch nirgendwo die Rede davon. Verlassen Sie sich also bei der Beantwortung der Fragen nicht auf ihr Hintergrundwissen. Beziehen Sie sich bei der Beantwortung *nur* auf das, was der Sprecher sagt oder andeutet.

 9. [Spur 33] What does the coach mention as something that will make a skater unable to complete a jump? *Was nennt der Trainer als Grund für die nicht vollständige Ausführung eines Sprungs?*

(A) Lack of muscular strength. *Ungenügende Muskelkraft*

(B) Forgetting how to spin. *Die falsche Ausführung einer Drehung*

(C) Bad coaching. *Schlechte Anweisungen durch den Trainer*

(D) Poor technique. *Schlechte Technik*

Der Sprecher sagt: »If you don't have the muscular strength to go high in the air, you will never be able to do your jumps.« »*Wenn die Muskeln nicht stark genug sind, um hoch zu springen, werden Sie niemals die Sprünge ausführen können.*« Die richtige Antwort ist A.

Ich hoffe, dass Sie die dritte Antwort sofort als falsch erkannt haben. Es ist ein Trainer, der diese Rede hält; nirgendwo wird etwas über schlechte Traineranweisungen gesagt! Antwort B ist unlogisch. In der Rede kommt nicht vor, dass man *vergisst*, wie man einen Sprung ausführt, sondern nur, dass es einem *nicht möglich* ist, diesen gut auszuführen. Antwort D ist falsch, weil dieser Trainer anderer Meinung als Kollegen in Bezug auf die Wichtigkeit der Technik ist. Er glaubt, dass ein Konditionstraining, welches die Muskeln stärkt, wichtiger ist.

Im Abschnitt Hörverständnis taucht häufig eine Frage auf, die sich auf etwas bezieht, womit der Sprecher nicht übereinstimmt. Konzentrieren Sie sich beim Zuhören auf diese Stelle und merken Sie sich diese. Seien Sie nicht überrascht, wenn anschließend eine Frage darüber gestellt wird.

10. [Spur 34] Why do some students complain about having to do stretching exercises? *Warum beschweren sich einige Schüler über die Stretchübungen, die sie machen müssen?*

    (A) The exercises hurt. *Die Übungen tun weh.*

    (B) The exercises take time away from their skating. *Die Zeit für die Stretchübungen fehlt beim Eislaufen.*

    (C) The exercises are boring. *Die Übungen sind langweilig.*

    (D) The exercises are not as much fun as skating. *Die Übungen machen nicht so viel Spaß wie das Eislaufen selbst.*

Der Sprecher sagt: »Some of them complain that stretching is taking time away from skating.« »*Einige unter ihnen beschweren sich, dass die Zeit, die für die Stretchübungen verwendet wird, beim Eislaufen fehlt.*« Die richtige Antwort ist also B.

Ist Ihnen aufgefallen, dass die Antworten C und D ähnlich sind? Wenn man behauptet, dass etwas langweilig ist, dann ist es das gleiche, wenn man sagt, dass etwas nicht viel Spaß macht. Beim TOEFL gibt es keine zwei richtigen Anworten. Daraus lässt sich schließen, dass, wenn zwei Antworten offensichtlich das gleiche (oder fast gleiche) aussagen, beide falsch sind. Lassen Sie diese schnell bei Seite.

Wie ist es Ihnen bisher ergangen? Herzlichen Glückwunsch, wenn Sie mehr als die Hälfte der Fragen richtig beantwortet haben! Die meisten empfinden den Monolog als den schwierigsten Teil der Prüfung im Abschnitt Hörverständnis. Die langen Reden sind manchmal so langweilig, dass Sie am liebsten zwischendurch ein Nickerchen machen würden! Jetzt, wo Sie jedoch auf diese Fragestellung vorbereitet sind, kommt Ihnen das Ganze nicht ein wenig leichter vor?

Teil III

So machen Sie es richtig: die Wiederholung der Grammatik

In diesem Teil ...

Dieser Teil beinhaltet eine Wiederholung der Grundregeln der Grammatik. Keine Sorge: Dieses Kapitel ist nicht völlig langweilig. Ich habe genügend alberne Beispiele und Witze eingefügt, damit Sie nicht einschlafen. In diesem Kapitel finden Sie gutes Material zu Grammatikregeln, die Sie vor langer Zeit einmal gelernt haben und dachten, diese für immer hinter sich gelassen zu haben. Hier die Überraschung: Sie sind zurüüüüüüück ...

Bezaubernde Grammatik: fünf Sterne für die Grammatik-Wiederholung

4

In diesem Kapitel

✔ Hauptwörter und Verben verstehen

✔ Die Anpassung von Hauptwörtern und Verben

✔ Die Verwendung von Fürwörtern und relativen Fürwörtern

✔ Hinzufügen von Adjektiven und Adverbien

✔ Der Satzbau

✔ Parallelität

✔ Der korrekte Vergleich

✔ Der Sprachstil

✔ Die Vermeidung des Überflüssigen und anderer häufig auftretender Fehler

---

Ein Abschnitt beim TOEFL nennt sich Struktur. In diesem Teil des Tests dürfen Sie Ihre Grammatik-kenntnisse unter Beweis stellen. Viele Prüflinge empfinden diesen Teil des Tests als den einfach-sten. Grammatikregeln kann man auswendig lernen. Sie sind im Großen und Ganzen logisch aufgebaut und leicht zu verstehen. **Tipp:** Wenn Ihnen nur eine relativ kurze Zeit für die Vorbereitung auf den TOEFL zu Verfügung steht, sollten Sie mit diesem Teil beginnen.

Bonus: Die Information, die Sie in dieser Grammatik-Wiederholung erhalten, wird Ihnen noch in einem anderen Abschnitt des TOEFL hilfreich sein, beim Schreiben. Im Abschnitt Schreiben verlangt man von Ihnen, dass Sie einen Aufsatz (entweder am Computer oder auf einem Blatt Papier) verfassen. (Im neun-ten Kapitel erfahren Sie mehr über den Abschnitt Schreiben.) Diejenigen, die Ihren Aufsatz benoten, werden auch Ihre Fehler bemerken (ob Sie zum Beispiel *affect* anstelle von *effect* verwenden). Wenn Sie die Grammatikregeln jetzt lernen, wird Ihnen das später beim Aufsatz zugute kommen.

 Sie haben sich wahrscheinlich über viele Jahre hinweg als Schüler mit der englischen Grammatik befasst. Diese kurze Wiederholung ist nicht dazu gedacht, ein langandauerndes Training zu ersetzen. Stattdessen soll sie nur diejenigen Grammatikregeln auffrischen, die sehr wichtig sind (wichtig heißt in diesem Fall »häufig verwendet«). Wenn Sie in diesem Abschnitt etwas nicht verstehen, sollten Sie jemanden bitten, am besten natürlich Ihren Englischlehrer, es Ihnen ge-nauer zu erklären. Für den Moment reicht es jedoch aus, wenn Sie die Regeln auswendig lernen. Brennen Sie sie in Ihrem Gehirn ein, schnitzen Sie sie in Ihr Herz und verwenden Sie sie einmal bei Ihrem Eheschwur! Sie müssen diese Regeln so beherrschen, dass Sie während des Tests förm-lich in Ihr Gehirn springen, da Sie nicht die Zeit haben werden, über die Grammatikregeln im Einzelnen lange nachzudenken. Je mehr Zeit Sie mit den Regeln jetzt verbringen, desto weniger müssen Sie sich im Test damit herumplagen, wo Sie noch dazu unter Stress stehen.

Manche der hier genannten Regeln sind so elementar, dass Sie vielleicht denken, ich will Ihre Intelligenz beleidigen. Bitte ertragen Sie mich. Jede Regel, die hier genannt wird, hat ihren guten Grund. Sollten Sie diese nicht sorgfältig beachten, werden Sie vielleicht in eine TOEFL-Falle tappen. Sagen Sie nicht, ich hätte Sie nicht gewarnt.

Hauptwort (Nomen)

1. **Ein Hauptwort kann eine Person, ein Ort oder eine Sache sein.**

   Beispiele:

Person	Ort	Sache
Lehrer	Schule	Telefon
Freund	San Diego	TOEFL
Lars	Bücherei	Buch

2. **Ein echtes Hauptwort ist der Name einer Person oder eines Ortes und wird groß geschrieben.**

   Beispiele: Bruno, Elizabeth und Pierre (Namen von Personen); Kanada, England und Ägypten (Namen von Orten).

3. **Ein Hauptwort stellt häufig das Subjekt (Satzgegenstand) eines Satzes dar.**

   Bruno is my best friend. Bruno *ist mein bester Freund.* (Bruno, ein echtes Hauptwort, ist das Subjekt in diesem Satz.)

   The *professor* gave us a quiz last week. *Der* Lehrer *hat uns letzte Woche Quizfragen gestellt.* (Der *Lehrer* ist das Subjekt des Satzes.)

Verben (Tätigkeitswörter)

1. **Ein Verb drückt häufig eine Handlung oder Tätigkeit aus. Es sagt, welche Handlung das Subjekt des Satzes ausübt.**

   The snowboarder *fell* face down into the snow. *Der Snowboarder* fiel *mit dem Gesicht nach unten in den Schnee.* (Fallen *ist das Verb. Es drückt aus, was der Snowboarder tat.*)

   The comedian from Alaska *joked* that, »We define summer as three months of bad sledding:« *Der Unterhalter aus Alaska* machte einen Witz: »*Wir definieren Sommer als die drei Monate, wo man nur schlecht Schlitten fährt.*« (Das Verb ist *einen Witz machen.* Es drückt aus, was der Unterhalter tat.)

2. **Einige Verben werden auch *Hilfsverben* (linking verbs) genannt. (Keine Angst, Sie müssen sich im Test nicht an die Terminologie erinnern.)**

Hilfsverben drücken keine Handlung aus, sondern verbinden zwei Teile eines Satzes miteinander. Bei den Hilfsverben handelt es sich oft um Formen von is (ist), such as is (wie etwa), are (sind), was (war) und were (waren). (Es gibt noch viel mehr Hilfsverben, aber das sind die wichtigsten).

My friend *is* angry with me right now. *Mein Freund* ist *im Moment ärgerlich auf mich.* (Das Verb *is* verbindet Freund und ärgerlich.)

The school *was* closed for the holiday. *Die Schule* war *wegen der Ferien geschlossen.* (Das Verb *was* verbindet Schule und geschlossen.)

Die Anpassung Subjekt-Verb

1. **Ein Subjekt in der Einzahl verlangt nach einem Verb in der Einzahl.**

My computer *is* defect. *Mein Computer* ist *kaputt.*

In diesem Satz ist Computer das Subjekt, welches in der Einzahl (im Singular) steht: ein Computer. Das Verb *is* (ist) ist ebenfalls im Singular. Würden Sie hier das Verb *are* (sind) verwenden, wäre das falsch, da *are* für Plural steht. Sie könnten also nicht sagen, »My computer *are* defect«. *Mein Computer* sind *kaputt.*

2. **Ein Subjekt im Plural verlangt nach einem Verb im Plural.**

My brain cells *are* defect. *Meine Gehirnzellen* sind *kaputt.*

Das Subjekt in diesem Satz, die Gehirnzellen, sind Plural. Deshalb ist das Verb *are* (sind) richtig. Das Verb in der Einzahl, *is* (ist) wäre falsch. Auch wenn Sie bei dieser Vorbereitung des öfteren das Gefühl haben, dass alle Gehirnzellen außer einer absterben, so wird in obigem Satz doch auf Gehirnzellen (Plural) Bezug genommen.

3. **Ein zusammengesetztes Subjekt – zwei oder mehrere Subjekte, die oft durch das Wort und miteinander verbunden sind – verlangt auch nach einem Verb im Plural.**

Both, my computer *and* my brain cells *are* defect. *Beides, mein Computer* und *meine Gehirnzellen* sind *kaputt.*

Das Subjekt besteht aus zwei Teilen, Computer und Gehirnzellen. Es ist deshalb ein zusammengesetztes Subjekt, oder ein Plural, das auch ein Verb im Plural *are* (sind), erfordert.

4. **Folgende Wörter sind immer im Plural und verlangen nach einem Verb im Plural.**
   - ✔ **Few:** *Few* people *receive* perfect scores on the TOEFL. Wenige *Leute* erreichen *eine hohe Punktezahl beim TOEFL.* (Das Verb *receive* ist im Plural. Das Verb in der Einzahl, *receives* (erreicht), wäre falsch.)

✔ **both:** *Both* of my friends *are* studying for the TOEFL. *Meine* beiden *Freunde* bereiten *sich auf den TOEFL vor.* (Das Verb *are* ist Plural. Das Verb in der Einzahl, *is*, wäre falsch.)

✔ **several:** *Several* of my friends *want* to study with me for the TOEFL. Einige *meiner Freunde* wollen *sich mit mir auf den TOEFL* vorbereiten. (Das Verb *want* ist Plural. Das Verb in der Einzahl, *wants*, wäre falsch.)

✔ **many:** *Many* of my friends *wish* that they had never heard of the TOEFL. Viele *meiner Freunde* wünschen *sich, dass sie vom TOEFL nie etwas gehört hätten.* (Das Verb *wish* ist Plural. Das Verb in der Einzahl, *wishes*, wäre falsch.)

5. Die folgenden Wörter sind im Singular und verlangen nach einem Verb im Singular.

✔ **each:** *Each* question on the TOEFL *is* important. Jede *Frage* ist *beim TOEFL wichtig.* (Das Verb *is* ist in der Einzahl. Das Verb im Plural, *are*, wäre falsch.)

✔ **every:** *Every* question on the TOEFL *gives* me a headache. Jede *Frage beim TOEFL* verursacht *bei mir Kopfschmerzen.* (Das Verb *gives* ist im Singular. Das Verb im Plural, *give*, wäre falsch.)

 Andere Wörter, die sich aus dem Wort *every* zusammensetzen, wie *everybody* (jedermann), *everything* (alles) und *everyone* (jeder) stehen ebenfalls in der Einzahl und verlangen nach einem Verb in der Einzahl. Diese Regel könnte eine Falle darstellen, da man davon ausgehen könnte, dass *everybody* alle Leute meint und daher im Plural ist. Falsch. *Everybody* ist Einzahl. Zum Beispiel: *Everybody is eager to go to the party after the TOEFL. Jeder möchte nach dem TOEFL auf eine Party gehen.* Da *everybody* singular ist, steht auch das Verb, *is*, im Singular. Halten Sie immer Ausschau nach everybody – vergessen Sie das »every« und behalten Sie den body (Körper), das Ding im Kopf, welches für einen Singular steht und auch ein Verb im Singular benötigt.

6. Die folgenden Wörter können sowohl im Singular als auch im Plural gebraucht werden, abhängig davon, welche Wörter ihnen folgen: some, any, most, all und none.

Hier folgen Beispiele, wie diese Wörter entweder im Singular oder Plural verwendet werden. Um zu entscheiden, ob es in der Einzahl oder Mehrzahl ist, schauen Sie auf das, was diesem Wort folgt. Häufig ist es ein Satzteil, der mit »of« beginnt. Richten Sie Ihre Aufmerksamkeit auf das Objekt des »of«.

✔ *Some* of the jokes in this book *are* really bad. Einige *Witze in diesem Buch* sind *wirklich schlecht.* (Weil *jokes* Plural ist, ist *some* ebenfalls Plural und verlangt nach einem Verb im Plural: *are.*)

✔ *Some* of the humor in this book *makes* me laugh. Einiger *Humor in diesem Buch* bringt *mich zum Lachen.* (Weil *humor* Singular ist, ist *some* ebenfalls Singular und verlangt nach einem Verb im Singular: *makes.*)

✔ *Any* of the movies *are* okay with me. *Alle von den Filmen sind mir recht.* (*Movies* ist im Plural, deshalb ist *any* im Plural. Verwenden Sie das Verb im Plural: *are*).

✔ *Any* theater *is* available for showing the film tomorrow. *Der Film kann morgen in jedem Theater gezeigt werden.* (*Theater* ist im Singular, deshalb ist *any* im Singular. Verwenden Sie das Verb im Singular: *is.*)

✔ *Most* of my friends *are* studying to be lawyers. *Die* meisten *meiner Freunde* studieren *Jura*. *Friends* ist im Plural, deshalb ist *most* Plural. Verwenden Sie das Verb im Plural: *are*.)

✔ *Most* of the courtroom *is* occupied by law students who are observing the proceedings. *Der größte Teil des Gerichtssaals ist von Jurastudenten besetzt, die das Verfahren verfolgen.* (*Courtroom* ist im Singular, deshalb ist *most* im Singular. Verwenden Sie das Verb im Singular: *is*.)

Bonus: Kennen Sie diesen Witz über Juristen?

Warum werden die meisten Juristen vier Meter tief begraben?

Weil sie ganz tief drinnen nette Menschen sind!

✔ *All* of the reports *were* finished yesterday. *Alle Berichte wurden gestern fertig gestellt.* (*Reports* ist im Plural, deshalb ist *all* im Plural. Verwenden Sie das Verb im Plural: *were*.)

✔ *All* of the text *was* well written. *Der ganze Text war gut geschrieben.* (*Text* ist im Singular, deshalb ist *all* im Singular. Verwenden Sie das Verb im Singular: *was*.)

✔ *None* of the letters ever *come* on time. *Keine Briefe kommen jemals rechtzeitig an.* (*Letters* ist im Plural, deshalb ist *none* im Plural. Verwenden Sie das Verb im Plural: *come*.)

✔ *None* of the stationery *comes* with stamps. *Kein Briefumschlag kommt bereits mit Briefmarken drauf.* (*Stationery* ist im Singular, deshalb ist *none* im Singular. Verwenden Sie das Verb im Singular: *comes*.)

 Diese fünf Wörter sind ein Spezialfall, deshalb müssen Sie diese auswendig lernen. Verwenden Sie als Gedächtnisstütze das Akronym S.A.M.A.N. Es besteht natürlich aus den Anfangsbuchstaben der Wörter *some, any, most, all* und *none*. Denken Sie an den Satz: »S.A.M.A.N. (Say man), can you tell me which words are sometimes singular and sometimes plural?«

7. Kollektive Hauptwörter sehen oft aus, als verlangen sie nach einem Plural, aber sie sind tatsächlich im Singular.

Beispiele für kollektive Hauptwörter sind *group* (*Gruppe*), *public* (*Öffentlichkeit*), *government* (*Regierung*), *union* (*Vereinigung*), *organization* (*Organisation*) und *collection* (*Sammlung*).

> The *group is* going to give me a scholarship to go study in the United States. *Die* Gruppe stellt *mir ein Stipendium zur Verfügung, damit ich in den Vereinigten Staaten studieren kann.*

Group ist im Singular und verlangt nach einem Verb im Singular: *is*. Der Satz »The group *are* (sind) going to give me a scholarship to go study in the United States« ist falsch.

> The *government was* willing to grant me a visa to go overseas. *Die* Regierung hat *zugestimmt, mir ein Visa auszustellen, damit ich ins Ausland reisen kann.*

Government ist im Singular und verlangt nach einem Verb im Singular: *was*. Der Satz »The government *were* (waren) willing to grant me a visa to go overseas« ist falsch.

Kollektive Hauptwörter im Amerikanischen Englisch (so wie es in Amerika gesprochen und im TOEFL getestet wird) unterscheiden sich von den kollektiven Hauptwörtern im Britischen Englisch, welches Sie vielleicht gelernt haben. In einigen Ländern ist es durchaus in Ordnung, wenn ein kollektives Hauptwort im Plural gebraucht wird. Dort ist es erlaubt zu sagen: »The union *are* on strike« (Die Gewerkschaften streiken). In den Vereinigten Staaten (und was wichtiger ist, beim TOEFL) wäre dieser Satz grammatikalisch falsch. Hier müssen Sie das Verb im Singular benutzen: The union *is* on strike. Wenn Sie es gewöhnt sind, nach einem kollektiven Hauptwort ein Verb im Plural zu verwenden, stellen Sie in Ihrem Gehirn eine rote Warnflagge auf.

8. Ein mit einer Präposition beginnender Satz hat keinen Einfluss auf die Übereinstimmung von Subjekt-Verb.

Zu den häufigsten Präpositionen gehören *of, by, with, from* und *to* (hierbei handelt es sich um eine sehr kurze Liste; es gibt noch viele weitere Präpositionen. Im Folgenden gebe ich ein paar Beispiele für häufig verwendete Sätze mit Präpositionen:

✔ by the side   *zur Seite*

✔ to the store   *zum Geschäft*

✔ from the museum   *aus dem Museum*

✔ with my friend   *mit meinem Freund*

✔ of the test   *aus dem Test*

✔ above the margin   *über dem Durchschnitt*

Wenn Sie einen Satz mit einer Präposition darin sehen, dann ignorieren Sie diese einfach, da das Subjekt des Satzes in keiner Weise davon abhängig ist. Das Sujekt ist für gewöhnlich (nicht immer!) das Hauptwort oder Fürwort zu Beginn des Satzes.

> The angry *group* of test-takers *is* throwing rotten tomatoes at the proctor. *Die ärgerliche* Gruppe *der Testteilnehmer* bewirft *die Aufsicht mit faulen Tomaten.*

Die Präposition ist im Satzteil of *test-takers*. Ignorieren Sie diese einfach. Wie heißt das Subjekt? Das Subjekt ist *group* – bei welchem es sich, um einen Stolperstein einzubauen, um ein kollektives Hauptwort handelt. Und wie ich vorher schon erklärt habe, sehen diese kollektiven Hauptwörter zwar nach dem Plural aus, verlangen aber nach dem Singular. Das Verb im Singular ist *is*.

 Fünf Wörter bilden hierbei ein Ausnahme: Die S.A.M.A.N.-Wörter (*some, any, most, all* und *none*). Beachten Sie die Präpositionalsätze mit S.A.M.A.N-Wörtern.

> All of my friends *are* studying for the test. Alle meine Freunde lernen für den Test. (Der Satzteil mit Präposition lautet *of my friends*. In diesem Fall müssen Sie sich den ganzen Satz ansehen, um entscheiden zu können, ob *all* für Singular oder Plural steht. Weil aber *friends* im Plural ist, ist auch *all* im Plural, das Verb also *are*.)

All of their time *is* spent complaining about having to study so much. Sie verschwenden ihre ganze Zeit damit, sich darüber zu beschweren, dass sie so viel lernen. (Der Satzteil mit Präposition lautet *of their time*. *Time* ist im Singular, was bedeutet, dass *all* ebenfalls im Singular ist. Dazu gehört ein Verb im Singular: *is.*

9. Einige Hauptwörter haben irreguläre Formen für Singular und Plural.

In der englischen Sprache ist es in den meisten Fällen einfach, aus Wörtern in der Einzahl die Mehrzahl zu bilden. Wir tun das, indem wir einfach ein *s* anhängen. Hier ein paar Beispiele: *bird/birds* (*Vogel/Vögel*), *shoe/shoes* (*Schuh/Schuhe*), *pencil/pencils* (*Bleistift/Bleistifte*). Es gibt aber auch hier Ausnahmen. Da diese keiner Regel folgen, müssen Sie sich diese einfach merken. Hier folgen ein paar Beispiele für häufig verwendete Wörter.

Singular	Plural
Criterion	criteria
Curriculum	curricula
Phenomenon	phenomena
Medium	media

The most important *criterion* to me *is* that a school be inexpensive. *Das wichtigste* Merkmal *für mich* ist, *dass die Schule billig ist*. (*Criterion* ist im Singular. Daher verwenden wir das Verb im Singular: *is*).

Three *critera are* important to me when choosing a major. *Drei* Merkmale sind *wichtig, wenn ich ein Hauptfach auswähle.* (*Criteria* ist im Plural. Daher verwenden wir das Verb im Plural: *are.*)

 Was tun, damit Sie sich merken können, welche Form die Einzahl und welche die Mehrzahl darstellt? Hier wieder ein Hinweis darauf, wie Sie das leicht behalten können. Für gewöhnlich (nicht immer, aber die meiste Zeit) endet das Wort in der Einzahl mit einem Konsonanten (criterion, phenomenon) und die Plural-Form mit einem Vokal (criteria, phenomena). Zu den Vokalen gehören a, e, i, o, u (und manchmal y).

10. Das zweite Subjekt in einer *either/or* (*entweder/oder*) und *neither/nor* (*weder/noch*) Satzkonstruktion entscheidet, ob das Verb im Singular oder Plural steht.

Neither ice cream *nor* doughnuts *are* on my diet. *Ich esse* weder *Eiscreme* noch *Donuts.*

Doughnuts, Plural, folgt dem nor. Deshalb muss im Satz das Verb im Plural stehen: *are.*

Neither doughnuts *nor* ice cream *is* on my diet. *Ich esse weder Donuts noch Eiscreme.*

Ice cream, Singular, folgt dem *nor*. Deshalb muss im Satz das Verb im Singular stehen: *is.*

Es gibt noch eine wichtige Sache, die Sie sich im Zusammenhang mit *neither/nor* und *either/ or* merken sollten. Vermischen Sie diese Wörter nicht untereinander. Sie können nicht sagen *neither/or*, genauso wenig wie *either/nor*. Richtig heißt die Kombination immer *neither/nor* und *either/or*. Genau so falsch ist es, *not* und *nor* zu kombinieren. (Falsch: He is n*ot* worried *nor* afraid. Richtig: He is *not* worried *or* afraid.)

Fürwörter (Pronomen)

1. **Ein Pronomen oder Fürwort ist ein Wort, das die Stelle eines Hauptworts (Substantiv) einnimmt.**

   Es folgen einige Beispiele für häufig verwendete Fürwörter: *I, you, he, she, it, we, us, they, me, my, mine, him, his, her, hers, its, our, ours, their* und *theirs*.

2. **Ein Fürwort muss die gleiche Menge (Singular oder Plural) haben, wie das Hauptwort, das es ersetzt.**

   Wenn das Fürwort ein Hauptwort in der Einzahl ersetzt, dann ist das Fürwort im Singular. Wenn das Fürwort ein Hauptwort im Plural ersetzt, ist das Fürwort ebenfalls im Plural.

   > Everybody is expected to do his homework tonight and turn it in first thing tomorrow morning. *Es wird von jedem erwartet, dass er seine Hausaufgaben heute macht und sie gleich als erstes morgen früh abgibt.*

   Das Fürwort im vorangehenden Satz ist *his*, das auf das Subjekt, *everybody*, verweist. Wenn Sie davon ausgingen, dass *everybody* eine Pluralform ist, dann haben Sie meinen Tipp von weiter vorne vergessen. Jedes Wort mit einem *every*, like *everybody, everyone* und *everything* ist im Singular. *Everybody* verlangt nach einem Verb im Singualar, *is*, und einem Pronomen im Singular, *his*. Ich höre häufig Studenten sagen: »Everybody must do *their* homework.« (*Jeder muss ihre Hausaufgaben machen.*) Falsch! Everybody should do *his* or *her* homework. (*Jeder sollte seine oder ihre Hausaufgaben machen.*)

3. **Ein Fürwort muss das gleiche Geschlecht (feminin, maskulin oder neutral) haben wie das Hauptwort, das es ersetzt.**

   Wenn ein Fürwort ein weibliches Hauptwort ersetzt, ist das Fürwort feminin, für ein männliches Hauptwort maskulin und ein sächliches Hauptwort neutral.

   > Mr. Matsumoto is famous for *his* good looks. *Mr. Matsumoto ist bekannt für* sein *gutes Aussehen.* (Weil Mr. Matsumoto männlich ist, verwendet man hier das männliche Fürwort *his*.)

   > Mrs. O'Neill wants *her* money refunded. *Mrs. O'Neill möchte* ihr *Geld zurück.* (Weil Mrs. O'Neill eine Frau ist, verwendet man hier das weibliche Fürwort *her*.)

   > The book has a new picture on *its* cover. *Das Buch verwendet ein neues Bild auf* seinem *Umschlag.* (Weil das Buch neutral ist, also nicht männlich und nicht weiblich, verwendet man hier das neutrale Fürwort *its*.)

Mittlerweile will man den beiden Geschlechtern gerecht werden, daher verwendet man im englischen Sprachgebrauch immer öfter die weibliche und männliche Form. Hier ein Beispiel:

> Everyone must do *his* or *her* best on the project if we are to finish it on time. *Jede/Jeder muss bei diesem Projekt ihr/sein Bestes geben, damit wir es rechtzeitig beenden können.*

 In vielen Sprachen sind Hauptwörter männlich oder weiblich. Im Englischen sind die meisten Hauptwörter neutral, nur Menschen sind männlich oder weiblich. Tiere können sowohl maskulin als auch feminin sein. Dinge und Orte sind in der englischen Sprache meist neutral. Wenn in Ihrer Muttersprache ein Unterschied zwischen männlichen und weiblichen Hauptwörtern gemacht wird, müssen Sie bei der Anpassung der Fürwörter vorsichtig sein.

4. **Ein Fürwort muss eindeutig sein, das heißt, es muss klar zu erkennen sein, welches Hauptwort es ersetzt.**

> Bernard asked Jim to clear *his* books off the table. Bernard bat Jim, seine Bücher vom Tisch zu nehmen.

Auf wen bezieht sich das Pronomen *his*? Bernard oder Jim? Gehören die Bücher Bernard oder Jim? Für gewöhnlich wird davon ausgegangen, dass sich das Pronomen auf das Hauptwort bezieht, das ihm am nächsten steht. Sie müssten in diesem Fall also raten und auf Jim tippen, da *Jim* dem Pronomen *his* näher steht. Seien Sie aber in diesen Fällen achtsam. Wenn es nicht eindeutig ist, auf wen sich ein Pronomen bezieht, dann sollten Sie den Satz umschreiben. Bernard said, »Jim, would you please clear your books off the table?« *Bernard sagte: »Jim, würdest du bitte deine Bücher vom Tisch nehmen?«*

5. **Ein Pronomen muss im richtigen Fall stehen**

Das Personalpronomen ist für gewöhnlich das Subjekt des Satzes (oder das Subjekt in einem bestimmten Fall). Beispiele sind: *I, you, he, she, it, we* and *they.*

> He is going to receive his award at tonight's ceremony. *Er wird seinen Preis heute Abend während des Fests erhalten.*

Er ist das Subjekt des Satzes.

Das Reflexivpronomen ist für gewöhnlich das Objekt des Verbs oder das Objekt der Präposition. Beispiele sind sind *me, you, him, her, it, us* und *them.*

> Esmeralda was looking for her boyfriend but couldn't see him in the crowd. *Esmeralda sah sich nach ihrem Freund um, konnte ihn in der Menge aber nicht entdecken.*

Him ist das Objekt des Verbs *see* (*him* erhält die Aufmerksamkeit des Verbs).

Das Possessivpronomen zeigt an, wem etwas gehört. Beispiele sind *my, mine, your, yours, his, her, hers, its, our, ours, their* und *theirs.*

> The small children assured their mother that the crayon marks on the wall were not *theirs. Die kleinen Kinder versicherten ihrer Mutter, dass die Kritzereien an der Wand nicht von ihnen stammen.*

Sowohl die Wörter *their* als auch *theirs* zeigen einen Besitz an. *Their* mother (ihre Mutter) sagt aus, dass es die Mutter der *Kinder* ist. *Theirs* (ihnen) zeigt an, dass die Kritzeleien von den *Kindern* stammen.

 Häufig werden Fehler gemacht, wenn die Pronomen einem Hilfsverb folgen. Zu den Hilfsverben gehören das Verb *to be* (sein) in der Form *is* (ist), *are* (bist), *was* (war) und *were* (waren). Pronomen, die einem Hilfsverb folgen, sind immer Personalpronomen. Das klingt oft sehr pompös und wichtig ... ist aber richtig. Hier ein paar Beispiele:

> It is I. *Ich bin es.*

Die meisten Menschen sagen, »It's me«, aber im korrekten Englisch steht an der Stelle von me I, und im TOEFL werden Sie nach dem korrekten Englisch gefragt.

> It was he. *Er war es.*

Sagen Sie nicht, »It was him.«

> It could be they. *Es könnten sie sein.*

Falsch ist es, zu sagen, »It could be them.«

> I confess that it was I who insisted on putting all these lame jokes in the book. *Ich gestehe, dass ich es war, die darauf bestand, dass all diese lahmen Witze im Buch stehen.*

Es war nicht *me*, es war *I*.

6. **Ein Pronomen und ein Hauptwort werden niemals zusammen benutzt.**

Der Zweck eines Pronomen ist es, ein Hauptwort zu ersetzen. Wenn Sie ein Pronomen verwenden, dürfen Sie kein Hauptwort verwenden. Es folgt ein Beispiel dafür, wie es falsch verwendet wird.

> FALSCH: Barney and Calvin they are history majors. *Barney und Calvin sie haben als Hauptfach Geschichte.*

Das Fürwort *they* folgt den Hauptwörtern Barney und Calvey. In diesem Fall ersetzt *they* nicht die Hauptwörter und ist deshalb überflüssig.

> RICHTIG: Barney and Calvin are history majors. *Barney und Calvin haben als Hauptfach Geschichte.*

Ein Subjekt ist ausreichend. Verwenden Sie nur die Hauptwörter. Lassen Sie die Fürwörter weg, wenn Sie bereits ein Hauptwort verwendet haben.

Seien Sie auf der Hut vor den Wörtern *that* (dass) and *which* (welche). Wenn Sie *that* oder *which* verwenden, brauchen Sie nachfolgend kein Pronomen. Hier einer der am häufigsten auftretenden Fehler:

FALSCH: This is the book that it got a rave review from the critics. *Dies ist das Buch, welches das von den Kritikern hoch gepriesen wurde.*

That ist ein Pronomen, das sich auf das Buch bezieht. *It* ist ebenfalls ein Pronomen, das auf das Buch hinweist. Sie benötigen nicht beide.

RICHTIG: This is the book that got a rave review from the critics. *Dies ist das Buch, welches von den Kritikern hoch gepriesen wurde.*

Lassen Sie das *it* weg.

Relativpronomen

1. **Drei bestimmte Pronomen werden Relativpronomen genannt. Es sind *who* (und sein Gegenstück *whom*), *which* und *that*.**

2. ***Who* und *whom* beziehen sich immer auf Menschen.** Verwenden Sie *who* und *whom* nicht, wenn Sie Orte oder Dinge meinen.

   RICHTIG: This is the man who won the lottery. *Das ist der Mann, der in der Lotterie gewonnen hat.* (*Who* bezieht sich auf den Mann, eine Person, und ist deshalb richtig.)

   FALSCH: This is the ticket who had the winning number. *Das ist das Los, das die richtige Nummer trug.* (*Who* bezieht sich auf das Los, eine Sache, und ist deshalb falsch.)

3. ***Who* ist das Subjektiv. Verwenden Sie *who* als das** Subjekt **eines Satzes oder Falles. *Whom* ist das Objektiv. Verwenden Sie *whom* als das** Objekt **eines Verbs oder eines Präpositionalsatzes**.

   RICHTIG: *Who* wants to go to the concert tonight? *Wer möchte heute Abend ins Konzert gehen?* (*Who* ist das Subjekt des Verbs *wants*.)

   RICHTIG: I don't know whom to invite to the concert. *Ich weiß nicht, wen ich ins Konzert einladen soll.* (*Whom* ist das Objekt des Verbs *invite*.)

 Viele Leute verwechseln die Verwendung von *who* und *whom*. Hier sage ich Ihnen, wie Sie sich den Unterschied leicht merken können: Wenn Sie in einem Satz *him* ersetzen können, dann verwenden Sie *whom*. (*Him* beinhaltet ein *m*; *whom* beinhaltet ein *m*. So können Sie sich das ganz leicht merken.) Zum Beispiel: »I don't know *whom*? I don't know *him*.« Sie würden nicht sagen: »I don't know he,« also sagen Sie nicht, »I don't know who?«

4. *That* **und** *which* **beziehen sich auf Dinge.**

Wenn man es mit der Grammatik ganz ernst nimmt, dann besteht tatsächlich ein Unterschied in der Verwendung von *that* und *which*. Beim TOEFL werden Sie nur selten nach diesem Unterschied gefragt. *That* wird nur in einem einschränkenden Relativsatz (*restrictive clause*) verwendet. Das bedeutet, dass Sie nach dem *that* den Nebensatz nennen müssen, damit der Satz einen Sinn ergibt. *Which* wird in einem nicht einschränkenden Relativsatz verwendet, was bedeutet, dass Sie den Nebensatz weglassen können und der Satz dennoch klar verständlich ist.

Ich sage es hier noch einmal, dass dieser Unterschied sehr fein ist und mit größter Wahrscheinlichkeit beim TOEFL nicht gefragt wird. Machen Sie sich deshalb nicht zu viele Gedanken darüber. Verwenden Sie Ihre Gehirnzellen lieber für andere Dinge, so zum Beispiel für den Unterschied zwischen *who* und *that*/*which*. **Erinnerung:** *Who* bezieht sich auf Leute, *that* und *which* auf Dinge.

5. *Where* **(wo) bezeichnet allein einen Ort. Verwechseln Sie nicht** *where* **und** *that***.**

> RICHTIG: This is the place *where* I got my first home run. *Dies ist der Ort,* wo *ich meinen ersten Homerun ausführte.*

Das *where* bezieht sich ganz spezifisch auf einen Ort.

> FALSCH: Did you read *where* the baseball team lost another game? *Hast du gelesen,* wo *die Baseballmannschaft ein weiteres Spiel verlor?*

In diesem Fall wäre der einzige Ort, *wo* Sie lesen könnten, wo die Baseballmannschaft ein Spiel verlor, in der Mitte des Baseballfeldes, denn dort ist es, *wo* die Mannschaft verlor! Korrekt ausgedrückt lautet der Satz: »Did you read *that* the baseball team lost another game?« *Hast Du gelesen, dass die Baseballmannschaft ein weiteres Spiel verlor?*

 Ich nenne einige Wörter – dazu gehören *who, that, which* und *where* – die gefährlichen Wörter, da diese häufig verwechselt, falsch verwendet und schlecht behandelt werden. Wenn Ihnen so ein Wort unterkommt, sollte in Ihrem Gehirn sofort ein rotes Lämpchen aufleuchten, und Sie sollten sich dieses Wort ein zweites, ja ein drittes Mal ansehen, bevor Sie sich dafür entscheiden. Ein weiterer Hinweis: Verwenden Sie diese Wörter in Ihrem Aufsatz möglichst wenig, außer Sie sind sich ganz sicher, dass Sie sie richtig verwenden. Der Leser Ihres Aufsatzes wird diese häufig gemachten Fehler bemerken.

Adjektive und Adverben

1. Ein Adjektiv modifiziert (beschreibt) ein Hauptwort oder Pronomen. Rücken Sie das Adjektiv so nahe wie möglich an das Hauptwort oder Pronomen heran.

> RICHTIG: The hot coffee burned Marco's tongue. *Der heiße Kaffee verbrannte Marcos Zunge.*

Das Adjektiv *hot* beschreibt das Hauptwort *coffee*.

2. **Ein Adverb beschreibt (modifiziert) ein Verb und manchmal ein Adjektiv oder ein anderes Adverb. Rücken Sie das Adverb so nahe wie möglich an das Wort heran, das es beschreibt.**

> FALSCH: Marco left the restaurant he had eaten in for ten years *reluctantly*. *Marco verließ das Restaurant, in dem er schon seit zehn Jahren gegessen hatte, nur* zögernd.

Das Adverb in diesem Satz ist *reluctantly*. Es befindet sich im Beispiel am Satzende, ganz weit weg von dem Adverb, das es beschreibt, *left*. Es könnte fast der Eindruck entstehen, als würde Marco nur ungern in dem Restaurant essen. Was der Satz ausdrücken will, ist, dass Marco nur ungern das Restaurant verließ. Schreiben Sie den Satz so um, dass das Adverb näher am Verb steht, das es beschreibt.

> RICHTIG: Marco *reluctantly* left the restaurant he had eaten in for ten years. *Marco verließ nur* zögernd *das Restaurant, in dem er schon seit zehn Jahren gegessen hatte.*

3. **Ein Adverb beantwortet oft die Frage »Wie?« und endet häufig mit *-ly*.**

> How do I study? I study diligently. *Wie lerne ich? Ich lerne fleißig.*

Diligently ist das Adverb. Es beantwortet die Frage »Wie?« und endet auf -ly.

> How do I celebrate my great TOEFL score? I celebrate joyously. *Wie feiere ich mein gutes TOEFL-Ergebnis? Ich feiere fröhlich.*

Joyously beantwortet die Frage »Wie?« und endet auf -ly.

 Nicht alle Adverben enden auf –ly. So ist zum Beispiel die Antwort auf die Frage: How did I do on the TOEFL? I did very well.

4. **Verwenden Sie die Ausdrücke *not only* (nicht nur) und *but also* (aber auch) in einem Satz parallel zueinander.**

Zwei Ausdrücke, die beim Satzbau häufig falsch verwendet werden, sind *not only* und *but also*. Sie werden gern am falschen Platz eingesetzt. Hier ein Beispiel für eine fehlerhafte Verwendung:

> FALSCH: Angelique *not only* was exasperated *but also* frightened when she locked herself out of her apartment. *Angelique nicht nur war ärgerlich sondern auch ängstlich, als sie sich selbst aus ihrer Wohnung aussperrte.*

Haben Sie das Problem erkannt? In diesem Fall steht *not only* vor dem Verb *was*. Aber der Satzteil *but also* steht vor dem Adjektiv *frightened*. Die beiden Ausdrücke verlaufen in der Struktur nicht parallel. Ändern Sie den Satz folgendermaßen:

> RICHTIG: Angelique was *not only* exasperated *but also* frightened when she locked herself out of her apartment. *Angelique war nicht nur ärgerlich, sondern auch ängstlich, als sie sich selbst aus ihrer Wohnung aussperrte.*

Nun stehen sowohl *not only* als auch *but also* vor den dazugehörigen Adjektiven *exasperated* und *frightened*. Der Satz kann aber auch auf eine andere Art und Weise geschrieben werden, die zwar richtig ist, aber unbeholfener klingt.

> RICHTIG: Angelique *not only* was exasperated *but also* was frightened when she locked herself out of her apartment.

In diesem Fall stehen sowohl *not only* als auch *but also* vor dem Verb *was*. Da sich beide Adverben in paralleler Position befinden, ist der Satz korrekt.

Satzbau

1. **Ein Bandwurmsatz verknüpft drei oder mehrere unabhängige Satzteile falsch miteinander.**

Wie der Name schon sagt, geht dieser Satz weiter und weiter. Anders ausgedrückt, hier werden Aussagen aneinandergeknüpft, die getrennt werden sollten. Ein Beispiel:

> FALSCH: Ms. Dellafave was furious when she went to the meeting on the wrong day, she went back to the office and yelled at her secretary. *Ms. Dellafave war wütend, als sie am falschen Tag zum Meeting ging, sie ging ins Büro zurück und schrie ihre Sekretärin an.*

Hoppla! Dieser Satz scheint nicht enden zu wollen, deshalb ist es schwer, ihn zu lesen und zu verstehen. Sie können diesen Satz auf fünf unterschiedliche Arten verändern:

✔ **Machen Sie zwei Sätze daraus.**

Das ist der normale, logische Ansatz, einen Bandwurmsatz zu strukturieren. Machen Sie zwischen den beiden Teilen einen Punkt. Beginnen Sie nach dem Punkt mit einem Großbuchstaben.

> RICHTIG: Ms. Dellafave was furious when she went to the meeting on the wrong day. She went back to the office and yelled at her secretary. *Ms. Dellafave war wütend, als sie am falschen Tag zum Meeting ging. Sie ging ins Büro zurück und schrie ihre Sekretärin an.*

✔ **Verwenden Sie einen Strichpunkt, um zwei unabhängige Sätze voneinander zu trennen.**

Ein unabhängiger Satzteil ist ein vollständiger Satz.

> RICHTIG: Ms. Dellafave was furious when she went to the meeting on the wrong day; she went back to the office and yelled at her secretary. *Ms Dellafave war wütend, als sie am falschen Tag zum Meeting ging; sie ging ins Büro zurück und schrie ihre Sekretärin an.*

 Ein Strichpunkt ist ein starkes Satzzeichen, mindestens genau so stark wie ein Punkt. Oft können Sie anstelle eines Punktes einen Strichpunkt verwenden. Ein Komma ist ein schwaches Satzzeichen. Es ist nicht stark genug, um zwei voneinander unanhängige Sätze zu trennen.

✔ **Verwenden Sie einen Strichpunkt, ein Konjunktionaladverb und ein Komma (wie in dieser Konstruktion: ; therefore,), um die Sätze zu gliedern.**

Sind Sie in Panik geraten, als Sie den Fachausdruck Konjunktionaladverb gelesen haben? Nur keine Sorge; kein normaler Mensch weiß, was das ist (und Sie müssen es auch nicht wissen). Sie müssen nur wissen, dass es einige Adverbien gibt, die Satzteile verbinden. Zu den am häufigst verwendeten gehören *therefore, moreover, however* und *nonetheless* (welches wirklich in einem Wort geschrieben wird – machen Sie nicht den Fehler, es so zu schreiben: *none the less*). Wenn Sie diese Adverbien verwenden, um zwei voneinander unabhängige Sätze miteinander zu verbinden (wovon jeder für sich einen vollständigen Satz ergibt), fügen Sie vor dem Adverb einen Strichpunkt und nach dem Adverb ein Komma ein.

> RICHTIG: Ms. Dellafave was furious when she went to the meeting on the wrong day; therefore, she went back to the office and yelled at her secretary.

✔ **Verwenden Sie eine unterordnende Konjunktion in einem Satzteil.**

Oh wunderbar, wieder einer dieser komischen Fachbegriffe! Eine unterordnende Konjunktion ist ein Wort, das einen der Satzteile schwächt (oder unterordnet). Ein für sich vollständiger Satzteil wird nun abhängig, er ist für sich allein nicht ausreichend. Die gebräuchlichsten unterordnenden Konjunktionen sind *because* und *since*.

> RICHTIG: *Because* (weil) Ms. Dellavave was furious when she went to the meeting on the wrong day, she went back to the office and yelled at her secretary.

Haben Sie bemerkt, dass der erste Satzteil nicht mehr vollständig und damit unabhängig ist? Das bedeutet, dass durch *because* das Folgende keinen vollständigen Satz ergibt: »Because Ms. Dellafave was furious when she went to the meeting on the wrong day.« Dieser Satz ist nicht mehr vollständig und unabhängig. Er ist zu schwach, um alleine stehen zu können.

✔ **Verwenden Sie zwischen zwei Satzteilen ein Komma und eine nebenordnende Konjunktion.**

Dies ist das letzte Mal, dass ich Sie einem Fachbegriff ausliefere. Versprochen! Eine nebenordnende Konjunktion verbindet in der Regel zwei vollständige Sätze. Die bekanntesten Beispiele hierfür sind *and, or, but* und *so*.

> RICHTIG: Ms. Dellavave was furious when she went to the meeting on the wrong day, and she went back to the office and yelled at her secretary.

2. **Verändern Sie einen unvollständigen Satz (ein Satzfragment) in einen vollständigen Satz.**

Sie wissen, was Fragment bedeutet: »Teil von«. (Haben Sie nach all der Lernerei das Gefühl, dass von Ihrem Gehirn auch nur noch ein Fragment übrig ist?) Ein Satzfragment ist daher nur der Teil eines vollständigen Satzes. Verändern Sie das Fragment so, dass ein vollständiger Satz daraus wird, einer, der einen Gedanken vollständig erklärt. Sie können das auf folgende zwei Arten tun:

✔ **Indem Sie Wörter hinzufügen**

> FALSCH (hierbei handelt es sich um ein Fragment): Katareena, skating around the rink and enjoying the attention she was getting from everyone.

> RICHTIG (ein Wort wurde hinzugefügt, um den Satz zu vervollständigen): Katareena *was* skating around the rink and enjoying the attention she was getting from everyone. *Katareena lief im Ring Schlittschuh und genoss die Aufmerksamkeit, die ihr von allen Anwesenden zuteil wurde.*

Sie haben bemerkt, dass das Wort *was* hinzufügt wurde.

✔ **Indem Sie Wörter entfernen**

So komisch es klingen mag, es ist dennoch wahr. Sie können einen unvollständigen Satz in einen vollständigen Satz verändern, indem Sie Wörter weglassen. Hier ein Beispiel:

> FALSCH: While Yuri asked directions to get to the student union, sure that someone would be able to help him. *Während Yuri nach dem Weg zur ASTA fragte, sicher, dass ihm jemand helfen konnte.*

> RICHTIG: Yuri asked directions to get to the student union, sure that someone would be able to help him. *Yuri fragte nach dem Weg zur ASTA, sicher, dass ihm jemand helfen konnte.*

Sie haben bemerkt, dass das Wort *while* weggelassen wurde.

Sie möchten ein weiteres Beispiel?

> FALSCH: Because the farmer sold his sheep for a good profit at the market. *Weil der Bauer sein Schaf auf dem Markt für einen guten Preis verkaufte.*

> RIGHT: The farmer sold his sheep for a good profit at the market. *Der Bauer verkaufte sein Schaf auf dem Markt für einen guten Preis.*

Parallelität

Parallelität, auch Parallelstruktur genannt, bedeutet, dass ein Satz den grammatikalischen Regeln folgend parallel aufgebaut sein muss.

Wenn ein Satz zum Beispiel aus drei aufeinanderfolgenden Verben besteht, müssen alle Verben in der gleichen Form stehen. Das Gleiche gilt für eine Aufzählung von Hauptwörtern, Akjektiven oder Adverbien.

> FALSCH: I spent my weekend studying, working on my car, and played soccer.

Sie haben bemerkt, dass die Verben *studying, working* und *played* sind. Sie sind nicht in der gleichen Form. Der Satz lautet:

> RICHTIG: I spent my weekend studying, working on my car, and playing soccer. *Ich habe über das Wochenende gelernt, mein Auto repariert und Fußball gespielt.*

Nun handelt es sich bei allen Wörtern um –ing-Verben: *studying, working* und *playing*.

Oder Sie verändern diesen Satz auf eine andere Art und Weise:

RICHTIG: This weekend, I studied, worked on my car, and played soccer. *Dieses Wochenende habe ich gelernt, mein Auto repariert und Fußball gespielt.*

In diesem Fall sind alle Wörter in der einfachen Vergangenheit: *studied, worked* und *played.*

Bei den aufeinander folgenden Wörtern kann es sich um Hauptwörter, Verben, Adjektive und Adverbien oder ganze Sätze handeln. Am häufigsten werden jedoch Fehler bei den Verben gemacht, indem man sie nicht in der gleichen Form aneinander reiht. Passen Sie also auf, wenn in einem Satz mehr als ein Verb steht.

Vergleiche

1. **Verwenden Sie die *er*-Endung (Komparison), wenn Sie zwei Dinge miteinander vergleichen und die *est*-Endung (Superlativ), wenn Sie mehr als zwei Dinge vergleichen.**

   (Lassen Sie sich wegen der Terminologie keine grauen Haare wachsen. Sie werden beim TOEFL nicht gefragt, was *Komparison* und *Superlativ* sind. Sie müssen diese nur richtig verwenden können).

   Verwenden Sie die *er*-Endung, um zwei Dinge (oder Menschen) zu vergleichen.

   RICHTIG: Calculus is harder than trigonometry. *Das Differentialrechnen ist schwieriger als die Trigonometrie.*

   RICHTIG: Flying to a destination is usually quicker than driving there. *Durch Fliegen kommt man für gewöhnlich schneller ans Ziel als durchs Fahren.*

   Hier verwenden wir die *er*-Endung – harder, quicker –, da nur zwei Dinge miteinander verglichen werden.

   Um mehr als zwei Dinge (Menschen) miteinander zu vergleichen, werden an Adjektive die Endungen *–est* oder *–st* angehängt.

   RICHTIG: Calculus ist the hardest math subject offered at school. *Differentialrechnen ist die schwierigste Rechenart, die man in der Schule lernt.*

   RICHTIG: Flying is the quickest method of transportation. *Das Fliegen ist die schnellste Fortbewegungsart.*

Ein besonders schwieriger Vergleich verwendet die beiden Begriffe *latter* und *last. Latter* vergleicht genau zwei Dinge miteinander, *last* mehr als zwei.

RICHTIG: When my friend said that we could go to the computer lab and do our assignments or go to the party at the beach, I told him I preferred the latter activity. *Als mein Freund sagte, dass wir ins Computerlabor gehen könnten, um unsere Hausaufgaben zu machen, oder zu einer Strandparty, sagte ich ihm, dass ich Letzteres bevorzuge.*

In diesem Beispiel werden nur zwei Handlungen miteinander verglichen, daher verwenden wir hier auch die *er*-Endung. Es wäre falsch zu sagen: »I preferred the last«. *Ich bevorzugte das Letzte.*

 Eine Falle könnte der Vergleich von Zwillingen darstellen. Zwilling bedeutet zwei. Folgende Frage stellt eine Falle dar:

FALSCH: Harumi and Ben are twins, but Harumi ist the oldest by five minutes, a fact she never lets Ben forget. *Harumi und Ben sind Zwillinge, aber Harumi ist um fünf Minuten älter, eine Tatsache, die sie Ben immer unter die Nase reibt.*

Warum ist dieser Satz falsch? Es handelt sich um zwei Leute, Harumi und Ben. Deshalb ist es falsch, die *est*-Endung – oldest – zu verwenden. Hier ist die *er*-Endung richtig.

RICHTIG: Harumi and Ben are twins, but Harumi is the older by five minutes, a fact she never lets Ben forget. *Harumi und Ben sind Zwillinge, aber Harumi ist um fünf Minuten älter, eine Tatsache, die sie Ben immer unter die Nase reibt.*

2. **Vermeiden Sie überflüssige Wiederholungen.**

Verwenden Sie niemals zusammen *more* und *–er* und *most* und *–est*.

3. **Vergleichen Sie nur ähnliche Objekte oder Konzepte miteinander.**

Haben Sie jemals den Ausdruck »Äpfel und Birnen miteinander vergleichen« gehört? Das bedeutet ganz einfach, dass Sie nicht völlig unterschiedliche Dinge miteinander vergleichen können. So können Sie zum Beispiel nicht die Note 1, die Sie in einem Land in Geschichte erhalten haben, mit einer 3, die Sie in einem anderen Land in Mathematik erzielten, vergleichen, da sowohl die Fächer selbst als auch die Anforderungen unterschiedlich sind. Sie können nur Objekte miteinander vergleichen, die ähnlich sind.

FALSCH: The motor skills of a toddler are more advanced than a baby. *Die Motorik eines Kleinkinds ist weiter entwickelt als ein Baby.*

Sie haben den Fehler bemerkt? In diesem Satz wird *Motorik* (ein Ding) mit einem *Baby* (einer Person) verglichen. Absicht des Satzes ist es natürlich, die Motorik eines Kleinkinds mit der eines Babys zu vergleichen. Sie haben folgende zwei Möglichkeiten, um dies korrekt auszudrücken:

RICHTIG: The motor skills of a toddler are more advanced than those of a baby. *Die Motorik eines Kleinkinds ist weiter entwickelt als die eines Babys.*

Indem Sie die Worte *those of* (als die) hinzufügen, wird der Vergleich richtig.

> RICHTIG: A toddler's motor skills are more advanced than a baby's.

Das -'s am Ende von Baby weist auf »a baby's motor skills« hin.

Hier ein weiteres Beispiel:

> FALSCH: John's car is much older than Grandma.

Nur in dem Fall, dass Johns Auto wirklich sehr alt ist, wäre dieser Satz richtig. Gemeint ist wahrscheinlich folgende Aussage:

> RICHTIG: John's car is much older than Grandma's car. *Johns Auto ist viel älter als Großmutters Auto.*

Der Sprachstil

Unter Fehlern beim Sprachstil versteht man, wenn man zwei (manchmal auch mehr) Begriffe, die ähnlich lauten, verwechselt – anders ausgedrückt, falsch verwendet. Anschließend nenne ich Ihnen die Begriffe, die häufig miteinander verwechselt werden, zusammen mit kurzen, einprägsamen Beispielen.

Affect/effect (beeinflussen/bewirken)

To *affect* bedeutet beeinflussen, eine Wirkung ausüben.

> A good TOEFL score will positively *affect* your chances of admission to college or grad school. (It will positively influence your chances.) *Ein gutes Resultat beim TOEFL wird sicherlich Ihre Chancen für die Aufnahme an einem College oder einer Berufsschule erhöhen. (Es wird sicherlich Ihre Chancen beeinflussen.)*

Das Verb affect hat aber noch eine zweite, wenig bekannte Bedeutung: vortäuschen.

> When I want to get out of meeting my friends to study for the TOEFL, I often *affect* a headache. (I pretend to have a headache). *Wenn ich mich mit meinen Freunden nicht treffen möchte, um für den TOEFL zu lernen, täusche ich oft Kopfschmerzen vor. (Ich tue so, als hätte ich Kopfschmerzen.)*

Effect ist ein Hauptwort und bedeutet »Wirkung«.

> A good TOEFL score will have a positive effect on your chances for admission. (It will have a positive result.) *Ein gutes Resultat beim TOEFL wird eine positive Wirkung auf Ihre Aufnahmechancen haben. (Es wird ein positives Ergebnis herbeiführen.)*

Effect kann auch als Verb verwendet werden. Hier hat es die Bedeutung von »Einfluss haben, bewirken«.

A good score will *effect* a change in which schools you consider. (The good score will cause a change). *Ein gutes Resultat wird Einfluss darauf haben, welche Schulen Sie in Betracht ziehen. (Ein gutes Resultat wird einen Wechsel bewirken.)*

amount/number (Menge/viele Male)

Amount steht vor einem Hauptwort im Singular, dem keine fest zu definierende Menge zuzuordnen ist.

I have a large *amount* of respect for the poetry of Dorothy Parker. *Ich habe jede Menge (viel) Respekt vor den Gedichten von Dorothy Parker.*

Number steht vor einem Hauptwort im Plural.

A *number* of times I have read her poem that contains the witty lines, »The lads I've met in Cupid's deadlock were, shall we say, born out of wedlock.« *Viele Male (oft) habe ich ihr Gedicht gelesen, das folgende geistreiche Zeilen enthält: »Die Jungs, die ich in Cupid's tödlicher Umklammerung sah, waren, kann man sagen, aus unehelicher Umklammerung geboren.«*

anxious/eager (besorgt/begierig, freudig)

Anxious bedeutet besorgt oder sorgenvoll.

The avid golfer was anxious about the weather, thinking that a storm might be coming. *Der leidenschaftliche Golfer betrachtete besorgt das Wetter, da er einen Sturm befürchtete.*

Eager bedeutet etwas freudig entgegensehen, freudig erwarten

The golfer was eager to get on the course before the bad weather began. *Der Golfer war begierig darauf, mit dem Spiel zu beginnen, bevor das schlechte Wetter kam.*

assure/ensure/insure (überzeugen/sicher machen/versichern)

Assure bedeutet jemanden zu überzeugen.

Guido talked fast, trying to *assure* his girlfriend that the black nightgown in his closet was in fact a belated birthday present to her. *Guido sprach schnell, denn er versuchte. seine Freundin davon zu überzeugen, dass das schwarze Nachthemd in seinem Kleiderschrank tatsächlich ein verspätetes Geburtstagsgeschenk für sie war.*

Ensure bedeutet, etwas sicher machen, sich vergewissern.

> To ensure that his girlfriend believed him, Guido called a friend who pretended to be the salesperson who had sold him the item. *Um sicher zu gehen, dass ihm seine Freundin glaubte, rief Guido einen Freund an, der vorgab, der Verkäufer zu sein, der ihm den Gegenstand verkauft hatte.*

Insure bedeutet, eine finanzielle Sicherheit zu haben, im Falle des Verlusts des Lebens, der Gesundheit oder des Besitzes.

> Guido insured his red sports car for $50.000. *Guido versicherte seinen roten Sportwagen für $50.000.*

between/among (zwischen zwei/zwischen mehreren)

Between vergleicht zwei Dinge.

> I have difficulty choosing between rock road and fudge ripple ice cream. *Ich habe Schwierigkeiten, mich zwischen dem rock road Softeis und der ripple Eiscreme zu entscheiden.*

Among vergleicht mehr als zwei Dinge.

> I go crazy when I have to choose among the desserts in a buffet. *Ich werde verrückt, wenn ich mich für eine Nachspeise aus einem Buffet entscheiden muss.*

Sowohl in *between* als auch in *two* ist ein *tw* enthalten. Between vergleicht zwei Dinge miteinander.

Between wird oft von *and* gefolgt. Ich habe Schwierigkeiten, mich *zwischen* diesem *und* jenem zu entscheiden. Eine Falle könnte sein, dass man Ihnen die Frage stellt, zwischen diesem oder jenem (*this or that*) zu entscheiden. Das *or* ist falsch.

complement/compliment (vervollständigen/preisen)

Complement bedeutet etwas zu vervollständigen.

> The expensive gray suit complemented the image that Chan wanted to project as a no-nonsense guy. *Der teure graue Anzug vervollständigte das Bild, das Chan von sich als vernünftigem Typ vermitteln wollte.*

Compliment bedeutet loben, ein Kompliment machen.

> Chan's girlfriend complimented him on his hot new look. *Chans Freundin machte ihm ein Kompliment wegen seines guten Aussehens.*

eminent/immanent/imminent (erhaben, hervorragend/ innewohnend, immanent/drohend, nahe bevorstehend)

Eminent bedeutet hervorragend, sich unterscheidend.

> Dr. Regis Weiss is an *eminent* oncologist, well respected by his peers. *Dr. Regis Weiss ist ein hervorragender Onkologe, anerkannt von seinen Kollegen.*

Immanent bedeutet immanent, innewohnend.

> I think that compassion is probably an *immanent* trait in a good physician; it doesn't seem possible that someone could take a course to learn how to care. *Ich glaube, dass Mitgefühl ein immanentes Kennzeichen eines guten Arztes ist; es ist sehr unwahrscheinlich, dass jemand dies in einem Kurs lernen kann.*

Imminent bedeutet, dass etwas nahe bevorsteht.

> When I saw Dr. Weiss shaking his head at me as I stood on the scale, I knew that a lecture about weigth management was *imminent*. *Als ich sah, wie Dr. Weiss seinen Kopf schüttelte, als ich auf der Waage stand, wusste ich, dass mir ein Vortrag über ein gesundes Gewicht kurz bevorstand.*

 Denken Sie bei *imminent* an *in-a-minute*. Imminent steht kurz bevor, in einer Minute.

everyday/ every day (für gewöhnlich, normalerweise/ jeden Tag)

Als ein Wort bedeutet *everyday* für gewöhnlich, normalerweise.

> I wore my everyday clothes for a quick trip to the grocery store, not realizing that I'd run into Mel Gibson next to the tomatoes. *Ich trug die Kleidung, die ich für gewöhnlich trug, um kurz in den Lebensmittelladen zu gehen, da ich ja nicht vorhersehen konnte, dass ich neben den Tomaten Mel Gibson treffen würde.*

Every day, in zwei Wörtern geschrieben, bedeutet jeden Tag, also alle 24 Stunden.

> From now on, I'm going to go to the store *every day* to get fresh vegetables. *Ab jetzt werde ich jeden Tag in diesen Laden gehen, um frisches Gemüse zu kaufen.*

farther/further (weiter/weiterhin)

Farther bedeutet eine messbare Distanz.

> I made a mistake on the test when I said that Morocco is farther from Egypt than it is from New York. *Ich machte im Test einen Fehler, als ich sagte, dass Marokko weiter von Ägypten entfernt ist als New York.*

Further bezieht sich auf eine Distanz oder Quantität, die nicht gemessen werden kann.

> Obviously, I need to study my geography further. *Ich muss ganz offensichtlich meine Geographiekenntnisse noch weiter verbessern.*

flaunt/flout (prahlen/verspotten)

Flaunt bedeutet prahlen, zur Schau stellen.

> Ms. Ito was thrilled to get her engagement ring and couldn't wait to *flaunt* it to her friends at work. *Ms. Ito war so stolz auf ihren Verlobungsring, dass sie es kaum erwarten konnte, vor ihren Freundinnen bei der Arbeit damit prahlen zu können.*

Flout bedeutet verspotten oder missachten.

> Ms. Ito's fiancé was furious that she had *flouted* their agreement to keep their engagement a secret for the next few months. *Ms. Itos Verlobter war wütend, dass sie ihre Übereinstimmung, die Verlobung für ein paar Monate geheim zu halten, missachtet hatte.*

founder/flounder (scheitern/herumschlagen)

Founder bedeutet sinken, versagen oder scheitern.

> Reports estimate that one of every two new businesses *founders* within the first three years. *Berichte schätzen, dass eine von zwei neuen Firmen innerhalb der ersten drei Jahre scheitert.*

Flounder bedeutet sich vergeblich bemühen.

> A new business owner, desperate for advice, will *flounder* wildly, running from government bureau to government bureau attempting to get help. *Ein Jungunternehmer, der verzweifelt auf der Suche nach Rat ist, wird vergeblich von Behörde zu Behörde rennen, um Hilfe zu finden.*

good/well

Good ist ein Adjektiv, das ein Hauptwort beschreibt.

> You're doing a *good* job learning the songs from the opera. *Du leistet gute Arbeit dabei, die Lieder aus dieser Oper zu lernen.*

Well ist ein Adverb, das Verben, Adverbien und Adjektive beschreibt und für gewöhnlich auf »wie?« antwortet.

> How do you sing? You sing very *well*. *Wie gut singst du? Du singst sehr gut.*

Well bezeichnet aber auch eine physische Kondition.

> By the time you leave the TOEFL huffing, puffing, sweating, and fretting, you may not be feeling very *well*. *Wenn Sie keuchend, schnaubend, schwitzend und beunruhigt den TOEFL verlassen, fühlen Sie sich vielleicht nicht besonders wohl.*

if/whether (wenn, ob)

If steht in einem Konditionalsatz.

> *If* the teacher allows an open-book exam, I will be ecstatic. *Wenn der Lehrer eine Prüfung mit offenen Büchern erlaubt, werde ich begeistert sein.*

Whether vergleicht Alternativen.

> I don't know *whether* I could pass a closed-book exam. *Ich weiß nicht, ob ich eine Prüfung mit geschlossenen Büchern bestehen könnte.*

 If klingt in den meisten Fällen sogar da richtig, wo es falsch angewendet wird. Sogar ich ertappe mich dabei zu sagen »I don't know *if* I can make it tonight«, wenn ich doch weiß, dass ich »I don't know *whether* I can make it tonight« sagen sollte. (Ich habe zwei Alternativen: entweder schaffe ich es oder ich schaffe es nicht). Versuchen Sie es immer zuerst mit *whether*. Wenn es richtig klingt, dann ist es wahrscheinlich auch richtig.

imply/infer (bedeuten/folgern)

Imply bedeutet etwas andeuten, einen Wink geben.

> I didn't mean to *imply* that your dress is ugly when I asked you whether you bought it at an upholstery store. *Ich wollte damit nicht andeuten, dass dein Kleid hässlich ist, als ich danach fragte, ob du es in einer Polsterei gekauft hast.*

Infer bedeutet folgern, den Schluss ziehen, ableiten.

Did you *infer* that I think the dress looks like a sofa covering? *Hast Du daraus gefolgert, dass Dein Kleid wie ein Sofabezug aussieht?*

 Merken Sie sich bei *infer*, dass Sie etwas hineinlesen (*into*). Das *in* taucht in *infer* und in *into* auf.

it's/its (es ist/sein)

It's (deshalb der Apostroph) setzt sich aus *it is* zusammen.

It's good to know the distinction between these two words. *Es ist gut, den Unterschied zwischen diesen zwei Wörtern zu kennen.*

Its (ohne einen Apostroph) ist ein Posessivpronomen.

The TOEFL is ruthless in *its* insistence that you know the difference between these two words. *Der TOEFL kennt kein Erbarmen in seinem Beharren, den Unterschied zwischen diesen beiden Wörtern zu kennen.*

 Wenn Sie durcheinander kommen, wo Sie *it's* und *its* verwenden sollen, dann erinnern Sie sich an Folgendes: *He, she* und *it* sind Pronomen. Die Posessivpronomen dazu sind *his* (ohne Apostroph), *hers* (ohne Apostroph) und *its* (ohne Apostroph). Sie würden wahrscheinlich keinen Apostroph in *his* und *hers* setzen, so tun Sie das auch nicht bei *its*.

less/fewer (weniger)

Less wird bei einem Hauptwort in der Einzahl verwendet, das keine genaue Menge angibt.

I have *less* time to hang out with my friends than I had before school started. *Ich kann jetzt weniger Zeit mit meinen Freunden verbringen als damals, bevor die Schule anfing.*

Fewer beschreibt ein Hauptwort im Plural.

I find there are *fewer* hours in the day for fun now that I am taking a full load of classes. *Ich finde, dass ich jetzt weniger Stunden am Tag Freizeit habe, seitdem ich viele unterschiedliche Klassen besuche.*

lie/lay (sich hinlegen/auflegen, weglegen)

To lie ist sich hinlegen.

I *lie* down in the afternoon for a nap to reduce stress. *Ich lege mich am Nachmittag für ein kurzes Nickerchen hin, um Stress abzubauen.*

To lay ist etwas hinlegen, auflegen, weglegen.

I *lay* a cold washcloth on my head every time I get a heachache form studying for the TOEFL. *Jedesmal, wenn ich vom Lernen für den TOEFL Kopfschmerzen bekomme, lege ich einen kalten Waschlappen auf meinen Kopf.*

 Verwechseln Sie auch gerne *lie* und *lay*? Ich verrate Ihnen, wie Sie sich ganz einfach den Unterschied merken können. To *lie* bedeutet sich *hinlegen*. In beidem befindet sich ein langes *i*. To *lay* ist etwas *auflegen, weglegen*. In diesen Begriffen haben Sie lange Vokale: a und e. I am going to lay the book right here. *Ich werde das Buch hier weglegen.*

Um die Wörter in ihrer richtigen Form zu verwenden, müssen Sie sie konjugieren. Es kann schwierig sein, sich die unterschiedlichen Formen zu merken. Ich schlage vor, dass Sie Folgendes auswendig lernen:

✔ **Lie, lying, lay, have lain:** Today I *lie* down. I am *lying* on the sofa right now. Yesterday I *lay* down. Every day this week I *have lain* down. *Heute lege ich mich hin. Ich liege genau jetzt auf dem Sofa. Gestern legte ich mich hin. Diese Woche habe ich mich jeden Tag hingelegt.*

✔ **Lay, laying, laid, have laid:** Today I lay my keys on the table. I will be laying them on the table every day. Yesterday I laid my keys on the table. Every day this week I have laid my keys on the table. *Heute habe ich meine Schlüssel auf den Tisch gelegt. Ich werde sie jeden Tag auf den Tisch legen. Gestern legte ich meine Schlüssel auf den Tisch. Diese Woche habe ich jeden Tag meine Schüssel auf den Tisch gelegt.*

 Schauen Sie mal, wie verwirrend die Vergangenheitsforms von *lie* ist. Die Vergangenheit von *lie* ist wie die Gegenwart von *lay*. Sagen Sie nie, dass die Vergangenheit von *lie* lied ist. Ein Satz wie dieser »I lied down yesterday«, ist falsch. *Lied* ist die Vergangenheitsform von einem anderen Wort, das aussagt, dass man nicht die Wahrheit sagt. Ein Beispiel: When asked how I did on the test, I lied and said that I did well. (Then I went and lay down to think about what a whopping lie I had just told!) *Als ich gefragt wurde, wie es mir beim Test ging, log ich und sagte, es erging mir gut. (Dann ging ich und legte mich hin, um darüber nachzudenken, was für eine ungehörige Lüge ich gerade erzählt hatte!)*

phase/faze (Phase, Zeitraum/aus der Fassung bringen)

Phase bedeutet einen Abschnitt oder einen Zeitraum.

College years are just one *phase* of your life. *Die Zeit auf einem College ist nur ein Abschnitt in Ihrem Leben.*

To faze bedeutet, jemanden aus der Fassung, durcheinander bringen.

> Do not let the pressures of college faze you. _Lassen Sie sich nicht vom Druck, der am College auf Sie ausgeübt wird, aus der Fassung bringen._

 Viele Studenten sehen das Wort _faze_ und glauben, dass es nur falsch buchstabiert wurde. _Beim TOEFL kommen keine falsch buchstabierten Worte vor. Wenn Sie also denken, dass es sich um einen Fehler handelt, dann täuschen Sie sich._ Ich habe noch ein weiteres Beispiel für Sie. Kennen Sie den Unterschied zwischen _prescribe_ and _proscribe_? To _prescribe_ heißt so viel wie empfehlen. I _prescribe_ that you learn theses words. _Ich empfehle Ihnen, dass Sie diese Worte lernen._ To _proscribe_ ist untersagen oder ächten. I _proscribe_ your believing that the TOEFL has typograpical errors. _Ich untersage Ihnen zu anzunehmen, dass beim TOEFL Druckfehler vorkommen._

principle/principal (Regel, Grund/wichtigst, bedeutendst)

Principle bedeutet das Wesen oder Regel.

> The _principles_ of behaviour in a university are intended to apply to all. _Die Verhaltensregeln an einer Universität gelten für alle gleichermaßen._

Principal bedeutet sehr wichtig oder an oberster Stelle.

> The _principal_ reason our student government works is that it gives everyone an equal opportunity to participate. _Der Hauptgrund dafür, warum unsere Studentenverwaltung funktioniert, ist der, dass alle die gleiche Möglichkeit haben, daran teilzunehmen._

 Principle bedeutet so viel wie rule (_Regel_). Beide haben die Endung -_le_. Wenn Sie in einem Satz _principle_ durch _rule_ ersetzen und das Ganze keinen Sinn ergibt, dann kann _principle_ nicht richtig sein. Setzen Sie dann _principal_ dafür ein. In der englischen Sprache wird _principal_ häufig verwendet, so zum Beispiel in investment principal (_Investmentregeln_), the principal reason (_Hauptgrund_) I telephoned you, und the principal (_Regeln_) of high school.

rise/raze/raise (erheben/niederreißen/hochheben)

To _rise_ bedeutet aufstehen, erheben.

> It is time to _rise_ when your mom yanks the covers off the bed. _Es ist Zeit aufzustehen, wenn deine Mama die Bettdecke wegzieht._

To _raze_ bedeutet niederreißen, dem Erdboden gleich machen.

> When she threatens to _raze_ the bedroom around your head, you know that she is serious. _Wenn sie damit droht, dass Schlafzimmer um dich herum dem Erdboden gleich zu machen, dann weißt du, dass es ihr sehr ernst ist._

To *raise* bedeutet hochheben, aufstehen, erheben.

> You wearily raise your body, ready to face another day. *Nur mühevoll erheben Sie Ihren Körper, um es mit einem neuen Tag aufzunehmen.*

stationary/stationery (fest, bewegungslos/Briefpapier)

Stationary bedeutet regungslos, fest.

> The little girl tried to remain *stationary*, hoping that the birds would come to her and eat out of her hand. *Das kleine Mädchen versuchte, regungslos dazustehen, weil es hoffte, dass die Vögel zu ihr kämen, um ihr aus der Hand zu fressen.*

Stationery ist Briefpapier.

> The little girl used her new stationery to write a letter about the birds to her grandmother. *Das kleine Mädchen verwendete ihr neues Briefpapier, um ihrer Oma einen Brief über die Vögel zu schreiben.*

 Stationary bedeutet, dass etwas bleibt (*stays*). Sowohl in *stay* als auch in *stationary* befindet sich der Buchstabe *a*. *Stationery* ist etwas, worauf Sie einen Brief (*letter*) schreiben. Sowohl in *letter* als auch in *stationery* kommt der Buchstabe *e* vor.

Who/whom (wer/wen)

Who steht für ein Subjekt, das eine Handlung ausführt.

> *Who* is your favorite teacher at school? *Wer ist in der Schule Ihr Lieblingslehrer?*

Whom ist das Objekt (es könnte das Objekt eines Verbs oder einer Präposition sein), auf das die Handlung einwirkt.

> I don't know *whom* to vote for in the teacher popularity contest. *Ich weiß nicht, wen ich bei der Wahl des beliebtesten Lehrers wählen soll.*

Bonus: Do you know who the least popular teacher of all time was? Cyclops. He had only one pupil!

Haben Sie den Witz verstanden? Pupil bedeutet im Englischen sowohl Schüler als auch Pupille. Ein Auge, eine Pupille. Erst wenn Sie eine Sprache wirklich beherrschen, dann verstehen Sie auch die Wortspielereien.

Redundanz

Redundanz stellt einen grammatikalischen Fehler dar. Davon spricht man, wenn etwas mehr oder weniger gleich zwei Mal gesagt wird, wie etwa hölzernes Holz. Hier einige Beispiele für häufig vorkommende, überflüssige Aussagen:

Despite ... nonetheless (obwohl, ungeachtet ... nichtsdestoweniger, trotzdem)

Benutzen Sie ein Wort oder das andere, aber niemals beide zusammen.

FALSCH: Despite leaving 20 minutes early, Li arrived late nontheless. _Obwohl Li 20 Minuten früher ging, kam er trotzdem zu spät._

RICHTIG: Despite Leaving 20 minutes early, Li arrived late. _Obwohl Li 20 Minuten früher ging, kam er zu spät._

RICHTIG: Leaving 20 minutes early, Li nonetheless arrived late. _Ungeachtet dessen, dass Li 20 Minuten früher ging, kam er zu spät._

red in color (rotfarben)

Natürlich bezieht sich rot immer auf eine Farbe. Was sonst sollte es sein? Größe? Gewicht?

The reason was ... because (der Grund war ... weil)

Verwenden Sie einen Ausdruck oder den anderen, aber nicht beide zusammen.

FALSCH: The reason Li was late was because there was traffic. _Der Grund, warum Li zu spät kam, war weil der starke Verkehr._

RICHTIG: The reason Li was late was there was traffic. _Der Grund, warum Li zu spät kam, war der starke Verkehr._

RICHTIG: Li was late because there was traffic. _Li kam wegen des starken Verkehrs zu spät._

 Verwechseln Sie bitte nicht den Ausdruck _emphasis_ (Betonung) mit _redundancy_ (überflüssig). Etwas mehrmals zu sagen, um es hervorzuheben, ist eine ganz normale grammatikalische Verfahrensweise.

RICHTIG: Li was very, very sorry that he was late and apologized many, many times to his hostess. *Li tat es sehr, sehr leid, dass er zu spät kam und er entschuldigte sich viele, viele Male bei seiner Gastgeberin.*

Es ist nicht falsch, »very« oder »many« zu wiederholen. Durch die Wiederholung wird einfach die Wichtigkeit des Gesagten betont. Wenn man das *gleiche* Wort wiederholt, wird etwas betont. Wenn man dasselbe aber auf zwei verschiedene Arten ausdrückt (»the reason why ... because«), handelt es sich für gewöhnlich um etwas Überflüssiges.

Weitere Fehlerquellen

hardly (kaum)

Hardly bezeichnet etwas Negatives und wird häufig in einer doppelten Verneinung falsch angewendet.

FALSCH: Ms. Flannigan will have *hardly* nothing to to this weekend after she finishes taking the TOEFL. *Ms. Flannigan wird kaum nichts zu tun haben dieses Wochenende, nachdem sie den TOEFL geschrieben hat.*

RICHTIG: Ms. Flannigan will have *hardly* anything to to this weekend after she finishes taking the TOEFL. *Ms. Flannigan wird dieses Wochenende kaum etwas zu tun haben, nachdem sie den TOEFL geschrieben hat.*

 In vielen Sprachen, wie zum Beispiel im Spanischen, gibt es eine doppelte Verneinung. Im Englischen ist dies jedoch falsch. Denken Sie also daran.

hopefully (in der Hoffnung, hoffentlich)

Benutzen Sie *hopefully* nur in den Fällen, wo Sie es durch *full of hope* (voller Hoffnung) ersetzen können.

Hearing the telephone ring, Alice looked up hopefully, thinking that Steve might be calling to apologize for sending her flowers on his ex-wife's birthday. *Als das Telefon klingelte, schaute Alice hoch in der Hoffnung, dass es Steve sein könnte, der anrief, um sich dafür zu entschuldigen, dass er ihr am Geburtstag seiner Exfrau Blumen geschickt hatte.*

Viele von uns benutzen das Wort *hopefully* inkorrekt an Stelle von »I hope.« Deshalb ist der Satz »Hopefully, my TOEFL score will improve«, falsch. Ihr Ergebnis wird nicht besser werden, so lange Sie nicht sagen, »I hope that my TOEFL score will improve.«

in regards to/ in regard to (bezüglich, in Anbetracht)

In regards to ist immer falsch, weil es in der englischen Sprache diesen Ausdruck nicht gibt. Lassen Sie das *s* weg. Richtig ist *in regard to*.

> We need to have a heart-to-heart talk in regard to your correcting this mistake. *Wir müssen uns bezüglich Ihrer Korrketur dieses Fehlers vertraulich unterhalten.*

Zum Schluss des Kapitels möchte ich Sie noch einmal daran erinnern, dass Sie in zweierlei Hinsicht davon profitieren, wenn Sie diese Regeln gut lernen. Sie brauchen Sie natürlich im Abschnitt Satzbau (Structure) beim TOEFL, aber sie sind auch unverzichtbar für den Aufsatz. Ich habe diese Regeln im vierten Kapitel aus zwei Gründen gewählt: Erstens werden Sie beim TOEFL darauf getestet und zweitens machen die meisten Leute Fehler, wenn sie diese Regeln anwenden. Anders ausgedrückt: Sie werden nicht nur auf eine Frage stoßen, wo Sie den Unterschied zwischen *affect* und *effect* kennen müssen, sondern Sie würden diese sonst auch in Ihrem Aufsatz falsch gebrauchen.

Wenn es etwas gibt, was die Korrektoren der Aufsätze wirklich aufregt, dann sind es Grammatikfehler. Ein dummer Fehler kann die Gesamtbewertung beeinflussen. Wenn Sie bei der Lektüre dieses Kapitels immer wieder mit dem Kopf genickt haben und nur bestätigen können, dass Sie immer schon wissen wollten, wie diese Grammatikregeln lauten oder stets Probleme damit hatten (»Ich erinnere mich daran, dass all meine Englischlehrer mich bei diesen Fehlern angebrüllt haben«), dann vergewissern Sie sich lieber noch einmal, dass Sie alles verstanden und behalten haben. Wenn das nicht der Fall ist, rate ich Ihnen, diese nicht im Aufsatz zu verwenden. Warum sollten Sie sich der Gefahr aussetzen, dass Sie sich bei Begriffen, bei denen Sie sich nicht sicher sind, unter Stressbedingungen und unter Zeitdruck irren?

Teil IV

Der Abschnitt Satzbau und Schreiben

The 5th Wave — By Rich Tennant

Wählen Sie die korrekte Satzstruktur

☐ 1. Ich möchte nicht keine mechanischen Todeskiefer meinen Kopf abkauen.

☐ 2. Ich möchte nicht, dass mechanische Todeskiefer meinen Kopf abkauen.

Was zum Teufel soll diese blöde Frage?

In diesem Teil ...

In den dunklen Ecken des TOEFLs halten sich schon Ihre nächsten Gegenspieler, Satzbau und Aufsatz, versteckt – bereit, sich auf Sie zu stürzen. Dieser Teil des Buchs besteht aus sechs Kapiteln. Diese behandeln den zweiten Abschnitt des Tests: Satzergänzung, Grammatikfragen und einen Aufsatz. Die Informationen, die Sie in diesem Teil des Buchs erhalten, können Ihnen dabei helfen, als Sieger hervorzugehen oder den Verlust zumindest in Grenzen zu halten.

Das erste Kapitel in diesem Teil befasst sich mit dem Kapitel Satzergänzung. Hier erfahren Sie, wie die Fragen aussehen, die gestellt werden, wie Sie sich diesen Fragen nähern und wie Sie die Fallen erkennen, die mitunter in diesen Fragen enthalten sind. Das zweite Kapitel ist ein Mini-Test darüber, was Sie im vorhergehenden Kapitel über die Satzergänzung gelernt haben. Es werden Ihnen zehn Fragen gestellt, bei denen Sie die Vorgehensweise und die Tipps und Tricks verwenden, die Sie bei der Lektüre des vorhergegangenen Kapitels so gefesselt haben. (Oder etwa nicht ...?)

Das dritte Kapitel in diesem Teil ist eine Einführung in den Grammatiktest. Hier erfahren Sie ebenfalls, mit welcher Art von Fragen Sie zu rechnen haben, wie Sie mit diesen Fragen umgehen und welche Tipps und Tricks Ihnen dabei helfen, die Fragen nicht nur richtig, sondern auch schnell zu beantworten. (Zeit spielt bei jedem Test eine wichtige Rolle.) Das vierte Kapitel in diesem Teil ist ein Mini-Test über Grammatikregeln und deren Verwendung. Hier können Sie nun feststellen, ob sich das in Ihr Gehirn eingebrannt hat, was Sie im vierten Kapitel des Buchs gelernt haben. Das Leben könnte gar nicht mehr Spaß machen, oder?

Im fünften und sechsten Kapitel befassen wir uns mit dem gefürchteten Aufsatz, der von Ihnen als Schreibtest verlangt wird. Aber keine Sorge, mit den Tipps, die Sie hier erhalten, werden Sie die Leser des Aufsatzes schwer beeindrucken.

Eine Leerstelle: Satzergänzung

In diesem Kapitel

▶ Führen Sie zu Ende, was Sie begonnen haben: Wie Sätze aussehen, die Sie ergänzen sollen.

▶ Bringen Sie Ihr Gehirn auf Vordermann: Wählen Sie eine einfache, organisierte, schnelle Vorgehensweise.

▶ Treten Sie nicht in die Schlinge: So vermeiden Sie Fallen und erlangen den maximalen Erfolg.

Einer der drei Abschnitte des TOEFLs ist der Satzbau (Structure). Hier werden Sie zwei unterschiedliche Fragentypen antreffen: Satzergänzung und Grammatik. Diese beiden Fragentypen werden in einem Abschnitt zusammengestellt. So kann es vorkommen, dass Ihnen eine Frage zur Satzergänzung gestellt wird und dann zwei zur Grammatik, dann zwei zur Satzergänzung und eine zur Grammatik und so fort.

In diesem Kapitel erfahren Sie, wie Sie das Beste aus den Fragen zur Satzergänzung machen können. Im siebten Kapitel zeige ich Ihnen, wie Sie sich am besten auf den Grammatiktest vorbereiten.

Mit Fragen zur Satzergänzung sind Sie bereits aus Ihrer Schulzeit vertraut. Beim TOEFL wird Ihnen in diesem Teil des Tests eine Frage gestellt, in der Sie einen Abschnitt ergänzen müssen. Es kann sich dabei um ein Wort oder auch um einen längeren Ausdruck handeln. Sie haben die Wahl unter vier Antworten. Wählen Sie diejenige, die am besten den Satz ergänzt (»best completes the sentence«):

Frage: Was bedeutet die Anweisung »best completes the sentence« *(die am besten den Satz ergänzt)*?

Antwort: Die beste Antwort erfüllt den Satz mit einem Sinn. Diese ist aus der Logik und der Argumentation des Satzes herzuleiten. Versuchen wir es mal mit diesem Beispiel:

 Mariah _____ when she heard the comedian joke; »I'm not a complete idiot; parts of me are missing«. *Mariah _____ als sie den Witz des Komikers hörte: »Ich bin kein kompletter Idiot; Teile von mir fehlen«.*

(A) frowned *(runzelte die Stirn)*

(B) laughed *(lachte)*

(C) telephoned *(telefonierte)*

(D) joked *(witzelte)*

Aus dem Satz geht hervor, dass Mariah einem *Komiker* zuhört, der Witze erzählt. So ist es nur logisch, daraus zu folgern, dass sie lachte. Sie würde sicher nicht die Stirn runzeln (auch wenn Ihnen das mitunter bei meinen Witzen passiert!). Telephonieren macht ebenfalls keinen Sinn: Wer verwendet ein Telefon, wenn er gleichzeitig einem *Komiker* zuhört? Die Falle befindet sich in der vierten Antwort. Mariah hörte jemandem dabei zu, wie er Witze machte, und erzählte nicht selbst einen Witz.

Frage: Werden alle TOEFL-Fragen so spaßig wie diese sein?

Antwort: Natürlich nicht. Die meisten Fragen beim TOEFL sind ziemlich nüchtern gehalten (mit anderen Worten: langweilig). Da ich nicht möchte, dass Sie bei der Vorbereitung auf den TOEFL vor Langeweile einschlafen, habe ich versucht, in diesem Buch ein paar Lacher unterzubringen. Richtig ernst wird es noch früh genug für Sie: bei den beiden Tests am Ende des Buchs.

 Werden Sie später auch den GRE (Graduate Record Exam)-Test ablegen)? In diesem werden Sie ebenfalls Fragen zur Satzergänzung antreffen. Sie können also das, was Sie in diesem Kapitel lernen, später beim GRE anwenden. Sie kriegen sozusagen zwei Fortbildungen zum Preis von einer.

Geburt eines Genies: Den Anfang wissen

Für die meisten meiner Schüler ist bei den Aufgaben zur Satzergänzung das größte Problem, zu wissen, wie sie anfangen sollen. Mit einem fertigen Plan vor Beginn des Tests können Sie Zeit sparen und den Stress reduzieren. Ich schlage Ihnen eine dreistufige Vorgehensweise vor:

1. **Lesen Sie den *ganzen* Satz, damit Sie sich ein Bild davon machen können, worum es geht.**

2. **Wenn möglich, dann überlegen Sie sich ein Wort, welches in die Leerstelle passen würde.**

3. **Probieren Sie jeden einzelnen der vier Vorschläge aus, indem Sie sich den Satz jedesmal vorlesen.**

In den folgenden Abschnitten erkläre ich die einzelnen Schritte dieser Vorgehensweise näher.

Lesen Sie den ganzen Satz

Sie würden meinen, dass dieser erste Schritt ganz offensichtlich ist. Ich weiß jedoch aus Erfahrung, dass viele Studenten nur bis zu der Stelle lesen, wo sie ein Wort einsetzen sollen. Leider ist die Bedeutung eines Satzes aber oft von dem Teil abhängig, der noch folgt. Der letzte Teil kann die Bedeutung eines Satzes mitunter völlig verändern. Ein Beispiel:

 Mohammed thought the television comedy was _____ even though most people thought it was hysterically funny. *Mohammed fand die Fernsehkomödie _____, obwohl die meisten Leute sie für wahnsinnig lustig hielten.*

(A) humorous (*humorvoll*)

(B) amusing (*lustig*)

(C) enjoyable (*angenehm*)

(D) boring (*langweilig*)

Wenn Sie nur den ersten Teil des Satzes lesen, entdecken Sie das Wort Fernsehkomödie und gehen automatisch davon aus, dass die Sendung lustig ist (Komödie bedeutet für alle automatisch lustig). Im zweiten Teil des Satzes erfahren Sie jedoch, dass Mohammed anderer Meinung war als alle anderen. Durch die Verwendung von *even though* (obwohl) ändert sich der Sinn des Satzes. Wenn Sie also bereits nach dem ersten Teil aufhören, könnten Sie die wirkliche Aussage des Satzes falsch interpretieren.

Überlegen Sie sich ein Wort oder Wörter, mit denen Sie den Satz vervollständigen könnten

Fühlen Sie sich nicht gut dabei, wenn Sie bei einem Fernsehquiz zusehen und die Frage vor den Teilnehmern herausschreien können? Das Gleiche können Sie oft bei den Satzergänzungsübungen erleben. Lesen Sie den Satz und versuchen Sie, in Gedanken das Wort einzusetzen, von dem Sie glauben, dass es passen könnte. Welches Wort oder welche Wörter sind notwendig, damit der Satz einen logischen Sinn ergibt?

 Beachten Sie bitte, dass ich das Wort »oft« benutzte. Sie können eine Antwort natürlich nicht immer vorhersehen. Bitte verwenden Sie nicht so viel Zeit für's Überlegen, dass Ihnen diese am Schluss fehlt. Die Uhr am Computer tickt weiter und weiter und weiter. Sie dürfen nicht zu viel Zeit mit einer Frage verschwenden. Denken Sie über den Satz eine Minute nach, aber nicht viel länger. Wenn Ihnen kein richtiger Begriff einfällt, dann sehen Sie sich die an, die Ihnen angeboten werden.

Hier ein Beispiel, bei dem sich sehr gut eine Antwort vorhersagen lässt.

 The professor wants the paper by Monday and will lower the grade for each day the project is _____. *Der Lehrer möchte die Hausaufgabe am kommenden Montag haben und wird die Note für jeden Tag, den es _____ ist, heruntersetzen.*

(A) understood (*verstanden*)

(B) late (*zu spät*)

(C) finished (*beendet*)

(D) rejected (*zurückgewiesen*)

Konnten Sie *late* vorhersagen? Der Lehrer wird diejenigen bestrafen, die ihre Hausaufgaben nicht rechtzeitig abgeben. Sie sollten sich natürlich auch immer die anderen Antworten ansehen (eine von ihnen ist vielleicht besser als die, die Sie selbst fanden), aber in diesem Fall haben Sie die richtige Antwort gefunden.

Setzen Sie jede der gebotenen Antworten ein und lesen Sie den ganzen Satz

Auch wenn Sie glauben, sofort die richtige Antwort zu kennen, sollten Sie alle Antworten lesen. Die Antworten bei den Satzergänzungsfragen sind nicht einfach »richtig« oder »falsch«. Manchmal sind sie »gut, besser, besser, am besten.« Das ist wie mit den Rendezvouspartner. Auf den ersten Blick sind Sie vielleicht alle interessant, aber nur einer ist die beste Wahl!

Hier ein Beispiel dafür, wenn alle Antworten ziemlich richtig erscheinen:

 Sven was _____ when he was accepted to medical school in Egypt and rushed to call his parents with the good news. *Sven war _____, als er die Nachricht erhielt, dass er in Ägypten ein Medizinstudium aufnehmen könnte, und beeilte sich, seinen Eltern die gute Nachricht mitzuteilen.*

(A) pleased (*erfreut*)

(B) joyous (*glücklich*)

(C) content (*zufrieden*)

(D) thrilled (*freudig erregt*)

Es ist wohl offensichtlich, dass ein positives Wort eingesetzt werden muss, da es sich um eine gute Nachricht handelt. Alle Wörter sind positiv. Nun müssen Sie Ihren Gedankengang noch weiter einengen. Wenn Sven sich beeilte, seinen Eltern die gute Nachricht mitzuteilen, war er offensichtlich sehr, sehr glücklich. Sie werden sich überlegt haben, dass ein positives Wort allein nicht ausreicht; es muss stärker sein, als das, was sonst einen glücklichen Zustand ausdrückt. Die beste Antwort in diesem Fall ist *thrilled*.

Bonus: Speaking of Egypt, what do you call a physician in the capital city? A Cairopractor!

Tipps und Fallen

Nachfolgend nenne ich drei Möglichkeiten, die es Ihnen erleichtern, die Fragen zur Satzergänzung zu beantworten:

✔ Halten Sie Ausschau nach Schlüsselwörtern, die die Bedeutung eines Satzes verändern.

✔ Überlegen Sie vorher, ob der fehlende Ausdruck eine positive oder negative Ergänzung benötigt.

✔ Überlegen Sie sich kurz, ob in der Frage ein Vokabular benutzt wird, das Ihnen fremd ist.

In den folgenden Abschnitten werde ich näher auf diese Vorgehensweisen eingehen.

Der Schlüssel, der zu allen Fragen den richtigen Zugang verschafft: Schlüsselwörter

Ein oder zwei Wörter können die Aussage eines Satzes völlig verändern. Nehme wir als Beispiel diesen Satz:

 Li was _____ to see his girlfriend that afternoon because they had broken up that morning. *Li war _____, seine Freundin diesen Nachmittag zu sehen, weil sie sich am Morgen getrennt hatten.*

Sie haben sich als Satzergänzung vielleicht ein negatives Wort überlegt, wie *surprised* (*überrascht*) oder *unhappy* (*unglücklich*). Nehmen wir mal an, dass das Wort *because* (*weil*) durch *although* (*obwohl*) übersetzt wird. Nun können Sie vorhersagen, dass Li *glücklich* sein würde, seine Freundin zu sehen, obwohl sie sich am Morgen getrennt haben. Indem *because* in *although* verändert wird, ändert sich auch die Bedeutung des Satzes.

Ein weiteres Beispiel, da es sich hierbei um einen sehr wichtigen Punkt handelt:

 The courthouse cafeteria was _____ even though the court was closed for the holidays. *Die Cafeteria im Gerichtsgebäude war _____, obwohl das Gericht in der Ferienzeit geschlossen war.*

up ...

... up ... update

Dieser Satz unterscheidet sich von diesem Beispiel:

The courthouse cafeteria was _____ because the court was closed for the holidays: *Die Cafeteria im Gerichtsgebäude war _____, weil das Gericht in der Ferienzeit geschlossen war.*

Hier sollten bei Ihnen alle Alarmleuchten angehen: Schlüsselwörter, die es sich zu merken lohnt

Manche Wörter können einen Satz völlig verändern. Wenn Sie diese Wörter sehen, sollten in Ihrem Gehirn sämtliche Alarmglocken und Warnlichter losgehen. Anders gesagt: Seien Sie auf der Hut vor diesen Wörtern, da sie einen wichtigen Wechsel signalisieren, etwas, das den ganzen Satz verändern kann.

although (obwohl)	however (wie auch immer)	or (oder)	so (so)	_____
despite (trotz)	moreover (überdies)	either/or (entweder/oder)	for (weil)	_____
in spite of (trotz)	but (aber)	because (weil)	in contrast (im Gegensatz)	_____
nontheless (nichtsdestotrotz)	therefore (deshalb)	and (und)		_____
even though (obwohl)	whereas (wohingegen)	since (seit)		_____
on the other hand (andererseits)	neither/nor (weder/noch)	on the contrary (im Gegensatz)	_____	_____

Im ersten Fall erfahren Sie durch das *even though*, dass es sich mit der Cafeteria anders verhält als mit dem Gericht, was heißt, dass die Cafeteria geöffnet hatte, obwohl das Gericht geschlossen war. Im zweiten Fall erfahren Sie durch das *because*, dass es sich mit der Cafeteria genau so verhält wie mit dem Gericht. Sowohl die Cafeteria als auch das Gericht waren geschlossen.

Bonus: Did you hear about the new sushi bar that caters exclusively to lawyers? It's called Sosumi!

Gute und schlechte Vorhersagen: Positive und negative Begriffe

Die Sätze im Abschnitt Satzergänzung sind oft sehr lang, wortreich und verwirrend. Oft bestehen sie aus vielen Wörtern und verwenden schwieriges Vokabular. Obwohl Sie manchmal vielleicht nicht den ganzen Satz verstehen, werden Sie doch erkennen, ob es eine positive/gute oder negative/schlechte Aussage erfordert, um den Satz zu ergänzen. Im Folgenden ein Beispiel:

The causal effect of the seminal breakthrough was such that it left the previouly unhappy scientist _____. *Die kausale Wirkung des sich noch in den Anfängen befindlichen Durchbruchs war derart, dass sie den ursprünglich unglücklichen Wissenschaftler _____ machte.*

Was um Gottes Willen bedeutet »causal effect«? Was ist ein »seminal breakthrough«? Seien Sie nicht beunruhigt, wenn Sie bei diesem Satz nicht wissen, worum es überhaupt geht; Sie sind nicht allein. Für das Verständnis müssen Sie nur wissen, dass der Wissenschaftler vorher (previously) unglücklich war, der Satz jedoch andeutet, dass sich dies verändert hat. Der Wissenschaftler ist nun glücklich. Sie können also vorhersagen, dass die Satzergänzung positiv sein muss.

 Ich möchte Sie hier noch einmal daran erinnern, dass Sie beim TOEFL nicht die Möglichkeit haben, eine Frage auszulassen oder später wieder darauf zurückzukommen (außer im Abschnitt Leseverständnis). Der Computer wird die nächste Frage erst anzeigen, wenn Sie die gegenwärtige beantwortet haben. Deshalb sollten Sie auf jeden Hinweis achten, der es Ihnen ermöglicht, die Antwort *schnell* einzugrenzen. Wenn Sie vorhersehen können, dass die Antwort ein positives oder negatives Wort sein muss, können Sie wahrscheinlich die Wortwahl bei den Antworten auf zwei reduzieren und das zutreffende Wort erraten.

Wenn Wörter so lang sind, dass diese schon einen eigenen Stichcode benötigen: Raten Sie und machen Sie zügig weiter

Manchmal kommt es vor, dass das Vokabular beim TOEFL ganz schön schwierig und ausgefallen ist. Vielleicht kennen Sie das Schlüsselwort, von dem die Aussage abhängig ist, überhaupt nicht. Oder Sie kennen die Fragen nicht, die Ihnen bei den Antworten zur Verfügung gestellt werden. Nur keine Panik; das passiert nicht nur Ihnen. Wenn die Antwort auf eine Frage von einem Wort abhängt, das Sie nicht kennen, raten Sie schnell und machen Sie weiter. Das Schlüsselwort hier ist *schnell*. Wenn Ihnen alle meine Tipps bei einer Frage nicht weiterhelfen (wie etwa die Vorhersage, ob es sich um ein positives oder negatives Wort handelt oder um Wörter, bei denen sofort Ihre Warnblinkanlage losgehen sollte), raten Sie und fahren Sie mit der nächsten Frage fort.

 Anthropomorphism, or attributing human feeling to domestic animals, is _____ among pet owner. *Anthropomorphismus, oder die Anwendung menschlicher Gefühle auf Haustiere, ist _____ unter deren Besitzern.*

(A) common (*weit verbreitet*)

(B) ridiculous (*lächerlich*)

(C) phenomenal (*außergewöhnlich*)

(D) ludicrous (*komisch*)

Was für eine schwierige Frage! Das Wort Anthropomorphismus ist schon recht verwunderlich. Niemand kann davon ausgehen, dass Sie dieses Wort kennen. (Sollten Sie dennoch wissen, was es ist, dann klopfen Sie sich selbst auf die Schulter und gehen davon aus, dass Sie beim TOEFL ein ausgezeichnetes Ergebnis erzielen werden.) In diesem Satz wird Ihnen Hilfe angeboten, indem das Wort erklärt wird, aber unter Verwendung eines anderen Wortes, mit dem viele auch nichts anfangen können. *Attributing* bedeutet anwenden, verdanken. (So verdanken Sie zum Beispiel die schlechte Chemienote der Tatsache, dass Ihre

Partnerin beim Labortest so attraktiv war, dass Sie sich kaum auf Ihr Handeln konzentrieren konnten, weil Sie mit einer ganz anderen Art von Chemie beschäftigt waren!)

Es ist aber nicht nur die Frage selbst schwer, sondern auch zwei der zur Antwort angebotenen Wörter. (*Phenomenal* bedeutet außergewöhnlich, bemerkenswert. *Ludicrous* bedeutet witzig, komisch. Sicher stimmen Sie zu: Diese außergewöhnliche Frage ist zweifelsfrei komisch). Was sollen Sie also tun? Raten Sie *schnell* und fahren Sie mit der nächsten Frage fort. (Die Antwort auf die Frage ist A, wenn Sie's schon unbedingt wissen müssen.)

Mission vollendet: Wiederholung

Bevor Sie sich den Übungsaufgaben im sechsten Kapitel zuwenden, sollten Sie sich die Zeit nehmen, die Verfahrensweisen und Tricks aus diesem Kapitel zu wiederholen.

Verfahrensweisen

- ✔ Lesen Sie den ganzen Satz, um im Groben zu wissen, worum es geht.

- ✔ Versuchen Sie, das fehlende Wort oder fehlende Wörter vorherzusagen.

- ✔ Setzen Sie jedes Wort, das in den Antworten genannt wird, einzeln ein, und lesen Sie jeweils den ganzen Satz.

Tricks

- ✔ Halten Sie Ausschau nach Schlüsselwörtern wie *because* und *although*, die die Bedeutung eines Satzes verändern können.

- ✔ Sagen Sie voraus, ob die Satzergänzung aus einem positiven oder negativen Wort besteht.

- ✔ Raten Sie schnell, wenn in einer Frage ein Vokabular verwendet wird, das Sie nicht kennen.

Spielen Sie den Satz zu Ende: Übungen zur Satzergänzung

Kurbeln Sie Ihr Gehirn an und seien Sie hoch konzentriert. Sie werden es für diesen Teil der Übungen brauchen.

Die folgenden zehn Fragen sind ein Test darüber, was Sie im fünften Kapitel gelernt haben. Sie werden aber auch nach den Grammatikregeln aus dem vierten Kapitel, Wiederholung der Grammatik, gefragt. Verwenden Sie die Verfahrensweisen und die Tipps und Fallen, die ich Ihnen im fünften Kapitel vorgestellt habe, um die beste Antwort auf jede Frage zu finden. Aber denken Sie daran: Beim richtigen TOEFL sind die Fragen nicht halb so witzig. Damit belohne ich Sie für die Leistung, die Sie in den vorangegangenen Kapiteln erbracht haben.

Zeit: Planen Sie für dieses Kapitel 15 Minuten ein. Das beinhaltet auch die Zeit, die Sie für das Lesen der Anweisungen benötigen.

Jede Frage ist ein Test Ihrer Kenntnisse über die richtige Verwendung der englischen Sprache.

Anweisungen: Die Fragen 1 – 10 enthalten Leerstellen, die Sie auffüllen, indem Sie eine der Antworten, (A), (B), (C) oder (D) einsetzen, die unterhalb des Satzes stehen.

Airplanes _____ stored with the fuel tanks full in order to prevent condensation from contaminating the fuel. *Flugzeuge _____ mit vollen Tanks geparkt werden, um der Verschmutzung des Kraftstoffs durch Kondensation vorzubeugen.*

(A) shoud be

(B) be should

(C) should being

(D) are be

Der Satz lautet richtig: »Airplanes should be stored with the tanks full in order to prevent condensation from contaminating the fuel.« Sie sollten die Antwort A gewählt haben.

Sie sind nun bereit mit der Arbeit an diesem Teil des TOEFLs.

1. Juanita was _____ to learn that her blind date was a professional mime because he had been chattering constantly all evening. *Juanita war _____ als sie erfuhr, dass ihr Rendezvouspartner ein Pantomime war, denn er hatte den ganzen Abend geplaudert.*

   (A) happy (*glücklich*)

   (B) surprised (*überrascht*)

(C) smart (*klug*)

(D) determined (*bestimmt*)

Ein Pantomime ist ein Künstler, der durch Gestik und Mimik kommuniziert, aber niemals dabei spricht. Da er den ganzen Abend über redete, war es für Juanita eine Überraschung, zu erfahren, welchen Beruf er ausübte. Die richtige Antwort ist B.

 2. The desert was so dry that all the water used by the residents had to be _____ by truck, at great expense. *Die Wüste war so trocken, dass das Wasser für die Bewohner unter großen Kosten mit Lastwagen _____ werden musste.*

(A) returned (*zurückgebracht*)

(B) used (*verwendet*)

(C) brought in (*herbeigeschafft*)

(D) manufactured (*hergestellt*)

Überlegen Sie, dass es sich um eine Wüste handelt, wo es kein Wasser gibt. Deshalb muss es auf Lastwagen von woanders herbeigeschafft werden. Die richtige Antwort ist C.

 Haben Sie auch Schwierigkeiten damit, desert und dessert auseinanderzuhalten? Da kenne ich eine ausgezeichnete Eselsbrücke, wie Sie sich das merken können. Die Sahara – mit einem *s* – ist eine Wüste (*desert*), mit ebenfalls einem *s*. Strawberry shortcake (Erdbeerkuchen) – mit zwei *s* – ist eine Nachspeise (*dessert*), mit ebenfalls zwei *s*. Nun werden Sie nie wieder diesen Fehler machen ... es könnte jedoch sein, dass Sie hungrig werden, wenn Sie Sand sehen!

 3. The contest's grand prize, _____ was awarded for the worst pun, was claimed by an 85-year-old woman whose humor made the judges groan. *Der große Preis im Wettkampf, _____ für die schlechteste Wortspielerei vergeben wurde, wurde von einer 85-jährigen Frau gewonnen, deren Witze die Schiedsrichter zum Stöhnen brachten.*

(A) who (*wer*)

(B) it (*es*)

(C) when (*wann*)

(D) which (*welcher*)

Am besten beantworten Sie diesen Fragentyp durch Eliminierung. Ein Preis ist ein Ding, was bedeutet, dass *who* nicht in Frage kommt. *Who* verwenden Sie nur bei Leuten. Würden Sie B verwenden, würden Sie ein Subjekt und ein Pronomen verwenden, was falsch ist, da ein Pronomen ein Subjekt ersetzt. (Sie würden zum Beispiel nicht sagen: This man he is coming to help me.« *Dieser Mann, er kommt, um mir zu helfen.* Sie würden natürlich sagen: »This man is coming to help me.« *Dieser Mann kommt, um mir zu helfen. When* bezieht sich auf eine Zeit und ist für diesen Satz irrelevant. Deshalb ist es das Pronomen *which*, welches diesen Satz richtig ergänzt. Die korrekte Antwort ist D.

Bonus: Did you hear about the man who entered a pun contest? He sent in ten different puns, hoping at least one of the jokes would win. Unfortunately, no pun in ten did.

4. When John was so fat that the airlines threatened to make him pay for two seats, he knew that it was time _____. *Als John so dick war, dass die Fluggesellschaften damit drohten, er müsse für zwei Sitze zahlen , wusste er, dass es Zeit war _____.*

(A) to wait (warten)

(B) to lose weight (abnehmen)

(C) to be losing weight

(D) for wait loss

Wenn die Fluggesellschaften denken, dass Sie zu dick sind für einen Sitz, dann wissen Sie, dass Sie abnehmen sollten. *Weight* bedeutet Gewicht, wie schwer etwas ist, und ist daher in diesem Zusammenhang richtig. *Wait* bedeutet hinauszögern, auf etwas warten, wie etwa in dem Satz »John will have to wait to see the doctor until the other patients have left.« *John wird auf den Doktor warten müssen, bis die anderen Patienten gegangen sind.* Nun bleiben nur noch die Antworten B und C übrig.

 Antwort C ist vielleicht nicht falsch, wäre aber eine sehr schlampige Grammatik. Seien Sie auf der Hut vor den -ing-Wörtern. Oft ist die -ing-Form eines Verbs nicht so geeignet wie die nicht-ing-Form. Anders gesagt müssen Sie nicht das Verb in der Zeitform »to be losing« verwenden, wenn Sie das Gleiche auch durch das einfache »to lose« ausdrücken können. Die richtige Antwort ist B.

Bonus: My friends never threatened me with Goodyear, but my boyfriend did tell me once that to take my picture, he'd need a panoramic camera! Needless to say, I got a new boyfriend ...)

 5. Although it was originally a university dormitory, the building was _____ a hospital. *Obwohl es ursprünglich der Schlafsaal einer Universität war, wurde das Gebäude in ein Krankenhaus _____.*

(A) altered from (verändert von)

(B) changed into (geändert in)

(C) designed into (geplant als)

(D) converted from (umgewandelt von)

Der Satz deutet an, dass das Gebäude *von* einem Schlafsaal *in* ein Krankenhaus verändert wurde. Sind Sie in die Falle A getreten? To *alter* heißt ebenfalls verändern, wechseln. Wenn Sie A gewählt haben, dann ist das falsch, denn dann würde das bedeuten, dass das Gebäude ursprünglich ein Krankenhaus war und in einen Schlafsaal verändert wurde. Der Satz sagt aber gerade das Gegenteil davon aus: Der Wechsel war von einem Schlafsaal in ein Krankenhaus.

Antwort D bedient sich der gleichen Falle wie Antwort A. *To convert* heißt auch verändern, umändern. Leider würde der Satz dann jedoch bedeuten, dass das Gebäude zuerst ein Krankenhaus und dann ein Schlafsaal war; es war aber genau andersherum.

Die Antwort C enthält die falsche Präposition. Den Ausdruck »designed into« gibt es nicht. Richtig ist »designed as«, wie in »The building was originally designed as a dormitory.« *Das Gebäude war ursprünglich als Schlafsaal geplant.* Präpositionen stellen für viele ein Problem dar. Ich schlage vor, dass Sie sich Karteikarten von den Präpositionen anlegen, die Sie immer wieder falsch verwenden, zusammen mit den Begriffen, mit denen sie zusammen vorkommen (zum Beispiel: you change *from* or change *to*, aber niemals change *about*).

Die richtige Antwort ist B. Und hier folgt zur Belohnung gleich wieder einer meiner berüchtigten Witze.

Bonus: Do you know what hospitals and universities have in common? They are both halls of ivy (I.V.).

 6. _____ that a human being will walk on the moon again within the next two decades. _____, dass ein Mensch innerhalb der nächsten zwei Jahrzehnte wieder auf dem Mond spazieren gehen wird.

(A) Likely (*Möglich*)

(B) How likely (*Wie möglich*)

(C) But likely (*Aber möglich*)

(D) It is likely (*Es ist möglich*)

Diese Frage kann ebenfalls durch Eliminierung beantwortet werden. Lesen Sie den Satz jeweils ganz mit einer der möglichen Antworten. A, B und C machen aus dem Satz ein Fragment. Ein Fragment ist ein unvollständiger Satz, einer, der einen Gedanken nicht ganz ausdrückt. Nur D erfüllt alle Kriterien, ein Subjekt und ein Verb machen daraus einen vollständigen Satz. D ist die richtige Antwort.

Sind Sie bereit für einen weiteren meiner Witze? (Schließlich muss ich ja dafür sorgen, dass Ihr Hirn bei all dieser Denkarbeit nicht explodiert!)

Bonus: Did you hear why the new restaurant on the moon failed? It had good food but no atmosphere. *Haben Sie gehört, warum das neue Restaurant auf dem Mond nicht erfolgreich war? Das Essen war gut, aber es hatte keine Atmosphäre.*

 7. The student _____ laughter and applause at the mathematics award ceremony when she told the joke about the city so small it had a fraction for a zip code. *Die Studentin _____ Gelächter und Applaus während der Verleihung des Mathematikpreises, als sie den Witz über die Stadt erzählte, die so klein war, dass als Postleitzahl ein Bruch ausreichte.*

(A) to receive (*erhalten*)

(B) was receiving

(C) received

(D) she received

Haben Sie die richtige Antwort vorhergesagt? Mit ein wenig Übung werden Sie gut beim Vorhersagen der Wörter, die die Leerstelle sinngemäß füllen. Hier benötigen Sie die Vergangenheitsform des Verbs, received, weil das Geschilderte in der Vergangenheit stattfand (diese Information liefert das Wort »told« im zweiten Teil des Satzes). Antwort B kommt nicht in Frage, weil es eine einfache, abgeschlossene Handlung in der Vergangenheit betrifft. Die richtige Antwort ist C.

 Antwort D stellt die Falle dar. *She* ist ein Pronomen. Ein Pronomen ersetzt ein Hauptwort oder nimmt seinen Platz ein. Ein Pronomen und ein Hauptwort (nomen) werden niemals zusammen verwendet. Bei zwei gleichen Subjekten ist eins überflüssig. Wählen Sie eins oder das andere. In diesem Fall entweder »the student« oder »she«. Aber nicht beides.

8. One of the _____ cities in the United States, Seattle, has planned its architecture and landscaping to accommodate the extreme rainfall. *Eine der _____ Städte der Vereinigten Staaten, Seattle, hat ihre Architektur und ihre Grünflächen so ausgelegt, dass diese auch dem stärksten Regen standhalten.*

    (A) most rainiest (*»regnerischsten«*)

    (B) rainiest (*regnerisch*)

    (C) rainier

    (D) most raining

Antwort A geht wirklich zu weit. Bitte verwenden Sie für ein Wort nie »most« und die *-est*-Form. Wendungen wie »most smartest«, »most happiest« oder, wie in diesem Beispiel »most rainiest« gibt es im Englischen nicht.

Antwort C ergibt keinen Sinn. Wenn mehr als zwei Gegenstände verglichen werden, wird der Superlativ oder die *-est*-Form verwendet (wie *biggest, best* oder *happiest*). In diesem Fall ist es nur logisch davon auszugehen, dass es in den USA mehr als zwei Städte gibt, deshalb wird hier das *-est*-Wort *rainiest* benötigt.

Antwort D könnte uns in Versuchung führen. Das »most« passt, aber nicht das »raining«. Worte, die auf *-ing* enden, stellen oft eine Falle dar. Viele *-ing*-Wörter werden im Slang verwendet und sind kein Zeichen guter Ausdrucksweise. Sie sollten zwar nicht gleich davon ausgehen, dass jedes Wort, das mit *-ing* endet, falsch ist, dennoch sollten Sie einen genauen Blick darauf werfen. Die richtige Antwort ist B.

Nebenbei bemerkt, es ist wahr, dass es in Seattle, Washington sehr häufig regnet. Das letzte Mal, als ich dort war, sah ich einen Autoaufkleber, auf dem stand: »Seattle Rain Festival: January 1 – December 31.« (Darüber sollten Sie nachdenken.)

9. _____, the telegram once was one of the most important means of communicating quickly. *_____, war das Telegramm einst eines der wichtigsten schnellen Kommunikationsmittel.*

    (A) Now rarely used (*Heute selten benutzt*)

    (B) Rare now used (*Selten jetzt benutzt*)

    (C) Using, but rarely now

    (D) Used rare know

Als erstes sollte Ihnen auffallen, dass der Satz ein Adverb benötigt. Ein Adverb folgt häufig auf Fragen wie »How?« oder »When?« oder »How often?« und endet oft mit *-ly*. Ein Beisiel: »How do I read?« *Wie lese ich?* I read *quickly*. *Ich lese schnell.* How do I answer the test question? *Wie beantworte ich die Testfragen?* I answer them *correctly*. *Ich beantworte sie richtig.* Die Rolle des Adverbs in diesem Satz ist es, das Verb *used* zu modifizieren bzw. zu beschreiben. Die Antworten B und D kommen deshalb nicht in Frage, weil es sich bei *rare* um ein Adjektiv und kein Adverb handelt. So schnell kann man die möglichen Antworten auf zwei eingrenzen.

Da die Zeit beim TOEFL ein sehr wichtiger Faktor ist (die meisten haben Probleme mit der Zeit, nicht mit den Fragen), ist es gut, wenn Sie es schaffen, nach der Eliminierungsmethode vorzugehen. Halten Sie zuerst Ausschau nach den ganz offensichtlich falschen Antworten, wie etwa die falsche Zeitform beim Verb oder die falsche Form für ein Wort. Lassen Sie diese Antworten sofort außer Betracht. Dadurch bleibt mehr Zeit übrig, sich die verbleibenden Antworten genauer anzusehen.

In Antwort C treffen wir auf das gefürchtete -*ing*-Verb. Beim TOEFL werden viele -*ing*-Verben schlecht behandelt und missbraucht. Wenn auch nicht alle -*ing*-Verben falsch sind, so handelt es sich bei diesen doch häufig um eine Falle. Wenn Sie mit einer Frage nichts anfangen können, also raten müssen (Sie müssen jede Frage beantworten, bevor Ihnen der Computer eine weitere anzeigt) dann rate ich Ihnen, dass Sie die -*ing*-Verben gleich eliminieren und sich für eine der anderen entscheiden.

Die richtige Antwort ist A.

Telegramme werden heutzutage in den Vereinigten Staaten nur noch selten verschickt. E-Mail und Faxe haben deren Platz übernommen. Es gibt jedoch einen gute Geschichte über einen Aprilscherz im Zusammenhang mit einem Telegramm. Ein Student sandte seinem Professor am ersten April ein Telegramm, auf dem stand: »Most urgent that you disregard first telegram, John.« *Es ist äußerst wichtig, dass Sie das erste Telegramm vernichten. John.* Der Professor suchte natürlich in seinem Büro hektisch nach dem mysteriösen ersten Telegramm!

 10. The synchronized swimmers matched their strokes so perfectly that it was difficult to tell _____ were in the line. *Die Synchronschwimmerinnen stimmten ihre Bewegungen so gut aufeinander ab, dass es schwierig war, festzustellen, _____ daran teilnahmen.*

(A) what number was swimming (*wie viele schwammen*)

(B) how many swimmers (*wie viele Schwimmerinnen*)

(C) that the number of swimmers (*dass die Anzahl der Schwimmerinnen*)

(D) where swimmers the number of which

Die beste Methode zur Beantwortung dieser eher schwierigen Frage ist, jede Antwort einzusetzen und den Satz zu lesen.

Antwort A ist falsch, weil das Verb *was* im Singular ist. *Swimmers* ist Plural, daher benötigen wir hier ein Verb im Plural, *were*. Antwort C ergibt keinen Sinn für den Satz und D wäre die schlechteste Wahl von allen. Sie ist zu lang, kompliziert und ergibt keinen Sinn (der Satz macht keinen Sinn).

Die richtige Antwort ist B.

Ein Freund, der mit mir während der Olympischen Spiele das Synchronschwimmen verfolgte, hatte folgenden genialen Gedanken: Wenn eine der Synchronschwimmerinnen ertrinkt, ertrinken sie dann alle?

Hiermit sind wir am Ende der Übungsaufgaben zur Satzergänzung angekommen. Bitte denken Sie daran, dass dieser Fragentyp nur einen der beiden darstellt, die im Abschnitt Satzbau Verwendung finden. Wie ist es Ihnen mit diesen zehn Fragen ergangen? Wenn Sie immer noch verwirrt sind (von der Grammatik und nicht von meinen schlechten Witzen!), dann sehen Sie sich noch einmal das vierte Kapitel an. Wenn Sie jedoch glauben, dass Sie diesen Stoff relativ gut verstanden haben, sind Sie für eine neue Herausforderung bereit: Übungen zum Sprachgebrauch.

Die Übung macht den Meister: Aufgaben zum Sprachgebrauch

7

In diesem Kapitel

▶ Wie sehen Übungen zum Sprachgebrauch aus?

▶ Wie soll man mit den Übungen zum Sprachgebrauch verfahren?

▶ Wie erkenne ich die leichtesten bzw. die schwersten Fragen?

▶ Wie gehe ich bei der Lösung der Übungen zum Sprachgebrauch am besten vor?

▶ So vermeidet man die häufigsten Fallen

Der zweite Abschnitt beim TOEFL widmet sich der Kenntnis des Satzbaus. In diesem Teil kommen zwei verschiedene Fragetypen zum Einsatz, die Satzergänzung (welche im fünften und sechsten Kapitel behandelt wurden) und der Sprachgebrauch, welcher Gegenstand dieses und des nächsten Kapitels ist. Diese beiden unterschiedlichen Fragestellungen werden in unregelmäßiger Reihenfolge miteinander kombiniert. So können Ihnen etwa zwei Fragen zum Sprachgebrauch gestellt werden, gefolgt von einer Frage mit Satzergänzung, anschließend eine Frage zum Sprachgebrauch, dann zwei Fragen mit Satzergänzung und so fort.

Sehen ist Glauben: Zum Format der Fragen

Eine Frage zum Sprachgebrauch besteht aus einem Satz. In diesem Satz befinden sich vier unterstrichene Satzteile. Diese Satzteile können aus einem oder mehreren Wörtern bestehen. Einer der unterstrichenen Satzteile enthält einen Fehler. Am Computer müssen Sie nur diesen Teil des Satzes anklicken, in dem sich der Fehler befindet. (In diesem Buch wählen Sie den Buchstaben, der unter dem den Fehler enthaltenden Satzteil steht.) Ein Beispiel:

The <u>amount</u> of peaches sold rises <u>sharply</u> in the summer, *then* drops off again <u>as</u> the cold weather approaches. *Die Menge der verkauften Pfirsiche steigt im Sommer stark an, fällt jedoch wieder, sobald das kalte Wetter einsetzt.*

Haben Sie den Fehler entdeckt? Es ist das Wort *amount*. *Amount* bezieht sich immer auf ein im Singular vorhandenen, nicht zählbaren Gegenstand, wie etwa die Menge der Zeit. *Number* hingegen bezeichnet Gegenstände im Plural, die gezählt werden können, wie eine Anzahl von Minuten. Da Pfirsiche im Plural ist, ist der Gebrauch von *amount* falsch. (Im vierten Kapitel, dem Grammatikteil, habe ich den Unterschied zwischen amount/number ausführlich erklärt.) Sie müssen am Computer nur das Wort *amount* anklicken.

Dafür, dass Sie diese Frage richtig beantwortet haben (Hurra!), verwöhne ich Sie mit einer Information zur Allgemeinbildung. Obwohl es Beweise dafür gibt, dass Pfirsiche bereits vor mehr als 4000 Jahren in

China angebaut wurden, ging man viele Jahre davon aus, dass sie ursprünglich aus Persien stammen. Das Wort *peaches* stammt aus dem Lateinischen und bezeichnet in dieser Sprache »Persien«. Eine andere Bezeichnung für Pfirsiche war »Persische Äpfel.« Mit diesem Wissen können Sie Ihre Freunde beim nächsten Einkauf im Lebensmittelgeschäft schwer beeindrucken.

Was wollen die von mir? Die Fragen zum Sprachgebrauch

Dieser Test schlägt gleich mehrere Fliegen mit einer Klappe. Einmal ist es reine Grammatik (wie etwa die Anpassung von Subjekt-Verb und Pronomen), Satzbau (ob es sich um einen unvollständigen oder einen Bandwurmsatz handelt) und Sprachstil (Wörter, die regelmäßig verwechselt werden, wie etwa lie/lay und affect/effect). Allgemein kann man sagen, dass alles, was Sie an Grammatik gelernt haben, hier getestet wird. (Nur keine Sorge; wenn Sie sich nicht sicher fühlen, dann vertiefen Sie sich am besten in Kapitel 4, die Wiederholung der Grammatik. Hier wird all dies im Detail erklärt.)

Einige Fragen zum Sprachgebrauch prüfen auch rhetorische Fähigkeiten. Hiermit ist der Stil und der Aufbau eines Satzes gemeint, so dass er auch einen Sinn ergibt. Diese Fragen sind in der Beantwortung schwieriger als die anderen und glücklicherweise auch seltener.

Maximieren Sie die Ausbeute, minimieren Sie den Einsatz: Worauf Sie bei den Fragen achten sollten

In diesem Buch weise ich Sie immer wieder darauf hin, wie Sie die Fragen erkennen, welche Sie schnell beantworten können, und diejenigen, die Ihren Blutdruck und die Stresshormone in die Höhe treiben. Obwohl Sie in diesem Abschnitt keine Frage auslassen können, um später wieder darauf zurückzukommen (der Computer lässt Sie den Test nur fortsetzen, wenn Sie jede Frage in der Reihenfolge beantworten), so wissen gute Testteilnehmer dennoch, wann es besser ist, einfach zu raten und weiter zu machen. Bei schwierigen Fragen raten Sie am besten, um schnell mit denen fortfahren zu können, die Ihnen leichter fallen.

Nachdem Sie die kurzen Übungsaufgaben im nächsten Kapitel und die zwei Tests in voller Länge weiter hinten im Buch gemacht haben, schauen Sie sich die Fehler, die Sie hier gemacht haben, genau an. Wenn Sie wissen, dass Sie immer wieder auf die gleichen Fehler hereinfallen (auch wenn Sie fest versuchen, diese zu vermeiden), werden Sie bei diesen Fragen wohl besser raten und mit den anderen Fragen fortfahren. Wenn Sie zum Beispiel Schwierigkeiten mit den Pronomen haben, dann schlage ich vor, dass Sie bei diesen Fragen häufiger raten und nicht zu viel Zeit darauf verschwenden, was Sie letztendlich trotz aller Überlegungen doch wieder falsch machen. Verwenden Sie Ihre Zeit viel lieber auf die Fragen, bei denen Sie sich sicher fühlen und die Sie korrekt beantworten können.

 Vergessen Sie bitte nicht, dass beim Satzbau der Computer den Schwierigkeitsgrad verändern kann. Das bedeutet, dass der Computer »fühlt«, wie leicht oder schwer Ihnen die Fragen fallen, und sich darauf einstellt. Wenn Sie zum Beispiel eine mittelschwere Frage richtig beantworten, bietet Ihnen der Computer anschließend eine etwas schwierigere Frage an, weil er glaubt, dass Sie in der Lage sind, diese zu beantworten. Wenn Sie bei der mittelschweren Frage jedoch einen Fehler machen, dann wird Ihnen vom Computer eine leichtere Frage angeboten. Dies bedeutet, dass Sie nicht verzweifeln müssen, wenn Sie eine Frage nicht beantworten können. Sie können nur gewinnen. Wenn Sie die schwierige Frage gleich richtig beantworten, super! Wenn Sie das jedoch nicht schaffen, ist der Computer nett zu Ihnen und bietet Ihnen eine leichtere an. Bei diesem Teil des Tests unterscheiden sich die beiden Fragemethoden, am Computer oder mit Papier und Bleistift. Bei der traditionellen Papier-und-Bleistift-Version bewegen sich die Fragen von einem leichteren hin zu einem schwierigeren Level.

So bereiten Sie Ihren Angriff vor: Womit beginnen?

Die Erfahrung hat gezeigt, dass sich drei logisch aufeinander aufbauende Vorgehensweisen anbieten:

1. **Lesen Sie den ganzen Satz.**

2. **Überlegen Sie, was im Satz falsch sein könnte.**

3. **Korrigieren Sie den Fehler.**

In den folgenden Abschnitten werden diese Stufen erklärt.

Lesen Sie den ganzen Satz

Viele Schüler machen den Fehler, sich vom Zeitdruck dazu verleiten zu lassen, nur einen Teil des Satzes zu lesen. Sobald sie zur ersten unterstrichenen Stelle im Satz kommen, denken sie, dass der Fehler hier steckt, sie klicken diesen Teil an und der Computer zeigt die nächste Frage an. GROSSER Fehler! Die Fragen sind oft so aufgebaut, dass sie zu Beginn des Satzes etwas unbeholfen oder komisch klingen, in Wirklichkeit aber richtig sind. Der Fehler befindet sich weiter hinten im Satz. Ein Beispiel:

Colin admitted <u>it was he</u> who put the dent in the <u>car's</u> fender, but agreed <u>to pay for the</u> repairs that were <u>need</u>. *Colin gab zu, dass er für die Delle in der Stoßstange des Autos verantwortlich war, stimmte aber zu, dass er für die Reparaturen, die anfallen, bezahlen wird.*

Klingt der Ausdruck »it was he« etwas komisch für Sie? Wenn ja, dann sind Sie mit diesem Gefühl nicht alleine. Die meisten Menschen sagen nämlich »It was him, anstelle des richtigen »It was he.« Das Verb *was* ist eine Kopula (linking verb), die zwei gleichwertige Gegenstände zusammenfügt oder verbindet. Das Subjekt steht vor dem Verb. Wenn das Subjekt ein Pronomen ist, dann ist es entweder *it* oder *she* oder *they* oder *I.* Nach einem Verb wie *was, is* oder *will be* muss das Pronomen in der subjektiven Form (eine Form wie ein Subjekt) stehen, damit es dem Subjekt gleich ist. In diesem Fall ist also »it was he« korrekt. (Verwirrt? Lesen Sie im vierten Kapitel den Abschnitt über Pronomen.)

Die Studenten, die zu faul sind, einen ganzen Satz zu lesen, tappen in diese Falle. Aber nicht Sie, oder? Sie sind schlau genug, um weiter zu lesen. Der Fehler ist im letzten unterstrichenen Satzteil enthalten. Repairs were *needed* und nicht *need*. Dieser Fehler ist leicht zu entdecken, vorausgesetzt, Sie lesen so weit. Und was ist die Moral von der Geschichte? Lesen Sie den ganzen Satz, bevor Sie sich entscheiden.

Identifizieren Sie den Fehler

Fragen Sie sich, was mit dem Satz falsch ist. Der Fehler kann ganz einfacher Natur sein, so wie zum Beispiel das Einsetzen eines Verbs im Plural, das im Singular da steht. Es kann sich aber auch um schwierigere Fälle handeln wie etwa eine Konjunktion, die die Bedeutung eines Satzes verändert und diesem die Logik raubt. Ein Beispiel:

Although the essay had to be typed, Achmed needed to borrow a computer from his cousin. *Obwohl der Aufsatz getippt werden musste, lieh sich Achmed einen Computer von seinem Cousin aus.*

Erinnerung: Konzentrieren Sie sich auf Wörter wie *although* und *because*, die illustrieren, wie Ideen miteinander in Verbindung stehen. *Although* ist falsch, weil die Beziehung in diesem Fall aus Ursache und Wirkung und nicht im Gegensatz besteht.

Bei diesem Fehler handelt es sich nicht so sehr um einen Verstoß gegen die Grammatikregeln, sondern um den Sinn, den dieser Satz ergibt. Durch die Verwendung von *although* ergibt der Satz keinen Sinn. Das richtige Wort wäre *because*. Achmed musste sich einen Computer leihen, *weil*, nicht *obwohl* er einen Aufsatz tippen musste.

Korrigieren Sie den Fehler

Dieser letzte Schritt ist, objektiv betrachtet, nicht notwendig. Sie müssen beim TOEFL in diesem Fall nicht die richtige Antwort einsetzen, sondern nur anklicken, was falsch ist. (Das erinnert mich an einen Studenten von mir, der wusste, dass im Satz ein Fehler versteckt war, aber sagte: »Ich weiß einfach nicht, wo der Fehler steckt.« Ich antwortete ihm: »Überleg weiter. Ich weiß, dass die Antwort irgendwo hinten in Deinem Gehirn versteckt ist.« Seine Antwort brachte mich zum Lachen: »Okay, soll ich mich umdrehen?«)

Am besten findet man das, was falsch ist, wenn man weiß, was richtig ist. Anders ausgedrückt: Wie sollen Sie wissen, was der Satz ausdrücken *soll*, wenn Sie nicht wissen, wo der Fehler verborgen ist? Wenn Sie die Übungsaufgaben in diesem Buch machen, sollten Sie sich angewöhnen, Fehler zu korrigieren, damit der Satz richtig wird.

Klüger, als es das Gesetz erlaubt: Tipps und Fallen

Hier nenne ich Ihnen einige Tipps, die Ihnen dabei helfen, die Fragen schnell und richtig zu beantworten, und einige Fallen, die für Sie aufgestellt wurden.

Schauen Sie die Wörter, bei denen Ihre Warnsignale blinken, lieber zweimal an

Zu diesen Wörtern gehören zum Beispiel die Pronomen. Diese Wörter werden so oft falsch verwendet und schlecht behandelt, dass Sie diese besser immer zweimal anschauen, wenn sie Ihnen unter die Augen kommen.. (Pronomen sind Wörter, die die Stelle eines Hauptworts – Nomen – einnehmen. Beispiele sind *he, she, it, we, us* und *they*. Im vierten Kapitel erfahren Sie viel mehr darüber.) Andere Wörter sind diejenigen, die ähnlich klingen und daher oft falsch verwendet werden, wie zum Beispiel *rise* und *raise* oder *imply* und *infer*.

 Obwohl Sie viele dieser Warnsignale auslösenden Wörter im vierten Kapitel finden, so haben Sie sicherlich auch Ihre Favoriten, Wörter, die bei Ihnen immer wieder für Verwirrung sorgen. Ich schlage Ihnen vor, dass Sie diese auf Karteikarten schreiben. Bevor Sie sich zum TOEFL begeben, holen Sie diese Karten noch einmal hervor, sehen sie sich an, so dass Sie förmlich in Ihr Gehirn eingeritzt sind.

Denken Sie daran, dass eine doppelte Negation falsch ist

Diese Regel stellt für viele ausländische Studenten eine Falle dar, in deren Muttersprache eine doppelte Negation völlig normal ist, zum Beispiel in der spanischen Sprache. Im Englischen ist dieses Konzept falsch. Ein Beispiel für einen falschen Gebrauch:

 Nyguen was <u>not hardly</u> able <u>to wake</u> up in the mornings <u>without</u> having at least two large <u>cups</u> of coffee. *Nyguen konnte morgens nicht kaum aufwachen, wenn er nicht mindestens zwei große Tassen Kaffee trank.*

Sowohl *not* als auch *hardly* sind Verneinungen. Das ist in der englischen Sprache nicht erlaubt. Verändern Sie den Satz folgendermaßen: »Nyguen was hardly able to wake up in the mornings without having at least two large cups of coffee.«

Haben Sie diese Frage richtig beantwortet? Ausgezeichnet. Hier ein kleiner Witz zur Belohnung.

Bonus: When can you get a ticket for drinking coffee in your car? When you're in a No Perking zone!

Halten Sie Ausschau nach gängigen Präpositionalsätzen und Ausdrücken

Jeder, der eine Fremdsprache (oder auch zwei oder drei) gelernt hat, weiß, dass man gewisse Dinge einfach auswendig lernen muss. Das ist zum Beispiel der Fall bei irregulären Verben. Ein anderer sind die Präpositionen, nach denen beim TOEFL häufig gefragt wird. Können Sie im folgenden Beispiel die Präposition nennen?

 The skater <u>was</u> pleased <u>from</u> the high score <u>she</u> received from <u>the judges</u>. *Die Schlittschuhläuferin freute sich über die hohe Bewertung, die ihr die Preisrichter gaben.*

Die Präposition in diesem Beispiel ist *from* und sie ist falsch. Die richtige Präposition lautet with. Man ist nicht pleased *from*, sondern pleased *with* something. »The skater was pleased with the high score she received from the judges.« Eine weitere Möglichkeit wäre *pleased by* the high score, aber nicht *pleased from* them.

Achten Sie darauf, dass Sie die Fehler nicht automatisch und unbewusst korrigieren

Beim TOEFL kommt es nicht vor, dass Ihnen auch richtige Fragen gestellt werden. Anders gesagt: Jede Frage zum Sprachgebrauch beinhaltet einen Fehler. (Hier unterscheidet er sich vom GMAT, wo dies möglich ist). Nehmen wir mal an, Sie sehen dieses Beispiel:

The newspapers <u>mentioned</u> that a container <u>of</u> myrrh <u>were</u> stolen from the museum <u>in the middle of the night</u>. *Die Zeitungen berichteten, dass ein Container mit Myrrhe mitten in der Nacht aus dem Museum gestohlen wurden.*

Der Fehler liegt im Wort *were*. Das Subjekt des Satzes ist *container*, das im Singular ist. Deshalb muss hier auch das Verb im Singular stehen: *was*. Haben Sie den Fehler automatisch korrigiert und den Satz folgendermaßen gelesen: »The newspapers mentioned that a container of myrrh was stolen from the museum in the middle of the night«? Es geschieht häufig, dass wir automatisch einen Fehler überlesen. Wenn Sie also frustriert vor dem Computer sitzen, weil Sie keinen Fehler entdecken, dann lesen Sie den Satz noch einmal langsam, Wort für Wort von vorn. Lesen Sie das, was wirklich da steht, und nicht das, was Sie möchten, das es da steht. Es geschieht sehr häufig, dass wir das Verb beim Lesen automatisch dem Subjekt anpassen, wie es in diesem Beispiel der Fall ist.

Hier wieder eine kleine Geschichte, die Ihrer Allgemeinbildung gut tut. Wahrscheinlich wissen Sie, was Myrrhe ist. Dieses Kraut wird ja schon in der Bibel und anderen alten Geschichten erwähnt. Aber wissen Sie, worum es sich dabei wirklich handelt? Es ist die Ausscheidung einer Pflanze, ein Harz, das ursprünglich als Schmerzmittel Verwendung fand. Der griechische Arzt Hippokrates verwendete Myrrhe, um Wunden zu heilen. Die Römer haben es zur Heilung von Husten und Infektionen verwendet. Das Morphium hat im Laufe der Zeit die Myrrhe als Schmerzmittel ersetzt. Heute findet sich die Myrrhe nur noch in Mundwasser und Zahnpasta. (Mal ehrlich, wo außer im *TOEFL für Dummies* würden Sie diese Informationen finden?)

Zusammenfassung

Hier eine kurze Zusammenfassung dessen, was Ihnen dieses Kapitel vermitteln wollte:

Vorgehensweise

✔ Lesen Sie den ganzen Satz.

✔ Suchen Sie den Fehler.

✔ Korrigieren Sie den Fehler.

Tipps und Fallen

✔ Halten Sie Ausschau nach den Wörtern mit den Warnsignalen.

✔ Denken Sie daran, dass eine doppelte Verneinung falsch ist.

✔ Erkennen Sie die häufigsten Präpositionalsätze und Ausdrücke.

✔ Achten Sie darauf, dass Sie den Fehler nicht automatisch und unbewusst korrigieren.

Beweisen Sie, was Sie können: Fragen zum Sprachgebrauch

Können Sie es kaum noch erwarten, zu beweisen, was Sie im siebten Kapitel gelernt haben? Hier erhalten Sie Ihre Chance. Bei den folgenden zehn Fragen können Sie diese Techniken, Tipps und Tricks anwenden. Behalten Sie jedoch für den aktuellen TOEFL im Hinterkopf, dass die Fragen dort nicht halb so lustig sind, wie die, die ich mir ausgedacht habe. Aber vielleicht sind Sie ja auch froh darüber! Genießen Sie also folgende Fragen, ernst wird es weiter hinten bei den zwei TOEFL-Übungsexamen.

Zeit: Nehmen Sie sich für diese Aufgaben 15 Minuten Zeit, einschließlich der Zeit, die Sie für die Anweisungen benötigen.

Jede Frage ist ein Test darüber, wie gut Sie die Grammatik kennen.

Anweisungen: Jede der folgenden Fragen besteht aus einem Satz, in dem vier einzelne oder auch mehrere Wörter unterstrichen sind. Die unterstrichenen Teile sind mit den Buchstaben (A), (B), (C) oder (D) versehen. Einer dieser unterstrichenen Satzteile muss geändert werden, damit der Satz korrekt ist.

> The clerk was so anger that she yelled at her customer and was immediately fired.
>   (A)   (B)   (C)   (D)
> *Die Verkäuferin war so ärgerlich, dass sie den Kunden anschrie und sofort entlassen wurde.*

Damit der Satz richtig ist, sollte es heißen: »The clerk was *angry*« und nicht *anger*. *Angry* ist ein Adjektiv, das die Person beschreibt. Deshalb sollten Sie sich für B entschieden haben.

Nun beginnt Ihre Arbeit mit den Testfragen.

1. Which the baby didn't like the Jell-O dessert, he picked it up in both hands and threw it at
   (A)   (B)   (C)   (D)
   his mother's head.
   Welches Baby mochte die Götterspeise nicht, er nahm sie in beide Hände und warf sie seiner Mutter an den Kopf.

Falls das Baby die Götterspeise wirklich seiner Mutter an den Kopf schmiss, dann war der Grund dafür, dass sie ihm nicht schmeckte. Das richtige Wort für den Satzanfang ist also *because*.

Haben Sie sich auch die Pronomen genau angesehen? Das ist immer richtig. Das Pronomen *he* bezieht sich auf das Baby und ist richtig. Wäre das Pronomen *they* richtig? Nein. *They* ist ein Pronomen im Plural und gilt für mehr als eine Person. In diesem Satz kommt aber nur ein Baby vor. Wie steht es mit dem Pronomen *it*? Hier bezieht sich das *it* auf die Götterspeise und ist ebenfalls korrekt. (Dass das zweite *it* richtig ist, erkennen Sie daran, dass es nicht unterstrichen ist. Nur unterstrichene Wörter oder Satzteile können in diesen Sätzen falsch sein.)

Both ist richtig. Es bezieht sich immer auf zwei Dinge (both of us, both books, both classes – *wir beide, beide Bücher, beide Klassen*), welche in diesem Satz die Hände des Kindes sind. Die richtige Antwort ist A.

 2. Mr. Spadafori's friend helped <u>him</u> to <u>answering</u> all of the questions <u>on</u> the <u>very, very</u>
                                 (A)   (B̶)   (C)   (D)
    <u>difficult</u> algebra quiz.
    Mr. Spadaforis Freund half ihm bei der Beantwortung aller Fragen des sehr, sehr schwierigen Algebraquiz'.

Schauen Sie sich zuerst das Pronomen *him* an. *Him* ist in der Einzahl, maskulin und bezieht sich auf eine Person, einen Mann. Dieser Mann ist Mr. Spadafori, daher ist *him* in diesem Satz korrekt.

Die Präposition *on* ist ebenfalls richtig. Die richtige Ausdrucksweise ist »questions on a quiz« und nicht etwa »questions by a quiz« oder »questions at a quiz.«

Sind Sie vielleicht in die Falle D getappt? Schade, denn *very, very difficult* ist richtig. Vielleicht haben Sie gedacht, dass die zweimalige Verwendung von *very* einmal zu viel ist. Es ist richtig, dass eine Wiederholung falsch ist, wenn die gleiche Sache auf unterschiedliche Art und Weise wiederholt wird. Die Wiederholung von einem Adjektiv oder Adverb kann jedoch einen Gedanken betonen. Es ist erlaubt, ein Wort zu wiederholen, wenn man auf etwas besonders aufmerksam machen möchte. Wenn Sie über das Ergebnis des TOEFL wirklich, wirklich glücklich sind, dann dürfen Sie das auch so sagen. (Mehr zu diesem Thema erfahren Sie im vierten Kapitel: Grammatikwiederholung.)

Die richtige Antwort ist B. Auf das Verb *help* (oder jeder anderen Form davon wie *helped*) folgt in der Regel ein Infinitiv. Der Infinitiv ist die »to«-Form wie etwa in to *laugh, to smile* oder *to party. To answer* wäre in diesem Fall korrekt, aber nicht *to answering*.

 In diesem Test sind Verben in der *-ing*-Form häufig falsch. Es handelt sich dabei oft um eine grammatikalisch saloppe Ausdrucksweise. Sie sollten zwar nicht davon ausgehen, dass die *-ing*-Verben immer falsch sind, dennoch sollten Sie sich diese zweimal ansehen.

A pro pos Algebra: Da möchte ich Ihnen folgenden Witz nicht vorenthalten, den Sie laut bei jemandem ausprobieren sollten.

He: How much is 5Q and 5Q?

She: 10Q

He: You're welcome.

 3. Accustomed to drinking a variety <u>of beverage</u>, the customer complained <u>when</u> only coffee
                                (A) (B̶)   (C)
    <u>was</u> available.
    (D)
    Da es der Kunde gewohnt war, unter verschiedenen Getränken auszuwählen, beschwerte er sich darüber, dass nur Kaffee angeboten wurde.

Das Wort *variety* bedeutet mehr als eins. Deshalb muss es mehr als nur ein Getränk geben, also *Getränke*, im Plural. Im Englischen wird der Plural meist so geformt, dass dem Wort im Singular ein *s* angehängt wird: *book/books, score/scores, joke/jokes* und so fort. Merken Sie sich Folgendes: Wenn ein Wort einen Plural andeutet (wie variety) und von *of* gefolgt wird, dann folgt ein Hauptwort im Plural (beverages) wie etwa in *a pair of socks*, *many of the questions* und a *couple of problems*. Die richtige Antwort ist B.

Beachten Sie bitte, dass die Subjekt-Verb-Konstruktion am Satzende richtig ist. Das Subjekt ist *coffee*, welches im Singular ist. Das Verb *was* ist im Singular korrekt.

Da wir gerade von Kaffee sprechen. Wissen Sie, wo er ursprünglich entdeckt wurde? Die meisten Menschen tippen auf Brasilien. Die Historiker sind jedoch anderer Meinung. Sie glauben, dass er ursprünglich aus dem Jemen kommt.

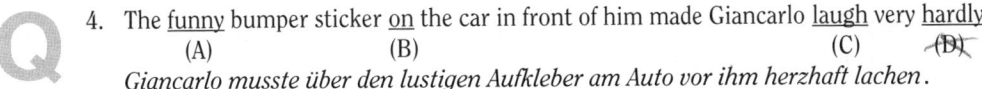

4. The <u>funny</u> bumper sticker <u>on</u> the car in front of him made Giancarlo <u>laugh</u> very <u>hardly</u>.
    (A)   (B)   (C)   ~~(D)~~
    Giancarlo musste über den lustigen Aufkleber am Auto vor ihm herzhaft lachen.

Das Wort *hardly* ist für die meisten Menschen sehr verwirrend. Es bedeutet nicht *hart* (hard). Es bedeutet auch nicht *viel* (a lot) oder *intensiv* (intensive) wie etwa in dem Satz: »Dimitri wants to succeed, so he works very hard.« *Dimitri möchte Erfolg haben, deshalb arbeitet er viel.* Die Bedeutung von *hardly* ist *barely, scarcely* oder *nicht viel* (kaum). Zum Beispiel: »I can hardly make it to class on time in the morning.« *Ich schaffe es morgens kaum, rechtzeitig zum Unterricht zu kommen.* (Es ist fast unmöglich für mich, morgens rechtzeitig zum Unterricht zu kommen.) Ein weiteres Beispiel: »I have hardly any money left by the end of the week«. *Zum Wochenende habe ich kaum noch Geld zur Verfügung.* (Ich habe kaum noch Geld übrig.) Die richtige Antwort in diesem Satz ist *hard*, also Antwort D.

Hard und *hardly* sind Ausnahmen von der Regel, dass ein Adverb häufig mit -ly endet. So lacht zum Beispiel Giancarlo *softly* oder *frequently*, aber nicht *soft* und *frequent*. Er würde *hard*, aber nicht *hardly* lachen. Merken Sie sich diese Ausnahmen, vielleicht schreiben Sie sich diese auf eine Karteikarte.

Zur Übung schauen wir uns nun die anderen Wörter an. Die Grammatik in der Antwort A ist richtig. *Funny* (lustig) ist ein Adjektiv, das den *bumper sticker* (Autoaufkleber) modifiziert (beschreibt). Die Grammatik in Antwort C ist richtig. *Made Giancorlo laugh* ist vom Satzbau her vollkommen korrekt. Die Grammatik in Antwort B ist richtig. Ein *bumper sticker* ist *on* (und nicht *in* oder *around*) einem Auto.

Nebenbei bemerkt: Die Amerikaner lieben Autoaufkleber, vor allem die lustigen. Sie können viel über den Charakter einer Person sagen, wenn Sie die Aufkleber auf ihrem Auto lesen. Ich habe in diesem Buch immer wieder mal einen meiner Lieblingssprüche von Autoaufklebern eingebracht. Einen Sticker, den ich neulich mal sah, brachte mich wirklich zum Lachen. Darauf stand: »If money doesn't grow on trees, why do banks have branches?«

5. The dieter <u>was</u> dismayed <u>to found</u> that her weight yo-yoed, going down 20 pounds and then
            (A)   ~~(B)~~
<u>going up</u> 25 pounds, changing <u>constantly</u>.
 (C)   (D)
Die Frau, die eine Diät machte, war entsetzt, dass ihr Gewicht abwechselnd rauf und runter ging, erst 20 Pfund weniger und dann 25 Pfund mehr.

Schauen wir uns zuerst die Übereinstimmung von Subjekt und Verb an. Die Frau, die eine Diät machte, ist im Singular, und benötigt daher ein Verb im Singular: *was*. Die Grammatik in A ist richtig. B ist nicht so einfach. Die richtige Form des Infinitivs ist *to find*, nicht *to found*. *Found* ist die Vergangenheit von *find*. Ein Beispiel: Yesterday, I found my magazine under the couch. *Gestern fand ich meine Zeitschrift unter dem Sofa*. Antwort B ist richtig.

C testet die Parallelstruktur eines Satzes. Darüber wurde im vierten Kapitel ausführlich gesprochen. Kurz zusammengefasst bedeutet es, dass Verben, Hauptwörter oder Adjektive in paralleler Struktur gebraucht werden, also in der gleichen Form stehen. Weil hier im Satz »going down« steht (das nicht unterstrichen, also korrekt ist), ist die parallele Form »going up« ebenfalls richtig.

Die letzte Möglichkeit, D, ist ein Adverb, das die Frage »Wie?« beantwortet. Wie verändert sich das Gewicht? Es verändert sich ständig (constantly). Die Adverbien enden in der Regel auf *-ly*, so wie dieses hier.

Quizfrage: Weil wir schon von Jo-Jos sprechen, hier eine Frage für Sie: Wissen Sie, wo es ursprünglich herkommt? Welches Land darf sich dessen rühmen? Geben Sie's auf, Sie kommen nicht drauf: die Philippinen. Das Jo-Jo wurde ursprünglich als eine Waffe benutzt, mit der man Schlangen in den Feldern tötete. Nun ist es bei allen Kindern rund um den Erdball ein sehr beliebtes Spielzeug. Das Wort Jo-Jo wurde zu einem Verb und bedeutet rauf und runter. Wenn Ihr Gewicht rauf geht, dann runter, dann rauf, dann runter, dann spricht man vom Jo-Jo-Effekt.

6. The music history professor, frustrated <u>by</u> the <u>much mistakes</u> his students <u>made</u> on the
                                               (A)   (B)   (C)
test, assigned <u>extra</u> homework.
      (D)
Der Lehrer für Musikgeschichte war von den vielen Fehlern, die seine Schüler in der Prüfung machten, so frustriert, dass er ihnen extra Hausaufgaben aufgab.

Das Wort *mistakes* ist Plural. Deshalb muss auch das Verb, das dieses Hauptwort beschreibt, im Plural stehen. *Much* ist aber Singular und beschreibt ein Hauptwort im Singular, das für eine unbestimmte Menge steht. Das richtige Wort, um *mistakes* zu beschreiben, ist *many*. Ein Student macht vielleicht viele Fehler (many mistakes), was bedeutet, dass er noch viel mehr Hausaufgaben machen muss. Die richtige Antwort lautet B.

Denken Sie daran, dass Sie nach Hauptwörtern, bei denen Sie die Menge zählen können (wie mistakes), mit »How many?« fragen, und nach Hauptwörter, bei denen Sie die Menge nicht zählen können (wie homework) mit »How much?«.

Ein weiterer Ausdruck, den Sie sich merken sollten, ist »frustrated by«. Merken Sie sich in diesem Fall die korrekte Präposition *by*. Sie können frustriert sein *by*, aber nicht von *to*.

Machen Sie sich eine Liste davon, wie Präpositionen verwendet werden und lernen Sie sie auswendig. Es gibt dafür keine allgemein gültigen Regeln. Sie können sie nur auswendig lernen.

Da sich das Beispiel auf Musikgeschichte bezieht, möchte ich dazu gleich noch einen Witz loswerden: What type of musical instrument did the ancient Britons play? Anglo-Saxophones!

7. Hoping <u>receive</u> a large holiday bonus, the employee <u>quickly</u> <u>performed</u> <u>all</u> of his tasks
                (A)   (B)   (C)   (D)
    without complaining.
    In der Hoffnung, dass er einen Urlaubsbonus erhalten würde, führte der Angestellte alle
    ihm aufgetragenen Arbeiten schnell durch, ohne sich zu beschweren.

Ein *-ing*-Verb ist oft von einem Verb im Infinitiv gefolgt. Der Infinitiv ist die »to«-Form eines Verbs. Hier einige Beispiele: Rushing *to catch* the train. *Sich beeilend, um den Zug zu erwischen.* Crying *to gain* sympathy. *Weinend, um Mitleid zu erhaschen.* Scratching *to relieve* an itch. *Sich kratzend, um ein Jucken zu lindern.* Die richtige Antwort ist A und sollte lauten »Hoping to receive.«

B verwendet das Adverb in der korrekten Form. Ein Adverb beantwortet häufig die Frage »How?« und endet oft mit *-ly.* How was the employee working? *Wie arbeitete der Angestellte?* Quickly. *Schnell.*

C ist richtig. Der Angestellte vollzog oder tat seine Arbeit. Hier ist die Vergangenheitsform notwendig. D ist ebenfalls richtig. *All* steht für einen Plural und bezieht sich auf das Hauptwort im Plural *tasks* (Arbeiten).

Ist es in Ihrem Heimatland üblich, dass man für eine gut getane Arbeit einen Bonus erhält? In den Vereinigten Staaten ist es Sitte, dass man denen ein wenig Trinkgeld gibt, die uns das ganze Jahr über einen Dienst leisten, so wie etwa Ihr Postbote oder die Männer von der Müllabfuhr. Einmal habe ich vergessen, meinem Parkwächter ein Trinkgeld zu geben. Als ich an diesem Nachmittag zu meinem Auto zurückkam, befand sich unter der Windschutzscheibe ein Zettel, auf dem in großen Buchstaben stand: »Merry Christmas: SECOND NOTICE!«

8. A <u>child's</u> view of life is often <u>more</u> realistic <u>that than</u> of an adult, wo <u>tries</u> to reshape the
        (A)   (B)   (C)   (D)
    world to his liking.
    Ein Kind sieht das Leben oft realistischer als ein Erwachsener, der die Welt seinen Vorstel-
    lungen entsprechend gestalten möchte.

That than gibt es in der englischen Sprache nicht. Korrekt muss es lauten *than that.* Das Wort, das einen Vergleich einleitet (in diesem Fall das *than*), kommt vor dem Hauptwort oder Pronomen. So würden Sie zum Beispiel sagen: »He is taller than Mark«, *Er ist größer als Mark,* und nicht: »He is taller Mark than«, *Er ist größer Mark als.* Die richtige Antwort ist C.

Wenn Sie diese Art von Fragen durcheinanderbringen, dann schreiben Sie sie auf eine Karteikarte. Diese Karten sind zur Gedankenauffrischung sehr gut geeignet.

D ist richtig. Das Verb *tries* steht im Singular und ist im Bezug auf ein Hauptwort in der Einzahl, *adult,* korrekt.

9. The scientist considered bird fossils <u>among</u> <u>a most difficult</u> to classify <u>because</u> of <u>their</u> small
                                              (A)   (B)   (C)   (D)
    size.
    Für die Wissenschaftler gehören die Fossilien von Vögeln wegen ihrer kleinen Größe mit
    zu den am schwierigsten zu bestimmenden.

Wenn Sie A gewählt haben, dann sind Sie in die Falle getappt. Ja, *among* gehört zu diesen häufig falsch verwendeten Wörtern, die mit anderen verwechselt werden. (Mehr hierzu können Sie im vierten Kapitel nachlesen.) *Among* und *between* werden häufig miteinander verwechselt. Ich habe diesen Satz extra gewählt, um denjenigen Studenten eine Falle zu stellen, die automatisch eines dieser in der Bedeutung ähnlichen Worte wählen, ohne über den ganzen Satz nachzudenken. In diesem Beispiel ist _among_ korrekt. _Among_ vergleicht mehr als zwei Dinge. _Between_ vergleicht genau zwei Dinge. Da jedoch davon auszugehen ist, dass es mehr als zwei Fossilientypen auf dieser Welt gibt, ist _among_ die korrekte Wahl.

Der Fehler liegt in B. Diese Frage ist wirklich schwierig. Richtig müsste dieser Teil des Satzes lauten: »the most difficult« und nicht »a most difficult«. Warum? Weil Sie über einen ganz bestimmten Gegenstand, der am schwierigsten zu bestimmen ist, sprechen. Die korrekte Antwort lautet B.

Haben Sie diese Frage falsch beantwortet, weil Sie automatisch den Fehler korrigiert haben? Haben Sie gleich »... the most difficult« gelesen, den Fehler also unbewusst überlesen und korrigiert? Wenn Sie einen Satz lesen, in dem Ihnen kein Fehler auffällt, müssen Sie diesen noch einmal langsam, Wort für Wort durchlesen, um zu vermeiden, dass Sie unbewusst den Fehler bereits beim Lesen ausgleichen. In den TOEFL-Fragen ist immer ein Fehler versteckt. Von den vier unterstrichenen Satzteilen oder Wörtern ist mit Sicherheit ein Teil falsch. (Sollten Sie jemals zum GMAT antreten, möchte ich Sie an dieser Stelle schon darauf hinweisen, dass es hier vorkommen kann, dass in einer Frage kein Fehler versteckt ist. Das macht natürlich einen Test schwieriger, da in diesem Fall diejenigen Fragen, wo Sie den Fehler überlesen, falsch beantwortet werden.)

10. Ornithologists _are_ sometimes _call_ »bird nerds« because of _their_ serious, studious _attitudes_.
　　　　　　　　(A)　　　　　　　(B)　　　　　　　　　　　(C)　　　　　　　(D)
Ornithologen werden manchmal wegen ihres seriösen, sorgfältigen Verhaltens als »Vogelnarren« bezeichnet.

Wissen Sie, was ein Ornithologe ist? Ein Vogelkundler, der Vögel beobachtet und studiert. Das müssen Sie aber nicht wissen, um die Frage korrekt beantworten zu können. Bei diesem Fragetyp werden Sie nicht nach Ihren Vokabularkenntnissen gefragt. Und falls Sie mit dem »Slang« nicht so vertraut sind: Ein _nerd_ ist jemand, der nicht besonders intelligent aussieht. Teenager verwenden den Ausdruck für eine Person, die anders ist, nicht reinpasst, einfach nicht »cool« ist.

Schauen wir uns zuallererst die Übereinstimmung von Subjekt und Verb im Satzteil A an. _Ornithologists_ ist Plural, daher stimmt der Gebrauch des Verbs _are_.

B ist der Stolperstein in diesem Satz. Obwohl das erste Verb in der Gegenwart dasteht, _are_, sollte das zweite Verb, _call_, im Past Participle, _called_, sein. Korrekt lautet dieser Satzteil »are called«. Nach _are_ folgt nie ein Infinitiv oder die Gegenwartsform eines Verbs. So sagen Sie zum Beispiel nicht: »They are see every day at the library«, sondern »They are seen every day at the library«. _Sie werden jeden Tag in der Bibliothek gesehen._ Sie sagen auch nicht: »Racing is call the Sport of Kings«, sondern »Racing is called the Sport of Kings«. _Wettrennen sind der Sport der Könige._ Die richtige Antwort ist B.

Das Pronomen in der Mehrzahl, _their_, in der Antwort C ist richtig, da es sich auf den Plural _Ornithologists_ bezieht. Und letztendlich, auch die Grammatik in Antwort D ist korrekt. _Attitudes_ ist ebenfalls ein Wort im Plural und bezieht sich auf die Ornithologen. (Mehr als ein Ornithologe müssen mehrere Verhaltensweisen haben.)

Erinnern Sie sich an die Regel: Passiv = _be_ Verb + Past Participle, wie in _was told, is seen, has been eaten_ und _will be reported (wurde erzählt, wird gesehen, ist gesehen worden, wird berichtet werden)._

Herzlichen Glückwunsch! Sie haben nicht nur die Grammatik, sondern auch all meine dummen Witze und Quizfragen überlebt. Ich muss gestehen, dass dieser Teil der Fragen ziemlich schwierig war. Es war mein Ziel, darin all die kleinen Fallen und Tricks unterzubringen, die Sie verwirren könnten. (Als ich einmal an einer Universität unterrichtete, hatte ich über meiner Bürotür ein Schild angebracht, auf dem stand: »Clinik for the Confused« – _Klinik für die Verwirrten_). Wiederholen Sie alle Fragen, die Sie falsch beantwortet haben. Sie werden wahrscheinlich wieder darauf stoßen, wenn Sie sich mit den zwei praktischen Examen weiter hinten im Buch beschäftigen, und auch beim tatsächlichen TOEFL.

Auf den Spuren von Hemingway: Der Schreibtest

9

In diesem Kapitel

▶ Das Verfassen Ihres Aufsatzes von Hand oder am Computer

▶ So gehen Sie strategisch richtig vor

▶ So holen Sie sich Extrapunkte

▶ So wird der Aufsatz benotet

Sie haben 30 Minuten Zeit, um einen Aufsatz am Computer zu verfassen. Hierbei wird nicht Ihr Wissen über ein bestimmtes Thema getestet, sondern Ihre Fähigkeit, sich in der englischen Sprache auszudrücken. Die Frage wird daher nicht lauten: »Schildern Sie die Hintergründe von Aufstieg und Fall des römischen Reiches im Kontrast zu dem des sumerischen Reiches«, sondern eher: » Stimmen Sie mit der Aussage überein oder nicht überein, dass gute Schreibfertigkeiten die wichtigste Voraussetzung für Erfolg im Beruf ist?«

Die Punkte, die Sie für den Aufsatz erhalten, können zwischen 1 und 6 liegen.

 Sollten Sie sich auch dem GMAT unterziehen, dann ist es für Sie vielleicht wichtig zu erfahren, dass hier anders benotet wird. Hier wird der Aufsatz von zwei Korrektoren gelesen, die höchste Punktezahl beträgt 12 (maximal 6 Punkte von jedem Korrektor). Beim TOEFL können Sie maximal 6 Punkte erreichen. Vergleichen Sie also diese beiden Tests nicht, sonst sind Sie von der niedrigeren Punktezahl am Ende nur enttäuscht.

Finger kontra Floppy: Den Aufsatz am Computer oder von Hand verfassen

Sie haben die Wahl zwischen zwei Möglichkeiten, um den Aufsatz zu schreiben:

✔ **Am Computer**

✔ **Von Hand, auf einem Stück Papier, das Ihnen von der Aufsicht zur Verfügung gestellt wird.** (Nein, Sie dürfen nicht Ihr eigenes Papier mitbringen. Es wird vielleicht befürchtet, dass Sie versuchen werden zu schummeln, indem Sie wichtige Grammatikregeln oder besonders schwierige Wörter darauf schreiben. Sie dürfen aber Ihren eigenen Bleistift und Radiergummi verwenden.) Das einzige Papier, worauf Sie Ihren Aufsatz verfassen dürfen, wird Ihnen zur Verfügung gestellt. Das Papier, das Sie nicht verwenden, wird hinterher wieder eingesammelt.

Sie müssen sich nicht zu Anfang des Tests entscheiden, ob Sie den Aufsatz von Hand schreiben oder am Computer verfassen. Sie können Ihre Meinung bis zu Beginn des Schreibtests so oft ändern, wie Sie möchten. Auch wenn Sie sich schließlich für den Computer entscheiden, dürfen Sie das Papier behalten, das man zu Beginn des Test verteilt hat. Verwenden Sie es für Notizen oder eine Gliederung des Aufsatzes.

 Die Funktion Rechtschreibprüfung, die wir von unserem Computer her kennen und lieben, steht uns hier beim Test natürlich nicht zur Verfügung. Diese wurde von den Sadisten, die für den TOEFL verantwortlich sind, natürlich deaktiviert. (Das versteht sich aber wohl von selbst, denn schließlich sollen *Ihre* Rechtschreibkenntnisse und nicht die des Computers getestet werden.) Behalten Sie deshalb zwei Dinge im Kopf:

✔ Verwenden Sie keine schwierigen Wörter, die Sie nicht richtig schreiben können, um andere zu beeindrucken. Wenn Sie nicht ganz sicher sind, wie Sie ein bestimmtes Wort schreiben, dann ersetzen Sie es durch ein anderes.

✔ Planen Sie ein paar Minuten ein, um am Ende des Schreibtests das, was Sie geschrieben haben, noch einmal durchzulesen. Sie können nicht so schnell Korrektur lesen wie der Computer, teilen Sie daher Ihre Zeit gut ein.

Papier oder Computer: Vorteile und Nachteile

Ich werde oft gefragt, welche Methode besser wäre: den Aufsatz handschriftlich oder am Computer zu verfassen. Jede Methode hat jedoch ihre Vor- und Nachteile. Nur *Sie* können deshalb entscheiden, welche für Sie die bessere ist. Um Ihnen bei dieser Entscheidung zu helfen, gebe ich ein paar Kommentare meiner Studenten an Sie weiter.

Von Hand: Vorteile

✔ **Gewöhnung:** Manche Leute fühlen sich besser, wenn sie Papier und Bleistift vor sich haben anstelle einer Tastatur und eines Bildschirms.

✔ **Geschwindigkeit:** Manche Studenten sind beim Tippen unbeholfen, und es dauert zu lange, bis sie einen Buchstaben auf der Tastatur finden. Natürlich schreiben diese Studenten schneller als sie tippen.

✔ **Lesen des Textes:** Am Computer müssen Sie den Text auf dem Bildschirm beim Lesen auf- bzw. abbewegen. Ein handgeschriebener Aufsatz ist vielleicht schneller und einfacher zu lesen.

Von Hand: Nachteile

✔ **Unleserliche Handschrift**: Wenn Sie sonst schon über eine schwer leserliche Handschrift verfügen, dann wird diese sicher unter dem Zeitdruck des Tests nicht besser. Obwohl die Leser des Aufsatzes keine Note für Schönschreiben vergeben, so möchten sie doch auch flüssig das von Ihnen verfasste Meisterwerk lesen können.

✔ **Verbesserungen:** Wenn Sie viele Verbesserungen vornehmen, sprich Wörter durchstreichen und überschreiben, dann tut das dem Aussehen Ihres Aufsatzes nicht gerade gut. Es ist ganz sicherlich einfacher und führt zu einem sauberen Ergebnis, wenn Sie am Computer die Löschtaste drücken und einen Satz wieder neu schreiben, als diesen auszuradieren und erneut von Hand zu schreiben.

✔ **Hinzufügen:** Wenn Sie Ihren Aufsatz noch einmal durchlesen, fallen Ihnen oft noch gewisse Dinge ein, die Sie hinzufügen möchten. Sie müssen dann im handgeschriebenen Aufsatz durch einen Stern (*) oder einen Pfeil andeuten, dass am Ende des Aufsatzes noch etwas hinzugefügt wurde. Auch das dient dem Gesamteindruck nicht auf positive Art und Weise.

Computer: Vorteile

✔ **Organisation:** Die Rechtschreibkontrolle des Computers ist natürlich inaktiv. Was Ihnen jedoch zur Verfügung steht, sind die Befehle »Ausschneiden« und »Einfügen«. Wenn Sie zum Beispiel Sätze oder Absätze anders ordnen möchten, so können Sie das mit Hilfe dieser beiden Funktionen auf saubere Art vornehmen.

✔ **Schnelle Veränderungen:** Wenn Sie zum Beispiel einen Satz ändern, löschen oder hinzufügen möchten, dann können Sie das am Computer schnell und leicht tun.

✔ **Geschwindigkeit:** Jeder ist natürlich anders. Ich kann viel schneller tippen als schreiben. Wenn Sie vorher üben, am Computer zu schreiben, werden Sie am Tag des Tests sicherlich schon ganz schön schnell tippen können.

Computer: Nachteile

✔ **Computerphobie:** Wenn Sie Computer geradezu hassen und alles versuchen werden, diese Kästen zu vermeiden, dann schreiben Sie den Aufsatz natürlich von Hand. Bei den anderen Abschnitten des Tests haben Sie keine andere Wahl als den Computer. Sie können sich aber immerhin während des Aufsatzes ein wenig davon ausruhen.

✔ **Rechtschreibung:** Manche Studenten sagen mir, dass sie sich für gewöhnlich so auf die Rechtschreibkontrolle verlassen (die ja beim TOEFL deaktiviert ist), dass sie ganz vergessen, ihre eigene Rechtschreibung zu überprüfen. Wenn Sie einen Aufsatz von Hand schreiben, zögern Sie vielleicht bei einem Wort und benutzen ein anderes, wenn Sie nicht ganz sicher sind. Am Computer tippen Sie vielleicht so schnell, dass Ihnen in der Eile ein Fehler unterläuft.

✔ **Korrektur lesen:** Sie müssen vielleicht am Bildschirm des Computers hoch und runter scrollen, um das Geschriebene Korrektur zu lesen. Das ist vielleicht langweilig und unübersichtlicher.

Mein Vorschlag zum Thema: Verwenden Sie die Themen aus Kapitel 10 und schreiben Sie einige Aufsätze von Hand und einige am Computer. Da Sie nun schon einmal die Wahl haben (die einzige im gesamten Test), sollten Sie auch Gebrauch davon machen.

Einen Zeitplan festlegen: Der Aufsatz

Sie würden sich keinem Kampf stellen, ohne vorher eine Strategie ausgearbeitet zu haben, oder an einem Fußballspiel teilnehmen, ohne einen Plan zu haben, wie Sie den Gegner besiegen können. Oder? Der Abschnitt Aufsatz ist beim TOEFL mindestens genauso herausfordernd wie die eben genannten Situationen. Seien Sie deshalb darauf vorbereitet. Bevor Sie den Testraum betreten, sollten Sie sich bereits eine Strategie überlegt haben.

Natürlich, Sie haben schon Hunderte von Aufsätzen in Ihrem Berufsleben geschrieben. Da diese jedoch etwas anders sind als das, was beim TOEFL von Ihnen erwartet wird, müssen Sie hier auch anders vorgehen. Nachfolgend meine Vorschläge, wie Sie beim TOEFL einen Aufsatz verfassen sollten.

1. Schritt: Lesen Sie die Frage sorgfältig durch

Nehmen Sie sich die Zeit, die Frage *sorgfältig* und so oft durchzulesen, bis Sie das Thema richtig verstanden haben. Obwohl die Themen allgemein und einfach gehalten sind, ist das, was als einfach bezeichnet wird, von Fall zu Fall doch wohl auch recht unterschiedlich.

Einige der Fragestellungen können direkt und kurz gehalten sein. Häufig werden Sie gefragt, ob Sie mit einer Aussage einverstanden sind oder nicht. Ein Beispiel für diesen Typ der Fragestellung:

 Stimmen Sie mit der folgenden Aussage überein oder nicht überein?

Die intelligentesten Menschen sind die besten Lehrer.

Bestätigen Sie Ihre Meinung anhand von Beispielen.

Andere Fragestellungen können viel länger sein. Häufig werden Ihnen zwei Meinungen vorgestellt und Sie werden nach Ihrer Ansicht dazu gefragt. Ein Beispiel:

 Einige Studenten bevorzugen es, ihre Forschungsarbeit über ein Thema bereits zu Anfang des Semesters zu beginnen und abzuschließen, damit sie den Rest der Zeit nicht mehr darüber nachdenken müssen. Andere Studenten warten damit, bis das Semester fast zu Ende ist. Sie begründen dies damit, dass sie am Ende des Semesters mehr wissen und es ihnen deshalb leichter fällt, die Arbeit zu schreiben. Welche Meinung vertreten Sie? Nennen Sie bestimmte Gründe und Analysen, um Ihre Antwort zu unterstützen.

Welches Thema man Ihnen auch immer stellt (und denken Sie daran, Sie haben keine Wahl, es ist immer nur ein Thema), nehmen Sie sich die Zeit, es durchzulesen und zu verstehen.

2. Schritt: Denken und planen

Sie haben genau 30 Minuten Zeit, um über den Aufsatz nachzudenken und ihn zu schreiben. Ich schlage Ihnen vor, dass Sie 5 Minuten darauf verwenden, Ihre Gedanken zu organisieren und den Aufsatz zu planen.

Frage: Darf ich eine Gliederung schreiben?

Antwort: Ja. Wie bereits vorher gesagt, wird Ihnen für den Aufsatz Papier zur Verfügung gestellt. Sie können den ganzen Aufsatz von Hand schreiben oder auch nur eine Gliederung. Sie müssen aber alles, was Sie zu Papier gebracht haben, hinterher wieder bei der Aufsicht abgeben.

Bei der Planung des Aufsatzes sollten Sie folgende Punkte im Auge behalten:

✔ **Beantworten Sie die Frage.** Beachten Sie, dass Sie bei Ihrer Argumentation mit der Frage übereinstimmen oder anderer Meinung sind. Wenn Sie danach gefragt werden, welche Meinung Sie vertreten, dann sollten Sie diese klar äußern. Das Schlimmste, was Sie tun können, ist, zwischen zwei

Meinungen hin- und herzuschwanken. In diesem Test gibt es keine richtigen und falschen Antworten. Sie gewinnen oder verlieren keine Punkte, wenn Sie das schreiben, von dem Sie glauben, dass es der Leser hören will. Soweit es diesen betrifft, können Sie der Meinung sein, dass es völlig in Ordnung ist, Blumenbeete zu zertrampeln und auf Möbeln herumzuspringen, so lange Ihnen gute Gründe dafür einfallen, die Sie klar und in einem guten Englisch zu Papier bringen können.

✔ **Unterstützen Sie Ihre Antwort.** Es tut mir leid, Ihnen sagen zu müssen, dass Ihre Meinung niemanden interessiert. Den Korrektor interessiert nur, wie gut Sie diese Meinung vertreten. Wenn Sie zum Beispiel schreiben: »Ich glaube, eine gute Ausbildung ist wichtig, weil es die Chancen verbessert«, dann müssen Sie auch einige Beispiele dafür geben, *wie* sie die Chancen erhöht. Vage Aussagen wie »Sie werden dadurch eine bessere Person« oder »es ist gut für Sie« sind nicht ausreichend.

✔ **Verwenden Sie geeignete Beispiele.** Schreiben Sie zum Beispiel, wie Ihnen eine gute Ausbildung zu einem guten Job verhelfen kann, in dem Sie gut Geld verdienen. Schreiben Sie, wie Ihnen eine gute Ausbildung dazu dienen kann, mehr über sich selbst zu lernen und einen für die Zukunft zufriedenstellenden Weg einzuschlagen. Schreiben Sie, wie eine gute Ausbildung dabei hilfreich sein kann, die Ihnen gebotenen Möglichkeiten beim Schopf zu fassen und anderen in Zukunft behilflich zu sein.

✔ **Verwenden Sie Anekdoten oder Stories aus eigener Erfahrung.** Vielleicht können Sie beschreiben, wie Ihr Vater und sein Bruder unterschiedliche Wege eingeschlagen haben; einer hat sich für eine gute Ausbildung entschieden, was ihm einen guten Job einbrachte, mit dem er seine Familie ernähren kann, und der andere hat Schwierigkeiten dabei, den Lebensunterhalt für sich und seine Familie zu verdienen.

✔ **Seien Sie organisiert.** Wenn Sie ein Thema aufgreifen, sollten Sie es diskutieren. Fangen Sie nicht an mit »Es gibt drei Gründe, warum ich mit dieser Aussage übereinstimme«, um dann nur einen zu diskutieren. Die Leser der Aufsätze raufen sich vor Verzweiflung über diejenigen Verfasser die Haare, die sie verwirren oder ein Argument nur halbherzig begründen. Verwenden Sie Wörter wie *in addition* (zusätzlich), *furthermore* (weiterhin), *in contrast* (im Gegensatz) und *however* (nichts destotrotz), um Ihre Gedanken zu verbinden und zu organisieren.

✔ **Kontrollieren Sie nicht einmal, sondern zweimal die Verwendung der Grammatik und deren Regeln.** Vergewissern Sie sich, dass Sie grammatikalisch keine Fehler machen, und seien Sie besonders vorsichtig bei Wörtern, die ähnlich klingen, jedoch Unterschiedliches bedeuten, wie *lie/lay* und *affect/effect.*

 Im vierten Kapitel finden Sie eine Liste der Wörter, die regelmäßig falsch verwendet und verwechselt werden. Diese Wörter sollten Sie besonders gut lernen. Ich rate Ihnen hierbei zu Folgendem: Wenn Sie Zweifel haben, sollten Sie diese Wörter nicht verwenden. Verwenden Sie anstelle dieses Wortes eines, von dem Sie wissen, dass es etwas Ähnliches bedeutet und das Sie richtig schreiben können.

So setzen Sie sich von den Anderen ab: Die Extras

Wenn Sie besser sein wollen als die Anderen, dann müssen Sie sich etwas einfallen lassen, um sich von diesen zu unterscheiden. Damit man sich den Aufsatz oder einige Passagen daraus ein zweites Mal ansieht, um sich besser an Sie als an andere zu erinnern, werden Sie bessere Argumente finden müssen als

Ihre Mitkonkurrenten. Aber was macht den Unterschied aus, der Sie aus dem Mittelfeld in die vorderste Reihe katapultiert? Hier ein paar meiner Lieblingstipps:

✔ **Abwechslung im Satzbau:** Nichts ist schlimmer als ein langweiliger Aufsatz. Und nichts ist langweiliger als Aufsätze, die kurz und knapp, wie aus der Pistole geschossen, aufgebaut sind. Beispiele hierfür sind: »Ich stimme zu. Ich glaube, diese Aussage ist richtig. Ich möchte zur Universität gehen. Ich glaube, dass ein Abschlusszeugnis von einer Universität wichtig für die Zukunft ist.« Ertappen Sie sich bereits beim Gähnen? Warum machen Sie die Sache nicht ein wenig interessanter, indem Sie die Sätze unterschiedlich beginnen? Versuchen Sie dies: »Ich stimme mit dieser Aussage überein. Weil ich glaube, dass das Abschlusszeugnis einer Universität für meine Zukunft wichtig ist, werde ich mich bei verschiedenen Universitäten bewerben.« Haben Sie bemerkt, dass ich die kurzen, abgehackten Sätze zu einem längeren, interessanteren (oder zumindest unterschiedlichen) Satz miteinander verbunden habe?

✔ **Stellen Sie einen Zusammenhang her:** Verknüpfen Sie die einzelnen Erzählstränge miteinander. Auch wenn es scheint, dass der Schreiber des Aufsatzes abschweift, so schafft es ein guter Schreiber dennoch, den Bogen wieder zu schließen, indem er das Ende mit dem Anfang verbindet. Damit Sie dem Leser zeigen können, dass Sie beim Verfassen des Aufsatzes einen Plan im Kopf hatten, sollten Sie das Geschriebene am Ende zusammenfasssen. Hören Sie nicht einfach mit dem Schreiben auf, sondern schließen Sie mit einer Zusammenfassung im letzten Absatz ab.

✔ **Spezielle Beispiele:** Sie werden mich diesen Punkt immer wieder wiederholen hören, bis Sie so weit sind, mir dieses Buch nachzuwerfen. Verallgemeinerung ist schlecht. Versuchen Sie, durch spezifische Beispiele Ihre Meinung zu untermauern. Je spezifischer die Beispiele sind, umso besser.

 Seien Sie originell. Seien Sie kreativ: Der Leser hat keine Ahnung, wer Sie sind. Sie können also ohne Sorge ein wenig übertreiben und auch Beispiele heranziehen, die nicht Ihnen, sondern anderen passiert sind. Einmal kam mir ein Aufsatz in die Hände, der begann: »Als einer von eineiigen Drillingen, der in einer Familie von Zirkusartisten groß wurde ...«. Obwohl ich sofort vermutete, dass der Schreiber die Geschichte erfand, war ich davon so gefangen, dass ich es nicht erwarten konnte, weiter zu lesen.

Zusammenfassung

✔ Sie können Ihren Aufsatz von Hand schreiben oder am Computer.

✔ Sie brauchen einen Plan für das Verfassen des Aufsatzes.

- Lesen Sie die Frage sorgfältig durch.

- Beziehen Sie sich bei der Antwort auf die Frage.

- Untermauern Sie Ihre Antwort mit Fakten, Beispielen und Anekdoten.

- Seien Sie organisiert.

- Überprüfen Sie die Grammatik und deren Gebrauch doppelt.

✔ Kleine Extras unterscheiden Ihren Aufsatz von anderen.

- • Abwechslung im Satzbau

- • Stellen Sie einen Zusammenhang her.

- • Spezifische Beispiele

✔ Sie erhalten mindestens einen und maximal sechs Punkte für den Aufsatz.

Aufsatzthemen, die Sie nie sehen werden

Leider können die Themen, mit denen Sie beim TOEFL konfrontiert werden, ziemlich geradlinig, irdisch und (soll ich es sagen?) langweilig sein. Diese Themen werden Sie nie antreffen, aber würde es nicht Spaß machen, darüber zu schreiben?

✔ Einige Studenten glauben, dass eine prefrontale Leukotomie am Abend vor dem Test ihre Erfolgschancen erhöht. Andere Studenten wiederum glauben, dass hierfür eine Gehirntransplantation nötig wäre. Welche Meinung vertreten Sie, und warum?

✔ Stimmen Sie mit der folgenden Aussage überein oder nicht?

Der TOEFL ist Grund signifikanter Persönlichkeitsstörungen und sollte deshalb vom Gesundheitsministerium verboten werden.

✔ Nennen Sie die Gründe, warum Sie mit der folgenden Aussage übereinstimmen bzw. nicht übereinstimmen.

In tausend Jahren wird der TOEFL nur noch für Historiker von Interesse sein, die sich mit dem Studium bizarrer Zeremonien von Erniedrigung und Quälerei beschäftigen.

✔ Einige Rechtsanwälte haben die Universitäten, die als Voraussetzung für eine Aufnahme einen TOEFL voraussetzen, verklagt. Sie berufen sich auf die Aussagen von Personen, die sich dem Test unterzogen haben und seitdem unter Geistesstörungen leiden. Andere Anwälte sehen im TOEFL sogar einen Verstoß gegen die im Grundgesetz verankerten Menschenrechte, da es sich hierbei um Methoden von Grausamkeit und ungewöhnlich harter Bestrafung handelt. Welcher Aussage schließen Sie sich an und warum?

✔ Vergleichen und kontrastieren Sie die Funktion von Politikern, Vampiren und Erfindern des TOEFL. Erklären Sie, welche dieser Gruppierungen die größte Geißel der Menschheit ist.

Witz, Humor und schallendes Gelächter

Haben Sie schon mal einen Witz erzählt, bei dem Sie sich vor Lachen die Seite halten mussten, wohingegen den Anderen nicht einmal ein müdes Lächeln über die Lippen kam? Die Sache mit dem Humor ist nicht so einfach. Was eine Person in hysterisches Gelächter ausbrechen lässt, kann für andere doof oder, schlimmer, beleidigend sein. Wenn Sie es in Ihrem Aufsatz mit Humor versuchen möchten, dann bewegen Sie sich besser auf der sicheren Seite, indem Sie etwas völlig Harmloses erzählen, das niemanden beleidigt. Unterschiedliche Kulturen haben völlig unterschiedliche Ideen darüber, was lustig ist und was nicht. Wenn Sie sich nicht sicher sind, dann sollten Sie den Witz in Ihren Aufsätzen lieber ganz beiseite lassen.

Ihre Meinung zählt: Aufsatzthemen

Frage: Why was the ink blot crying?

Antwort: His momma was in the pen, and he didn't know how long the sentence would be! (Verstehen Sie die Wortspielerei? »The pen« bedeutet im Slang Gefängnis.)

In diesem Kapitel stelle ich Ihnen zwölf Aufsatzthemen vor. Nein, halt – keine Panik! Sie müssen beim TOEFL *keine* zwölf Aufsätze verfassen! (Puh, das klingt schon besser. Ich kann förmlich sehen, wie Sie wieder zu atmen beginnen. Entschuldigen Sie den Schreck.) Beim TOEFL schreiben Sie nur einen Aufsatz über ein Thema. In diesem Abschnitt stelle ich Ihnen nur aus purem Spaß an der Sache (zumindest was *ich* unter Spaß verstehe) verschiedene Themen vor.

Bevor wir beginnen, möchte ich Sie noch auf ein paar Dinge aufmerksam machen:

✔ **Zeit:** Geben Sie sich für jeden Aufsatz 30 Minuten Zeit, so wie beim Test auch. Betrügen Sie sich nicht selbst, indem Sie ein »nur paar Minuten« hinzufügen. Zu den schwierigsten Aufgaben beim TOEFL gehört es, in der vorgegebenen Zeit fertig zu werden.

(**Witz:** Warum warf der Prüfling während des Tests die Uhr aus dem Fenster? Er wollte sehen, wie die Zeit verfliegt.)

✔ **Gliederung**: Wenn Sie sich, um Ihre Gedanken zu organisieren, Notizen oder eine Gliederung zum Thema machen, müssen Sie diese Zeit in die 30 Minuten mit einplanen. Eine Gliederung ist eine feine Sache, aber Sie können viel Zeit damit verschwenden (mehr als fünf Minuten sollten Sie sich dafür nicht geben). Der Korrektor wird die Gliederung nicht lesen, sondern nur den Aufsatz.

✔ **Durchlesen**: Heben Sie sich mindestens drei oder vier Minuten dafür auf, den Aufsatz am Ende noch einmal durchzulesen. Die Benoter sind auch nur Menschen. Sie sollten daher versuchen, einen ansonsten ausgezeichneten Aufsatz nicht durch Grammatikfehler zu verschlechtern.

Vergessen Sie nicht, dass während des Tests kein Rechtschreibprüfprogramm zur Verfügung steht, so wie Sie das vielleicht vom eigenen Computer gewohnt sind. Nehmen Sie sich daher die Zeit, den Aufsatz abschließend aufmerksam durchzulesen.

✔ **Vorgefertigtes Material**: Legen Sie sich einen Plan zurecht. Sie sollten bereits einen vorgefertigten Brief im Kopf haben, bevor Sie sich an die Arbeit machen, einschließlich einer Anekdote oder einem Witz (hier sollten Sie aber vorsichtig sein, damit Sie damit niemanden beleidigen), die Sie fast bei jedem Thema unterbringen können. Während des Verfassens dieser zwölf Aufsätze sollten Sie, so weit möglich, das selbe Konzept immer wieder verwenden. Sie werden an Sicherheit, Schnelligkeit und Vertrauen beim Verfassen von Aufsätzen gewinnen. So können Sie zum Beispiel von Ihrem ersten Job erzählen oder Sie haben eine lustige Geschichte über etwas, das Sie an der Schule erlebt haben, vorbereitet. Ich bringe immer meinen Familiennamen (der in Amerika sehr ungewöhnlich ist, da er keine Vokale enthält) in der Geschichte unter, indem ich erzähle, auf welche haarsträubende Weisen er ausgesprochen wird.

Zum Schluss möchte ich Sie noch darauf hinweisen, dass es bei den Aufsätzen keine »richtigen« und »falschen« Antworten gibt. In diesem Teil des Tests wird allein Ihre Schreibfähigkeit geprüft, Ihre Meinung wird nicht benotet. Sie dürfen also ruhig ganz ehrlich sein und müssen keine Angst haben, dass Sie, eine schlechtere Note erhalten, wenn Sie eine Meinung äußern, die nicht mit der des Lesers übereinstimmt.

Themen zum Üben von Aufsätzen

Anweisungen: Planen Sie für das Schreiben eines Aufsatzes genau 30 Minuten Zeit ein. Sie können das Essay von Hand oder am Computer schreiben.

Denken Sie daran, dass Sie beim TOEFL keine Auswahl haben, was das Thema des Aufsatzes betrifft: ein Thema, ein Aufsatz, das sind die Regeln. Die folgenden zwölf Themen stelle ich Ihnen zum Üben zur Verfügung.

Wie Sie bereits wissen, ist die Funktion der Rechtschreibprüfung während des TOEFLs deaktiviert. Schalten Sie diese Funktion ebenfalls aus, wenn Sie bei sich zu Hause am Computer üben.

1. Stimmen Sie mit der folgenden Aussage überein oder nicht?

   Schools should let students determine their own educational needs and not have required courses. *Schulen sollten die Studenten darüber entscheiden lassen, welche Kurse sie belegen, und diese nicht vorschreiben.*

   Nennen Sie Gründe und spezifische Beispiele, um Ihre Meinung zu bekräftigen.

2. Stimmen Sie mit der folgenden Aussage überein oder nicht?

   Practice makes perfect. *Übung macht den Meister.*

   Unterstützen Sie Ihre Antwort mit Beispielen und nennen Sie Gründe.

3. Stimmen Sie mit der folgenden Aussage überein oder nicht?

   The most important thing a student learns in college is how to determine his or her own strengths and weaknesses. *Das Wichtigste, was Studenten an der Universität lernen, ist, ihre Stärken und Schwächen zu erkennen.*

   Verwenden Sie spezifische Beispiele und nennen Sie Gründe, um Ihre Meinung zu unterstützen.

4. Some students join many clubs during college. They believe that the social aspects of education are as important as the academic aspects. Other students prefer to spend more time studying and less time socializing. Which do you prefer, to socialize more or to study more? *Einige Studenten treten während ihrer Zeit an der Universität vielen Vereinen bei. Sie glauben, dass der soziale Aspekt von Bildung so wichtig ist wie das Lernen selbst. Andere*

Studenten ziehen es vor, mehr Zeit mit ihren Büchern als mit anderen Menschen zu verbringen. Was ziehen Sie vor, den sozialen Aspekt oder das Studium?

Verwenden Sie spezifische Beispiele, um Ihre Meinung zu untermauern.

Q 5. Stimmen Sie mit der folgenden Aussage überein oder nicht?

Students should try to make friends with their professors outside of class. *Studenten sollten sich darum bemühen, mit ihren Lehrern ein freundschaftliches Verhältnis außerhalb des Unterrichts aufzubauen.*

Unterstützen Sie Ihre Antwort mit spezifischen Beispielen und analysieren Sie diese.

Q 6. Stimmen Sie mit der folgenden Aussage überein oder nicht?

We learn more from our failures than from our successes. *Wir lernen mehr aus unseren Fehlern als aus unseren Erfolgen.*

Verwenden Sie spezifische Beispiele für die Analyse Ihrer Meinung.

Q 7. Stimmen Sie mit der folgenden Aussage überein oder nicht?

Attending the most prestigious college or university you possibly can is very important. *Es ist sehr wichtig, das renommierteste College oder die renommierteste Universität zu besuchen, die einem offensteht.*

Nennen Sie Beispiele und Gründe, um Ihre Meinung zu verfestigen.

Q 8. Some students feel that it is better to take easy classes and get high grades. Other students think that it is better to take very hard classes, even if that means that they earn lower grades. Which theory do you support: taking easy classes for higher grades or taking hard classes at the risk of lower grades? *Einige Studenten sind der Meinung, dass es besser ist, leichtere Kurse zu besuchen, um bessere Noten zu erzielen. Andere Studenten wiederum glauben, dass es besser ist, sehr schwere Kurse zu belegen, auch wenn das bedeutet, dass die Noten schlechter ausfallen. Welche Theorie unterstützen Sie: leichtere Kurse, um bessere Noten zu erzielen, oder schwerere Kurse, auch wenn dies schlechtere Noten bedeuten könnte?*

Unterstützen Sie Ihre Antwort mit spezifischen Beispielen und analysieren Sie diese.

Q 9. Stimmen Sie mit der folgenden Aussage überein oder nicht?

Teacher should give fewer exams and more research papers to test what students truly understand. *Die Lehrer sollten weniger Examen schreiben und mehr Hausarbeiten aufgeben, um herauszufinden, was Studenten wirklich verstehen.*

Verwenden Sie spezifische Beispiele und nennen Sie Gründe, die Ihre Antwort untermauern.

Q 10. Stimmen Sie mit der folgenden Aussage überein oder nicht?

The most important part of any task is the planning. *Der wichtigste Aspekt jedes Vorhabens ist die Planung.*

Unterstützen Sie Ihre Antwort mit spezifischen Beispielen und analysieren Sie diese.

11. Stimmen Sie mit der folgenden Aussage überein oder nicht?

The more money a person makes, the better his or her chance in life. _Je mehr Geld eine Person verdient, desto besser sind ihre Erfolgschancen im Leben._

Verwenden Sie bestimmte Beispiele und analysieren Sie diese, um Ihre Antwort zu unterstützen.

 12. Some students like to enroll in lecture classes in which the professor stands in front of the class and talks. Other students prefer to take individual study classes in which there are no lectures, only research in the library. Which type of class, lecture or research, do you prefer? _Einige Studenten besuchen am liebsten Vorlesungen, bei denen der Professor vor der Klasse steht und vorträgt. Andere Studenten nehmen lieber an individuell ausgerichteten Seminaren teil, in denen keine Vorlesungen stattfinden, sondern Forschungen in den Bibliotheken betrieben werden müssen. Welche Methoden des Unterrichts, Vorlesung oder Seminar, bevorzugen Sie?_

Unterstützen Sie Ihre Antwort mit Beispielen und nennen Sie Gründe.

Die Bewertung Ihres Aufsatzes

Sie können für den Aufsatz zwischen 1 (das niedrigste) und 6 (die höchsten) Punkte erreichen. Kopieren Sie Ihren Aufsatz mindestens vier Mal und geben Sie ihn an andere zum Lesen weiter. Im Folgenden schlage ich Ihnen Personen vor, die Sie mit Ihrer Kreation beglücken können.

✔ **Ein Lehrer, der Sie kennt:** Dieser Lehrer ist wahrscheinlich daran gewöhnt, mit Leuten umzugehen, die Englisch als zweite (oder dritte oder vierte oder fünfte) Sprache gelernt haben. Er wird daher auch mehr Verständnis für Ihre Schwierigkeiten mitbringen. Er kennt wahrscheinlich auch die Fehler, die Nicht-Muttersprachler begehen, und die Augen danach offen halten. Hinzu kommt, dass ein Lehrer den Schülern meist freundlich gesonnen ist und Ihnen in aller Ruhe die Fehler erklären kann, die Sie gemacht haben.

✔ **Ein Lehrer, der Sie nicht kennt.** Dieser Lehrer hat keine Ahnung, wessen Aufsatz er liest. Da diese Person nicht mit Ihrem Stil vertraut ist, wird sie den Aufsatz mit nüchternen Augen betrachten, so als würde es sich um etwas handeln, das in einem Buch abgedruckt ist. Natürlich müssen Sie von dieser Seite mit einer harscheren, aber wahrscheinlich auch ehrlicheren Stellungnahme rechnen. Sprechen Sie Ihren Aufsatz mit diesem Korrektor an einem Tag durch, wo Ihr Ego nicht sowieso schon angekratzt ist.

✔ **Ein Muttersprachler, der Sie kennt, aber kein Freund von Ihnen ist:** Ein Freund oder naher Bekannter wird es wahrscheinlich nicht übers Herz bringen, schonungslos offen mit Ihnen umzugehen. Jemand, der mit der englischen Sprache aufgewachsen ist und Sie kennt, jedoch nur ein entfernter Bekannter und kein Freund ist, hat sich noch nicht an Ihre Spracheigenheiten gewöhnt. Ein Freund würde wahrscheinlich sagen: »Ah, ich weiß was er meint; er wollte sagen ....« Ein Bekannter, der Sie nicht so gut kennt, wird diese Fehler als das erkennen, was sie sind, und sie darauf aufmerksam machen. Weil diese Person jedoch nicht professionell unterrichtet, wird er die Dinge anders sehen und erklären als ein Lehrer.

✔ **Ein Muttersprachler, der Sie nicht kennt**: Das könnte ein Freund eines Freundes oder ein Verwandter von ihm sein, den Sie vom Sehen kennen, der aber noch nie mit Ihnen gesprochen hat. Die meisten Personen fühlen sich geehrt, wenn man sie um Hilfe bittet, und nehmen sich gerne ein paar Minuten Zeit, um den Aufsatz zu lesen und ihn mit Ihnen durchzusprechen.

Im neunten Kapitel habe ich erklärt, wonach die Korrektoren Ihres Aufsatzes Ausschau halten und was Sie tun können, um eine hohe Punktezahl zu erreichen. Im Anschluss nenne ich Ihnen ein paar wichtige Punkte, die Sie vielleicht fotokopieren und an die Leute verteilen möchten, die Ihren Aufsatz lesen und beurteilen. Bitten Sie diese, beim Lesen besonders auf diese Punkte zu achten und mit Ihnen zu diskutieren. Hören Sie gut zu, wenn man Ihnen erklärt, wie Sie Ihren Aufsatz verbessern können.

✔ Beantwortet der Aufsatz die gestellte Frage oder das Thema richtig und umfassend?

✔ Verwenden Sie im Aufsatz spezifische Beispiele oder Argumente, die Ihre Meinung untermauern?

✔ Ist der Aufsatz organisiert und zusammenhängend?

✔ Werden, wenn eine Idee oder ein Thema angesprochen wird, diese im Aufsatz ausführlicher diskutiert oder wieder fallen gelassen?

✔ Ist die Grammatik akzeptabel, mit nur wenigen Fehlern in Syntax und Rechtschreibung?

✔ Werden die Wörter korrekt verwendet? Ist Slang, falls er angewandt wird, in diesem Fall angebracht?

Bitten Sie jeden Leser, Ihrem Aufsatz Punkte von 1 bis 6 zuzuordnen. Schreiben Sie, soweit möglich, den Aufsatz noch einmal, indem Sie die Anregungen mit verwenden, und bitten Sie den Korrektor, den Aufsatz noch einmal durchzulesen. Je öfter Sie einen Aufsatz umschreiben, um so sicherer werden Sie sich später beim Verfassen von Aufsätzen fühlen.

Teil V

Hier geht's ums Leseverständnis

In diesem Teil ...

Wie lange lesen Sie bereits: 10 Jahre? 12 Jahre? Ein paar Jahrzehnte? Der Zweck dieses Teils des Buches ist nicht, Ihnen das Lesen beizubringen. Ich gehe mal davon aus, dass Sie im Großen und Ganzen verstehen, was Sie hier lesen. Sie erfahren stattdessen, mit welchen Arten von Fragen Sie während dieses Testabschnitts zu rechnen haben und wie Sie diese richtig und schnell beantworten. (In diesem Teil des Tests stellt für viele Prüflinge die Zeit bereits ein Problem dar.) Nachdem ich Ihnen die Techniken vorgestellt habe, wie Sie sich den Fragen am besten nähern, können Sie diese anhand eines Mini-Lesetests üben, der aus zwei Absätzen besteht und worüber zehn Fragen gestellt werden. (Tests in voller Länge bieten Ihnen die praktischen Prüfungen 1 und 2 weiter hinten im Buch.)

Vorsicht: Der Lesestoff und die Fragen zum Abschnitt Leseverständnis haben wenig gemeinsam mit den Prüfungen, die Sie in der realen Welt (Schule!) antreffen. Verwenden Sie die Informationen, die Sie hier erhalten, nicht bei Ihren Hausaufgaben für die Schule. Lernen Sie die Techniken, verwenden Sie sie beim TOEFL und speichern Sie sie unter »ferner liefen«.

Verstehen, was Sie lesen:
Der Abschnitt Leseverständnis

11

In diesem Kapitel

▶ Weise Worte: Die Leseabschnitte

▶ Sind Sie geistig hellwach? Fragen zum Gelesenen

▶ Illusion, Ernüchterung und Verwirrung: Tipps und Fallen

Sind Sie beunruhigt darüber, dass die Leseabschnitte so lang und langweilig sein könnten, dass Sie mittendrin einschlafen oder Ihnen nicht genug Zeit übrig bleibt, um die Fragen zu beantworten? Der Langeweile habe ich leider auch nichts entgegenzusetzen; es liegt nicht in meiner Hand, den Lesestoff interessanter zu gestalten. Was ich jedoch tun *kann*, ist Ihnen Tipps zu geben, wie Sie Ihre Zeit am besten verwenden. Natürlich ist der beste Anfang der, dass Sie wissen, wie so ein Text überhaupt aussieht.

Der Aufbau ist wichtig: Struktur und Format

Der Abschnitt Leseverständnis beim TOEFL besteht aus fünf Teilen. Zu jedem Teil werden 11 bis 14 Fragen gestellt. Sie haben für diesen Abschnitt des Tests insgesamt 90 Minuten Zeit – das sind volle anderthalb Stunden! Diese Zeit beinhaltet das Lesen der Texte und die Beantwortung der Fragen.

Die meisten Texte sind zwischen 250 und 400 Wörter lang. Der Text steht Ihnen die gesamte Zeit über am Bildschirm zur Verfügung, was bedeutet, dass Sie nicht den Text lesen und sich anschließend bei der Beantwortung der Fragen daran erinnern müssen. Obwohl immer nur eine Frage zum Text auf dem Bildschirm ersichtlich ist, haben Sie während des gesamten Tests den Text vor Augen. Sie werden den Text auf dem Bildschirm auf und ab bewegen müssen, um das Geschriebene in seiner ganzen Länge lesen zu können. Das können Sie aber so oft tun wie Sie möchten, während Sie sich die Fragen überlegen.

Verwenden Sie Ihren Kopf, nicht Ihre Hand

Legen Sie während des Abschnitts Leseverständnis Ihren Bleistift zur Seite. Sie dürfen während dieser Übung keine Notizen machen. Sie dürfen am Computer auch keine Worte oder Sätze unterstreichen oder hervorheben. Nichts von alledem. Alles, was Sie dürfen, ist lesen. Legen Sie Papier und Bleistift schön zur Seite. Es ist verboten, diese zu verwenden. Alles, was Sie hier zum Einsatz bringen dürfen, ist Ihr Gehirn.

Ein Beispiel, wie so ein Text aussehen könnte:

Thrombosis refers to abnormal clotting that causes the blood flow in a blood vessel to become obstructed. Venus thrombosis refers to such a blockage in a vein. This blockage often

Line occurs at some site of inflammation, disease, or injury to the blood vessel wall. The clot (thrombus) may remain fixed at the site of origin, adhering to the wall of the vein. Or the clot

(5) (or a fragment of it) may break loose to be carried elsewhere in the circulatory system by the blood. The migratory clot or fragment is then called an embolus.

In pulmonary embolism, the clot or fragment breaks free from its site of origin, usually a deep vein of the leg or pelvis, and is carried by the blood into a large vein that empties into the right side of the heart. The embolus is pumped through the heart and into the pulmonary

(10) artery. The branches of the pulmonary artery supply blood to the lungs. The embolus may pass through the larger pulmonary branches, but eventually enter a branch too small to let it pass. It lodges, blocking blood flow to the lungs.

The clinical consequences of pulmonary embolism vary with the size of the embolus and the amount of blockage. Very small emboli cause very little circulatory impairment. In fact,

(15) they may cause no problems at all or at least no noticeable symptoms. Among the estimated 300,000 patients who experience pulmonary embolism each year, the great majority suffer no serious symptoms or complications. The disorder clears up without significant aftereffects. However, in some patients, the pulmonary embolism is massive. This large embolism can reduce blood flow by 50 percent or more. The consequences may be grave, including shock or

(20) even death.

Unter Thrombose versteht man die Verdickung des Blutes, was dazu führt, dass das Fließen des Bluts in einem Blutgefäß behindert wird. Unter einer Venenthrombose versteht man die Blockierung des Blutflusses in einer Vene. Die Behinderung tritt oft an der Stelle auf, wo eine Wand des Blutgefäßes entzündet, erkrankt oder verletzt ist. Der Blutpfropfen (Thrombus) kann sich am Entstehungsort, an der Wand des Blutgefäßes, festsetzen. Oder der Pfropfen (oder ein Teil davon) löst sich von der Wand und wird an eine andere Stelle im Blutkreislauf transportiert. Dieses Fragment des Pfropfens wird dann Embolus genannt.

Eine Lungenembolie entsteht, wenn sich der Pfropfen oder ein Teil davon von der Stelle löst, wo er entstand, für gewöhnlich eine tiefe Vene im Bein oder Becken, und vom Blutkreislauf zu einer großen Vene getragen wird, welche zur rechten Seite des Herzens führt. Der Embolus wird durch das Herz in die Lungenarterie gepumpt. Die Verästelungen, die zur Arterie führen, versorgen die Lunge mit Blut. Der Embolus passt vielleicht durch größere Verästelungen der Lunge hindurch, kann aber auf einen Ast treffen, der zu schmal ist, als dass er durchkommt. Hier kann er sich schließlich festsetzen und den Blutzufluss in die Lungen verhindern.

Die klinischen Konsequenzen aus einer Lungenembolie sind unterschiedlich, abhängig von der Größe des Embolus und dem Grad der Verstopfung. Sehr kleine Emboli haben nur geringe Auswirkungen auf den Blutkreislauf. Vielleicht zeigen sie überhaupt keine Auswirkungen, oder zumindest keine nach außen sichtbare Symptome. Unter den jährlich zirka 300.000 Patienten, die eine Lungenembolie erleiden, zeigt der Großteil keine schwerwiegenden Symptome oder Komplikationen. Die Störung verschwindet, ohne nachhaltige Spuren zu hinterlassen. Bei einigen Patienten sind die Auswirkungen einer Lungenembolie jedoch sehr stark. Große Emboli können den Blutfluss um teilweise mehr als 50 Prozent reduzieren. Die Folgen können schwerwiegend sein und sogar einen Schock auslösen oder zum Tod führen.

Denken Sie daran, dass Sie den Text weder ausdrucken, noch unterstreichen oder am Bildschirm hervorheben können. Sie können ihn aber so oft Sie möchten auf und ab bewegen, um nachzulesen, woran Sie sich nicht mehr erinnern. Sie können den Text also mehr als einmal lesen und müssen nicht aus der Erinnerung antworten.

Von Aardvark bis Zygoten: Themen, aus denen der Text bestehen kann

Der Lesestoff beim TOEFL kann aus den unterschiedlichsten Themenbereichen kommen. Obwohl die Geschmäcker verschieden sind, so habe ich doch die Erfahrung gemacht, dass Ihnen zumindest einer als interessant erscheint. Hier einige der Themenbereiche, die häufig im Abschnitt Leseverständnis vorkommen.

Geschichte

Normalerweise enthält ein Text etwas zum Thema amerikanische Geschichte. Das ist natürlich ein weites Feld. Ich habe Texte zur Entwicklung der amerikanischen Eisenbahn, zur Entstehung des Industriezeitalter und zur Ausbreitung von Territorien gelesen. Beim TOEFL wurden auch schon Texte über die Gründung der Postämter und die Entstehungsgeschichte verschiedener Sprachen verwendet. Die meisten meiner Schüler haben Texte zur Geschichte als diejenigen gewählt, die »am ehesten zu Gehirnkrämpfen führen.« Ich finde, dass sie mit zu den interessantesten Themen gehören ..., aber ich bin es ja nicht, die den Test macht!

Frage: Werden die Texte jemals Unwahrheiten enthalten?

Antwort: Nein. Was Sie lesen, entspricht der Wahrheit. Sie werden auch hier nichts anderes lesen als das, was Sie vielleicht schon in der Schule gelernt haben. Der Text enthält keine »falschen« Angaben, falsche Fakten oder erfundene Daten. Obwohl Sie nichts von Geschichte wissen müssen, um die Fragen in diesem Text beantworten zu können, schadet es selbstverständlich nicht, wenn Sie bereits Kenntnisse mitbringen.

Wissenschaft

Die Texte zu wissenschaftlichen Themen können über Technik, Ingenieurwesen, Gesundheit und Biologie (wie das Beispiel am Anfang des Kapitels) sein. Aber auch über Physik (warum die Erde bebt) und Soziologie (wie Menschen miteinander umgehen). Zu den Sozialwissenschaften gehören auch Themen aus dem Bereich Wirtschaft und Regierung.

Geisteswissenschaften

Bei den Themen zur Geisteswissenschaft können Texte über berühmte Wissenschaftler oder andere bekannte Persönlichkeiten vorkommen. (Vielleicht lesen Sie einen Text über John D. Rockefeller, der meinen Lieblingsspruch von sich gab: »Ich verrate Ihnen die drei Geheimnisse, wie Sie reich werden. 1. Kommen Sie früh zur Arbeit. 2. Bleiben Sie lange bei der Arbeit. 3. Finden Sie eine Ölquelle.«) Meist handelt es sich jedoch über Themen zu Kunst, Literatur oder Musik. Manchmal kann man in diesem Themenbereich auf wirklich interessante Texte stoßen. Ich erinnere mich an einen zur Entstehungsgeschichte des Films, den die meisten meiner Studenten eigenen Aussagen zufolge gerne gelesen haben.

Meinung

Manchmal liest sich ein Text wie das Editorial aus einer Zeitschrift. Der Schreiber des Textes sagt seine Meinung zu einem x-beliebigen Thema. Es kann sich dabei um Erziehung (was gut und was schlecht daran ist), Regierungsangelegenheiten (was getan werden sollte, um den Dienst am Bürger zu verbessern), Literatur (welches Buch verboten werden sollte) und eine Vielzahl anderer Themen handeln.

 Wenn Sie auf diese Art Text treffen, dann sollten Sie daran denken, dass es sich hier um keine Fakten, sondern um eine persönliche *Meinung* handelt. Wenn zum Beispiel der Text lautet: »Die Nicht-Benotung von Leistungen in der Grundschule erzeugt bei Kindern Verhaltensstörungen,« dann sollten Sie darauf achten, ob der Autor sich auf Fakten und Statistiken beruft, um seine Aussage zu erhärten, oder ob es sich bei dem Gesagten einfach um seine Meinung handelt.

Literatur

 Beim TOEFL kommen nur selten Textstellen aus Romanen vor. Es ist auch sehr unwahrscheinlich, dass Sie damit konfrontiert werden. Hier unterscheidet sich der TOEFL von vielen anderen Tests wie SAT, ACT, GRE oder GMAT, bei denen im Abschnitt Leseverständnis öfter Texte aus Romanen verwendet werden. Wenn Sie sich also auch auf einen dieser Tests vorbereiten, sollten Sie sich diesen Unterschied bei den Tests merken.

Mal sehen, ob Sie geistig voll da sind: Mit diesen Fragen müssen Sie rechnen

Es ist natürlich wichtig zu wissen, mit welcher Art von Texten Sie beim TOEFL rechnen müssen. Was aber zählt, sind die *Fragen* dazu. Niemand wird Sie fragen, wie Ihnen der Text über das Postamt gefallen hat und was Sie davon halten. Stattdessen wird das benotet, was Sie bei den Fragen dazu zum Besten gaben. Deshalb möchte ich Sie auf den folgenden Seiten damit vertraut machen, wie die Fragen im Abschnitt Leseverständnis wahrscheinlich gestellt werden.

Was bedeutet das Leben? Eine Frage der Definition

Die Definitionsfragen gehören mit zu den beim TOEFL am häufigsten gestellten Fragen. An dieser Stelle des Tests will man von Ihnen wissen, wie weit Sie verstehen, wie der Autor des Textes Wörter und Sätze verwendet. Die Textpassage besteht aus einem oder zwei Sätzen, die fett gedruckt sind. Man nennt Ihnen ein Wort und bittet Sie, in den fett gedruckten Zeilen ein Wort anzuklicken, das in seiner Bedeutung dem ersten am nächsten kommt. Hier ein Beispiel, das den ersten Absatz des Textes vom Anfang des Kapitels gleich ist:

Thrombosis refers to abnormal clotting that causes the blood flow in a blood vessel to become obstructed. Venus thrombosis refers to such a blockage in a vein. This blockage often occurs at some site of inflammation, disease, or injury to the blood vessel wall. **The clot (thrombus) may remain fixed at the site of origing, adhering to the wall of the vein. Or the clot (or a fragment of it) may break loose to be carried elsewhere in the circulatory system by the blood. The migratory clot or fragment is then called an embolus.**

*Unter Thrombose versteht man die Verdickung des Blutes, was dazu führt, dass das Fließen des Bluts in einem Blutgefäß behindert wird. Unter einer Venenthrombose versteht man die Blockierung des Blut-flusses in einer Vene. Die Behinderung tritt oft an der Stelle auf, wo eine Wand des Blutgefäßes entzün-det, erkrankt oder verletzt ist. **Der Blutpfropfen (Thrombus) kann sich am Entstehungsort, an der Wand des Blutgefäßes, festsetzen. Oder der Pfropfen (oder ein Teil davon) löst sich von der Wand und wird an eine andere Stelle im Blutkreislauf transportiert. Dieser wandernde Pfropfen oder Frag-ment des Pfropfens wird dann Embolus genannt.***

Die Frage lautet:

Betrachten Sie in diesem Text die Worte »migratory clot or fragment« – *wandernde Pfropfen oder Fragment*. Klicken Sie im fett gedruckten Teil das Wort oder den Satzteil an, der »migratory clot or fragment« am nächsten kommt.

Wenn Sie den Test am Computer machen, dann würden Sie einfach *embolus* anklicken. Wenn Sie den Test allerdings noch mit Papier und Bleistift bewältigen (oder in diesem Buch), dann würden Ihnen vier Antworten zur Verfügung stehen:

(A) blood vessel (*Blutgefäß*)

(B) vein (*Vene*)

(C) embolus (*Embolus*)

(D) thrombus (*Thrombus*)

Sie würden die Antwort C wählen.

Sie gehen vielleicht davon aus, dass Sie die Bedeutung von Wörtern in der wirklichen Welt kennen. Wählen Sie aber diese Antwort beim TOEFL nicht sofort als die Richtige, nur weil Sie das Wort kennen. Was bedeutet zum Beispiel das Wort *cow*? Für die meisten ist es ein vierbeini-ges Tier. Im TOEFL kann es allerdings vorkommen, dass dieses Wort als Verb verwendet wird, wo es so viel wie intimidate (*blamieren*) bedeutet. Lassen Sie nicht zu, dass die TOEFL-cow Sie blamiert (ängstigt, bloßstellt).

Nachfolgend ein Beispiel dafür, wie Definitionsfragen gestellt werden:

Der Satz »There was a concentrated effort« *Es wurde eine gemeinsame Anstrengung unter-nommen* in Zeile 31 kommt folgendem Ausdruck am nächsten:

Nehmen wir mal an, Zeile 31 lautet folgendermaßen: »There was an concentrated effort to find a solution to the problem. Every scientist worked long, hard hours to find the cure.« *Es wurde eine gemeinsame Anstrengung unternommen, um das Problem zu lösen. Jeder Wissenschaftler arbeitete lang und hart für ein Heilmittel.* Sie können aus dem Text ableiten, dass der Satzteil »There was a concentrated effort« bedeutet, dass die Wissenschaftler sehr angestrengt oder hart gearbeitet haben. Welche dieser Antworten kommt dem Original am nächsten?

(A) a thick effort (*eine dicke Anstrengung*)

(B) a difficult effort (*eine schwierige Anstrengung*)

(C) a strong effort (*eine starke Anstrengung*)

(D) a short effort (*eine kurze Anstrengung*)

 Wenn Sie Antwort A oder D gewählt haben, dann sind Sie in die Falle getappt. In der wirklichen Welt kann etwas Konzentriertes (concentrated) mit dick gleichgesetzt werden. Zum Beispiel konzentrierter Orangensaft, der gefroren in einer Dose angeboten wird und sehr dickflüssig ist. Bei der Antwort D gehen Sie davon aus, dass etwas Konzentriertes mit kurz (short) gleichzusetzen ist. Sehen Sie sich daher im Text noch einmal an, wie der Autor den Ausdruck gemeint hat. Es ist eine gute Vorgehensweise, wenn Sie die betreffende Textstelle nacheinander durch alle vier Antworten ersetzen und lesen. Die richtige Antwort auf diese Frage ist C.

Werden beim TOEFL Wörter einfach erfunden?

Nein, beim TOEFL werden keine neuen Wörter erfunden. Alles, was Sie hier lesen, ist gültig, das heißt, Sie können es im Wörterbuch nachlesen. Einige der Wörter und Ausdrücke sind vielleicht ungewöhnlich. Wenn Sie ein Wörterbuch aufschlagen, dann finden Sie für ein Wort oft zehn Definitionen. Der erste Eintrag entspricht der häufigsten Verwendung des Wortes, der letzte natürlich der geringsten. Raten Sie mal, welche Bedeutung beim TOEFL getestet wird? Sie haben Recht, Nummer 10. Das Wort ist also gültig, allerdings müssen Sie sich den Text noch einmal durchlesen, um zu sehen, welche Definition dem Wort am nächsten kommt. Verlassen Sie sich bei der Beantwortung nicht einfach auf Ihre Erfahrung und Ihren gesunden Menschenverstand, sondern lesen Sie lieber den Text noch einmal durch, um zu sehen, in welchem Kontext das Wort verwendet wird.

Nachfolgend ein paar weitere Möglichkeiten, wie Sie nach einer Definition gefragt werden könnten. (**Hinweis:** Diese beziehen sich nicht auf irgendwelche Textstellen im Buch, sondern sind einfach Beispielsätze. Blättern Sie also nicht zurück in der Hoffnung, im Buch die entsprechende Textstelle zu finden!)

✔ The phrase »not entirely significant« in line XX is closest in meaning to ... *Der Ausdruck »nicht wirklich bedeutend« in der Zeile XX kommt der Bedeutung am Nächsten* ...

✔ In line XX, the word *muse* could be best replaced by which of the following? *In der Zeile XX könnte das Wort* grübeln *am besten durch ... ersetzt werden.*

✔ The word *however* in line XX indicates that what follows is ... *Das Wort* nichtsdestotrotz *in Zeile XX deutet an, dass das, was folgt, ... ist.*

✔ The word *yet* in line XX indicates that what follows is ... *Das Wort* jetzt *in Zeile XX deutet an, dass das, was folgt, ... ist*

✔ The phrase »optional encounter« in line XX indicates that what follows is ... *Der Ausdruck »optionales Zusammentreffen« in Zeile XX bezieht sich auf die Möglichkeit, dass ...*

✔ What does the author probably mean by the expression »for all practical purposes« in line XX? *Was meint der Autor wahrscheinlich mit dem Ausdruck »in Anbetracht der Verwendung« in Zeile XX?*

✔ The word *facilitator* can be substituted for the word XX in line XX. *Das Wort* Erleichterung *kann durch das Wort XX in Zeile XX ersetzt werden.*

✔ The phrase »for example« in line XX introduces a sentence that gives an example of ... *Der Ausdruck »zum Beispiel« in der Zeile XX leitet einen Satz ein, der ein Beispiel für ... ist.*

Was Sie nicht sehen: Negative oder AUSNAHME-Fragen

Bei einigen Fragen können Sie auch nach etwas gefragt werden, was im Text gar nicht vorkommt! Es wird von Ihnen erwartet, dass Sie herausfinden, was der Autor *nicht* sagte oder welche Meinung er *nicht* vertrat. Meiner Meinung nach ist diese Art der Fragestellung der schwierigste Teil im Abschnitt Leseverständnis. Die Studenten scheinen hier die meisten Fehler zu machen. Achten Sie besonders auf diese Art der Fragen, wenn Sie später beim praktischen Examen sind. Wenn Sie feststellen, dass Sie die meisten dieser negativen Fragen falsch beantworten, sollten Sie sich deswegen nicht zu große Sorgen machen. Das ist normal. Ich schlage vor, dass Sie diese Art von Fragen einfach auslassen und darüber nicht zu lange brüten.

Ich habe bereits mehrere Male darauf hingewiesen, dass Sie in diesem Abschnitt des TOEFL Fragen auslassen können (um später wieder darauf zurückzukommen). In allen anderen Abschnitten *müssen* Sie sich sofort für eine Antwort entscheiden, da sonst der Computer die nächste Frage nicht anzeigt. Im Abschnitt Leseverständnis können Sie eine Frage ganz auslassen oder diese erst mal außer Acht lassen und später, sofern noch die Zeit dafür zur Verfügung steht, wieder darauf zurückkommen.

Nachfolgend ein Beispiel für eine negativ gestellte Frage:

Welcher der folgenden Gründe wird vom Autor *nicht* genannt, warum es den Wissenschaftlern nicht früher als erst kurz vor Ende des 20. Jahrhunderts gelang, die neue Insektenart zu entdecken?

Der Test könnte sich mit einer gerade entdeckten Insektenart befassen. Der Autor spricht vielleicht davon, dass das Insekt in einem sehr abgelegenen Erdteil lebt, den bisher nur wenige Menschen erforschten. Es kann aber auch sein, dass im Text steht, dass das Insekt sehr klein ist und deshalb nur schwer zu sehen ist. Oder es ist zu lesen, dass der Lebenszyklus des Insekts sehr kurz ist. Alle dies könnten Beispiele dafür sein, warum das Insekt bisher *nicht* entdeckt wurde. Keine dieser Antworten würden Sie wählen, da sie vom Autor ja genannt wurden. Bei Anwendung des Eliminierungsprozesses bleibt die Antwort als die richtige übrig, die im Text nicht genannt wurde.

Nachfolgend noch ein paar Möglichkeiten, wie diese schwierigen, verwirrenden und zeitraubenden Fragen gestellt sein könnten:

✔ Der Text eliminiert alle die folgenden Fragen AUSSER ...

✔ Welche der folgenden Aussagen wird NICHT als Nachteil für ... genannt?

✔ Welche der folgenden Aussagen würde als am WENIGSTEN wahrscheinlich im ... gefunden werden?

✔ Es kann daraus gefolgert werden, dass alle diese Gründe für die Theorie des Wissenschaftlers wichtig waren AUSSER ...

✔ Welcher der folgenden Begriffe wird NICHT verwendet, um ... zu beschreiben?

✔ Die Aktivitäten der Regierung beinhalteten alle folgenden Punkte AUSSER ...

Ein bisschen dies, ein bisschen das: Worauf sich das Pronomen bezieht

Ein Pronomen (Fürwort) ist ein Wort, das die Stelle eines Nomens (Hauptwort) einnimmt. Häufige Pronomen sind _I, you, he, she, it, we, they, us, them, theirs, his, hers_ und _its_. Zu den Relativpronomen (keine Angst, Sie müssen die Terminologie nicht kennen) gehören _this, that_ und _who_. Relativpronomen stellen eine Beziehung zu anderen Wörtern her. So sagen Sie zum Beispiel: »Dave is the man who taught me so much.« _Dave ist der Mann, der mir so viel beibrachte._ Das _who_ (der) ist das Pronomen, das sich auf ein anderes Wort, _man_ (Mann), bezieht oder darauf verweist.

Die richtige Verwendung von Pronomen ist für das Verständnis und Sprechen einer Sprache sehr wichtig. Wenn jemand _dieses_ (_this_) sagt, dann müssen Sie auch wissen, was _dieses_ ist, auf welches Wort _dieses_ verweist oder worauf es sich bezieht. Ein Beispiel: Wenn ein Freund sagt, »Do you think you can do this for me?« _Denkst Du, Du kannst das für mich tun?_, dann müssen Sie, bevor Sie zustimmen, wissen, was er mit _das (this)_ überhaupt meint. Sie erklären sich vielleicht bereit, ihm bei den Hausaufgaben zu helfen, mit seiner uninteressanten Cousine auszugehen oder ihm eine riesige Summe Geld zu leihen! Das gleiche Prinzip gilt auch für die Textpassagen. Immer wenn Sie ein Pronomen sehen, und vor allem _this, that, they, those_ oder _it_, sollten Sie sich das gleich merken. Die Chancen sind hoch, dass man Ihnen eine Frage dazu stellen wird, um zu testen, ob Sie die Verwendung des Pronomens auch verstehen. Versuchen Sie sich mal an diesem Beispiel:

The clown costumes were exorbitantly expensive. This was the reason most students shared costumes, rather than everyone buying his or her own. _Die Clownkostüme waren übertrieben teuer. Das war der Grund, warum sich die meisten Studenten die Kostüme teilten, anstatt dass jeder sein eigenes kauft._

Die Frage am Bildschirm lautet:

Betrachten Sie das Wort **This** im Text. Klicken Sie das Wort oder den Satzteil im fettgedruckten Text an, worauf sich **This** bezieht.

This nennt den Grund, warum nicht jeder Student ein eigenes Kostüm kaufte, und bezieht sich auf die Kosten. In diesem Satz würden Sie die Wörter **were exorbitantly expensive** ankreuzen. Nein, Sie müssen überhaupt _nicht_ wissen, was _exorbitantly_ bedeutet, um diese Frage richtig zu beantworten. Es bedeutet übertrieben, übersteigert (_outrageously_) und könnte Verwendung finden in einem Satz, der lautet: »The TOEFL sometimes seems exorbitantly difficult.« Auch wenn Sie das Wort nicht kennen, verstehen Sie die Aussage des Satzes aus dem Kontext heraus. Lassen Sie sich von großen, unbekannten Wörtern nicht einschüchtern.

Dachten Sie, dass sich *This* auf *costumes* (Kostüme) bezieht? Sorry. Über diese wird zwar gesprochen, sie sind aber nicht mit *This* gemeint. Außerdem ist *This* im Singular und bezieht sich daher auf ein Wort in der Einzahl. Ein einziges Kostüm könnte »this« sein, bei mehreren würde es aber »these« heißen. (Wenn Sie bei den Pronomen durcheinander kommen, sollten Sie im vierten Kapitel nachschlagen, der Grammatikwiederholung. Diese – die Pronomen – werden dort im einzelnen viel ausführlicher erklärt.)

Bonus: Speaking of clowns, did you hear about the out-of-work jester? He was nobody's fool. *Da wir gerade von Clowns reden: Haben Sie von dem arbeitslosen Clown gehört? Er ist Niemandes Narr.*

Nachfolgend ein paar weitere Beispiele für die Verwendung von Pronomen in der Verwendung als Referenz auf ein Hauptwort, wie es beim TOEFL gefragt werden könnte:

✔ The word *this* in line XX refers to .... *Das Wort dies in Zeile XX bezieht sich auf ....*

✔ The word *it* in line XX refers to .... *Das Wort es in Zeile XX bezieht sich auf ....*

✔ The word *its* in line XX refers to .... *Das Wort sein in Zeile XX bezieht sich auf ....*

✔ The phrase »their ideas« refers to the ideas of .... Der Ausdruck »ihre Ideen« bezieht sich auf die Ideen von ....

Geben Sie mir einen Hinweis: Indirekte Fragen

Einige Fragen beim TOEFL sind geradlinig und direkt. Sie werden nach etwas gefragt, was im Text vorkommt. Natürlich liebt jeder diese Art von Fragen. Beim TOEFL werden aber auch indirekte Fragen gestellt. Hier wird von Ihnen verlangt, dass Sie »zwischen den Zeilen lesen«, dass Sie etwas verstehen, was vielleicht nur angedeutet, aber niemals direkt geäußert wurde. Vom Text wird etwas suggeriert oder Sie können daraus etwas schließen, was nicht schwarz auf weiß dasteht.

Im Englischen nennt man diese Art der Fragen *inference* oder *suggestion questions*. To *infer* bedeutet, aus einer Aussage etwas folgern oder einen Schluss ziehen. Sie können aus dem, was ich gesagt habe, schließen, dass die indirekten Fragen schwerer zu beantworten sind als die direkten. To *suggest* bedeutet suggerieren, andeuten, etwas nicht direkt sagen. Ich suggeriere mit meinen Ausführungen, dass Sie bei den indirekten Fragen ein wenig länger verweilen und ein wenig länger darüber nachdenken als bei den anderen, denn diese können sehr schwer und trickreich sein.

Nachfolgend ein Beispiel für die indirekte Fragestellung:

Compact discs are less expensive to produce and ship than are cassette tapes and thus are becoming a favorite »add on« among book publishers. These days, most students who purchase test prep books have CD players. The savings realized by marketing CDs can be passed along to those students. *CDs sind billiger zu produzieren und zu versenden als Kassetten und werden deshalb ein beliebtes »Extra« der Buchverlage. Heute verfügen fast alle Studenten, die sich Bücher für die Examensvorbereitung kaufen, über einen CD-Spieler. Die Kosten, die die Hersteller durch die Vermarktung von CDs einsparen, können direkt an diese Studenten weitergegeben werden.*

Die Frage lautet:

Im dritten Absatz deutet der Autor welche der folgenden Aussage über Kassetten an?

(A) They are cheaper than compact discs. *Sie sind billiger als CDs.*

(B) Students like them better than compact discs. *Studenten mögen Sie lieber als CDs.*

(C) The books are better with cassette tapes than with CDs. *Die Bücher mit Kassetten sind besser als die mit CDs.*

(D) The publishers may use CDs more often than cassettes in their books in the future. *Die Verlage werden in Zukunft wahrscheinlich häufiger CDs als Kassetten in ihren Büchern verwenden.*

Sie müssen es verstehen, zwischen den Zeilen zu lesen, wenn Sie diese Frage richtig beantworten wollen. Die Antwort A versucht Sie in die Falle zu locken. Im Text wird genau das Gegenteil gesagt. Da heißt es, dass Kassetten teurer als CDs und nicht billiger sind. Antwort B ist unlogisch. Wenn CDs billiger sind und dadurch die Bücher billiger werden, dann mögen die Studenten wahrscheinlich die CDs mehr als Kassetten. Antwort C stellt die Sache gerade andersherum dar. In der Textpassage deutet alles darauf hin, dass mehr für CDs als für Kassetten spricht. Die richtige Antwort ist D. Der Text suggeriert, dass die Verlage CDs vielleicht öfter in ihren Büchern verwenden werden, da diese billiger und leichter zu versenden sind und von den Studenten verwendet werden können.

Ein paar weitere Beispiele, wie diese Fragen gestellt sein könnten:

✔ It can be inferred from the passage that ... *Aus dem Text kann gefolgert werden, dass ...*

✔ It can be inferred that which of the following happened when ... *Es kann der Schluss gezogen werden, dass das Folgende passierte, als ...*

✔ Which of the following statements about cave paintings is suggested by the passage? *Welche der folgenden Aussagen über Höhlenmalerei wird im Text angedeutet?*

✔ The writer implies that ... *Der Autor deutet an, dass ...*

✔ It can be inferred from the passage that the principal cause of the Great Depression was ... *Aus dem Text kann gefolgert werden, dass der Hauptgrund für die Weltwirtschaftskrise die ... war.*

Auf der Suche nach der Wahrheit: »Gemäß dem Text«-Fragen

Kaum zu glauben, aber war. Einige Fragen beim TOEFL sind sogar ziemlich einfach zu beantworten. Gerade im Abschnitt Leseverständnis trifft man mitunter auf geradlinige, unkomplizierte Fragen. Jede Frage, die mit den Worten »According to the passage« (»*Gemäß dem Text*«) beginnt, ist für gewöhnlich recht einfach. (Natürlich, alles ist relativ! Was Sie als einfach empfinden, kann für jemanden anders ganz schön frustrierend sein.) Bei dieser Art von Fragen gibt es keine Tricks oder Fallen zu beachten. Alles, was Sie hier tun müssen, ist zu verstehen, wonach Sie gefragt werden, um dann im Text nach der passenden Antwort zu suchen. Sie wissen ja, der Text ist in diesem Abschnitt des TOEFL immer vor Ihren Augen. Sie können ihn so oft Sie wollen anschauen.

Am besten erklärt sich alles anhand eines Beispiels. Nehmen wir mal an, Sie lesen Folgendes:

The most important aspect of education is not the externals, but the internal factors. If a student isn't motivated to learn, the most beautiful buildings, the best library, the most fascinating teachers won't help. He must decide within himself that he wants to understand the material. *Die wichtigsten Aspekte bei der Ausbildung stellen nicht die externen, sondern die internen Faktoren dar. Wenn ein Student nicht motiviert ist, zu lernen, dann helfen auch die schönsten Gebäude, die besten Bibliotheken und die faszinierendsten Lehrer nichts. Er muss für sich selbst entscheiden, dass er den Lehrstoff verstehen möchte.*

Die Frage lautet:

Welche Faktoren sind, gemäß dem Text, die wichtigsten Aspekte bei der Ausbildung?

(A) the background of the teachers. *Die Ausbildung der Lehrer*

(B) the motivation of the student. *Die Motivation des Studenten*

(C) the quality of the buildings on campus. *Die Qualität der Gebäude auf dem Schulgelände*

(D) the cost of the school. *Die Schulgebühren*

Es ist einfach, die richtige Antwort zu finden. Sie müssen sich nur den Text noch einmal ansehen. Oft steht die Antwort Wort für Wort im Text. Sie müssen keine Schlüsse ziehen, Sie müssen nicht zwischen den Zeilen lesen, Sie müssen keine Gehirnzellen entstauben. Die richtige Antwort ist B.

Die Fragen, die mit den Worten »gemäß dem Text« beginnen, verdienen es, dass man sich mit ihnen länger beschäftigt. Sie haben weiter vorn in diesem Kapitel gelesen, dass einige Fragen, zum Beispiel die, die Sie nach den Ausnahmen fragen, Sie häufig in die Falle locken möchten und dass Sie manchmal gut daran tun, diese ganz außer Acht zu lassen. Genau das Gegenteil gilt für den Fragetyp, den wir hier behandeln. Wenn eine Frage mit den Worten »gemäß dem Text« beginnt, dann ist sie Ihre Zeit wert. Wenn es so etwas gäbe wie eine garantiert richtige Antwort, dann wäre es bei dieser Art von Frage. Nehmen Sie sich deshalb hier Zeit, um die richtige Antwort zu finden. Betrachten Sie die Zeit als sinnvoll und Gewinn bringend eingesetzt.

Pfeile: Ein Wink in die richtige Richtung

Die klugen Köpfe, die hinter dem TOEFL stecken, wissen, dass manche Texte endlos erscheinen. Deshalb kommen Sie in Ihnen hin und wieder entgegen, indem sie einen Pfeil am Rand neben dem entsprechenden Absatz oder sogar in der Zeile anbringen, der auf die behandelte Textstelle verweist. Wenn die Frage zum Beispiel lautet: » Gemäß dem dritten Absatz ...,« weist auf dem Computerbildschirm ein schwarzer Pfeil am Rand neben dem dritten Absatz auf die Stelle hin. Dieser Pfeil kann sehr hilfreich sein, denn er macht es überflüssig, dass Sie den Bildschirm auf und ab bewegen, um die entsprechende Stelle zu suchen. Hey, jede Hilfe ist beim Test willkommen!

Nachfolgend ein paar weitere Möglichkeiten, wie diese Fragen beginnen könnten:

✔ According to the passage, when do ... *Gemäß dem Text, wann ...*

✔ According to the passage, which of the following is true of ... *Gemäß dem Text, welche der folgenden Aussagen ist wahr ...*

Wir bringen es alles zusammen: Die Organisation der Textpassage

Einige TOEFL-Fragen testen eher den Aufbau und die Organisation eines Textes als den Inhalt. Von Ihnen wird verlangt, dass Sie wissen, wie der Stoff organisiert ist, und nicht, was er aussagt. Dieser Fragetyp ist eher selten und kann sich als schwierig erweisen. Um diese Fragen richtig beantworten zu können, müssen Sie den Text als Ganzes verstehen. Sie können nicht zurückgehen, um nach einem bestimmten Anhaltspunkt zu suchen oder um eine Folgerung herleiten zu können. Wenn diese Art von Fragen verwirrend ist, dann können Sie sich damit trösten, dass das normal ist. Entweder lassen Sie die Frage ganz aus oder Sie raten schnell, um mit der nächsten Frage fortfahren zu können. Wenn Sie sich dazu entschließen, die Frage zu beantworten, dann müssen Sie wahrscheinlich den Text noch einmal ganz oder zumindest »quer« von vorne lesen.

 Nehmen wir mal an, Sie haben einen Text vor sich, der aus vier Absätzen besteht. Im ersten Absatz vertritt der Autor die Meinung, dass Kanonen dabei behilflich waren, in früheren Zeiten viele Kriege schnell zu beenden. (**Witz:** What do you call a French man who is shot out of a cannon? Napoleon Blownapart!) Im zweiten Absatz erfahren wir, wie der Autor zu dieser Meinung kam, seinen Gedankenprozess. Der dritte Absatz beschäftigt sich mit den Argumenten, von den der Autor glaubt, dass sie seiner Meinung entgegen gehalten werden. Der letzte Absatz beschäftigt sich mit dem zukünftigen Sinn und Zweck von Kanonen.

Die Frage lautet:

Which of the following best describes the organization of the passage? *Welche der folgenden Aussagen beschreibt am besten die Organisation des Textes?*

(A) opinion, development, counterarguments, prediction. *Meinung, Entwicklung, Gegenargumente, Vorhersage*

(B) opinion, prediction, counterarguments, change of opinion. *Meinung, Vorhersage, Gegenargumente, Änderung der Meinung*

(C) background, prediction, argument, counterargument. *Hintergrund, Vorhersage, Argument, Gegenargument*

(D) argument, counterargument, opinion, prediction. *Argument, Gegenargument, Meinung, Vorhersage*

Die richtige Antwort lautet A. Der Autor sagt uns zuerst seine Meinung. Dann erklärt er, wie er dazu kam. Dann nennt er Gegenargumente, die andere seinen Argumenten entgegensetzen könnten. Schließlich spekuliert er über die Zukunft von Kanonen.

Haben Sie bemerkt, wie schwierig diese Frage ist? Sie ist sowohl verwirrend als auch zeitraubend.

Nachfolgend eine paar weitere Möglichkeiten, wie dieser Fragetyp formuliert sein könnte:

✔ The third paragraph is developed primarily by the means of ... *Der dritte Absatz entwickelt sich hauptsächlich aus den ... heraus*

✔ The passage is organized by ... *Der Text ist organisiert durch ...*

✔ The paragraph following the passage most probably discusses ... *Der Absatz, der dem Textauszug folgt, beschäftigt sich höchstwahrscheinlich mit ...*

Welchen Beitrag kann ich noch leisten: Das Hinzufügen von Informationen

Ein neuer Fragetyp beim TOEFL am Computer verlangt von Ihnen, ~~dass Sie eigene Sätze hinzufügen~~. Im Textkörper sehen Sie vier schwarze Quadrate. Jedes Quadrat befindet sich zwischen zwei Sätzen. Die Quadrate sind Markierungen und zeigen an, wo die Sätze eingefügt werden sollen. Nun wird von Ihnen verlangt, dass Sie auf das Quadrat klicken, wo Sie den neuen Satz einfügen möchten.

 Nachfolgend das Beispiel eines Absatzes, der vier schwarze Quadrate enthält. Das sind die Markierungen, an denen die neuen Sätze eingefügt werden sollen.

There are several types of burns that occor to the human body. A first-degree burn is relatively mild. It is marked by a reddening of the skin. There may also be pain and swelling. ■ A second-degree burn is slightly more severe. The skin may be more damaged, as from a sunburn. ■ When there is a damage to tissues beneath the outer layer of the skin, doctors label the burn a third-degree burn. ■ Regardless of its source, a third-degree burn is medically significant. While a first- or second-degree burn can be soothed with the application of ice, a third-degree burn should be treated professionally by a physician. ■

Man unterscheidet verschiedene Typen von Verbrennungen am menschlichen Körper. Eine Verbrennung ersten Grades ist relativ harmlos. Sie wird durch eine Rötung der Haut angezeigt. Sie kann auch mit Schmerzen und Blasenbildung verbunden sein. ■ Eine Verbrennung zweiten Grades ist etwas schlimmer. Die Haut ist etwas mehr verletzt, wie etwa bei einem Sonnenbrand. ■ Wenn das Gewebe unterhalb der äußeren Hautschichten verletzt ist, sprechen die Ärzte von einer Verbrennung dritten Grades. ■ Unabhängig davon, wie man sich die Verbrennung zugezogen hat, muss eine Verbrennung dritten Grades behandelt werden. Während man eine Verbrennung ersten oder zweiten Grades oft durch das Auflegen von Eis lindern kann, verlangt eine Verbrennung dritten Grades nach einer professionellen Behandlung durch einen Arzt. ■

So könnte die Frage aussehen:

Der nachfolgende Satz kann im Text eingefügt werden.

This most severe type of burn occurs when a person is trapped in burning clothing or is often the result of contact with boiling water. *Dieser schlimmste Grad der Verbrennung tritt ein, wenn die Kleidung einer Person Feuer fängt oder ist oft auch das Ergebnis eines Kontakts mit kochendem Wasser.*

An welcher Stelle würde dieser Satz am besten in den Text passen? Klicken Sie das entsprechende ■ an und fügen Sie den Satz in den Text ein.

Dieser Beispieltext ist relativ kurz. Im wirklichen TOEFL könnten die schwarzen Quadrate über eine lange Textstelle verstreut sein. Das bedeutet, dass Sie den Bildschirm auf und ab bewegen müssen, um die entsprechende Stelle zu finden. Bitte denken Sie daran, dass es immer *vier* schwarze Quadrate sind, denn es gibt für jede Frage vier »Antworten«. Wenn Sie auf dem Bildschirm nur drei Quadrate sehen, müssen Sie diesen so lange hin und her bewegen, bis Sie alle vier gefunden haben.

Okay, wo haben Sie den Satz untergebracht? Er gehört da hin, wo sich das dritte schwarze Quadrat befindet. Der Satz »This most severe tpye of burn« *»Dieser schlimmste Grad der Verbrennung«* bezieht sich auf die Verbrennung dritten Grades. Die ersten beiden Blöcke können Sie deshalb außer Acht lassen. Weil der vorletzte Satz mit den Worten beginnt: »Regardless of its source« ... *Unabhängig davon, wie man sich die Verbrennung zugezogen hat,* wissen Sie, dass der neue Satz, der erklärt, wie man sich die Verbrennung dritten Grades zugezogen hat, vor dieser Textstelle eingefügt werden muss. Aber nicht nur diese Folgerung ist richtig, sondern es erschließt sich auch aus der Tatsache, dass man den Grund der Verletzung für gewöhnlich vor der Behandlung nennt. Anders ausgedrückt bedeutet das, dass, wenn Sie etwas diskutieren, Sie vorher klären, was die Ursache dafür ist (»Three hours of taking TOEFL practice exams gave me a splitting headache! *Drei Stunden im praktisches Examen TOEFL verursachten bei mir fürchterliche Kopfschmerzen!«* bevor Sie von der Behandlung sprechen (»My friend took me out dancing, and my headache magically vanished! *Mein Freund ging mit mir zum Tanzen, und meine Kopfschmerzen verschwanden wie von selbst auf unerklärliche Weise!«*)

Auf Entdeckungsreise: Wo befindet sich das?

Dieser Fragetyp ist einer der leichtesten zu beantworten. Sie brauchen nur die Stelle zu finden, an der im Text etwas zu dieser Frage geäußert wird. Sie merken sich in der Frage die Schlüsselwörter und halten nach diesen im Text Ausschau. Ein Beispiel:

Nehmen wir mal an, Sie lesen einen Text, der aus vier Absätzen besteht. Im zweiten Absatz steht »The primary reason the music of Beethoven und Brahms has endured so long is the exquisite harmony and almost mathematical precision of the melody« *Der Hauptgrund, warum die Musik von Beethoven und Brahms so lange aktuell blieben, ist die ausgezeichnete Harmonie und fast mathematische Präzision der Melodie.«*

Die Frage lautet: »Click on the sentence in paragraph 2 that tells the author's opinion why Beethoven's and Brahms' music has lasted so long. *Klicken Sie den Satz im zweiten Absatz an, in dem der Autor erklärt, warum die Musik von Beethoven und Brahms so lange aktuell blieb.«*

Sehen Sie, wie leicht diese Frage zu beantworten ist? Sie müssen nur den zweiten Absatz noch einmal lesen und den betreffenden Satz anklicken.

Bonus: Als Belohnung für die richtige Antwort auf diese Frage erzähle ich Ihnen einen weiteren meiner kranken Witze: Know what Beethoven and Brahms are doing these days? De-composing!

Hier ein paar weitere Möglichkeiten, wie diese Fragen gestellt werden könnten:

✔ Where in the passage does the author refer to ... _Wo im Text bezieht sich der Autor auf ..._

✔ Where in the passage does the author provide a definition? _Wo im Absatz gibt der Autor eine Definition ab?_

Was steckt dahinter: Die Hauptaussage

Haben Sie jemals an einem Lesetest teilgenommen, wo nicht zumindest eine Frage nach dem Hauptthema im Text gestellt wurde? Wahrscheinlich nicht. Bei jedem Lesetest ist es wichtig, dass Sie die Hauptaussage erkennen.

Ich mache Ihnen einen Vorschlag, wie Sie diese in einem Text leicht finden. Nehmen wir mal an, ein Freund kommt auf Sie zu und sagt: »Hey, was liest Du da?« Ihre erste Reaktion, das erste was Sie sagen werden, ist wahrscheinlich das zentrale Thema des Textes. Zum Beispiel: »Oh, ich habe gerade etwas wahnsinnig Langweiliges über das Postsystem in den Vereinigten Staaten gelesen.« Bingo! Das ist die richtige Antwort! Der Artikel beschäftigt sich mit dem »Postsystem in den USA.« (Nein, nicht mit dem »langweiligen Postsystem«; das würde nie im Text stehen, denn beim TOEFL würden Sie nie lesen, dass etwas langweilig ist.) Versuchen Sie, die Antwort auf die Frage nach dem Hauptthema des Textes zuerst selbst zu finden, bevor Sie die Ihnen zur Verfügung gestellten Antworten lesen.

Das Hauptthema eines Textes ist oft schon aus den ersten paar Zeilen des Textes zu ersehen. (Manchmal, aber viel seltener, kommt es vor, dass das Thema in den letzten Zeilen des Textes steckt.) Lesen Sie die ersten paar Zeilen des Textes durch und versuchen Sie zu raten, _bevor_ Sie die vorgegebenen Antworten lesen, was das Hauptthema des Textes sein könnte.

Flowers have been developed over the years specifically for their rich and powerful scents. The perfume business throughout the world spends millions of dollars annually on developing strong-smelling flowers. _Bei der Blumenzucht wurde über viele Jahre hinweg vor allem auf einen vollen und starken Duft geachtet. Die Parfümhersteller auf der ganzen Welt geben jährlich Millionen von Dollar für die Aufzucht von stark riechenden Blumen aus._

Was ist das Hauptthema des Textes?

(A) the high cost of perfume. _Der hohe Preis für Parfüm_

(B) the reason some plants smell better than others. _Der Grund, warum einige Pflanzen besser als andere riechen_

(C) the variety of flowers in the world. _Die Vielzahl von Blumen auf der Welt_

(D) the scents of flowers. _Der Duft von Blumen_

Das Hauptthema in einem Text ist häufig nicht sehr spezifisch, wie schon der Name sagt. Es befasst sich mit etwas im Allgemeinen, in diesem Fall Pflanzen und Pflanzenduft. Wenn Sie diesen Text mit einem Freund diskutieren würden, würden Sie wahrscheinlich sagen: »Ich habe etwas über den Duft von Pflanzen gelesen.« Die Antwort D ist richtig.

Es kommt häufig vor, dass das Hauptthema irgendwie in allen vier Antworten enthalten ist. Es reicht jedoch nicht aus, etwas als *Haupt*thema zu bezeichnen, nur weil es im Text erwähnt wird. Wenn Sie zum Beispiel einen Aufsatz über eine Skulptur schreiben und bemerken, dass die Inspiration für eine bestimmte Skulptur von einem Gemälde kommt, dann ist das Hauptthema immer noch die Kultur und nicht das Gemälde.

Hier ein paar weitere Möglichkeiten, wie nach dem Hauptthema gefragt werden kann:

✔ What is the author's main point in the first paragraph? *Was ist die Hauptaussage des Autors im ersten Absatz?*

✔ With what topic is the passage primarily concerned? *Mit welchem Thema befasst sich der Text hauptsächlich?*

✔ Whatt aspect of depression did the author primarily discuss? *Welchen Aspekt der Depression hat der Autor hauptsächlich diskutiert?*

✔ What was the main idea of the fourth paragraph? *Was war das Hauptthema im vierten Absatz?*

✔ What is the focus of this passage? *Worauf bezieht sich diese Textstelle?*

✔ With which of the following statements would the author most likely agree? *Welchen der folgenden Aussagen würde der Autor am wahrscheinlichsten zustimmen?*

✔ Which of the following statements is supported by the passage? *Welche der folgenden Aussagen wird vom Text gestützt?*

✔ The passage supports which of the following conclusions? *Welche der folgenden Schlussfolgerungen werden vom Text gestützt?*

Die Freude liegt im Detail: Pure Fakten

Das genaue Gegenteil der Frage nach dem Hauptthema ist vielleicht die Frage nach dem Detail. Das Hauptthema verlangt nach einem allgemeinen, übergreifenden Konzept. Bei den Detailfragen werden Sie nach einem bestimmten Detail, einem eher unwichtigen Punkt gefragt. Diese Fragen sind häufig leicht zu beantworten. Sie brauchen sich dafür gewöhnlich nur den Text noch einmal anzusehen und nach einem spezifischen Punkt Ausschau zu halten.

 Nehmen wir mal an, dass im dritten Absatz des Textes Folgendes steht: »Dorothy Parker, a member of the famous Algonquin Round Table, was a poet noted for her short, witty verse. Her poetry is still quoted today, often in humorous essays.« »*Dorothy Parker, ein Mitglied des berühmten Algonquin Round Table, war eine Dichterin, die für ihre kurzen, witzigen Verse bekannt war. Ihre Gedichte werden noch heute häufig in humoristischen Aufsätzen zitiert.*«

Wer wird in den Zeilen XX-XX erwähnt?

(A) the poet Dorothy Parker. *Die Dichterin Dorothy Parker*

(B) the writer Walt Whitman. *Der Schriftsteller Walt Whitman*

(C) the poet Robert Frost. *Der Dichter Robert Frost*

(D) the writer Wayne van Zwoll. *Der Schriftsteller Wayne van Zwoll*

Die richtige Antwort (ganz offensichtlich) ist A. Im Text kamen wahrscheinlich alle anderen Personen vor, die in den Fragen erwähnt werden: Walt Whitman, Robert Frost und Wayne van Zwoll. Achten Sie darauf, dass Sie genau die Frage beantworten. Nur weil Sie sich daran erinnern, dass Wayne van Zwoll in den Zeilen 13-27 erwähnt wird, die Frage aber über die Zeilen 9-12 gestellt wird, ist es nicht die richtige Antwort auf die Frage. Konzentrieren Sie sich klar auf die Frage. Es wäre schade, wenn Sie bei diesen leichten Fragen Punkte vergeben.

Hier ein paar weitere Möglichkeiten, wie diese Fragen gestellt werden könnten:

✔ What characteristic of Colonial architecture was discussed in the passage? *Welche Charaktermerkmale für Architektur aus der Kolonialzeit wurden in diesem Text diskutiert?*

✔ In what year did the Teapot Dome scandal occur? *In welchem Jahr ereignete sich der Teapot-Dome-Skandal?*

Gedanken lesen: Warum etwas erwähnt wurde

Der TOEFL erwartet von Ihnen, dass Sie Gedanken lesen können. Manchmal könnte Ihnen die Frage gestellt werden, *warum etwas erwähnt oder diskutiert wurde*. Sie müssen sich sozusagen in den Kopf des Autors begeben und darüber nachdenken, warum er es für wichtig hielt, seine (und ihre) Zeit für dieses Thema aufzubringen.

Ein Text bewegt sich um sein Hauptthema herum. Wenn ein Autor sich auf ein Beispiel oder eine Aussage stützt, dann tut er das, um das Thema zu untermauern. Wenn Sie eine Frage nach dem Warum (Why) beantworten, sollten Sie das Hauptthema im Auge haben. Ein Beispiel:

Computer science is one of the fastest-growing fields in the United States. Last year alone, over 60 percent of new college applicants stated that they wanted to make a career in some field related to computers. *Die Computerwissenschaften sind eines der am schnellsten wachsenden Bereiche in den Vereinigten Staaten. Im vergangenen Jahr haben über 60 Prozent der Bewerber an Universitäten angegeben, dass sie eine Karriere anstreben, die irgendwie etwas mit dem Computer zu tun hat.*

Frage: Why does the author mention the percentage of students who are interested in computers in line XX? *Warum nennt der Autor in Zeile XX den Prozentsatz an Studenten, die sich für Computer interessieren?*

(A) to support his idea that computer science is a fast-growing field. *Um seine Aussage zu bekräftigen, dass die Computerwissenschaft ein schnell wachsender Bereich ist*

(B) to predict the number of college graduates who will graduate this year with engineering degress. *Um die Anzahl derjenigen Absolventen vorherzusagen, die dieses Jahr mit einem Ingenieurabschluss abgehen werden*

(C) to criticize people who don't understand computers. *Um Leute zu kritisieren, die nichts von Computern verstehen*

(D) to suggest that people learn more about computers. *Um anzudeuten, dass Leute mehr über Computer lernen sollten*

Die Hauptaussage eines Textes kann häufig im ersten oder zweiten Satz eines Absatzes gefunden werden. In diesem Beispiel ist die Hauptaussage, dass die Computerwissenschaft eines der am schnellsten wachsenden Studienfächer in den Vereinigten Staaten ist. Der Autor nennt also die Zahlen der sich am College bewerbenden Studenten, die sich für diesen Bereich interessieren, um seine Aussage zu bekräftigen. Die richtige Antwort ist A.

 Autoren machen beim TOEFL selten negative Aussagen. Daher können Sie negative Antworten gleich außer Acht lassen. Deshalb werden Sie im Text selten eine Kritik, Ablehnung oder Verunglimpfung einer Person oder eines Hauptthemas antreffen.

Nachfolgend ein paar Möglichkeiten, wie diese Fragen lauten können:

✔ The numbers mentioned in lines XX-XX about economic trends were relevant because ... *Die Zahlen, die in den Zeilen XX-XX über Wirtschaftstrends genannt werden, waren relevant, weil ...*

✔ The author mentions Greek vases in paragraph 1 as examples of ... *Der Autor nennt im ersten Absatz griechische Vasen als Beispiel für ...*

✔ The author mentions Lake LaBerge in line XX to illustrate which of the following? *Der Autor nennt Lake LaBerge in der Zeile XX, um welche der folgenden Aussagen zu illustrieren?*

Ein Bild ist mehr wert als tausend Worte: Zeichnungen interpretieren

Es gibt eine weitere Art der Fragestellung, bei der man von Ihnen verlangt, dass Wörter grafisch ausgedrückt werden. Der Text beschreibt etwas, etwa ein Kunststück wie ein Bild oder eine Skulptur. Anschließend sehen Sie vier Möglichkeiten, wie das beschriebene Werk aussehen könnte. Sie sollten nun die Zeichnung anklicken, von der Sie glauben, dass Sie dem, was der Autor beschrieben hat, am ähnlichsten ist.

 Ein Beispiel für einen Text, wie er im TOEFL vorkommen könnte:

The cave art is unusual in that the human stick figures are not drawn symmetrically. One arm is longer than the other. The legs are disproportionately longer than the arms. The head is the appropriate size, as is the general stick figure of the body. It is just the limbs that appear grotesque to us. Archaeologists wonder whether there was a religious significance to the size discrepancies. *Die Höhlenmalerei ist ungewöhnlich, weil die Strichzeichnungen nicht symmetrisch gestaltet sind. Ein Arm ist länger als der andere. Die Beine sind in ihrer Proportion für die Arme viel zu lang. Der Kopf sowie der Körper der Strichzeichnung haben in den Proportionen die richtige Größe. Es sind nur die Gliedmaßen, die uns grotesk vorkommen. Die Archäologen fragen sich, ob diese Übertreibungen eine religiöse Bedeutung haben.*

Die Frage, die nicht wirklich als Frage, sondern als Aufforderung gestellt ist, lautet:

Click on the drawing below that most closely resembles the stick figure described in the passage. *Klicken Sie in der nachfolgenden Abbildung die Zeichnung an, die der beschriebenen Strichzeichnung am ähnlichsten ist.*

Wenn Sie den Text aufmerksam gelesen haben, dann wissen Sie, dass bei der Strichzeichnung von einem Kopf die Rede ist. Sie können eine Zeichnung somit schon eliminieren. Sie haben auch von Armen und Beinen gelesen. Die Zeichnung ohne Arme und Beine scheidet somit ebenfalls aus. Die wichtigste Information war jedoch, dass die Beine zu lang und die Arme unterschiedlich lang sind. Damit scheidet also auch die »normale« Zeichnung aus, bei denen die Gliedmaßen in den Proportionen stimmen. Die Zeichnung, die nun noch übrig bleibt, erfüllt am besten die Beschreibung.

Eine zusätzliche Aufgabe: Die Zusammenfassung

Es folgt eine kurze Wiederholung dessen, was Sie in diesem Kapitel gelernt haben.

Texttypen

Der Text kann Themen aus folgenden Bereichen behandeln:

✔ Geschichte

✔ Wissenschaften (Natur- und Sozialwissenschaften)

✔ Geisteswissenschaften (Kunst, Musik, Literatur und Personen)

✔ Meinung

✔ Fiktion

Fragentypen

Die Art der Fragestellung kann unterschiedlich sein. Nachfolgend eine Liste der am häufigsten verwendeten:

✔ Definition

✔ Negativ/AUSSER

✔ Frage nach den Pronomen

✔ Schlussfolgerungen/Andeutungen

✔ »Gemäß dem Text«

✔ Organisation der Textpassage

✔ Hinzufügen von Material

✔ Das Auffinden von Fakten

✔ Hauptthemen

✔ Fakten/Details

✔ Gründe für die Erwähnung

✔ Die Identifizierung von Zeichnungen

Tipps und Fallen

✔ In diesem Abschnitt des Tests können Sie eine Frage auslassen, um später wieder darauf zurückzukommen. Oder Sie lassen die Frage ganz aus (wie Sie das vielleicht am besten bei den schwierigen EXCEPT (AUSSER) – (Bindestrich) Fragen tun).

✔ Sie können, so oft Sie möchten, zu einer Textpassage zurückkehren, da diese immer am Bildschirm angezeigt wird.

✔ In den Texten sind keine »falschen« Fakten (inkorrekte Informationen) enthalten.

✔ Versuchen Sie, das Hauptthema zu erraten, bevor Sie sich die möglichen Antworten ansehen.

✔ Sehen Sie sich an, wie im Text ein Wort oder ein Ausdruck im Kontext verwendet wird. Die Definition kann sich von dem, was Sie erwarten, unterscheiden.

Gehirn-Jogging: Leseverständnis – Übungsaufgaben

12

Einer meiner Studenten sagte einst zu mir: »Hätte ich gewusst, dass ich mich jemals in dieser Situation befinden würde, hätte ich mich in der Grundschule geweigert, lesen zu lernen!« Wir wissen nie, welche Konsequenzen unsere Aktionen in der Zukunft nach sich ziehen werden. Ihre ersten Tage als ABC-Schütze haben Sie in die Situation gebracht, in der Sie sich jetzt befinden.

Nachfolgend finden Sie eine verkürzte Form der praktischen Prüfung, bestehend aus zwei Absätzen, mit jeweils fünf Fragen. (Praktische Prüfungen in voller Länge finden Sie weiter hinten im Buch).

Anweisung: Dieser Abschnitt besteht aus zwei Textpassagen, denen jeweils mehrere Fragen folgen. Für jede Frage stehen Ihnen vier Antworten zur Verfügung, von denen Sie die Beste auswählen.

Beantworten Sie die Fragen, indem Sie das auswählen, was im Abschnitt direkt gesagt oder was dort angedeutet wird. Um die Fragen zu beantworten, müssen Sie über kein spezielles Wissen verfügen.

Nachfolgend als Beispiel ein kurzer Abschnitt aus einem Text, gefolgt von zwei Frage- und Antwort-Blöcken. Lesen Sie diese Zeilen, bevor Sie mit den Fragen beginnen.

Line

(5)

The word *giraffe* is thought to be derived from the Arabic word *zirafah,* which means »tallest of all.« The name is appropriate. Giraffes are the tallest animals on earth, and may reach a height of more than 15 feet. The more detailed scientific name is also interesting. Scientists officially call this animal *Giraffa camelopardalis* because they consider the animal to look like a camel with the markings of a leopard.

(10)

The theory that the markings on a giraffe are comparable to the fingerprints of a human has gained ground. It appears that no two sets are alike. While laypersons consider all giraffes to have the same markings, a trained eye can distinguish subtle differences. The patterns vary from subspecies to subspecies, as does the location of the patterns. Some giraffes, for example, have spots running down their legs, and others do not. The colors can also vary, from a glossy near-black to a light yellow. The colors serve the purpose of camouflaging the giraffe, which blends in well with the leaves of the trees in which it hides. The long neck of the giraffe is mistaken for a tree branch.

Es wird vermutet, dass das Wort Giraffe von dem arabischen Wort zirafah abstammt, was so viel bedeutet wie »Größte von allen.« Der Name ist sehr zutreffend. Giraffen sind die größten Tiere auf Erden, und manche werden über 4 m hoch. Der wissenschaftliche Name für dieses Tier ist ebenfalls interessant. Hier ist die offizielle Bezeichnung Giraffa camelo-pardalis, was seinen Ursprung darin hat, dass das Tier dem Kamel ähnlich sieht, wobei das Fell wie das eines Leoparden gemustert ist.

Die Theorie, dass die Musterung des Fells einer Giraffe so charakteristisch wie der Fingerabdruck eines Menschen ist, hat an Boden gewonnen. Es scheint, dass keine zwei Tiere hierin übereinstimmen. Während Laien den Unterschied nicht erkennen können, ist dies für ein geübtes Auge möglich. Die Muster unterscheiden sich von Unterart zu Unterart, wie auch die Lage des Musters am Körper des Tieres. So haben einige Giraffen zum Beispiel Flecken entlang der Beine, andere nicht. Die Farben sind ebenfalls unterschiedlich und reichen von einem glänzenden Schwarz bis bin zu einem hellen Gelb. Die Farben der Giraffe sind Tarnfarben, da sich diese dem Hintergrund der Umgebung angepasst haben und dazu dienen, dass das Tier nicht so leicht zwischen den Bäumen erkannt wird, wo es sich versteckt. Der lange Hals der Giraffe wird aus der Entfernung für einen Baumast gehalten.

1. What does the passage primarily discuss? *Was ist das Hauptthema der Textpassage?*

    (A) the purpose of the neck of the giraffe. *Der Zweck des Halses der Giraffe*

    (B) the mating habits of a giraffe. *Das Paarungsverhalten einer Giraffe*

    (C) the location in which a giraffe may be found. *Die Umgebung, in der eine Giraffe sich aufhalten könnte*

    (D) the types and purposes of the markings of a giraffe. *Die verschiedenen Arten und der Zweck der Markierungen von Giraffen*

Die Textpassage spricht hauptsächlich von der Zeichnung des Fells der Giraffe, wie sie aussehen kann und wozu sie dient. Deshalb sollten Sie die Frage D wählen.

2. The words »gained ground« in line 7 could be replaced by which of the following words? *Die Wörter »hat an Boden gewonnen« in Zeile 7 des Absatzes könnten durch welche der folgenden Wörter ersetzt werden?*

    (A) became larger (*wurde größer*)

    (B) received support (*erhielt Unterstützung*)

    (C) been disproved (*wurde widerlegt*)

    (D) been ridiculed (*wurde lächerlich gemacht*)

Der Ausdruck »gained ground« (*hat an Boden gewonnen*) bedeutet in diesem Kontext, dass nun einige Leute dieser Ansicht sind, die dies vorher bezweifelt hatten. Mit anderen Worten bedeutet dies, dass diese Meinung nun unterstützt wird. Deshalb sollten Sie Antwort B wählen.

Sie können nun mit den Übungsaufgaben beginnen. Es stehen Ihnen 30 Minuten dafür zur Verfügung.

Fragen 1-5

When the United States was established in 1776, the 13 colonies had separate banking systems. There was no common standard of currency among the colonies. Each jealously
Line guarded its independence, and governmental involvement was not encouraged. It wasn't until 1791 that the First Bank of the United States was created in Philadelphia. It had a
(5) 20-year charter and closed in 1811.

In 1863, the National Banking Act established national banks. It adopted the dollar as the national currency and forbade states to print their own money. Just two years later, checks became a standard means of payment. However, it wasn't until the Federal Reserve Act of 1913 that the FRS (Federal Reserve System) was established as the central bank, with authority to
(10) regulate and supervise state member banks and collect and clear checks for banks.

Many people have heard of the Great Depression. This is the common name given to the period that followed the stock market crash of 1929. Farm prices and steel production both fell. By four years later, unemployment reached a high of 25 percent. The national income had
(15) dropped 50 percent below that of 1929. The stock market was 75 percent below what it had been during its high of 1929, and bank closings were common. A recovery program was obviously needed. The Federal Home Loan Bank Act of 1932 was part of that program, as was the Banking Act of 1933.

(20) The Banking Act of 1933 established the FDIC as the authority to relegate and supervise state non-member banks. It prohibited banks from paying interest on checking accounts (a prohibition that was not overturned until many years later).

Als 1776 die Vereinigten Staaten gegründet wurden, hatten alle 13 Kolonien unterschiedliche Banksysteme. Die Kolonien hatten untereinander keinen einheitlichen Währungsstandard. Jede bewachte eifersüchtig ihre Unabhängigkeit, die Einmischung der Regierung war nicht erwünscht. Erst 1791 wurde die First Bank of the United States in Philadelphia gegründet. Ihre Satzung war 20 Jahre lang gültig, die Bank schloss 1811.

1863 ermöglichte der National Banking Act nationale Banken. Der Dollar wurde als nationale Währung festgelegt, und es wurde den einzelnen Staaten verboten, eigenes Geld zu drucken. Gerade mal zwei Jahre später wurden Schecks als Zahlungsmittel zum Standard. Dennoch dauerte es noch bis zum Federal Reserve Act im Jahr 1913, bis das FRS (Federal Reserve System) als Zentralbank eingeführt wurde, die die Befugnis hatte, Mitgliedsbanken der einzelnen Staaten zu regulieren und zu überwachen und Schecks für Banken einzuziehen und auszuzahlen.

Viele Leute haben schon von der Großen Depression gehört. Damit ist die Zeit nach dem Börsenkrach im Jahr 1929 gemeint. Sowohl der Preis für Farmland als auch die Produktion von Stahl fiel. Vier Jahre später betrug die Arbeitslosigkeit 25 Prozent. Das Staatseinkommen war 50 Prozent niedriger als 1929. Der Aktienmarkt lag 75 Prozent unter dem höchsten Niveau von 1929, die Schließung von Banken gehörte zum Alltag. Es wurde ganz offensichtlich ein Programm für den Wiederaufbau benötigt. Der Federal Home Loan Bank Act von 1932 als auch der Banking Act von 1933 waren Teil dieses Programms.

Der Banking Act von 1933 gab der FDIC die Autorität, bundesstaatliche Nichtmitgliedsbanken anzuweisen und zu überwachen. Den Banken war es verboten, Zinsen für Scheckkonten zu zahlen (ein Verbot, das erst viele Jahre später wieder zurückgenommen wurde).

1. Which of the following is the main topic of the passage? *Welche der folgenden Antworten ist das Hauptthema der Textpassage?*

   (A) the establishment of the FDIC (*die Einführung der FDIC*)

   (B) the origin of checking accounts (*die Ursprünge der Scheckkonten*)

   (C) the history of United States banking (*die Geschichte der Banken in den Vereinigten Staaten*)

   (D) the conditions that made the Great Depression possible (*die Bedingungen, die die Große Depression möglich machten*)

Ein Hauptthema (auch zentrale Idee oder Aussage genannt) ist eine sehr weit gefasste, allgemeine Antwort. Wenn Sie versuchen, die Antwort zu erraten, dann nehmen Sie die, die am umfassendsten ist. Obwohl in diesem Text die FDIC, Scheckkonten und die Große Depression genannt werden, handelt es sich dabei jedoch um Themen, die nur nebenbei erwähnt werden. Das Thema befasst sich hauptsächlich mit dem Ursprung oder der Entstehungsgeschichte von Banken. Die richtige Antwort ist C.

2. In line 2, the word *each* refers to (in der zweiten Zeile, das Wort *each* (*jede*) bezieht sich auf)

   (A) colony (*Kolonie*)

   (B) currency (*Währung*)

   (C) a banking system (*ein Banksystem*)

   (D) standard (*Standard*)

Beim TOEFL werden Sie häufig gefragt, welches Wort oder welchen Satz ein Pronomen ersetzt. Dieses Wort oder Satz wird Antecedent (*ante=bevor*) genannt, da es im Text vor dem Pronomen erscheint. In diesem Satz ist das Antecedent für das Pronomen *each* das Hauptwort *colony*. Die Textstelle lautet: »There was no common standard of currency among the colonies. Each jealously guarded its independence, and government involvement was not encouraged.« Das *each* (*jede*) bezieht sich auf *each colonie* (*jede Kolonie*).

Ersetzen Sie das *each* mit allen vier Möglichkeiten, die Ihnen zur Auswahl stehen, und lesen Sie den Satz. Der Satz »Each colonie jealously guarded ...« macht Sinn. Sie würden nicht sagen, »Each standard jealoulsy guarded ...«, oder »Each currency jealoulsy guarded ...« oder »Each banking system jealously guarded ....«

3. Look at the word *it* in the last sentence of the first paragraph. Click on the word or phrase in the bold text that *it* refers to. (*Betrachten Sie das Wort* it *im letzten Satz des ersten Absatzes. Klicken Sie auf das Wort oder den Satzteil im fett gedruckten Text, worauf sich das* it *bezieht*).

When the United States was established in 1776, the 13 colonies had separate banking systems. There was no common standard of currency among the colonies. Each jealously guarded its independence, and governmental involvement was not encouraged. **It wasn't until 1791 that the First Bank of the United States was created in Philadelphia.** It had a 20-year charter and closed in 1811.

Sie würden das Wort oder die Wörter anklicken, auf die sich das *it* (im letzten Satz, nach dem fettgedruckten Satz) bezieht. Können Sie sagen, wofür dieses *it* steht?

Die richtige Antwort lautet **the First Bank of the United States**. The First Bank of the United States had a 20-year charter. Weil Ihnen keine Antworten zur Verfügung stehen, können Sie auch nicht versuchen, diese für das *it* einzusetzen und den Satz zu lesen. Deshalb müssen Sie noch einmal den Absatz lesen, um herauszufinden, worauf sich das Pronomen bezieht. Nun gehen Sie so vor, als wenn Ihnen Antworten vorgegeben wären. Sie identifizieren, worum es sich handeln könnte, setzen das Wort oder die Wörter ein und lesen den Satz. In diesem Satz wäre das »The First Bank of the United States had a 20-year charter.« Nehmen wir mal an, Sie dachten, dass sich das *it* auf Philadelphia bezieht. Dann würde der Satz lauten: »Philadelphia had a 20-year charter.« Es ist unlogisch, davon auszugehen, dass eine Stadt eine Satzung hat, die nur 20 Jahre lang gültig ist. Es ist logischer, das von einer Bank anzunehmen.

4. In paragraph 2, the author suggests that prior to 1863 (*im zweiten Absatz deutet der Autor an, dass vor 1863*)

(A) the United States had no gold standard (*die Vereinigten Staaten keinen Goldstandard hatten*)

(B) different states printed their own currency (*unterschiedliche Staaten ihre eigene Währung druckten*)

(C) no checks were written (*keine Schecks ausgestellt wurden*)

(D) there were no banks (*es keine Banken gab*)

Wenn Sie C gewählt haben, dann sind Sie in die Falle getappt. Sie haben gelesen, dass zwei Jahre nach 1863 Schecks bereits ein Standardzahlungsmittel waren. Das bedeutet jedoch nicht, dass es davor keine Schecks gab, sie waren nur noch nicht der Standard. Studenten machen oft den Fehler, dass sie bei den Antworten zu weit gehen und in eine Aussage zu viel hineinlesen.

Antwort D ist vollkommen falsch, da Sie im ersten Absatz gelesen haben, dass es bereits 1791 eine Bank gab. Antwort A war nicht Inhalt des Textes. Obwohl Ihnen das Thema Goldstandard vielleicht bekannt ist, so haben Sie dennoch in diesem Text darüber nichts gelesen. Der Eliminierungsprozess führt uns zur richtigen Antwort, die B lautet. Diese Antwort ergibt einen Sinn. Wenn es für die einzelnen Staaten nach 1863 nicht mehr erlaubt war, eigenes Geld zu drucken, dann haben sie es vorher getan.

Bonus: Da wir gerade von Gold sprechen, erzähle ich hier einen Witz, den Sie nur verstehen werden, wenn Sie wirklich gut Englisch beherrschen. (Wenn Sie den Witz nicht verstehen – Sie sollten ihn laut lesen – dann bitten Sie Ihren Englischlehrer es Ihnen zu erklären). *Frage:* Why should you refuse to be friends with gold merchants? *Antwort:* You might suffer »gilt by association.«

5. The passage discusses all of the following about the Great Depression EXCEPT (*Der Text hat folgende Fragen über die Große Depression diskutiert AUSSER)*

(A) when it occurred (*wann diese war*)

(B) what caused it (*was der Auslöser war*)

(C) how high unemployment reached (*wie hoch die Arbeitslosenzahl war*)

(D) what steps were taken to stop the Depression (*was gegen die Depression unternommen wurde*)

Im dritten Absatz wird die Große Depression diskutiert. Hier erfahren wir, wann diese war (vom Börsencrash 1929 bis etwa 1933), wie hoch die Arbeitslosenzahl war (25 Prozent) und was unternommen wurde, um sie zu stoppen (Erlasse der Regierung). Es wird nichts darüber gesagt, was die Große Depression auslöste. Die richtige Antwort ist B.

Fragen 6-10

Rambunctious and seemingly happy, river otters are among the most playful animals and often the favorite of visitors to zoos. People enjoy watching otters perform such "human"
Line behaviors as wrestling with each other, playing catch with balls and other small objects tossed to them by their trainers, and taking turns sliding down specially constructed ramps. Such
(5) behaviors are inborn, not taught by trainers, and are thought to contribute to bonding and courtship among the otters.

Otters are found throughout the world, including every continent except Australia and Antarctica. They live on both water and land, but are not found in deserts or mountainous regions. Often they acquire homes left behind by other animals, such as dens built by beavers.
(10) They can live in a variety of conditions, making homes on rocks or even pieces of driftwood.

Otters have thick, dense fur. The fur is in two layers, the underside which is tightly packed and stays dry at all times, and the outer layer of waterproof hair. The natural grooming behavior of the otter has the purpose of keeping this outer layer waterproof. Other interesting physical features of the otter include whiskers that can detect nearby predators, a retina that can enlarge
(15) many times (to make finding prey in the water easier), and the ability to close off the ears and nose while in the water. Otters can stay underwater for as long as six or seven minutes, which is substantial for an air-breathing mammal.

The river otter population is in danger of being depleted to the level of extinction. Factors contributing to this population decrease include habitat destruction (encroaching civilization
(20) built over the otters' natural habitat), hunting (the otter pelt is valued by many as a beautiful fur), and industrial toxins. Pollution is particularly serious, as it both causes poisoning if ingested and destruction of the water repellency of the otter's fur, which is critical to keeping the inner layer of fur dry.

Freche und scheinbar glückliche Flussotter gehören mit zu den verspieltesten Tieren und sind häufig die Favoriten bei Zoobesuchern. Die Menschen sehen den Ottern gerne dabei zu, wenn sie solch »menschliches« Benehmen zur Schau stellen wie miteinander ringen, Bälle und andere kleine Objekte fangen, die ihnen von ihren Trainern zugeworfen werden, oder abwechselnd speziell für sie angefertigte Rutschbahnen hinuntergleiten. Dieses Verhalten ist angeboren und nicht antrainiert, und es wird vermutet, dass dies zum Zusammenhalt und dem Werben unter den Ottern beiträgt.

Otter kommen auf der ganzen Welt vor, außer in Australien und der Antarktis. Sie leben sowohl im Wasser als auch auf dem Land, jedoch nicht in Wüstenregionen oder dem Gebirge. Oft übernehmen sie die verlassenen Behausungen von anderen Tieren wie Biberbauten. Sie können fast überall leben und richten sich sowohl auf Steinen als auch auf Treibholz ein.

Otter haben ein dickes, dichtes Fell. Das Fell besteht aus zwei Schichten, wovon die untere so dicht gepackt ist, dass sie immer trocken bleibt. Die äußere besteht aus wasserdichtem Haar. Das natürliche Verhalten der Pelzpflege bei den Ottern dient dazu, dass diese äußerste Schicht wasserdicht bleibt. Andere interessante Merkmale des Otters sind ein Schnurrbart, mit dem er in der Nähe befindliche Feinde wittern, eine Netzhaut, die sich um ein Vielfaches vergrößern kann (damit die Beute im Wasser leichter gefunden werden kann), und die Fähigkeit, Ohren und Nase im Wasser zu verschließen. Otter können bis zu sechs oder sieben Minuten unter Wasser bleiben, was ziemlich viel ist für ein von der Atmung abhängiges Säugetier.

Die Otter sind in Gefahr, dass ihre Bevölkerungszahl drastisch reduziert wird oder sie völlig verschwinden. Faktoren, die zu diesem bedauerlichen Umstand beitragen, sind die Zerstörung der Umwelt (die Zivilisation breitet sich in dem natürlichen Wohnraum der Otter aus), die Jagd (das Fell der Otter wird von vielen als Pelz hoch geschätzt) und industrielle Giftstoffe. Die Umweltverschmutzung ist besonders gefährlich, weil dadurch sowohl die Tiere vergiftet als auch die Wasserfestigkeit des Fells zerstört wird, was jedoch eine Voraussetzung dafür ist, dass die innere Schicht des Fells trocken bleibt.

6. This passage primarily discusses (*Dieser Abschnitt befasst sich hauptsächlich mit*)

(A) the life cycle of otters (*dem Lebenszyklus von Ottern*)

(B) the behaviors and physical characteristics of otters (*dem Verhalten und den physischen Merkmalen von Ottern*)

(C) zoos' breeding programs for otters (*der Züchtung von Ottern im Zoo*)

(D) the possible endangerment of otters (*die mögliche Gefährdung von Ottern*)

Das Hauptthema eines Textes (was unter »primarily discusses« zu verstehen ist) ist sehr allgemein. Halten Sie daher nach einer umfassenden Antwort Ausschau. Antworten C und D sind zu spezifisch. Allerdings kommen beide Themen im Text vor. Aber nur weil etwas erwähnt wird, ist es nicht das Hauptthema.

Die Antwort A wird überhaupt nicht erwähnt. Nichts im Text handelt davon, wie Otter Junge bekommen, sich vermehren, ihre Jungen aufziehen und so fort. Die richtige Antwort ist B.

7. According to the passage, which of the following may be why otters wrestle with each other and toss objects to each other? *Was könnte nach Aussage dieses Textes der Grund dafür sein, dass Otter miteinander ringen oder sich Objekte zuwerfen?*

    (A) to perform for zoo visitors's enjoyment (*um die Besucher des Zoos durch ihre Vorstellung zu erfreuen*)

    (B) to please the trainers who have taught them these behaviors (*um dem Trainer, der ihnen dieses Verhalten beigebracht hat, zu gefallen*)

    (C) to practice courting and bonding rituals (*um durch diese Rituale den Zusammenhalt und das Werben zu üben*)

    (D) to maintain their physical condition (*um ihre körperliche Kondition aufrecht zu erhalten*)

Der letzte Satz des ersten Absatzes lautet: »Such behaviors are inborn, not taught by trainers, and are thought to contribute to bonding and courtship among the otters.« Dieser Satz erlaubt es Ihnen, die Antwort B zu eliminieren (niemand hat den Ottern dieses Verhalten beigebracht) und C zu wählen. Antwort C ist richtig.

Die Antwort A stellt die Falle dar. Ja, der Text beginnt damit, dass beschrieben wird, wie sich die Besucher des Zoos am Verhalten der Otter erfreuen. Es wird aber danach gefragt, *warum* sich die Otter so verhalten. Und der Grund ist nicht, die Besucher des Zoos zu unterhalten, sondern um mit den anderen Artgenossen eine Beziehung aufzubauen und sich im Werben zu üben.

8. Why does the author mention beavers in paragraph 2? *Warum erwähnt der Autor im zweiten Absatz Biber?*

    (A) to make a physical comparison between otters and beavers (*um Otter und Biber rein äußerlich miteinander zu vergleichen*)

    (B) to illustrate the types of behaviors common to aquatic animals (*um die Verhaltensweisen von Wassertieren zu illustrieren*)

    (C) to describe a typical animal found in zoos (*um ein im Zoo lebendes Tier zu beschreiben*)

    (D) to show the types of houses otters may acquire (*um ein Beispiel dafür zu geben, welche Behausungen von Ottern übernommen werden*)

Der Satz sagt aus, dass Otter »aquire homes left behind by other animals, such as dens built by beavers.« Die Biber werden nur genannt, weil diese Bauten hinterlassen haben, von denen die Otter Besitz ergriffen. Die richtige Antwort ist D.

9. The word *they* in the last sentence of paragraph 2 refers to (*das Wort* they *im letzten Satz von Absatz 2 bezieht sich auf*)

(A) beavers (*Biber*)

(B) dams (*Dämme*)

(C) a variety of conditions (*verschiedene Bedingungen*)

(D) otters (*Otter*)

Die Frage ist ein wenig trickreich. Wenn Sie A gewählt haben, dann sind Sie in die Falle getappt ... aber seien Sie nicht zu traurig darüber. Normalerweise bezieht sich ein Pronomen auf das Hauptwort, das ihm am nächsten ist. Das Wort *beavers* befindet sich wirklich ganz in der Nähe von *they*. In diesem Fall müssen Sie sich jedoch fragen, über wen oder was der Autor spricht. Er spricht über Otter. Es sind die Otter, die unter den verschiedensten Bedingungen leben können.

10. Which of the following words is closest in meaning to *toxins* as it is used in line 22? *Welches der folgenden Wörter kommt dem Wort* Giftstoffe, *so wie es in Zeile 22 gebraucht wird, in der Bedeutung am nächsten?*

(A) shortage (*Mangel*)

(B) poisons (*Gifte*)

(C) pelts (*Felle*)

(D) habitat (*Vorkommen, Heimat*)

Das Synonym für *toxin* ist *poison*. Sie haben das vielleicht gewusst, ohne dass Sie die entsprechende Textstelle noch einmal angeschaut haben. Aber auch wenn Sie nicht gewusst haben, was *toxin* heißt, konnten Sie die Meinung aus dem Kontext erschließen. Die letzte Nennung bei den Aufzählungen, was die Otter bedroht, sind die Giftstoffe. Im nächsten Satz taucht dann das Wort poisons auf. Es ist nur logisch, davon auszugehen, dass der Autor mit seinen Ausführungen fortfahren würde, und da weiter macht, womit er aufgehört hat.

Wie ist es Ihnen in diesem Test ergangen? Wenn Sie vier oder fünf richtige Antworten von zehn hatten, dann dürfen Sie sich selbst gratulieren. Das ist ein gutes Ergebnis bei diesem schwierigen Lesestoff.

Teil VI

Fast so schön wie eine Wurzelbehandlung: Übungs-TOEFLs in voller Länge

»Ihr Gesamtergebnis beim TOEFL ist ziemlich beeindruckend.
Dennoch würden wir uns Ihren Ausweis noch gerne einmal ansehen.«

In diesem Teil ...

Wenn Sie genau an dem Punkt angelangt sind, wo Sie glauben, dass kein Fitzelchen an Information mehr in Ihrem Hirn Platz hat, ist Besserung in Sicht. Jetzt haben Sie endlich die Möglichkeit, einige der Informationen loszuwerden, die Sie die letzten zwölf Kapitel in sich hineingestopft haben. Glauben Sie mir: Sie werden sich viel besser fühlen, wenn Sie einige rauslassen konnten.

Dieser Teil besteht aus zwei praktischen Tests in voller Länge, die ich dem aktuellen TOEFL so ähnlich wie möglich gemacht habe, ohne die Gefahr einzugehen, dass plötzlich Aktentaschen tragende Anwälte an meine Tür klopfen und mich eines Verstoßes gegen das Copyright und des Plagiats bezichtigen. Ich nehme diese Tests sehr ernst, und Sie sollten das auch tun. Führen Sie diese Tests unter den gleichen Bedingungen wie den aktuellen Test durch, das heißt, in einem Raum, wo Sie nicht gestört werden, und unter Beachtung des Zeitvorgabe.

Gute Neuigkeiten: Obwohl das Examen selbst ernst zu nehmen ist, habe ich bei der Erklärung der Antworten versucht, etwas Spaß in die Sache zu bringen. Nachdem Sie den Test beendet haben, sollten Sie Ihre Antworten korrigieren (hinter jedem Test finden Sie die Auflösung) und dann meine Erklärungen lesen. Fertig? Dann machen Sie mit dem nachfolgenden Kapitel weiter und testen Sie, was Sie können.

Praktische Prüfung 1

13

So, jetzt können Sie einen TOEFL-Mustertest machen. Die folgende Prüfung besteht aus vier Teilen: Hörverständnis, Satzbau, Leseverständnis sowie Schreiben. Mit den Frageformaten sollten Sie bereits vertraut sein.

Bitte machen Sie diesen Test unter normalen Prüfungsbedingungen:

✔ Suchen Sie sich einen ruhigen Platz, an dem Sie nicht gestört werden (selbst wenn Sie für jede Ablenkung dankbar wären!).

✔ Stellen Sie einen Wecker oder eine Uhr auf die Zeit, die Ihnen jeweils für den Abschnitt eingeräumt wird.

✔ Beginnen Sie nicht mit dem nächsten Abschnitt, ehe Ihre Zeit für den Teil, den Sie gerade machen, abgelaufen ist.

✔ Sollten Sie mit einem Teil eher fertig sein, kontrollieren Sie ausschließlich Ihre Antworten zu diesem Abschnitt. Sie dürfen weder zu einem vorangegangenen Teil zurückgehen noch mit dem folgenden anfangen.

✔ Einzig und allein beim Leseverständnis dürfen Sie eine Frage als »übersprungen« markieren, um später darauf zurückzukommen. Bei den anderen Prüfungsteilen dürfen Sie keine Frage unbeantwortet lassen (weil bei der richtigen Prüfung der Computer erst dann zum nächsten Punkt weitergeht, wenn Sie eine Antwort auf die gerade behandelte Frage gewählt haben).

✔ Die einzelnen Teile dürfen nicht durch eine Pause unterbrochen werden.

✔ Legen Sie zwischen den Teilen 2 und 3 zehn Minuten Pause ein.

Wenn Sie den gesamten Text abgeschlossen haben, überprüfen Sie ihre Antworten mit Hilfe des Schlüssels am Ende dieses Kapitels.

 Kapitel 14 erläutert die Antworten auf die Prüfungsfragen. Sehen Sie sich die Erklärungen zu allen Fragen an, nicht nur zu denen, die Sie falsch beantwortet haben. Neben wertvollen Hinweisen bekommen Sie nämlich jede Menge Material, das nochmals auf die Lektionen eingeht. Obendrein gibt's noch ein paar Witze, die Sie bei Laune halten sollen!

Praktische Prüfung 1 – Lösungsbogen

Abschnitt 1

1. Ⓐ Ⓑ Ⓒ Ⓓ	26. Ⓐ Ⓑ Ⓒ Ⓓ
2. Ⓐ Ⓑ Ⓒ Ⓓ	27. Ⓐ Ⓑ Ⓒ Ⓓ
3. Ⓐ Ⓑ Ⓒ Ⓓ	28. Ⓐ Ⓑ Ⓒ Ⓓ
4. Ⓐ Ⓑ Ⓒ Ⓓ	29. Ⓐ Ⓑ Ⓒ Ⓓ
5. Ⓐ Ⓑ Ⓒ Ⓓ	30. Ⓐ Ⓑ Ⓒ Ⓓ
6. Ⓐ Ⓑ Ⓒ Ⓓ	31. Ⓐ Ⓑ Ⓒ Ⓓ
7. Ⓐ Ⓑ Ⓒ Ⓓ	32. Ⓐ Ⓑ Ⓒ Ⓓ
8. Ⓐ Ⓑ Ⓒ Ⓓ	33. Ⓐ Ⓑ Ⓒ Ⓓ
9. Ⓐ Ⓑ Ⓒ Ⓓ	34. Ⓐ Ⓑ Ⓒ Ⓓ
10. Ⓐ Ⓑ Ⓒ Ⓓ	35. Ⓐ Ⓑ Ⓒ Ⓓ
11. Ⓐ Ⓑ Ⓒ Ⓓ	36. Ⓐ Ⓑ Ⓒ Ⓓ
12. Ⓐ Ⓑ Ⓒ Ⓓ	37. Ⓐ Ⓑ Ⓒ Ⓓ
13. Ⓐ Ⓑ Ⓒ Ⓓ	38. Ⓐ Ⓑ Ⓒ Ⓓ
14. Ⓐ Ⓑ Ⓒ Ⓓ	39. Ⓐ Ⓑ Ⓒ Ⓓ
15. Ⓐ Ⓑ Ⓒ Ⓓ	40. Ⓐ Ⓑ Ⓒ Ⓓ
16. Ⓐ Ⓑ Ⓒ Ⓓ	41. Ⓐ Ⓑ Ⓒ Ⓓ
17. Ⓐ Ⓑ Ⓒ Ⓓ	42. Ⓐ Ⓑ Ⓒ Ⓓ
18. Ⓐ Ⓑ Ⓒ Ⓓ	43. Ⓐ Ⓑ Ⓒ Ⓓ
19. Ⓐ Ⓑ Ⓒ Ⓓ	44. Ⓐ Ⓑ Ⓒ Ⓓ
20. Ⓐ Ⓑ Ⓒ Ⓓ	45. Ⓐ Ⓑ Ⓒ Ⓓ
21. Ⓐ Ⓑ Ⓒ Ⓓ	46. Ⓐ Ⓑ Ⓒ Ⓓ
22. Ⓐ Ⓑ Ⓒ Ⓓ	47. Ⓐ Ⓑ Ⓒ Ⓓ
23. Ⓐ Ⓑ Ⓒ Ⓓ	48. Ⓐ Ⓑ Ⓒ Ⓓ
24. Ⓐ Ⓑ Ⓒ Ⓓ	49. Ⓐ Ⓑ Ⓒ Ⓓ
25. Ⓐ Ⓑ Ⓒ Ⓓ	50. Ⓐ Ⓑ Ⓒ Ⓓ

Abschnitt 2

1. Ⓐ Ⓑ Ⓒ Ⓓ
2. Ⓐ Ⓑ Ⓒ Ⓓ
3. Ⓐ Ⓑ Ⓒ Ⓓ
4. Ⓐ Ⓑ Ⓒ Ⓓ
5. Ⓐ Ⓑ Ⓒ Ⓓ
6. Ⓐ Ⓑ Ⓒ Ⓓ
7. Ⓐ Ⓑ Ⓒ Ⓓ
8. Ⓐ Ⓑ Ⓒ Ⓓ
9. Ⓐ Ⓑ Ⓒ Ⓓ
10. Ⓐ Ⓑ Ⓒ Ⓓ
11. Ⓐ Ⓑ Ⓒ Ⓓ
12. Ⓐ Ⓑ Ⓒ Ⓓ
13. Ⓐ Ⓑ Ⓒ Ⓓ
14. Ⓐ Ⓑ Ⓒ Ⓓ
15. Ⓐ Ⓑ Ⓒ Ⓓ
16. Ⓐ Ⓑ Ⓒ Ⓓ
17. Ⓐ Ⓑ Ⓒ Ⓓ
18. Ⓐ Ⓑ Ⓒ Ⓓ
19. Ⓐ Ⓑ Ⓒ Ⓓ
20. Ⓐ Ⓑ Ⓒ Ⓓ
21. Ⓐ Ⓑ Ⓒ Ⓓ
22. Ⓐ Ⓑ Ⓒ Ⓓ
23. Ⓐ Ⓑ Ⓒ Ⓓ
24. Ⓐ Ⓑ Ⓒ Ⓓ
25. Ⓐ Ⓑ Ⓒ Ⓓ

Abschnitt 3

1. Ⓐ Ⓑ Ⓒ Ⓓ	21. Ⓐ Ⓑ Ⓒ Ⓓ
2. Ⓐ Ⓑ Ⓒ Ⓓ	22. Ⓐ Ⓑ Ⓒ Ⓓ
3. Ⓐ Ⓑ Ⓒ Ⓓ	23. Ⓐ Ⓑ Ⓒ Ⓓ
4. Ⓐ Ⓑ Ⓒ Ⓓ	24. Ⓐ Ⓑ Ⓒ Ⓓ
5. Ⓐ Ⓑ Ⓒ Ⓓ	25. Ⓐ Ⓑ Ⓒ Ⓓ
6. Ⓐ Ⓑ Ⓒ Ⓓ	26. Ⓐ Ⓑ Ⓒ Ⓓ
7. Ⓐ Ⓑ Ⓒ Ⓓ	27. Ⓐ Ⓑ Ⓒ Ⓓ
8. Ⓐ Ⓑ Ⓒ Ⓓ	28. Ⓐ Ⓑ Ⓒ Ⓓ
9. Ⓐ Ⓑ Ⓒ Ⓓ	29. Ⓐ Ⓑ Ⓒ Ⓓ
10. Ⓐ Ⓑ Ⓒ Ⓓ	30. Ⓐ Ⓑ Ⓒ Ⓓ
11. Ⓐ Ⓑ Ⓒ Ⓓ	31. Ⓐ Ⓑ Ⓒ Ⓓ
12. Ⓐ Ⓑ Ⓒ Ⓓ	32. Ⓐ Ⓑ Ⓒ Ⓓ
13. Ⓐ Ⓑ Ⓒ Ⓓ	33. Ⓐ Ⓑ Ⓒ Ⓓ
14. Ⓐ Ⓑ Ⓒ Ⓓ	34. Ⓐ Ⓑ Ⓒ Ⓓ
15. Ⓐ Ⓑ Ⓒ Ⓓ	35. Ⓐ Ⓑ Ⓒ Ⓓ
16. Ⓐ Ⓑ Ⓒ Ⓓ	36. Ⓐ Ⓑ Ⓒ Ⓓ
17. Ⓐ Ⓑ Ⓒ Ⓓ	37. Ⓐ Ⓑ Ⓒ Ⓓ
18. Ⓐ Ⓑ Ⓒ Ⓓ	38. Ⓐ Ⓑ Ⓒ Ⓓ
19. Ⓐ Ⓑ Ⓒ Ⓓ	39. Ⓐ Ⓑ Ⓒ Ⓓ
20. Ⓐ Ⓑ Ⓒ Ⓓ	

1. Abschnitt: Hörverständnis

> **Zeit:** 75 Minuten

Teil A

> **Anweisungen:** In Teil A hören Sie kurze Unterhaltungen zweier Personen. Jede Unterhaltung wird nur ein einziges Mal vorgespielt. Sie können Sie nicht nochmals anhören. Sie dürfen keine Notizen auf Schmierpapier machen. Am Ende jeder Unterhaltung bekommen Sie eine Frage mit vier Antwortmöglichkeiten. Lesen Sie diese Antworten, wählen Sie die Ihrer Meinung nach korrekte aus und malen Sie das entsprechende Oval auf Ihrem Lösungsbogen schwarz aus. (Wird der TOEFL am Computer abgehalten, klicken Sie einfach das entsprechende Oval an.)
>
> **Beispiel:** Sie hören folgende Aufnahme:
>
> [Spielen Sie jetzt Stück Nr. 35 auf Ihrer CD-ROM ab.]
>
> In Ihrem Buch sehen Sie folgende Frage und Antwortmöglichkeiten:
>
> What does the man mean?
>
> (A) He doesn't need a sweater.
>
> (B) He agrees that the first store is too expensive
>
> (C) He thinks that the woman is wrong
>
> (D) He doesn't like the sweater
>
> Aus der Unterhaltung können Sie entnehmen, dass die Frau den Laden für zu teuer hält, woraufhin der Mann auf einen günstigeren Laden verweist. Daraus können Sie schließen, dass auch der Mann dieses Geschäft zu teuer findet. Die richtige Antwort ist demnach B. Auf Ihrem Lösungsbogen malen Sie nun das Oval bei Antwort B schwarz aus.
>
> Hören Sie sich auf der CD nun die Stücke 36-50 an. Jedes Stück besteht aus zwei kurzen Unterhaltungen und Fragen.

1. What does the man imply?

    (A) He is worried about Sven, too.

    (B) Sven has called him.

    (C) He is sure that Sven is okay.

    (D) Sven is in trouble.

2. What does the woman imply?

   (A) Yuri is very generous.

   (B) She intends to pay Yuri back at lunch.

   (C) She can't afford to go to lunch.

   (D) Yuri will lend her more money at lunch.

3. What does the woman mean?

   (A) She is a poor student.

   (B) Her parents were very good students.

   (C) Her parents don't understand how hard school is.

   (D) Her parents think that she is taking easy classes.

4. What does the woman mean?

   (A) The records are too expensive.

   (B) The record store has good deals even when there is no sale.

   (C) She has to buy a record for her brother before the sale begins.

   (D) She wants to be sure that she doesn't forget her brother's birthday.

5. What does the man imply?

   (A) He doesn't want to go to the show.

   (B) The show is excellent.

   (C) His brother is not willing to get them tickets.

   (D) His brother won't be able to get them in tonight.

6. What does the man mean?

   (A) He doesn't want to work on the car.

   (B) He is incapable of fixing the car.

   (C) His brother wants to earn extra money by working on the car.

   (D) His brother is willing to work on the car.

7. What does the man imply?

   (A) The woman doesn't have enough chairs for her guests.

   (B) The guests are coming too early.

   (C) There are too many guests.

   (D) The woman's house is too small.

8. What does the woman say about the report?

   (A) The assignment was very difficult.

   (B) The man will probably get an A on the report.

   (C) The class is easy.

   (D) The report was finished on time.

9. What does the man imply?

   (A) The club won't accept the woman as a member.

   (B) The woman won't get the application on time.

   (C) The application is difficult to fill out.

   (D) He is a member of the club himself.

10. What can be inferred from the conversation?

    (A) The woman is rich.

    (B) The man has less money than the woman.

    (C) The woman is waiting for money from her parents.

    (D) The woman's parents forgot to send a check.

11. What does the woman imply?

    (A) The boss wouldn't like the man's attitude.

    (B) The man is actually less intelligent than his boss.

    (C) The boss would give up his job for the man.

    (D) The man has a boring job.

12. What does the woman mean?

    (A) She doesn't want to go out.

    (B) Her day has been boring, too.

    (C) She can't think of anything fun to do.

    (D) She wants to postpone the date until another time.

13. What does the woman mean?

    (A) She has trouble sleeping at night.

    (B) She wants more time to finish her daily activities.

    (C) She likes to work at night rather than in the morning.

    (D) The man should work harder.

14. What does the man imply?

 (A) The history professor is not a good teacher.

 (B) The professor likes to eat in the cafeteria.

 (C) The professor doesn't dislike the woman personally.

 (D) The woman should not have spoken to the professor outside of class.

15. What does the woman imply?

 (A) She wants her roommate to ask before borrowing her clothes.

 (B) Her coat looks better on her roommate than on her.

 (C) There is only one coat like that in the whole school.

 (D) The roommate will probably wear the coat again.

16. What does the man mean?

 (A) The woman should not believe anything the boyfriend says.

 (B) The boyfriend may be a liar.

 (C) The boyfriend always lies.

 (D) The woman is a liar.

17. What does the man imply?

 (A) Graham is ill.

 (B) Graham is a professor at the university.

 (C) Graham is probably still at the university.

 (D) Graham is no longer at the university.

18. What does the man mean?

 (A) He is going to spend his weekend studying.

 (B) The test is going to be very difficult.

 (C) He thinks that the woman should help him study.

 (D) He is working too hard on his subjects and needs to relax.

19. What does the woman mean?

 (A) She does not know what the interest rate is.

 (B) She thinks that the interest rate is too low.

 (C) She has no money in that bank.

 (D) She has never invested money.

20. What does the woman imply?

    (A) The time is now 7:30.

    (B) There is no flight to San Diego at 7:30.

    (C) The man should have taken an earlier flight.

    (D) The weather is too bad to fly.

21. What does the man imply?

    (A) He had a good time with his parents.

    (B) He wasn't expecting his parents to come.

    (C) He didn't want his parents to come.

    (D) He hates his parents.

22. What does the man imply?

    (A) Flying is more expensive than travelling by train.

    (B) The train is overly crowded.

    (C) She should go back and take the plane.

    (D) Planes are more dangerous than trains.

23. What does the woman imply?

    (A) The man needs a new girlfriend.

    (B) Yvonne wouldn't go out with the man under any circumstances.

    (C) The woman friend wants to go out with the man herself.

    (D) The man usually asks out women who are not attached.

24. What does the man imply?

    (A) The woman is looking at the wrong page of her calendar.

    (B) The man is too busy to get together.

    (C) The man is surprised by the woman's invitation.

    (D) The man doesn't want to get together with the woman.

25. What does the man imply?

    (A) He doesn't like children.

    (B) He has no money to go shopping.

    (C) The woman shouldn't spend money on 2-year-old children.

    (D) He would be no help in selecting a present.

26. What does the man mean?

    (A) He has no sister in college.

    (B) E-mail is cheaper than telephone calls.

    (C) The telephone is broken.

    (D) His sister does not have a telephone.

27. What does the man mean?

    (A) The man wants to talk.

    (B) The man doesn't understand what the woman said.

    (C) The man disagrees with the woman's comment.

    (D) The man agrees with the woman's comment.

28. What does the man imply?

    (A) He is busy tonight but will help tomorrow.

    (B) He doesn't understand the subject.

    (C) He thinks that the woman should be able to do the work alone.

    (D) There is no homework assignment.

29. What does the woman mean?

    (A) She is surprised by her forgetfulness.

    (B) She is angry at the man for teasing her.

    (C) She already finished her assignment.

    (D) She didn't have enough time to do the assignment.

30. What does the man mean?

    (A) He is too busy to look at the sunset.

    (B) He can't see the sunset.

    (C) He has never seen a sunset before.

    (D) He agrees that the sunset is beautiful.

Teil B

Anweisungen: Die nun folgenden Unterhaltungen sind ein bisschen länger als die in Teil A. Sie hören jede Unterhaltung ein einziges Mal; sie wird nicht wiederholt. Es kommen auch Monologe vor.

Im Anschluss an die Unterhaltung folgen einige Fragen. In Ihrem Buch finden Sie die Fragen mit jeweils vier Lösungsmöglichkeiten. Auf Ihrem Lösungsbogen malen Sie dasjenige Oval an, das zu der besten Antwort gehört.

Beispiel: Dieses Beispiel ist kürzer als die tatsächlichen Texte, die Sie hören werden.

[Gehen Sie auf Ihrer CD zu Stück Nr. 51.]

What is the main purpose of this talk?

(A) To explain why the computer program is so expensive

(B) To tell where to buy a new computer program

(C) To discuss the benefits of a new computer program

(D) To demonstrate the importance of learning math in school

Die beste Antwort auf die Frage ist C – um die Vorteile eines neuen Programms zu diskutieren.

Fragen 31-34: Hören Sie sich die Unterhaltung zweier Freunde an. (Gehen Sie auf Ihrer CD zu Stück Nr. 52, um die Unterhaltung und die darauf folgenden Fragen zu hören.

31. What was the man talking about with Larry Hansen yesterday?

    (A) Their jobs

    (B) Their beards

    (C) The woman

    (D) Football

32. What is the man mistaken about, according to the woman?

    (A) Thinking that she took calculus class

    (B) Thinking that she has a sister

    (C) Thinking that Larry played football

    (D) Thinking that Larry had a beard

33. What does the man mention that helps the woman remember Larry?

    (A) His party

    (B) His car

    (C) His major in school

    (D) His earring

34. Why does the man hope that the woman will come to the party?

    (A) He wants to introduce her to someone.

    (B) He wants to show her his new suit.

    (C) He won't know many people there.

    (D) He wants help with his homework.

Fragen 35-39: Sie hören nun einen Stellenbewerber, der sich mit einem zukünftigen Arbeitgeber unterhält. (Gehen Sie auf Ihrer CD zu Stück Nr. 53, um den Text und die Fragen zu hören.)

35. What aspect of education does the speaker focus on most?

    (A) Undergraduate education

    (B) Preparing students to take tests

    (C) Reducing test anxiety

    (D) Finding the best school for a student

36. Why does the speaker thank the interviewer?

    (A) For offering him a job

    (B) For seeing the man during the interviewer's busy day

    (C) For accepting his resume

    (E) For complimenting him on his previous work

37. What does the speaker hope that the listener will do when the speaker is done talking?

    (A) Ask him questions about himself

    (B) Purchase his materials

    (C) Offer him another interview

    (D) Explain what jobs are available in the firm

38. What is the speaker currently working on?

    (A) A grammar review

    (B) A math review

    (C) A science project

    (D) A history project

39. Why does the speaker mention younger students?

    (A) He has children in that age group.

    (B) He believes that there is little competition in the field of helping that age group.

    (C) He knows that the company is interested in that age group.

    (D) He thinks that the interviewer has children in that age group.

Fragen 40-43: Hier nun eine Unterhaltung zwischen einer Frau und einem Automechaniker, der ihren Wagen überprüft. (Gespräch und Fragen hören Sie ab Stück Nr. 54 auf Ihrer CD.)

40. What are the speakers mainly discussing?

    (A) Travel

    (B) The woman's car

    (C) College

    (D) Their families and friends

41. What problem does the woman's car have?

    (A) Noises

    (B) Low gas mileage

    (C) Bad tires

    (D) A broken window

42. Where is the woman going on her car trip?

    (A) Back to school

    (B) Home to visit her family

    (C) Nowhere special

    (D) To the beach

43. Why does the woman need to get a job when she returns from her trip?

(A) To pay for college

(B) To buy a new car

(C) To help her family

(D) To get married

Fragen 44-46: Sie hören nun Teil einer Unterrichtslektion im Fach Bibliothekswesen. (Den Text und die Fragen hören Sie unter Nummer 55 auf Ihrer CD.)

44. What is the main topic of the lecture?

(A) U.S. colonial history

(B) The Dewey Decimal System

(C) The importance of the library system

(D) The life of Melvil Dewey

45. How did libraries classify books before the Dewey Decimal System?

(A) By size and color

(B) By topic

(C) By publishing date

(D) Books were not classified

46. How are books classified in the Decimal System?

(A) By publisher

(B) By author

(C) By subject or topic

(D) By length of the book

Fragen 47-50: Ein Mann stellt seinen Eltern seinen Freund vor. (Bei Nr. 56 auf Ihrer CD hören Sie die Vorstellung und Fragen dazu.)

47. What is the subject of the speaker's talk?

(A) Singing

(B) Camping

(C) School

(D) Activities with his friend

48. How did Bjorn help the speaker's botany class grade?

   (A) Bjorn helped to collect unusual plant specimens.

   (B) Bjorn did the speaker's homework.

   (C) Bjorn was the speaker's lab partner.

   (D) Bjorn was friends with the professor.

49. What did the speaker teach Bjorn?

   (A) How to hike and backpack

   (B) Boy Scout songs

   (C) How to identify unusual plants

   (D) Norwegian love songs

50. What does the speaker intend to do with the songs Bjorn taught him?

   (A) Publish them in a book

   (B) Translate them into English

   (C) Research their history

   (D) Sing them to a girl on a date

 **STOPP** Sie können jetzt Ihre Antworten zu diesem Abschnitt – und nur zu diesem Teil – überprüfen. Fangen Sie mit dem nächsten Abschnitt erst an, wenn Sie dazu aufgefordert werden.

2. Abschnitt: Satzbau

Zeit: 30 Minuten

Anweisungen: In diesem Abschnitt testen zwei unterschiedliche Arten von Fragen Ihre schriftliche Ausdrucksfähigkeit im Englischen.

Der erste Fragetypus ist ein Satz mit Lücke. Unterhalb dieses Satzes stehen vier Wörter oder Wendungen, die den Satz ergänzen können. Wählen Sie die am besten passende Antwort. (Bei einem echten TOEFL auf dem Computer klicken Sie die richtige Antwort an. Im vorliegenden Fall malen Sie das zur Antwort gehörende Oval schwarz aus.)

Beispiel: Airplanes _____ stored with the fuel tanks full in order to prevent condensation from contaminating the fuel.

(A) should be

(B) be should

(C) should being

(D) are be

Der Satz sollte richtig heißen: »Airplanes should be stored with the fuel tanks full in order to prevent condensation from contaminating the fuel.« Anwort A ist also die richtige Wahl.

Der zweite Fragetypus besteht aus einem Satz mit vier unterstrichenen Teilen. Wählen Sie diejenige unterstrichene Passage, die verändert werden muss, damit der Satz korrekt ist. Dazu malen Sie einfach das entsprechende Oval auf Ihrem Lösungsbogen aus. (Beim TOEFL am Computer klicken Sie auf die falsche Passage.)

Beispiel: <u>Standing</u> just over six feet tall, Dave <u>is</u> one of the <u>tallest</u> <u>boy</u> in his high school class.
      (A)   (B)   (C) (D)

Da der Satz sich auf mehr als einen einzigen Jungen bezieht, ist der Plural *boys* erforderlich. Antwort D ist also die richtige Wahl.

Jetzt können Sie mit den Fragen zum Satzbau beginnen.

1. Dr. Jones, _____ of our class, was unable to attend the class reunion, much to everyone's disappointment.

   (A) the most famous graduate

   (B) the famousest graduate

   (C) famously graduating

   (D) graduate the most famous

2. A dog that is <u>laying</u> on the sofa will jump off <u>quickly</u> <u>when</u> his owner <u>enters</u> the room.
             (A)   (B) (C)   (D)

3. <u>Worried</u> that both of her wisdom <u>tooth</u> would have <u>to be</u> removed, Martina refused <u>to visit</u> a
  (A)   (B)   (C)   (D)
dentist.

4. Toxic waste is generally stored away from large housing developments; _____, in some instances, houses have been built over old dump sites.

(A) on the other hand

(B) therefore

(C) and

(D) whenever

5. By the end of his senior year, Alexi had spent over 500 dollars on books, _____ was for two large dictionaries.

(A) which most of it

(B) most of which

(C) which mostly it

(D) most of which it

6. <u>When</u> the weather becomes <u>more cold</u>, people <u>do</u> <u>fewer</u> outdoor activities.
  (A)   (B)   (C) (D)

7. The moose barely raised <u>its</u> head <u>when</u> the <u>dogs</u> crossed <u>it's</u> path.
                   (A)   (B)   (C)   (D)

8. A surprising number of people have participated in the experiment, _____ their televisions and instead reading books or spending time in athletic activities.

(A) watching

(B) turning off

(C) buying new

(D) destroying

9. Mr. Kanu <u>considered</u> trigonometry <u>to be</u> <u>one of</u> <u>a most difficult</u> subjects offered by his school.
         (A)   (B) (C)   (D)

10. Ice skaters have often _____ gymnasts because both types of athletes are usually small but muscular.

    (A) been similar to

    (B) competed against

    (C) been compared to

    (D) succeeded with

11. When the disease _____ to the medication, the doctor prescribed a different drug.

    (A) responded

    (B) is going to respond

    (C) did not respond

    (D) could respond

12. The store owner <u>assured</u> the police officer that <u>the shop</u> carried neither stolen <u>or</u> fare
                   (A)   (B)   (C)
    merchandise, <u>only</u> legitimate goods.
               (D)

13. Two primary <u>topics of discussion</u> at the seminar <u>they</u> <u>are</u> global warming <u>and</u> the hole in the
                   (A)   (B) (C)   (D)
    ozone layer.

14. The soccer players' trophies, _____ in a special case, were the object of much attention and admiration.

    (A) they were

    (B) which they were

    (C) which were

    (D) were

15. <u>When</u> asked <u>whether</u> he would <u>accept</u> the job, Rintje accepted <u>happy</u>.
     (A)   (B)   (C)   (D)

16. The papers <u>submitted</u> by the students <u>range to</u> a two-page effort written in the last minute <u>to a</u>
               (A)   (B)   (C)
    60-page report that was <u>obviously</u> well-researched.
                        (D)

17. To diagnose <u>and</u> treat a disease, a physician conducts a patient interview, gives tests, <u>and</u> <u>finally</u>
                     (A)   (B) (C)
    <u>prescribing</u> a medication.
        (D)

18. The professor stated that all term papers must be _____ and put in a binder.

    (A) typed

    (B) type

    (C) typing

    (D) to type

19. A woodpecker _____ at high speeds to dig insects out of trees.

    (A) is tapped its beak

    (B) taps its beak

    (C) taps and beaks

    (D) beaks its tap

20. The atomic scientist <u>gave</u> such a <u>length</u> lecture that <u>most of</u> his students either fell asleep in
                   (A)   (B)   (C)

    class <u>or</u> left before the end of the hour.
        (D)

21. Only by <u>ask</u> many questions was Robert <u>able to</u> understand <u>the</u> complicated <u>subject</u>.
         (A)   (B)   (C)   (D)

22. The very tall woman _____ mistaken for a model.

    (A) was accustomed to being

    (B) was unusually

    (C) were to be

    (D) was to be accustomed to be

23. The police officer claimed that <u>there was</u> a direct connection <u>among the</u> blood-stained shirt and
                             (A)   (B)

    the knife <u>found at</u> the scene <u>of</u> the crime.
            (C)   (D)

24. The scenery designer created a door that could be moved _____ or could be opened or shut.

    (A) front or backwards

    (B) forwards or backing

    (C) side to side

    (D) siding to siding

25. For many years, lawyers <u>has</u> been used <u>to hearing</u> jokes about <u>how much</u> money <u>they</u> charge for
(A)   (B)   (C)   (D)

their services.

STOPP   Sie können jetzt Ihre Antworten zu diesem Abschnitt – und nur zu diesem Teil – überprüfen.
Fangen Sie mit dem nächsten Abschnitt erst an, wenn Sie dazu aufgefordert werden.

3. Abschnitt: Leseverständnis

Zeit: 90 Minuten

Anweisungen: Dieser Abschnitt besteht aus fünf Texten. Zu jedem davon gibt es einige Fragen. Malen Sie auf Ihrem Lösungsbogen jenes Oval an, das zu der jeweils besten Antwort gehört.

Sie können die Fragen auf der Grundlage der im Text enthaltenen Aussagen oder Informationen beantworten – es ist keinerlei Spezialwissen erforderlich, um die Fragen beantworten zu können.

Beispiel: Lesen Sie die folgende kurze Beispielpassage und beantworten Sie die beiden anschließenden Fragen.

The word *giraffe* is thought to be derived from the Arabic word *zirafah,* which means "tallest of all." The name is appropriate. The giraffe is the tallest animal on Earth and may

Line reach a height of more than 15 feet. The more detailed scientific name is also interesting. Scientists officially call this animal *Giraffa camelopardalis* because they consider the

(5) animal to look like a camel with the markings of a leopard.

The theory that the markings on a giraffe are comparable to the fingerprints of a human has gained ground. It appears that no two sets are alike. Although laypersons consider all giraffes to have the same markings, a trained eye can distinguish subtle differences. The patterns vary from subspecies to subspecies, as does the location of the patterns. Some

(10) giraffes, for example, have spots running down their legs, but others do not. The colors can also vary, from a glossy near-black to a light yellow. The colors serve the purpose of camouflaging the giraffe, which blends in well with the leaves of the trees in which it hides. The long neck of the giraffe is often mistaken for a tree branch.

What does the passage primarily discuss

(A) The purpose of the neck of the giraffe

(B) The mating habits of a giraffe

(C) The locations in which a giraffe may be found

(D) The types and purposes of the markings of a giraffe

In diesem Abschnitt ist in erster Linie von den Musterungen einer Giraffe die Rede und vom Sinn dieser Markierungen. Also ist Antwort D die richtige Lösung.

The words *gained ground* in line 7 could be replaced by which of the following words?

(A) became larger

(B) received support

(C) been disproved

(D) been ridiculed

Die gefragte Wendung *gained ground* bedeutet, dass inzwischen mehr Menschen als früher von einer Sache überzeugt sind. Anders ausgedrückt, die Ansicht erhält jetzt mehr Unterstützung. Antwort B ist hier die richtige Lösung.

Sie können jetzt mit der Bearbeitung der Fragen beginnen.

Die Fragen 1-7 beziehen sich auf folgenden Text:

Much scientific research examines how the brain works. At first glance, the left and right halves of the human brain appear identical. However, there are many differences between the two hemispheres. For example, it is thought that the job of the left hemisphere of the brain is to process and produce language. Scientists learned this from studying stroke victims. Many stroke victims who have problems in the left hemispheres of their brains lose their ability to speak. Those stroke victims who have the same problems in the right hemispheres of their brains are still able to speak normally. Scientists have also done research on people who haven't had strokes and found the same differences between the left and right hemispheres of the brain. For example, when people are given two different sounds, they usually find it easier to identify the sound presented in the right ear. This is because the right ear is more directly connected to the left hemisphere of the human brain.

Some scientists doubt that the left hemisphere is specifically involved with the interpretation and production of language. Rather, they claim that language is processed and produced in the left hemisphere of the brain simply because the left hemisphere has the ability to handle rapidly changing acoustic (sound) information. They hypothesize that the key factor responsible for the left hemisphere's language capabilities is a precise timing mechanism that probably exists even in many non-human animals that do not appear to have language abilities.

A finding of such an apparatus or mechanism may appear to narrow the gap between Homo sapiens and all other species. However, it actually can be used indirectly as a testimony to the uniqueness of human ingenuity. Humans lack a tool that enables them to have rapid acquisition of language. Yet they became the only species that capitalized on and integrated basic neurological structures and functions to develop a complex linguistic system.

1. In line 3, the word *hemispheres* can best be replaced by the word

   (A) halves

   (B) circles

   (C) brains

   (D) languages

2. What does the passage mainly discuss?

   (A) The differences between human and animal brains

   (B) How the human brain works with the language

   (C) Diseases of human brains

   (D) How humans learn foreign languages

3. In line 4, *this* is used to mean

    (A) The number of hemispheres in the brain

    (B) The ability of the brain to identify different sound

    (C) Language

    (D) The job of the left hemisphere of the brain

4. According to the passage, which of the following happens to stroke victims who have problems in the left hemispheres of their brains?

    (A) They lose their ability to speak.

    (B) They can identify sounds in their right ears only.

    (C) They can no longer hear with their right ears.

    (D) They lose their ability to walk.

5. The passage discusses all of the following *EXCEPT*

    (A) Which hemisphere of the brain processes language

    (B) Why the right ear is connected to the left hemisphere of the brain

    (C) What happens to a stroke victim when the left hemisphere of his brain is damaged

    (D) Why scientists feel that language is produced in the left hemisphere of the brain

6. The word *they* in line 9 refers to

    (A) The two hemispheres of the brain

    (B) The scientists

    (C) The stroke victims

    (D) The acoustic information

7. It can be inferred from the passage that the author believes that

    (A) Humans are the only species who use the left sides of their brains

    (B) Humans are the only species who can acquire language rapidly

    (C) Humans are the only species who have ingenuity

    (D) Humans are the only species with a complex linguistic system.

Die Fragen 8-14 beziehen sich auf folgenden Text:

The Canyon Pintado Historic District is located in northwest Colorado in the United States. The canyon was occupied by prehistoric people for as long as 11,000 years. It was visited repeatedly by a variety of cultures throughout its long history. One culture that left a visible mark on the canyon was the Fremont. Many of the rock art sites in the Canyon Pintado District were the handiwork of Fremont-age peoples.

Canyon Pintado received its name and was first historically recorded in 1776. Fathers Dominguez and Escalante made note of the numerous examples of rock art as they traveled through the Douglas Creek Valley en route to the California missions. Father Escalante described the expedition's travel through *cañon pintado* (painted canyon).

Rock art in Canyon Pintado links prehistoric activity in northwest Colorado with similar events in Utah. During the time that Colorado's Fremont area was inhabited, the Anasazi culture flourished in the Four Corners of Colorado, Utah, New Mexico, and Arizona. Certain aspects of Fremont culture are similar to those of the Anasazi. Like the Anasazi, Fremont people grew corn, beans, and squash and raised domesticated turkeys. However, while the Anasazi constructed elaborate pueblos and cliff dwellings of beautiful masonry stone, the Fremont in Douglas Creek built semi-subterranean pithouses.

Fremont rock art has recurring motifs that link it in both time and culture. Strange human-like figures with broad shoulders, no legs, and horned headdresses are similar to those from the Barrier Canyon area of southeastern Utah. A small percentage of Canyon Pintado figures are similar to those of the Vernal, Utah, area. These figures have large, trapezoidal-shaped bodies, stick-like legs, and trapezoidal heads, and, in many cases, are adorned with necklaces. Another motif of the Fremont culture is the mountain sheep, with graceful curvilinear horns. Designs like concentric circles, snake-like lines, corn plants, and rows of dots are also often found in Fremont art. A unique figure in Fremont art is Kokopelli, the humpbacked flute player of Anasazi mythology.

8. What does the passage mainly discuss?

(A) The explorations of Colorado and Utah

(B) Different native tribes of Colorado and Utah

(C) The artwork of different cultures of Colorado and Utah

(D) How religious differences were resolved in Colorado and Utah

9. In line 2, the word *It* refers to

(A) Colorado

(B) The canyon

(C) One culture

(D) Prehistoric people

10. All of the following are mentionend in the passage as similarities between the Fremont culture and the Anasazi culture EXCEPT

(A) The time the cultures flourished

(B) Agricultural crops the cultures grew

(C) Animals the cultures raised

(D) Architectural styles of houses and dwellings

11. It can be inferred from the second paragraph that

(A) Fathers Dominguez and Escalante traveled through Colorado before reaching California.

(B) Fathers Dominguez and Escalante were artists who created rock drawings of their own.

(C) Fathers Dominguez und Escalante were the first non-natives to travel through the Canyon Pintado district.

(D) The native tribes abandoned their artwork soon after Fathers Dominguez and Escalante arrived.

12. Which of the following areas is mentioned as having art similar to that of the Canyon Pintado area?

(A) Vernal, Utah

(B) Douglas Creek Valley

(C) California

(D) South America

13. The word *adorned* in line 22 is closest in meaning to

(A) loved

(B) killed

(C) buried

(D) decorated

14. What can be inferred from the passage about the styles of art mentioned in lines 17-20?

(A) The designs are repeated.

(B) Each design is unique and not repeated.

(C) Each artist strives to find his own design, not to copy the designs of other artists.

(D) The art resembles the artist as closely as possible.

Die Fragen 15-21 beziehen sich auf folgenden Text:

The Oregon Trail, a main corridor of westward migration, symbolized the West. Trappers, mountain men, and traders all had a hand in exploring and charting the trail. The reasons for
Line the Oregon Trail were simple: a hope for a better life, freedom, and the determination to tame a piece of wild land and build a future.

(5) One important circumstance led to the Oregon Trail's becoming an integral part of American history. In the 1830s, the United States was rocked by a depression. Money was tight, unemployment high, and conditions toughest on the lower and middle classes. In 1838, a former missionary to Oregon named Jason Lee toured the eastern states praising the virtues of the West, and Oregon in particular. To a struggling people, his words held the promise of a new
(10) life.

In the spring of 1841, about 500 people gathered at Independence, Missouri, the last settlement on the western frontier, prepared to make the trek to Oregon. They were not well-organized. Some had oxcarts, others mules and horse-drawn wagons, and a few were simply on foot. Without a knowledgeable guide, they quickly became discouraged and abandoned the
(15) journey. Only about 30 of them finally reached Oregon.

The first organized trip to Oregon was made in the spring of 1842. One hundred people gathered at Independence. With a professional guide from Fort Hall in present-day Idaho, these hopeful people set out for the Willamette Valley of western Oregon. They and others learned that the trip could kill. In summer, water sources dried up, oxen perished, and families who had
(20) not brought enough water barrels died of thirst. Other caravans faced starvation when they found it impossible to live off the land, as some misinformed travelers thought possible. The most dreaded concern of all was cholera. In 1849, more than 5,000 people in St. Louis alone died from the disease, and it spread rapidly among the wagon trains headed west. The mysterious nature of cholera made it even more frightening. A strong, healthy person could
(25) develop a slight fever in the morning, be unconscious by noon, and die in the evening.

15. What is the main idea of the passage?

(A) Who discovered Oregon

(B) The depression in the United States in the 1800s

(C) The history of the Oregon Trail

(D) Diseases that people died from in Oregon in the 1800s

16. The expression »all had a hand in« in line 2 is closest in meaning to

(A) drew

(B) participated in

(C) were afraid of

(D) manufactured

17. The author states that which of the following made cholera the most frightening?

    (A) The fact that it killed mostly small children

    (B) The expense of curing the disease

    (C) The mysterious speed with which it could kill people

    (D) The highly contagious nature of the disease

18. The last two sentences of the second paragraph imply that the former missionary

    (A) Encouraged some people to move West

    (B) Converted many people to his religion

    (C) Convinced many people to stay at home

    (D) Tried to help people suffering through the depression

19. All of the follwoing are mentioned in the passage as reasons most people didn't reach Oregon in 1841 EXCEPT

    (A) They lacked a knowledgeable guide

    (B) They were not well-organized

    (C) They couldn't afford the trip

    (D) They became discouraged

20. The words »the most dreaded concern of all« are closest in meaning to

    (A) the most expensive matter

    (B) the biggest share

    (C) the best situation

    (D) the greatest fear

21. Where in the passage does the author refer to the reasons people went on the Oregon Trail?

    (A) The third sentence of the first paragraph

    (B) The last two sentences of the third paragraph

    (C) The first two sentences of the fourth paragraph

    (D) The sixth sentence of the last paragraph

Die Fragen 22-28 beziehen sich auf den folgenden Text:

Grasses were not always the dominant plant form in a grass prairie. During much of the Paleozoic and Mesozoic eras (570 to 70 million years ago), South Dakota was part of a vast
Line tropical lowland. For most of this time period, shallow seas covered the interior of the United States. The last time most of the Great Plains region was underwater was about 809 to 65
(5) million years ago.

The gradual uplift of the Rocky Mountains had a profound effect on the climate of this region. Everything was changed and affected. The Black Hills region uplifted as a single dome mountain. As the land emerged, lush tropical vegetation spread across the region.

With the uplift of the Rocky Mountains, the warm, moist air from the Pacific Ocean that
(10) once reached the central plains was now intercepted by the mountains and cooled. As the air continued to cool, water vapor condensed, causing moisture to fall west of the mountains. The region east of the mountains, once a tropical forest, received less water. It became more arid. The arid land was no longer able to support the vast, lush forests.

The Pleistocene epoch was marked by major glacial episodes and a cold, dry climate.
(15) Although glaciers never covered western South Dakota, the continental ice sheet came within 150 miles of the Black Hills, cooling this region. This change in climate led to the presence of many new plant communities. Near the ice sheet's edge, the vegetation type was most likely arctic tundra dominated by lichens, mosses, and dwarf willows.

Glacial advances alternated with periods of retreat. During these periods, plant species from
(20) the southern regions moved northward. Plants that were once unique to a region now are found in other areas of the land. Regions that once had only a few types of plants now have a great biodiversity. The biodiversity seen today occurred because of this transference of plant species.

22. What does the passage mainly discuss?

(A) The types of plants and grasses found in South Dakota today

(B) The reasons the weather changed in South Dakota over the last few million years

(C) How people lived in South Dakota during the Ice Age

(D) How different plants and vegetation developed over the years in South Dakota

23. Which of the following is NOT discussed in the first paragraph?

(A) What South Dakota was like during the Paleozoic era

(B) When South Dakota was part of a tropical lowland

(C) When people first began living in South Dakota

(D) When the Great Plains region was underwater

24. The word *profound* in the first sentence of the second paragraph is closest in meaning to

   (A) important

   (B) bad

   (C) irrelevant

   (D) unfortunate

25. According to the passage, what caused the warm air from the Pacific Ocean to cool as it reached the plains?

   (A) The lush, tropical vegetation

   (B) The shallow seas that covered most of the interior of the United States

   (C) The mountains between the ocean and the plains

   (D) The tropical forest

26. The author states that which of the following occurred as a result of the change in climate in South Dakota?

   (A) People migrated to new areas

   (B) Animals became extinct

   (C) The North American continent subdivided

   (D) New plants developed

27. Which of the following could best be substituted for the sentence, »Glacial advances alternated with periods of retreat«, in line 19?

   (A) Glaciers destroyed many types of plants and vegetation

   (B) Glaciers moved forward and then backward

   (C) Glaciers formed the mountains

   (D) Glaciers no longer exist

28. The word *biodiversity* in line 22 is closest in meaning to

   (A) the study of plants

   (B) a variety of plants

   (C) the extinction of plants

   (D) a specific type of plant found in glacial regions

Die Fragen 29-39 beziehen sich auf den folgenden Text:

Although many people have the erroneous belief that African-Americans rarely served in the military until present times, they actually have been in the United States Navy since the early days of the Republic. Unfortunately, circumstances occasioned by the manner of service rendered by African-American sailors have made it almost impossible to determine how many actually served. One reason for the lack of information is that service records were not kept by race until a short time before World War I. In addition, many African-Americans served as substitutes for white men and were not listed by their own names. African-Americans were often given their freedom in exchange for such service.

When Louisiana became a state in 1812, its legislature authorized the governor to enroll free African-American landowners in the militia. The group of African-American militia known as Free Men of Color had been refused voluntary service in the territorial militia in 1802 but was allowed to enlist as a battalion in 1812. New York became the first northern state to seek participation by African-Americans in the War of 1812 when approximately 2,000 African-Americans, slave and free, were enlisted and organized into two regiments. The slaves were promised their freedom after the war.

The distinguishing action of African-American soldiers in this war came in the Battle of New Orleans, which ironically took place after the war was officially over. The city had been threatened by the British, and Andrew Jackson insisted that the offer of the Battalion of Free Men of Color to fight against the British be accepted. Some sources estimate that around this time, between 10 and 20 percent of the sailors in the U.S. Navy were African-American, although exact numbers are impossible to obtain. When Perry won his great victory on Lake Erie, at least one out of every ten sailors on his ship was African-American.

African-American women also served in the military. The spirit of Harriet Tubman became a loving force for those who valued freedom. Although she could not and would not receive pay for her services, she was often in the field with the soldiers, acquiring the nickname "General Tubman." Lesser-known in our times than Harriet Tubman (although just as famous in her own era), Susan King Taylor served as a volunteer nurse for African-American Civil War troops. In 1902, Taylor published her wartime memoirs, providing the only written record of the activities of African-American volunteer nurses during the Civil War.

African-American volunteer nurses also played an important role in the Spanish-American War. The Army was not able to provide adequate medical personnel for medical units who treated casualties resulting mostly from diseases associated with the tropical climate of Cuba, not from enemy bullets. The Army was so pleased with the nurses who had served that bills were submitted to Congress (but they were defeated) to have the Army create a permanent corps of nurses.

29. Which of the following words could best be substituted for the word *erroneous* as it is used in the first sentence?

    (A) wise

    (B) wrong

    (C) educational

    (D) incomplete

30. The author's primary purpose in writing this passage was probably to do which of the following?

    (A) Disprove a study

    (B) Correct a false belief

    (C) Predict a change

    (D) Criticize an attitude

31. According to the passage, which of the following is a reason for the lack of statistics about the number of African-Americans who served in the military in the early days of the United States?

    (A) Men's races were not specified in the records.

    (B) African-Americans were not given names of their own.

    (C) The names of slaves were erased from the records when the slaves were freed.

    (D) Not enough African-Americans served to make statistics valid.

32. The word *its* in line 9 refers to

    (A) Africa

    (B) Great Britain

    (C) New York

    (D) Louisiana

33. The passage implies that the people of New Orleans

    (A) Secretly sided with the British in the War of 1812

    (B) Were the first to establish a battalion of African-American fighters

    (C) Distrusted Andrew Jackson

    (D) Were reluctant to have the battalion of African-Americans fight for them in 1812

34. Which point is the author trying to make by mentioning the percentage of African-American sailors aboard Perry's ship?

    (A) Perry had no race prejudice.

    (B) The Navy was more willing to free slaves who offered military service than the Army was.

    (C) There were more African-American sailors than most people realize.

    (D) African-American make better sailors than do whites.

35. Which paragraph mentions the service of African-Americans in the Civil War?

    (A) Paragraph 1

    (B) Paragraph 2

    (C) Paragraph 3

    (D) Paragraph 4

36. Look at the word _memoirs_ in line 28. Which word or phrase is closest in meaning to _memoirs_?

    (A) written record of the activities

    (B) military

    (C) in the field

    (D) pay for her services

37. Which of the following statements about the Spanish-American War can you infer from the passage?

    (A) The Spanish and the Americans were allies.

    (B) The war was fought in Cuba.

    (C) This war was the first in which African-American females participated.

    (D) This war was the war in which Harriet Tubman became famous.

38. Look at the word _they_ in the last sentence of the passage. Which of the following words may be substituted for _they_ without changing the meaning of the sentence?

    (A) Congress

    (B) Corps of nurses

    (C) Bills

    (D) Army

39. The following sentence can added to the passage:

    Not all of the African-American volunteers were men.

    Where would it best fit in the passage?

    (A) Between the first and the second sentences in the second paragraph.

    (B) At the end of paragraph 2

    (C) At the beginning of paragraph 4

    (D) At the beginning of paragraph 5

STOPP Sie können jetzt Ihre Antworten zu diesem Abschnitt – und nur zu diesem Teil – überprüfen. Fangen Sie mit dem nächsten Abschnitt erst an, wenn Sie dazu aufgefordert werden.

4. Abschnitt: Schreiben

Zeit: 30 Minuten

Anweisungen: Lesen Sie das folgende Aufsatzthema. Halten Sie sich beim Schreiben unbedingt an dieses Thema und schreiben Sie nicht über etwas anderes! Falls Sie einen Entwurf oder Notizen machen, werden diese nicht als Teil Ihres Aufsatzes gelesen und bewertet.

Schreiben Sie Ihren Aufsatz auf die vorgegebenen Zeilen. (Beim eigentlichen TOEFL können Sie Ihren Text auch unterhalb der Frage eingeben.)

Do you agree or disagree with the following statement?

The primary purpose of school is to teach students to think for themselves and become problem solvers.

Support your answer with specific examples and analysis.

Schlüssel für die Praktische Prüfung 1

1. Abschnitt: Hörverständnis

1. A	26. B
2. B	27. D
3. C	28. A
4. C	29. A
5. D	30. D
6. D	31. C
7. A	32. A
8. D	33. D
9. B	34. C
10. C	35. B
11. A	36. B
12. A	37. A
13. B	38. B
14. C	39. C
15. A	40. B
16. B	41. A
17. C	42. C
18. A	43. A
19. A	44. B
20. B	45. A
21. C	46. C
22. C	47. D
23. D	48. A
24. A	49. B
25. D	50. D

2. Abschnitt: Satzbau

1. A	10. C	19. B
2. A	11. C	20. B
3. B	12. C	21. A
4. A	13. B	22. A
5. B	14. C	23. B
6. B	15. D	24. C
7. D	16. B	25. A
8. B	17. D	
9. D	18. A	

3. Abschnitt: Leseverständnis

1. A	14. A	27. C
2. B	15. C	28. B
3. D	16. B	29. B
4. A	17. C	30. B
5. B	18. A	31. A
6. B	19. C	32. D
7. D	20. D	33. D
8. C	21. A	34. C
9. B	22. D	35. D
10. D	23. C	36. A
11. A	24. A	37. B
12. A	25. C	38. C
13. D	26. D	39. C

4. Abschnitt: Schreiben

Für den Aufsatz beim TOEFL gibt es keine »richtige Antwort«. In Kapitel 9 finden Sie Tipps, wie Sie beim Aufsatz eine hohe Punktzahl erreichen können!

Praktische Prüfung 1: Antworten und Erläuterungen

14

1. Abschnitt: Hörverständnis

1. **A.** »It isn't like him« bedeutet, dass jemand sich anders als sonst verhält. Das gibt Anlass zur Sorge. Der Mann macht sich Gedanken um Sven, da sich dieser nicht wie üblich verhält.

2. **B.** Die Frau erwähnt, sie werde Yuri zum Mittagessen treffen, und sagt unmittelbar darauf, sie habe sich von ihm Geld geliehen. Kombinieren Sie diese Aussagen mit der Tatsache, dass sie dabei in ihre Geldbörse schaut, so als wolle sie nachsehen, ob sie tatsächlich Geld dabei habe. Daraus können Sie schließen, dass die Frau beim Essen ihre Schulden bei Yuri begleichen wird.

3. **C.** Durch ihr »Mine, either« stimmt die Frau dem Mann zu. Sie glaubt, dass ihre Eltern, genau wie die des Mannes, nicht verstehen, wie schwierig das Studium ist.

4. **C.** Der Bruder hat morgen Geburtstag, doch der Ausverkauf beginnt erst am Wochenende. Die Frau muss noch vor Beginn des Ausverkaufs eine Platte für ihren Bruder kaufen.

 Vorsicht bei Wörtern, die auf Ausnahmen hinweisen, z.B. *but, however, despite* und *on the other hand*. Diese Wörter und Ausdrücke zeigen an, dass sich etwas Unerwartetes oder Ungewöhnliches ereignen wird. In diesem Fall lässt sich daraus schließen, dass die Frau nicht bis zum Ausverkauf warten kann.

5. **D.** Falls der Bruder des Mannes heute Abend nicht arbeitet, kann er auch die Karten nicht bekommen, mit denen das Paar die Show anschauen kann.

 Wenn Sie A gewählt haben, so sind Sie in Ihrer Schlussfolgerung zu weit gegangen. Nur weil der Bruder nicht arbeiten wird, bedeutet das nicht, dass der Mann die Show nicht besuchen *will*. Vielleicht kann er tatsächlich nicht gehen (weil die Karten ausverkauft sind), aber er würde vielleicht trotzdem noch gerne gehen. Bei den TOEFL-Möglichkeiten ist oft eine, die »zu weit geht«, d.h. eine Möglichkeit, die die Schlussfolgerung zu weit führt. Lernen Sie, diesen Antworttyp zu erkennen und zu vermeiden – dann gehen Sie auch nicht in die Falle!

6. **D.** Das ist eine recht schwierige Frage. Der Bruder muss willens sein, am Auto zu arbeiten, weil er zu diesem Zweck vorbeikommt. Das bedeutet aber nicht, dass der Mann nicht selbst am Auto arbeiten *will*. Vielleicht täte er es ja gerne, hat aber keine Zeit.

Möglichkeit B ist auch eine Falle. Sie können nicht einfach folgern, dass der Mann nicht in der Lage ist, das Auto zu reparieren. Vielleicht kann er das ja sogar besser als sein Bruder, aber er hat heute Abend einfach keine Zeit dafür.

7. **A.** Wenn der Mann seine Stühle vorbeibringt, dann wahrscheinlich deshalb, weil die Frau nicht genügend eigene Sitzgelegenheiten hat. Das bedeutet nicht, dass die Zahl der Gäste zu groß ist (Antwort C, die Falle), sondern einfach nur, dass es nicht ausreichend Stühle für die Gäste gibt.

8. **D.** Wenn der Mann den Bericht rechtzeitig einreicht, so hat er ihn rechtzeitig fertig gestellt. Das heißt nicht, dass er die Note A verdient (Antwort B) oder dass der Kurs leicht war (Antwort B). Vielleicht war der Kurs sehr anspruchsvoll und der Bericht eine in letzter Minute und sehr schlecht abgefasste Arbeit. Hüten Sie sich davor, über die Fakten hinaus zu argumentieren!

9. **B.** »Oh, well« verweist häufig darauf, dass jemand aufgibt. So können Sie beispielsweise sagen: »I wanted to get to the library before it closed, but oh, well.« (_Ich wollte noch in die Bibliothek, bevor sie zumachte, aber, na ja.«_) Sie stellen fest, dass Sie es nicht mehr rechtzeitig in die Bibliothek schaffen, und geben deshalb ihren Plan auf. Hier deutet der Mann an, dass die Frau – die sich den Antrag noch nicht einmal abgeholt hat – sich seiner Meinung nach nicht einmal anstrengen wird, rechtzeitig fertig zu werden.

10. **C.** Der Mann glaubt, dass die Frau sich kein Geld leihen müsste, wenn sie welches hätte. Er weiß, dass sie auf den Scheck von ihren Eltern wartete, der noch nicht eingetroffen ist.

Wenn Sie D gewählt haben, sind Sie in die Falle gegangen! Nehmen Sie nicht an, dass die Eltern vergessen haben, den Scheck zu schicken! Vielleicht haben sie ihn ja rechtzeitig losgeschickt, und unterwegs ist er irgendwo hängen geblieben. Achten Sie darauf, was ein Text _nicht_ sagt!

11. **A.** Wenn die Frau glaubt, der Mann sollte seinen Chef nicht hören lassen, was er zu sagen hat, dann bedeutet das wohl, dass sie annimmt, die Kommentare würden dem Chef nicht gefallen. Er würde wohl nicht gerne hören, dass sein Angestellter glaubt, die Arbeit besser als sein Vorgesetzter machen zu können.

12. **A.** »Thanks anyway« heißt soviel wie »Dankeschön jedenfalls/nein danke«. Die Frau sagt dem Mann, dass sie nicht weggehen möchte (weil sie bereits einen aufregenden Tag hatte).

13. **B.** »I know what you mean« (»_Ich weiß, was du meinst.«_) verweist darauf, dass der Sprecher zustimmt und dieselbe Erfahrung gemacht hat oder der gleichen Meinung ist. Die Frau stimmt mit dem Mann überein, dass sie gerne längere Tage hätte. Sie deutet an, dass sie mehr Zeit braucht und ihr Pensum an einem Tag gar nicht erledigen kann. (Have you ever heard that joke about being so busy that you have only a half hour to watch the TV show _60 Minutes_?)

14. **C.** Der Mann versucht, die Frau zu beruhigen. Sie fürchtet, der Professor könne sie nicht leiden. Indem er sagt, der Professor behandle jeden so wie sie, bedeutet er ihr, dass der Professor es nicht persönlich gemeint hatte. Es ist nicht so, dass der Professor die Frau persönlich nicht mag, er verhält sich zu jedem so.

15. **A.** Das ist eine sehr schwierige Frage. Wenn Sie aufmerksam zugehört haben, so konnten Sie hören: »... even though I ask her not to.« (»... *obwohl ich sie bitte, es nicht zu tun.*«) Die Frau bittet ihre Zimmerkollegin, sich keine Kleidung von ihr auszuleihen, ohne vorher um Erlaubnis gefragt zu haben. Sie möchte das Verhalten ihrer Zimmerkollegin dahingehend ändern, dass sie fragt, ehe sie sich ihre Kleidung leiht.

Manche der anderen Antworten waren sehr knifflig. Wenn Sie C gewählt haben, so sind Sie zu weit gegangen. Nur weil die Frau denkt, dass der Mann ihre Zimmerkollegin wohl in diesem Mantel gesehen haben muss, folgt daraus nicht, dass der Mantel der *einzige* dieser Art im ganzen College ist. Behandeln Sie dramatische Wörter wie *only, all* oder *every* mit Vorsicht! Sie verweisen häufig auf Antworten, die zu extrem sind und zu weit gehen.

16. **B.** Der Mann denkt, dass die Behauptung des Freundes eine Lüge sein könnte. Das heißt, dass er den Freund womöglich für einen Lügner hält. Achten Sie darauf, wie vage und betont unspektakulär die Sprache ist. »May be« deutet an, dass der Mann es für möglich hält, sich aber nicht sicher ist, dass der Freund ein Lügner ist.

Wenn Sie A oder C gewählt haben, sind Sie zu weit gegangen! Beim TOEFL sind oft die »schwächeren« Antworten korrekt. Eine dramatische Behauptung trifft nur selten zu. Anders ausgedrückt: Wenn Sie die Wahl zwischen einer Antwort haben, nach der etwas wahr sein *kann,* und einer, nach der es wahr sein *muss,* entscheiden Sie sich für erstere!

17. **C.** Wenn der Mann Graham im Computerraum der Uni gesehen hat, so verweist das darauf, dass Graham noch an der Uni ist.

Haben Sie das »probably« (»*wahrscheinlich*«) bemerkt? Das ist ein sehr schwaches, kein starkes Wort. Solche schwachen Ausdrücke sind oft die richtige Wahl. Wenn Sie auf gut Glück raten (und in diesem Abschnitt zwingt sie der Computer zum Raten. Sie können erst zur nächsten Frage gehen, wenn Sie sich bei der vorliegenden Frage für eine Antwort entschieden haben), dann nehmen Sie die schwächste Antwort, die vorsichtigste. Anders ausgedrückt: Wenn Sie die Wahl zwischen einem Wort wie *probably* und einem wie *always* (*immer*) haben, entscheiden Sie sich für *probably*.

18. **A.** Wenn der Mann seine Pläne fürs Wochenende umwirft und in die Bibliothek geht, dann wird er das Wochenende mit Lernen verbringen. Das Wort »hardly« ist negativ und verweist auf Uneinigkeit. Wenn ein Freund Sie fragt, ob Sie sich einen Film anschauen wollen, von dem Sie wissen, dass er Ihnen nicht gefallen wird, können Sie sagen: »Hardly. Everyone thinks that movie is a waste of time and money.« (»*Nein, eher nicht, jeder meint, der Film sei reine Geld- und Zeitverschwendung.*«) Merken Sie sich, dass *hardly* soviel wie »no« oder »not quite« (»*nicht ganz/eher nicht*«) bedeutet.

Halten Sie sich daran, all diese Ausdrücke aufzuschreiben? Jedes Mal, wenn Sie einen ungewöhnlichen Begriff oder Ausdruck beziehungsweise ein geläufiges Wort in ungewöhnlicher Weise verwenden sehen, sollten Sie es aufschreiben. Sie werden angenehm überrascht sein, wie oft dieselben Wörter und Ausdrücke auftauchen!

19. **A.** »I'm the wrong person to ask« (»*Ich bin dafür die falsche Person!*«) heißt, dass der Befragte selbst keine Antwort weiß. Die Frau kennt den Zinssatz nicht.

Haben Sie Antwort D gleich eliminiert, weil sie so stark und dramatisch ist? Auch wenn eine solche Antwort nicht automatisch falsch sein muss, ist es gut, wenn Sie diesen Antworttyp erkennen.

20. **B.** Indem die Frau sagt, der Mann solle den Plan noch einmal ansehen, deutet sie an, dass der Mann den Plan entweder falsch verstanden oder einen Fehler gemacht haben muss. Vielleicht gibt es keinen Flug um 7.30 Uhr nach San Diego.

   Antwort D ist verlockend! Vielleicht gehen Sie davon aus, dass der Flug aufgrund des schlechten Wetters abgesagt oder verschoben wurde. Das könnte zwar sein, doch ist diese Antwort nicht so klar oder logisch wie Antwort B. TOEFL-Antworten beinhalten oft eine Lösung, die zwar *möglich*, aber doch recht unwahrscheinlich ist.

21. **C.** »It couldn't have been better« (»*Es hätte nicht besser sein können.*«) bedeutet, dass alles sehr gut gelaufen ist. Wenn der Mann froh ist, dass seine Eltern letztlich doch nicht kamen, so heißt das, dass er sie gar nicht sehen wollte.

22. **C.** Das Flugzeug hat Verspätung, aber nur vier Stunden. Der nächste Zug fährt erst morgen. Aus diesem Grund meint der Mann, die Frau solle die vier Stunden abwarten und dann das Flugzeug nehmen, das ja immer noch eher als der nächste Zug käme.

Manche Lösungsmöglichkeiten machen richtige Aussagen. So ist die Behauptung »Flying is more expensive than travelling by train« (»*Fliegen ist teurer als Bahnfahren*«) durchaus richtig. Aber selbst wenn die Aussage richtig ist, muss das noch lange nicht die korrekte Antwort auf die Frage sein. Der Mann sagt nicht, dass Fliegen teurer als Bahnfahren ist, sondern nur, dass das nächste Flugzeug später als geplant, aber immer noch viel früher als der nächste Zug kommt.

23. **D.** »There go your plans« (»*Da hast du deine Pläne!*«) bedeutet, dass die Pläne hinfällig geworden sind. Wenn es regnet, könnten Sie sagen »There go your plans to go to the beach«. Wenn das Vorhaben des Mannes, die Frau zu fragen, hinfällig ist, weil sie einen neuen Freund hat, so kann man davon ausgehen, dass der Mann normalerweise keine Frauen einlädt, die bereits einen Freund haben. Er lädt nur Frauen ein, die keinen haben.

24. **A.** Der Mann weist die Frau darauf hin, dass sie beim Datum in ihrem Kalender einen Fehler gemacht hat. Indem er sagt, sie müsse umblättern, deutet er an, dass sie die falsche Seite aufgeschlagen hat. (Ein bestimmtes Datum fällt normalerweise auf unterschiedliche Wochentage.)

   Kleiner Scherz am Rande: Here's a calendar joke that you can tell your math friends: How many seconds are there in a year? Answer: Exactly 12. There's January second, February second, March second ...

25. **D.** Indem der Mann sagt, er wisse nicht, was das Kind gerne geschenkt bekommen möchte, deutet er an, dass er nicht der Richtige wäre, Geschenke auszusuchen. Aus diesem Grunde wäre er beim Einkaufen für die Frau keine große Hilfe.

26. **B.** Der Mann freut sich, dass er keine teuren Telefonrechnungen hat. Er schickt seiner Schwester E-Mails. Also muss er davon ausgehen, dass E-Mails billiger als Telefonate sind.

Mit C oder D sind Sie zu weit gegangen! Nur weil er keine teuere Telefonrechnung hat, muss das nicht heißen, dass sein Telefon kaputt ist oder seine Schwester gar kein Telefon hat. Es bedeutet nur, dass er nicht viel Geld für Telefonieren ausgibt.

27. **D.** »I'll say!« heißt soviel wie »yes« oder »certainly« und verweist auf Zustimmung. Wenn ein Freund Sie fragt »Wasn't the movie good?« (»*Na, war der Film nicht gut?*«) und Sie antworten mit »I'll say!« (»*Na, und wie!*«), dann stimmen Sie mit ihm darin überein, dass der Film gut war.

Schreiben Sie solche Ausdrücke auf und halten Sie die Liste immer griffbereit. Versuchen Sie, diese Wendungen aktiv anzuwenden und sie zu erkennen, wenn andere sie gebrauchen. Solcherlei Ausdrücke – die beim TOEFL geprüft werden – lassen Ihr Englisch flüssig klingen.

28. **A.** Wenn dem Mann morgen lieber ist, dann passt es ihm heute Abend nicht so gut wie morgen. Also hat der Mann heute Abend etwas vor. Morgen dagegen hilft er gerne. Wenn Sie Antwort C gewählt haben, so gehen Sie davon aus, dass er keine Lust hatte zu helfen. Das stimmt aber nicht. Er hilft gerne, bloß nicht heute abend.

29. **A.** »I can't believe it!« (»*Ich glaub's einfach nicht!*«) drückt Überraschung aus. Wenn Sie im Lotto gewinnen, rufen Sie wahrscheinlich zuerst einmal »I can't believe it!«, weil Sie so überrascht sind. Die Frau ist überrascht, dass sie ihre Aufgabe vergessen hat. Auch der Mann ist von ihrer Vergesslichkeit überrascht.

30. **D.** »I know what you mean« verweist auf Zustimmung. Wenn also Ihr Freund sagt »The test was pretty easy« (»*Die Prüfung war recht leicht.*«), dann antworten Sie »I know what you mean; I got an A on it, too.« (»*Ich weiß, was du meinst. Ich habe auch Note A bekommen!*«)

31. **C.** Der Mann beginnt die Unterhaltung damit, dass er sagt, er habe seinem Freund Larry von der Frau erzählt.

32. **A.** Die Frau sagt: »You must be mistaken. I have never taken calculus.« (»*Du täuschst dich. Ich habe niemals einen Kurs in Infinitesimalrechnung gemacht.*«)

Wenn Sie sich für D entschieden haben, sind Sie in die Falle getappt! Die *Frau* nahm fälschlicherweise an, Larry habe einen Bart. Die Sache mit dem Bart war der Fehler der *Frau*, aber die Frage richtet sich ja nach dem Irrtum des *Mannes*. Eine typische TOEFL-Falle gibt in der Antwort einen Teil jener Information wieder, der in dem Text vorkommt, ordnet sie aber dem falschen Sprecher zu. Merken Sie sich also immer, wer was sagt oder andeutet!

33. **D.** Wenn der Mann sagt, dass Larry »does wear an earring« (»*trägt einen Ohrring*«), antwortet die Frau »Oh, now I know who you're talking about.« (»*Jetzt weiß ich, von wem du redest!*«)

34. **C.** Der Mann sagt: »I really hope that you can come. I won't know too many people there, and I'd like to see a friendly face.« (»*Ich hoffe wirklich, dass du kommen kannst. Ich werde dort nicht zu viele Leute kennen und würde gerne ein nettes Gesicht sehen!*«)

35. **B.** Der Sprecher sagt: »Specifically, I like to work on books and software projects that prepare students to do well on standardized exams.« (»*Insbesondere würde ich gerne an Büchern und Softwareprojekten arbeiten, die Studenten auf standardisierte Prüfungen vorbereiten.*«)

Antwort C ist eine Falle! Zwar ist es durchaus logisch anzunehmen, dass der Abbau von Prüfungsangst zum besseren Abschneiden der Studenten in Prüfungen beiträgt, so ist es doch nicht die Hauptaussage des Sprechers.

36. **B.** Der Mann dankt zunächst der Frau dafür, dass sie dem Interview zugestimmt hat, obwohl sie – wie er weiß – sehr beschäftigt ist. Er bedankt sich für die Zeit, die sie ihm einräumt.

37. **A.** Der Sprecher sagt: »I hope that when I am done with my presentation, you will feel free to ask any questions that you may have.« (»*Ich hoffe, dass Sie nach meiner Präsentation alle Fragen stellen, die Ihnen in den Sinn kommen.*«)

38. **B.** Der Mann sagt: »Currently, I am working on a book that includes a very comprehensive math review.« (»*Derzeit arbeite ich an einem Buch, das eine sehr umfangreiche Untersuchung zur Mathematik beinhaltet.*«)

39. **C.** Zum Schluss sagt der Mann: »The basic format could be changed and used to work with even younger students, such as those in middle school. I know that your company is interested in this younger age group.« (»*Die Grundform könnte für eine noch jüngere Zielgruppe umgeändert werden, z.B. Schüler der Middle School. Ich weiß, dass ihre Firma sich für diese jüngere Altersklasse interessiert.*«)

40. **B.** Der Mann und die Frau unterhalten sich über das Auto der Frau und die technischen Probleme, die es gerade hat.

Die anderen Möglichkeiten werden in der Unterhaltung zwar angesprochen, sind aber nicht der Hauptaspekt oder das Hauptthema der Diskussion. Nur weil eine Sache besprochen wird, heißt das nicht, dass sie im Zentrum der Unterhaltung steht oder besonders wichtig ist.

41. **A.** Die Frau sagt, dass ihr Wagen »sometimes makes a lot of noise.« (»*manchmal macht er ziemlichen Krach.*«)

42. **C.** Wenn der Mechaniker die Frau fragt, wohin sie fahren wolle, antwortet sie: »Nowhere special.« (Kennen Sie diesen Ausdruck? Er bedeutet, dass sie sich nicht für ein bestimmtes Ziel entschieden hat, nicht etwa, dass sie *nirgendwohin* fahren will.)

43. **A.** Am Ende der Unterhaltung sagt die Frau: »When I get back, I'll have to get a job if I'm going to pay for my tuition at school next year.« (»*Wenn ich zurückkomme, werde ich eine Stelle suchen müssen, um für meine Kurse im nächsten College-Jahr zahlen zu können.*«)

44. **B.** Die Sprecherin erklärt Konzept und Format des Dezimalklassifikationssystems nach Dewey und hilft ihren Zuhörern, es zu verstehen.

Antwort A ist eine Falle. Am Ende des Vortrages wird das Kolonialwesen besprochen. Daran erinnern Sie sich vielleicht am besten, weil es am Schluss kam. Die Fragen orientieren sich aber meist – nicht immer – an der Abfolge des vorgetragenen Textes. Die zentrale Idee steht normalerweise – aber auch nicht immer – ganz am Anfang. Die bloße Erwähnung einer Sache heißt nicht, dass es sich hierbei um das Hauptthema handelt!

45. **A.** Die Sprecherin sagt: »The old system often grouped books by size or even by color.« (»*Das alte System klassifizierte Bücher oft nach Größe oder sogar Farbe.*«)

46. **C.** Die Sprecherin sagt: »The system breaks books down by subject matter.« (»*Das System klassifiziert Bücher nach Thema.*«)

Kannten Sie das Dezimalklassifikationssystem nach Dewey schon, ehe Sie diesen Vortrag hörten? Prima! Obwohl Sie kein Fachwissen haben müssen, um Fragen zu beantworten, kann solches Wissen natürlich nützlich sein (z.B. wenn Sie Bibliothekar/in und mit dem System vertraut sind). Es kommt so gut wie gar nicht vor, dass TOEFL falsche Informationen gibt. Anders ausgedrückt: bei TOEFL wird Ihnen niemand erzählen, dass die Sonne um den Mond kreist oder das Taj Mahal 1995 errichtet wurde. Ihre eigenen Fachkenntnisse sind also *höchstwahrscheinlich* richtig (ohne Gewähr!).

47. **D.** Der Text handelt von den gemeinsamen Aktivitäten der Freunde. Antwort A ist eine Falle. Der Sprecher berichtet zwar, dass er und sein Freund zusammen Lieder gelernt hätten, aber das ist weder die zentrale Idee noch das Kernthema der Passage.

Nur weil etwas in dem Text erwähnt wird, ist es noch lange nicht das Kernthema! Um das zentrale Thema herauszufinden müssen Sie sich nur vorstellen, wie ein Freund Sie fragt: »Na, was liest/hörst du da gerade?«, und gleich fällt Ihnen das Hauptthema ein: »Ach, ich höre mir gerade einen Bericht darüber an, was ein paar Freunde gemeinsam unternommen haben.« Sie fassen das Kernthema also automatisch und instinktiv zusammen.

48. **A.** Der Sprecher sagt: »Björn was the friend who talked me into going for the drive in the country where we found the unusual plants that impressed our professor so much.« (»*Björn war derjenige Freund, der mich dazu überredet hat, auf's Land zu fahren, wo wir dann die ungewöhnlichen Pflanzen fanden, die unseren Professor so beeindruckt haben.*«)

49. **B.** Der Sprecher sagt: »During our hike, I taught Björn the songs that I learned at summer camp in New York when I was a Boy Scout.« (»*Während unserer Tour habe ich Björn die Lieder beigebracht, die ich als Pfadfinder im Sommerlager in New York gelernt hatte.*«)

Sind Sie auf Antwort D hereingefallen? Björn ist nicht der Sprecher, sondern der Norweger! Der Sprecher hat die norwegischen Liebeslieder *gelernt* – er hat sie niemandem *beigebracht*.

50. **D.** Der Sprecher scherzt darüber, bei einem Rendezvous die Liebeslieder zu singen und dafür eine Ohrfeige von dem Mädchen zu kassieren. Er erwähnt aber niemals, die Lieder in einem Buch verwendet oder sie übersetzt zu haben.

2. Abschnitt: Satzbau

1. **A.** Manche Adjektive bilden den Superlativ (die höchste Steigerungsstufe) durch das Anhängen der Endung _–est_. Andere wiederum verwenden das Wort _most_. Sie müssen sich nur merken, welche Adjektive welche Form des Superlativs verwenden. Bei _famous_ ist es _most_. Wenn Sie beim TOEFL hervorragend abschneiden, sind Sie der _most famous_ Kandidat – nicht jedoch der _famousest_ (dieses Wort existiert nicht).

   Bei Antwort D ist die Reihenfolge der Wörter verkehrt, und Antwort C ergibt keinen Sinn, wenn man sie in die Lücke einsetzt.

   Denken Sie auch dran, den Satz nochmal zu lesen, nachdem Sie die Antwort eingesetzt haben? Wenn Sie das tun, werden Sie so mancher Falle entgehen! Der Zeitaufwand beträgt nur wenige Sekunden – aber die lohnen sich, da sie wertvolle Punkte bringen.

2. **A.** _Lying,_ was soviel heißt wie _reclining_ (liegen/sich zurücklegen/lehnen), ist das gesuchte Wort.

   Haben Sie Schwierigkeiten, _lie_ und _lay_ auseinanderzuhalten? Hier ist eine Eselsbrücke: _to lie_ heißt liegen. Denken Sie einfach an die ähnliche Schreibung der beiden Wörter. _To lay_ bedeutet etwas legen/hinlegen. Hier klingt das englische Wort (mit dem langen _ay_) so ähnlich wie das deutsche »legen«.

   Überprüfen Sie stets alle Wörter, selbst wenn Sie sich sicher sind, dass der Fehler am Satzanfang liegt. Das Adverb _quickly_ in Antwort B ist korrekt. Ein Adverb beschreibt, wie etwas geschieht (How does the dog jump off? Quickly!) und endet oft auf _–ly_. Das Wort _when_ ist korrekt, da es sich auf die Zeit bezieht. Stünde in diesem Satz _where_ oder _that_, wären diese Wörter falsch. _Enters_ ist Singular (3. Person Einzahl – er/sie/es – in der Gegenwart) und ist korrekt, da das dazugehörige Subjekt, _owner_, ebenfalls Singular ist.

3. **B.** _Both_ verweist auf einen Plural bzw. auf irgend etwas mit zwei. In diesem Falle bezieht es sich auf zwei Zähne. Also ist nicht der Singular _tooth_, sondern der Plural _teeth_ notwendig.

4. **A.** Um zwei Argumente, die unterschiedlich oder gegensätzlich sind, miteinander zu verbinden, verwendet man _on the other hand,_ was soviel wie _however_ bedeutet (also im Deutschen etwa _andererseits_ oder _aber_). So würden Sie zum Beispiel sagen: »I want to go to the party this weekend; on the other hand, I also want to stay home and study for the TOEFL.« (So ist's recht!) (»_Ich will dieses Wochenende auf die Party gehen – andererseits möchte ich aber auch daheim bleiben und für den TOEFL pauken._«)

   Legen Sie sich doch eine Lernkartei für solche Wendungen an, die Sie verwirrend finden. _However_ ist ziemlich häufig, _on the other hand_ dagegen wird seltener verwendet.

5. **B.** _It_ ist ein Pronomen, d.h. ein Fürwort, das für ein Nomen oder ein anderes Pronomen steht. Sie brauchen nur ein Ersatzwort. Um die Wörter _500 dollars_ zu ersetzen, brauchen Sie nicht _which_ und obendrein _it_. Indem Sie _it_ eliminieren, kommen Sie unmittelbar auf die richtige Lösung. (Sie haben wahrscheinlich automatisch gemerkt, dass bei dem Verb _was_ ein Subjekt im Singular in Frage kommt.)

Bei dieser Art von Aufgabe sollten Sie zunächst den Fehler identifizieren und korrigieren. Dann eliminieren Sie alle Lösungen, die diesen Fehler enthalten, und konzentrieren sich auf die verbleibenden Möglichkeiten. Die übrigen Lösungen können Sie ignorieren; so sparen Sie wertvolle Zeit!

6. **B.** Die Steigerungsform von *cold* ist *colder*, nicht *more cold*.

7. **D.** *It's* (mit dem Apostroph) steht für »it is«. Sie würden nicht sagen: »The moose barely raised its head when the dogs crossed *it is* path.« (»*Der Elch hob kaum sein Haupt, als die Hunde seinen Pfad kreuzten.*«) Hier brauchen Sie das Wort *its* – ohne Apostroph! *Its* ist der besitzanzeigende Genitiv von *it*. Im ersten Teil des Satzes wird dieses *its* – ohne Apostroph – richtig angewendet.

   Nebenbei bemerkt: Wissen Sie, woher das Wort *moose* kommt? Es stammt aus der Sprache der Algonquin-Indianer und bedeutet »jemand, der Zweige isst«. Wenn Sie einen vegetarischen Freund aufziehen wollen, der einen Teller Salat vor sich hat, sagen Sie: »Hey, are you practicing to be a moose?«

8. **B.** Haben Sie das Schlüsselwort *instead* bemerkt? Es verweist darauf, dass etwas anderes geschah bzw. man etwas anderes tut. Sie würden sich vielleicht gerne einen Ferrari kaufen, aber »you buy a Ford instead because you don't have the money for the fancier car.« (*Sie kaufen stattdessen einen Ford, weil Sie kein Geld für den schickeren Wagen haben.*«) Wenn die Leute Bücher lesen und Sport treiben, sitzen sie *nicht* vor dem Fernseher. Sie haben den Apparat also abgeschaltet.

   Da fällt mir die Bemerkung von Groucho Marx ein. Er sagte: »I find television very educational. When someone turns it on, I go into the other room and read a book.«

9. **D.** Der richtige Ausdruck ist *one of the most*, nicht etwas *one of a most*. *Most* ist so ein starker Ausdruck (nicht etwa *much* von etwas, sondern *most*), dass er auch einen starken, d.h. bestimmten Artikel benötigt, also nicht *a* oder *an*, sondern *the*. Sie könnten zum Beispiel sagen: »Taking the TOEFL is one of *the* most important tasks that I have coming up this year.« (»*Die Teilnahme am TOEFL ist eine der größten Aufgaben, die ich dieses Jahr vor mir habe.*«)

   Verwechseln Sie nicht *one of the most* und *a most*. Der Ausdruck *a most* bedeutet »very«, z.B. »The TOEFL is a most difficult exam.«, d.h. eine sehr schwierige Prüfung, »a very difficult exam«. Wenn Sie aber einen Vergleich anstellen, d.h. sagen, dass etwas am schwierigsten/am wichtigsten/am schönsten ist, dann müssen Sie das Wort *the* verwenden.

10. **C.** Hier werden Eisläufer und Turner verglichen. Der Schlüsselbegriff ist *both*: beide Arten von Leuten sind klein, aber muskulös. Das weist auf einen Vergleich der beiden hin.

    Antwort A ist eine Falle. *Similar* ist keine schlechte Idee, aber man kombiniert es mit *to*, nicht mit *from*.

    Präpositionen – also diese kleinen Wörter wie *of, to, with, by* und *from* – können sehr verwirrend sein. Legen Sie eine Lernkartei an, in der Sie die Verbindungen mit Präpositionen festhalten (z.B. *similar to*).

11. **C.** Wenn der Arzt ein anderes Medikament verschreibt, hat das erste nicht gewirkt. Deshalb hat die Krankheit nicht auf das Medikament angesprochen, »the disease did *not* respond to the medication«. Sollten Sie etwas anderes als Antwort C gewählt haben, haben Sie »a *different* drug« nicht richtig verstanden.

12. **C.** Wenn Sie diese Frage sorgfältig lesen, haben Sie den Fehler sicher gleich entdeckt! Wenn nicht, müssen Sie unbedingt etwas für Ihre »Alarmanlage« tun! Diese Alarmanlage sollten schrillen, wenn Sie bestimmte, häufig gefragte Wörter oder Wendungen sehen. In diesem Fall handelt es sich um die beliebte Falle mit *neither/nor*. Die Regel sagt, dass *neither* zu *nor* gehört, so wie *either* mit *or* daherkommt. Man sagt nicht »neither ... or« bzw. »either ... nor«. Weil *neither* nicht unterstrichen ist, d.h. nicht geändert werden kann, müssen Sie *or* zu *nor* verwandeln.

13. **B.** Das Wort *they* ist überflüssig. Wenn Sie es wegnehmen, stimmt der Satz. Der Satzgegenstand ist *two primary topics* (die beiden Hauptthemen), das Verb ist *are*. »Two primary topics are ...«

14. **C.** Das Pronomen *which* bezieht sich auf eine Sache, in diesem Falle auf die Trophäen. Ein Pronomen, d.h. ein Fürwort, ersetzt ein Nomen. Sie könnten sagen »The trophies were in a special case« (»*Die Trophäen waren in einer besonderen Vitrine*«), dann wissen Sie, dass *which* sich auf die Trophäen bezieht.

Antwort A verwendet das falsche Pronomen. *They* verändert den gesamten zweiten Teil des Satzes in einen unabhängigen Satz, der auch alleine stehen könnte. Ein unabhängiger Satz kann nicht einfach mitten in einen anderen unabhängigen Satz gesteckt werden (ich weiß, das haben Sie alles schon mal gehört!), zumindest nicht ohne Gedankenstriche oder in Form einer Einfügung. Wenn Sie das verwirrend finden – und das könnte durchaus der Fall sein –, dann sehen Sie sich die Information zu den Schachtelsätzen in Kapitel 4 nochmals an! Andererseits macht das Pronomen *which* den zweiten Teil des Satzes zu einem abhängigen Satz, der keinesfalls alleine stehen kann.

Antwort B bietet Ihnen sowohl *which* (korrekt) als auch *they* (falsch) – Sie brauchen ja nur ein einziges Subjekt! Antwort D ist sehr verlockend – sehen Sie sich immer die kürzeste Antwort an –, aber wenn man sie in den Satz einfügt, ergibt sie keinen Sinn, da sie den Satz unvollständig macht.

15. **D.** Ein Adverb beschreibt ein Verb. Es beantwortet die Frage »Wie?« und endet oft auf *–ly*. (Die Grammatikübersicht in Kapitel 4 geht näher auf Adverbien ein – dies nur für den Fall, dass Sie bisher nicht das Vergnügen der Lektüre hatten ...) In diesem Satz wollen Sie wissen, <u>wie</u> Rintje das Angebot angenommen hat. Rintje *accepted happily*, nicht etwa *happy*. *Happy* ist ein Adjektiv und würde z.B. Rintje selbst beschreiben. »Rintje was *happy* when he accepted the job, but he accepted the job *happily*.« (»*Rintje war erfreut, als er den Job annahm, aber er nahm den Job mit großer Freude an.*«)

 Whether (ob) ist eine häufige Falle. In Kapitel 4 wird erklärt, wieso *whether* und *if* so oft verwechselt werden. *Whether* vergleicht Alternativen miteinander. Rintje wurde gefragt, ob er den Job annehmen wollte oder nicht (*whether* he would accept the job), wobei das *not* zwar nicht explizit gesagt, aber impliziert wird. *If* hingegen leitet einen Bedingungssatz ein, z.B. »If he accepts the job, Rintje will make more money.« (»*Wenn er den Job*

annimmt, wird Rintje mehr Geld verdienen.«) Hier ist von keiner Alternative die Rede. Rintje wird nur dann mehr Geld verdienen, wenn *(if)* er den Job annimmt.

16. **B.** Es muss heißen »range from« und nicht »range to«. Korrekt ist immer *from ... to*, nicht etwa *to ... to*, wenn Sie ausdrücken wollen, von wo bis wo etwas reicht/sich erstreckt.

17. **D.** Hier liegt der Fehler bei der Parallelkonstruktion (vgl. Kapitel 4, Grammatik). Bei einer Parallelkonstruktion müssen die Wörter einer Reihung dieselbe Form haben. In diesem Satz erscheint eine Reihung von Verben: *conducts, gives* und *prescribing*. Das letzte Verb, *prescribing*, hat nicht dieselbe Form wie die anderen beiden Verben. Wenn Sie *prescribing* zu *prescribes* verändern, stimmt der Satz.

18. **A.** *Typed* beschreibt die Aufsätze: *typed papers (getippte Aufsätze)*. Antwort C klingt, als gingen die Aufsätze selbst an die Tastatur, um zu tippen. Antwort D ergibt in diesem Satz keinen Sinn. Lösung B ist verlockend, aber die Form des Verbs ist nicht korrekt. Auf die Wendung *must be* folgt das Partizip der Vergangenheit (Past Participle) des jeweiligen Verbs, wenn von einem Menschen »by someone« oder einer Sache »by something« die Rede ist. So würde man nicht sagen: »My new hairstyle must be *see* by someone to be believed.«, sondern »My new hairstyle must be *seen* by someone to be believed.« (*Meine neue Frisur muss man gesehen haben, um sie zu glauben.*). Im vorliegenden Satz müssen die Aufsätze von irgendjemandem getippt werden.

19. **B.** *Woodpecker* (Specht) ist hier das Subjekt, also der Satzgegenstand. *Woodpecker* steht im Singular und erfordert daher, dass auch das Verb *taps* im Singular steht. Bei Lösung D ist das Verb verändert. *Beak* ist falsch, denn das ist kein Verb, sondern ein Substantiv (Schnabel). Lösung C verwendet wiederum *beaks* als Verb, was nicht korrekt ist. Antwort A stellt eine Falle. Sie ergibt keinen Sinn. Schließlich wird nicht der Specht, sondern der Baum vom Specht »beklopft«. Der Specht klopft mit dem Schnabel auf den Baum.

Selbst wenn diese Frage sich nicht darum dreht – erinnern Sie sich an den Unterschied zwischen *its* (ohne Apostroph) und *it's* (mit Apostroph)? Das *its* ohne Apostroph zeigt einen Besitz an, es ist das Possessivpronomen von *it*. *It's (it is) important to know the difference between these words!*

20. **B.** Ein Adjektiv beschreibt oder bestimmt ein Substantiv näher. Das Wort *length,* selbst ein Substantiv, ist das falsche Wort. Vielmehr sollte das Adjektiv *lengthy* (d.h. lang andauernd, beschreibt also die Dauer) den Vortrag beschreiben oder näher bestimmen.

Gratuliere, wenn Sie sich bei Antwort D vergewissert haben! Die Konstruktion *either/or* ist in diesem Abschnitt oft eine Falle. Denken Sie dran: *either* gehört zu *or*, wohingegen *neither* mit *nor* gekoppelt wird. Hätte der Satz geheißen »either fell asleep in class *nor* left before the end of the hour«, dann wäre *nor* falsch.

Warum ich diese Regel erwähne, wenn der Begriff in der Frage doch richtig verwendet wurde? Nun, ich möchte vermeiden, dass Sie Ihr Gehirn auf Automatik schalten! Immer wieder picken Kandidaten die Signalwörter heraus, die oft – aber keineswegs immer – in der falschen Antwort vorkommen. Nur weil Sie diese Wörter immer kritisch prüfen sollten, müssen sie noch lange *nicht immer* falsch angewendet sein! Seien Sie durchaus vorsichtig und kritisch, aber denken Sie nicht, diese Wörter müssten automatisch falsch sein!

(Here's a little joke for all you scientists out there: »Two atoms are walking down the street and crash into each other. The first atom says: »Are you all right?« The second atom shakes his head and says: »Oh, no, I lost an electron!« The first atom looks concerned and says: »Are you sure?« The second atom responds: »Yes, I'm positive!«)

21. **A.** Steht das Wort *only* vor einem Verb, dann folgt das Verb meist in der *–ing*-Form. In diesem Fall müssen Sie sagen *only by asking* – nicht *only by ask*. Hier dreht es sich nicht um das *only*, sondern um das *by*. *By* ist eine Präposition, auf die ein Substantiv oder ein Pronomen folgen muss. Hängt man *–ing* an das Verb, so wird daraus ein Substantiv, ein so genanntes Gerund. *By working hard he succeeded. Only by working hard he succeeded.* Noch ein Beispiel gefällig? *Only by studying this material you will do well. Only by laughing at my pathetic jokes you will have fun. Only by scoring well on the TOEFL you will get into the college of your choice. Only by going on to the next answer explanation you will end this string of examples.* (Nur wenn Sie dieses Material studieren, werden Sie gut abschneiden. Nur wenn Sie über meine albernen Scherze lachen, werden Sie sich amüsieren. Nur wenn Sie beim TOEFL gut abschneiden, werden Sie an das College Ihrer Wahl kommen. Nur wenn Sie jetzt zur nächsten Erklärung weitergehen, können Sie diese Aufzählung von Beispielen beenden.)

22. **A.** Na, reingefallen? Haben Sie Antwort A automatisch rausgeworfen, nur weil die Falle *being* darin vorkommt? In neun von zehn Fällen wäre das richtig. Es stimmt, dass *being* meist in den falschen Lösungsmöglichkeiten vorkommt. Aber diesmal habe ich das Wort *being* mit Absicht in die richtige Lösung gesteckt! Nein, ich bin kein Sadist (ehrlich!), ich möchte nur vermeiden, dass Sie wie ein Automat arbeiten. Obwohl diese Tipps großartig sind, sollten Sie sich doch in erster Linie auf Ihr eigenes Hirn verlassen. Sie müssen bei jeder Frage, wirklich bei *jeder*, Ihren eigenen Grips anstrengen!

Lösung B verändert die Bedeutung des Satzes. Wenn *everyone* die große Frau für ein Modell hielt, dann wäre es *usual*, dass sie für ein Modell gehalten wurde. *It was not unusual.* Lösungen C und D passen nicht in die Lücke.

(Speaking of tall, I'm 5'9" myself. When people ask me whether I'm a model, my joking response is always: »Nope, I'm full size!«)

23. **B.** *Among* vergleicht mehr als zwei Dinge. *Between* dagegen exakt zwei. In diesem Fall werden zwei Dinge verglichen, das Messer und das blutgetränkte Hemd. Deshalb ist *between* die korrekte Lösung.

 Diese Art von Frage halte ich für besonders leicht. Wenn Sie das richtige Wort aus zwei (oder drei) leicht zu verwechselnden Möglichkeiten heraussuchen sollen, müssen Sie sich nur auf die Regeln besinnen. Und wo stehen diese Regeln? In Kapitel 4, in dem Abschnitt mit der Überschrift Sprachstil. Hier finden Sie solche schönen Sachen wir *between/among, affect/effect, lie/lay*. Je mehr Zeit Sie aufwenden, sich diese häufigen Fehler zu merken, desto besser werden Sie nicht nur in diesem Prüfungsteil, sondern auch beim Aufsatz abschneiden. Kein Leser stößt gerne auf solche Verwechslungen!

24. **C.** Diese Frage ist wirklich schwer. Eliminieren Sie eine Antwort nach der anderen. Lösung A funktioniert nicht, weil die Wörter nicht zusammenpassen. Man würde entweder »front or back« oder »forwards or backwards« sagen. Man kann die Begriffe nicht mischen und

»front or backwards« sagen. Das gleiche gilt bei Antwort B. Man sagt nicht »forwards or backing«, sondern »forwards or backwards«.

Antwort D ist sehr verlockend – doch leider gibt es den Ausdruck *siding to siding* überhaupt nicht. Es muss *side to side* heißen. *Siding* wird im Englischen für die Verkleidung (z.B. aus Aluminium oder anderem Material, zur Verschönerung oder zum Schutz) der Seitenwand eines Gebäudes verwendet.

25. **A.** Das Subjekt, *lawyers,* steht im Plural und erfordert daher das Verb *have.* »For many years, lawyers *have* been used to hearing jokes.«

Da hätte ich gleich noch einen schönen Witz: Why won't sharks bite lawyers? Professional courtesy.

3. Abschnitt: Leseverständnis

1. **A.** Der zweite Satz in diesem Abschnitt sagt »At first glance, the right and left halves of the human brain appear identical.« (»*Auf den ersten Blick erscheinen die rechte und linke Hirnhälfte des Menschen identisch.*«) Der folgende Satz lautet »However, there are many differences between the two hemispheres.« (*Allerdings gibt es etliche Unterschiede zwischen den beiden Hälften.*«) Daraus können Sie schließen, dass *hemisphere* dasselbe ist wie *half,* nämlich Hälfte. (Wobei *halves* der Plural von *half* ist.)

   Hinweis: Die Silbe *hemi* bedeutet soviel wie *halb.*

Wenn Sie bei einer Frage ein Wort durch ein anderes ersetzen sollen, dann setzen Sie die einzelnen Möglichkeiten zur Probe in den Satz ein. Man würde nicht sagen »There are many differences between the two circles.« (»*Es gibt viele Unterschiede zwischen den beiden Kreisen*«) oder »There are many differences between the two brains.« (*... zwischen den beiden Hirnen*) (Ich persönlich kenne niemanden mit zwei Gehirnen, obwohl so ein Ersatzhirn beim TOEFL natürlich äußerst nützlich wäre. Nervöse Kandidaten sollen beim TOEFL schon eine ganze Menge Gehirnzellen eingebüßt haben!) Antwort D ist verlockend, da der Text sich um Sprache dreht, aber Satz drei diskutiert nicht zwei unterschiedliche Sprachen. Er thematisiert vielmehr die Unterschiede zwischen den beiden Gehirnhälften.

2. **B.** Bei vielen TOEFL-Lesetexten gibt es mindestens eine Frage, die auf die Hauptaussage der Passage zielt. Die Frage kann dabei unterschiedlich gestellt werden: *what is the main idea, what is the main theme, what is the author's primary purpose, what does the passage mainly discuss* usw. (*Was ist der Hauptgedanke, was ist das Hauptthema, was ist das Hauptziel des Autors, was thematisiert dieser Abschnitt in erster Linie*) (Kapitel 11 beschäftigt sich detailliert mit diesem Fragetyp.)

Bei der Frage nach der Hauptaussage sollten Sie zunächst die vorgegebenen Lösungen ignorieren und versuchen, die Frage in Ihren eigenen Worten zu beantworten. Was würden Sie antworten, wenn jemand fragt: »Was liest du da gerade?« Ihre Antwort ist nämlich die Hauptaussage: »Ach, diesen Text hier über das Gehirn und wie es mit Sprache umgeht.« Das Schlüsselwort *language* lässt eigentlich nur Möglichkeiten B und D übrig. Allerdings ist D eine Falle. Obwohl der TOEFL Ihre Kenntnisse des Englischen als Fremdsprache prüft (und Sie deshalb das Thema Fremdsprache im Kopf haben), behandelt dieser Text nicht etwa Fremdsprachen, sondern Sprache im Allgemeinen. Gehen Sie bei Ihren Antworten nicht zu weit!

3. **D.** Ein Pronomen – wie das Wort *this* – ersetzt ein Nomen. Um herauszufinden, wofür ein Pronomen steht, setzen Sie einfach die Möglichkeiten an der Stelle in den Satz ein, an dem das Pronomen steht. Man würde nicht sagen »Scientists have learned language from studying stroke victims.« (*Wissenschaftler haben durch das Studium von Schlaganfallpatienten Sprache gelernt.«*), sondern »Scientists have learned the job of the left hemisphere of the brain from studying stroke victims.« (*»Wissenschaftler haben durch das Studium von Schlaganfallpatienten etwas über die Aufgaben der linken Hirnhälfte gelernt.«*)

4. **A.** Freuen Sie sich, wenn eine Frage mit den Worten »According to the passage,« (*»Laut Text«*) beginnt. Solche Fragen sind leicht zu beantworten! Sie müssen nur zu der Stelle zurückgehen und die spezifische Antwort, Wort für Wort, finden. Sie müssen nicht großartig überlegen oder interpretieren. In Zeilen 5-6 heißt es »Many stroke victims who have problems in the left hemispheres of their brains lose their ability to speak.« (*»Viele Schlaganfallpatienten, bei denen Probleme in der linken Hirnhälfte auftreten, verlieren die Fähigkeit zu sprechen.«*)

In diesem Buch lernen Sie, bei welchen Fragen sich ein Zeitaufwand lohnt, welche Fragen Sie glatt überspringen können (Sie dürfen, wie Sie wissen, im Abschnitt Leseverständnis Fragen überspringen, was aber nicht für die anderen Prüfungsteile gilt!) und bei welchen Fragen Sie mal kurz raten sollten. Alle Fragen mit den Worten »According to the passage« lohnen den Zeitaufwand. Nehmen Sie sich so viel Zeit wie nötig, um die Antwort zu finden, denn das sind sichere Punkte und (fast) garantiert richtige Lösungen!

5. **B.** Haben Sie diese Frage ausgelassen? Gratuliere, Sie reagieren ganz normal! Fragen mit *Except* sind meist sehr schwierig, zeitaufwändig oder schlicht sehr knifflig. Ich schlage deshalb vor, dass Sie diesen Fragetyp überspringen und zur nächsten Frage weitergehen. (Sie wissen ja, im Abschnitt Leseverständnis dürfen Sie Fragen überspringen. Allerdings ist das nur in diesem Prüfungsteil erlaubt, ansonsten verlangt der Computer eine Antwort von Ihnen, ehe er zur nächsten Frage weitergeht. Sie können also davon ausgehen, dass der Test Sie geradezu einladen möchte, bestimmte Fragen zu überspringen!) Eine Frage, die wissen will, was *not discussed* wird, bedeutet, dass Sie im Text drei Dinge finden müssen, die tatsächlich *discussed* werden, um diese Antworten eliminieren zu können. Das verschlingt eine Menge Zeit!

Zeilen 11-12 sagen, dass »the right ear is more directly connected to the left hemisphere of the human brain.« (*»dass das rechte Ohr direkter mit der linken Hirnhälfte des Menschen verbunden ist.«*). Der Text verrät aber nicht, warum das so ist. Schlau, nicht wahr? Normalerweise würde ein Kandidat diese Antwort eliminieren, weil *it is mentioned (es erwähnt wird)*. Die Tatsache an sich wird erwähnt, nicht jedoch der Grund, das *why*. (Sehen Sie, genau aus diesem Grund rate ich Ihnen, bei dieser Art von Frage schnell zu raten.)

Zeilen 3-4 sagen Ihnen, dass »the job of the left hemisphere of the brain is to process and produce language.« (*Aufgabe der linken Hirnhälfte ist es, Sprache zu verarbeiten und zu produzieren.«*). Eliminieren Sie Antwort A. Zeilen 5-6 verraten Ihnen, dass »stroke victims who have problems in the left hemispheres of their brains lose their ability to speak.« (*Schlaganfallpatienten mit Problemen in der linken Hirnhälfte verlieren die Fähigkeit zu sprechen.«*) Eliminieren Sie Antwort C. (Denken Sie daran, dass Sie ja nach etwas suchen, was nicht im Text erwähnt ist!) Außerdem können Sie auch Antwort D eliminieren, da Sie in Zeilen 14-16 erfahren, dass »language is processed and produced in the left hemisphere of the brain simply because the left hemisphere has the ability to handle rapidly changing acoustic (sound) information.« (*Sprache wird in der linken Hirnhälfte entwickelt und produziert, einfach deshalb, weil die linke Hälfte die Fähigkeit besitzt, auf schnell wechselnde akustische Informationen zu reagieren.«*)

6. **B.** Das ist eine ziemlich komplizierte Frage. Sind Sie auf Antwort D reingefallen? Normalerweise bezieht sich ein Pronomen wie *they* auf das nächststehende Nomen. In diesem Fall »rapidly changing acoustic (sound) information« steht *they* zwar ganz in der Nähe, aber *information* steht im Singular und erfordert deshalb *which* oder *that* als Pronomen. So kann *they* eigentlich nur auf Lösung B, *the scientists*, oder Lösung C, *the stroke victims*, bezogen sein. Und worauf nun genau? Im zweiten Abschnitt kommen *stroke victims* überhaupt nicht vor, nur im ersten Abschnitt werden sie erwähnt. *They* bezieht sich auf die *scientists,* die im ersten Satz des zweiten Abschnitts vorkommen.

Viele TOEFL-Fragen wollen wissen, worauf sich ein Pronomen bezieht. Häufige Pronomina, Fürwörter, sind *they, them, these, what, that, which.* Sie sollten wissen, welche Pronomina sich auf Menschen (*they, them*) und welche sich auf Dinge (*these, what, that, which*) beziehen. Ein Pronomen tritt immer an die Stelle eines Nomens. Mit diesem Fragetyp kommen Sie am besten zurecht, wenn Sie anstelle des Pronomens das Nomen in den Satz einbauen. Im vorliegenden Beispiel ergibt es keinen Sinn zu sagen »The two hemispheres of the brain hypothesize that ...« oder »the acoustic information hypothesize that ...«. Nur Menschen können Hypothesen aufstellen. Und warum wäre »the stroke victims« die falsche Antwort? Weil nur die Wissenschaftler, *scientists,* Hypothesen anstellen, und nicht die Opfer von Schlaganfällen, *stroke victims.*

7. **D.** Das ist eine sehr schwere Frage! Der letzte Abschnitt des Textes ist enorm schwer zu lesen und zu verstehen. Geraten Sie nicht in Panik, wenn Ihnen ein Abschnitt viel schwerer vorkommt als der übrige Text. Meist beziehen sich nur wenige Fragen auf diesen komplizierten Teil. Anders ausgedrückt, Sie können mit Fragen, die sich auf die verständlicheren Passagen beziehen, eine Menge Punkte machen! Machen Sie sich also keine Gedanken über solche Abschnitte, die Sie verwirrend finden!

Im letzten Satz des Textes heißt es »they became the only species ... to develop a complex linguistic system.« (*»sie wurden die einzige Gattung ... die ein komplexes Sprachsystem entwickelte.«*). *They* bezieht sich auf die Menschen. Oder kommen Sie jetzt etwa mit dem Argument, dass auch Wale über ausgeklügelte Sprachsysteme verfügen? Das ist hier völlig irrelevant. Es geht nur darum, was der Autor des Textes denkt. Was Sie persönlich glauben ist völlig unwichtig! Ihre Antwort beruht einzig und allein darauf, was der Autor sagt oder meint!

8. **C.** Versuchen Sie bei der Frage nach der zentralen Idee (»What does the author mainly discuss?«) immer, die Antwort *vorherzusagen*, noch ehe Sie die Lösungsmöglichkeiten ansehen. Überlegen Sie sich: Wie würde ich das beschreiben, was ich gerade gelesen habe? Kann ich es in einem Wort zusammenfassen? Wenn Sie jemand fragt, was Sie da gerade lesen, könnten Sie antworten: »Einen Text über Kunst.« Und nur eine der Lösungsmöglichkeiten beinhaltet das Wort *art*, nämlich die korrekte!

9. **B.** Ein Pronomen (Fürwort) tritt an die Stelle eines Nomens. Das Pronomen *it* bezieht sich auf eine Sache, nicht etwa auf eine Person. (Auf Personen bezieht man sich mit *who* oder *whom*.) Aus diesem Grund können Sie Antwort D gleich eliminieren. Um herauszufinden, worauf sich das Pronomen bezieht, setzen Sie am besten die einzelnen Möglichkeiten in den Satz ein und lesen ihn dann. Antwort C scheidet aus, weil man nicht sagen kann: »One culture was visited repeatedly by a variety of cultures.«

Sind Sie auf Antwort A hereingefallen? Obwohl der Text von Colorado handelt, bezieht sich dieser Satz auf den Canyon und seine Besucher, nicht aber auf den Staat.

Übrigens: Ein Pronomen bezieht sich meist auf ein in der Nähe stehendes Nomen. Colorado kommt im ersten Satz vor, der Canyon im zweiten.

Eine der häufigsten Fragen im Abschnitt Leseverständnis dreht sich um Pronomina und ihr Bezugswort. Sie sollten Pronomina also unbedingt erkennen können (*I, you, he, she, it, we, us, they, them, these, those, who, that, which* – mehr davon finden Sie in Kapitel 4, der Grammatikübersicht). Weil dieser Fragetyp so oft vorkommt, sollten Sie üben herauszufinden, welches Nomen das Pronomen ersetzt. Beim Lesen von Zeitungsartikeln oder Büchern können Sie das üben: Identifizieren Sie die Pronomina und schreiben Sie auf, welches Wort sie ersetzen. Wenn Sie sich nicht ganz sicher sind, fragen Sie einen Freund oder Englischlehrer!

10. **D.** Das ist eine ziemlich einfache EXCEPT-Frage! Dieser Fragetyp ist nämlich sonst sehr knifflig (wenn es heißt: »All of the following are true EXCEPT«). (»*Alles Folgende ist richtig AUSSER*«) Die Antwort steht hier in Zeilen 14-16, das Schlüsselwort ist *however*. *However* deutet an, dass gleich etwas Entgegengesetztes kommt. Beispiel: »Moshe wanted to go to the party; however, he decided to stay home and study for the TOEFL instead.« (*Moshe wollte eigentlich auf die Party gehen, doch er beschloss, zu Hause zu bleiben und für den TOEFL zu lernen.*«)

11. **A.** Hüten Sie sich davor, zuviel in diesen Text hineinzulesen. Im zweiten Abschnitt heißt es, die Fratres »made note of the numerous examples of rock art as they traveled through the Douglas Creek Valley en route to the California missions.« (»*machten Notizen von den zahlreichen Beispielen der Felsenmalerei, als sie auf dem Weg zu den kalifornischen Missionen durch das Douglas Creek Valley zogen.*«). Daraus können Sie entnehmen, dass die Fratres auf ihrem Weg nach Kalifornien durch Colorado zogen (weil im ersten Absatz steht, dass der Canyon Pintado District in Colorado liegt).

Die anderen Antworten gehen zu weit. Im Text steht, dass die Fratres sich Notizen zu den Zeichnungen machten, aber nicht, dass sie selbst Zeichnungen anfertigten. Antwort B scheidet also aus. Antwort C ist knifflig. Womöglich haben Sie sich dafür entschieden in der Annahme, dass die Fratres die ersten Menschen in diesem Canyon waren, weil sie ihm einen Namen gaben. Trotzdem ist diese Schlussfolgerung nicht korrekt. Denn vielleicht gab es zuvor schon andere Leute, abgesehen von den Ureinwohnern, die den Canyon entweder überhaupt nicht benannten oder ihm einen inzwischen vergessenen Namen gaben. Antwort D können Sie schließlich auch eliminieren. An keiner Stelle im Text wird die Ankunft der Fratres mit dem Ende der Kunst gleichgesetzt.

12. **A.** Hier handelt es sich um eine ganz direkte Frage nach einem spezifischen Detail. Sie müssen also nach einem bestimmten Punkt suchen. In Zeilen 19-20 heißt es »A small percentage of Canyon Pintado figures are similar to those of the Vernal, Utah, area.« (»*ein kleiner Teil der Figuren des Canyon Pintado ähneln jenen im Gebiet von Vernal, Utah.*«)

Mit Anwort B oder C haben Sie sich einfach nur für ein Wort entschieden, das Ihnen bekannt war. Aber das bloße Vorkommen eines Begriffs im Text heißt noch lange nicht, dass es sich hierbei um die Antwort auf die Frage handelt! Konzentrieren Sie sich also immer auf die eigentliche Frage und antworten Sie mit diesem Punkt!

13. **D.** In Zeilen 17-25 geht es um die Kunst, vor allem die Figuren. Wenn Figuren Köpfe haben und mit Halsketten geschmückt sind, (»adorned with necklaces«), können Sie daraus schließen, dass diese Figuren Halsketten tragen. Also: they are decorated with necklaces.

Sind Sie auf Antwort A hereingefallen? *Adorn* (schmücken) ist leicht zu verwechseln mit *adore* (anbeten, verehren). Gehen Sie zum Satz zurück und setzen Sie die Möglichkeiten in den Text ein. Dann werden Sie feststellen, dass es keinen Sinn ergibt zu sagen »These figures have large, trapezoidal-shaped bodies, stick-like legs, and trapezoidal heads, and, in many cases, are *loved with* necklaces«.

14. **A.** Der erste Satz im letzten Abschnitt spricht von »recurring« Motiven. *Recurring* bedeutet soviel wie »wiederkehrend/sich wiederholend«. Der vorletzte Satz des letzten Abschnitts sagt, dass bestimmte Kunstrichtungen in der Kunst von Fremont oft vorkommen, »are often found«. Aus diesen beiden Fakten können Sie schließen, dass sich die Muster wiederholen.

Ist Ihnen aufgefallen, dass B und C letztlich dasselbe aussagen? Sie wissen ja, dass Sie nicht zwei richtige Antworten auf eine Frage haben können. Wenn also zwei Antworten nahezu identisch sind, können Sie beide ausschließen.

Lösung D ergibt überhaupt keinen Sinn. Im letzten Abschnitt ist von Figuren ohne Beine und mit trapezförmigen Köpfen die Rede. Ein Trapez ist ein Viereck mit zwei Parallelen, aber ungleich langen Seiten – ein sehr merkwürdiger Kopf!

15. **C.** Die Hauptaussage des Textes ist meist sehr allgemein und breit angelegt. Antwort B scheidet aus. Die Wirtschaftskrise der USA wird zwar erwähnt, ist aber nicht der Kernpunkt. Das gleiche gilt für Lösung D. Krankheiten kommen zwar vor, sind aber ebenfalls nur eine Nebensache. Antwort A wird im Text überhaupt nicht besprochen.

16. **B.** Um herauszufinden, was ein Begriff bedeutet, setzen Sie einfach die Möglichkeiten in den Originalsatz ein. Sie würden nicht sagen: people »manufactured exploring and charting the trail«. Wenn Sie A oder D gewählt haben, sind Sie auf die Beziehung zwischen *hand, drew* und *manufactured* hereingefallen. Wenn es in einer Frage darum geht, wie ein

Wort verwendet wird, bedenken Sie, dass es vielleicht nicht im »üblichen« Sinne gebraucht wird. Wählen Sie vor lauter Zeitdruck nicht einfach die offensichtlichste Antwort! Setzen Sie Ihre Lösung immer in den Satz ein.

Antwort C ist sehr verlockend. Die Leute hatten wahrscheinlich wirklich Angst, _they were afraid of the trip_. Allerdings kommt im ersten Abschnitt nicht die Angst, sondern nur ihr fester Wille vor, ihre Hoffnung auf ein besseres Leben.

»To have a hand in« heißt »an einer Sache beteiligt sein, daran arbeiten«. You have a hand in student government when you are the president of the council. (_Sie sind an der Studentenverwaltung mit beteiligt, wenn Sie Ratspräsident sind._)

17. **C.** In Zeilen 24-26 heißt es: »The mysterious nature of cholera made it even more frightening: A strong, healthy person could develop a slight fever in the morning, be unconscious by noon, and die in the evening.« (»_Das rätselhafte Wesen der Cholera machte sie um so erschreckender. Eine starke, gesunde Person entwickelte vielleicht am Morgen leichtes Fieber, war mittags bewusstlos und starb am Abend._«) Daraus können Sie ableiten, dass das wirklich Beängstigende an der Krankheit ihr enorm schnelles Voranschreiten war.

18. **A.** In Zeilen 7-10 steht: »In 1838, a former missionary to Oregon named Jason Lee toured the eastern states praising the virtues of the West, and Oregon in particular. To a struggling people, his words held the promise of a new life.« (»_1838 zog Jason Lee, ein ehemaliger Missionar in Oregon, durch die Oststaaten und pries die Tugenden des Westens, vor allem von Oregon. In den Ohren der armen Leute klangen diese Worte wie das Versprechen eines neuen Lebens._«) Daraus können Sie ableiten, dass Lees Zuhörer ermutigt wurden, in den Westen umzusiedeln und neu zu beginnen.

Antwort B ist eine Falle für schlampige Leser! Der einzige Bezug zu Religion ist die Tatsache, dass es sich um eine _former missionary_ (_eine ehemalige Missionsstation_) handelt. Im Text ist nicht die Rede davon, dass der Mann predigte oder Menschen zu bekehren versuchte.

19. **C.** Der dritte Abschnitt berichtet davon, dass die Leute weder einen gut informierten Führer hatten noch organisiert waren und deshalb ihren Mut verloren. Im Test ist überhaupt kein Hinweis auf Geld oder die Frage, ob man sich die Reise auf dem Oregon Trail leisten kann.

Wenn Sie C nicht gewählt haben, sind Sie im zweiten Abschnitt durcheinander geraten. Hier steht, dass die Leute den Oregon Trail nahmen, weil sie kaum Geld besaßen. (»Money was tight« heißt soviel wie »knapp bei Kasse sein«.)

20. **D.** Im letzten Abschnitt kommen die Probleme der Reisenden auf dem Oregon Trail zur Sprache. Ihr größtes Problem war die Cholera, »the most dreaded concern« (_die am meisten gefürchtete Sorge/die größte Sorge_«). Sie befürchteten, die Krankheit zu bekommen. Der restliche Absatz gibt einen Grund für die Angst der Menschen: Sie erfahren hier, dass die Krankheit ein Rätsel war, weil sie so »_quickly_« zuschlug.

21. **A.** In Zeilen 2-4 des ersten Absatzes heißt es explizit: »The reasons for the Oregon Trail were simple: a hope for a better life, freedom, and the determination to tame a piece of wild land and build a future.« (»_Die Gründe für den Oregon Trail waren einfach: Hoffnung auf_

ein besseres Leben, Freiheit und die Entschlossenheit, ein wildes Stück Land zu zähmen und eine Zukunft aufzubauen.«) Sie müssen die Gründe also nicht angeben, sondern nur sagen, *wo* im Text sie vorkommen.

22. **D.** Fragen Sie sich beim Lesen immer nach dem Kerngedanken des Textes. Was will der Autor Ihnen sagen? In diesem Fall dreht sich der Text darum, wie die Pflanzen nach South Dakota kamen. Der Autor beschäftigt sich hier mit den unterschiedlichen Klimazonen von South Dakota und wie sie dazu führten, dass sich hier unterschiedliche Pflanzenarten entwickelten.

Der Kerngedanke – bzw. was der Autor in erster Linie beschreibt – ist meist eine sehr allgemeine, breit angelegte Antwort. Anders ausgedrückt, es handelt sich nicht um ein spezifisches Detail. Wenn Ihnen alle Antworten plausibel vorkommen (was beim Leseverständnis nicht selten der Fall ist!), entscheiden Sie sich für die allgemeinste. Im vorliegenden Fall befassen sich alle Antworten bis auf die korrekte mit einem bestimmten Zeitabschnitt. A dreht sich um heute, B um die letzten paar Millionen Jahre, C um die Eiszeit. Nur die richtige Antwort legt sich nicht auf einen bestimmten Zeitabschnitt fest!

23. **C.** Na, das ist Ihnen sicher leicht gefallen! (*Nicht* alle Fragen sind unmöglich, ehrlich!) Im ganzen Text, und erst recht nicht im ersten Absatz, kommen die Menschen von South Dakota vor!

Beim Beantworten einer negativ formulierten Frage – »Which of the following is NOT true« bzw. »All of the following are true EXCEPT« – sollten Sie zuerst alle Möglichkeiten lesen. Sie verlieren viel kostbare Zeit, wenn Sie erst Antwort A lesen, dann im Text danach suchen, das gleiche mit Antwort B machen und so weiter. Lesen Sie stattdessen alle Lösungsmöglichkeiten zuerst, dann werden Sie feststellen, dass C eine relativ plausible Antwort ist.

Übrigens sollten Sie sich über solche Wortungetüme wie *Paleozoic* nicht den Kopf zerbrechen! Diese Wörter sind vor allem deshalb im Text, um Sie zu verunsichern oder nervös zu machen. Meist sind Eigennamen (mit einem Großbuchstaben) nicht wichtig. Sie müssen sie weder verstehen noch sich an sie erinnern können – und aussprechen müssen Sie sie, Gott sei Dank, bei einem schriftlichen Test auch nicht!

24. **A.** Im ersten Satz des zweiten Abschnitts heißt es: »The gradual uplift of the Rocky Mountains has a profound effect on the climate of this region.« Gleich im nächsten Satz steht: »Everything was changed and affected«. Wenn alles, *everything*, davon betroffen war, so muss es sich um eine ziemlich wichtige oder einschneidende Wirkung gehandelt haben!

Um herauszufinden, wie der Autor ein Wort verwendet, setzen Sie einfach die Lösungsmöglichkeiten in den Satz ein. Dann würde es heißen: »The gradual uplift of the Rocky Mountains had an important effect on the climate of this region«. (*»Das langsame Ansteigen der Rocky Mountains hatte auf das Klima dieser Region tiefgreifende Auswirkungen.«*) Das ergibt Sinn. Keinen Sinn dagegen ergibt die Lösung: »The gradual uplift of the Rocky Mountains had an irrelevant effect on the climate of the region. Everything was changed and affected.« (*»... hatte keine bedeutenden Auswirkungen auf das Klima der Region. Alles wurde davon betroffen und verändert.«*)

Wenn Sie B oder D gewählt haben, sind Sie in die Falle gegangen! Sie haben sich verleiten lassen, Ihre eigenen Vorstellungen und Maßstäbe auf den Text zu übertragen. Begriffe wie *good, bad, better* oder *worse* drücken solche Maßstäbe aus. Es kommt aber selten vor, dass ein Text etwas als gut oder böse beschreibt. Vor allem naturwissenschaftliche Texte werten nicht, sondern berichten nur Fakten.

Haben Sie gemerkt, dass B und D nahezu identisch sind? *Bad* und *unfortunate* bedeuten in etwa dasselbe. Eine Frage kann aber nicht zwei richtige Antworten haben, es sei denn, es wird explizit angegeben. Wenn also zwei Antworten (annähernd) inhaltsgleich sind, sind beide falsch und können eliminiert werden.

25. **C.** Fragen, die mit »According to the passage« beginnen, sind meist ganz leicht. Die Antwort ist ganz spezifisch, d.h. Sie müssen nichts in den Text hineininterpretieren oder irgendwelche Schlüsse ziehen. In Zeilen 9-10 heißt es: »With the uplift of the Rocky Mountains, the warm, moist air from the Pacific Ocean that once reached the central plains was now intercepted by the mountains and cooled.« Die zwischen Meer und Ebene liegenden Berge kühlen also die Luft ab.

Vorsicht bei Antworten, die etwas erwähnen, was auch im Text selbst vorkommt. Alle anderen Lösungsmöglichkeiten beinhalten Elemente aus dem Text. Nur weil etwas erwähnt wird, muss es sich noch lange nicht um die richtige Antwort auf die spezifische Frage handeln! Achten Sie immer ganz genau auf die Fragestellung!

26. **D.** Zeilen 16-17 sagen: »This change in climate led to the presence of many new plant communities.« (»*Dieser Klimawechsel führte zur Entwicklung zahlreicher neuer Pflanzengruppen.*«) Sie finden die richtige Antwort, wenn Sie die Hauptaussage des Texts im Auge behalten. Dieser Text handelt davon, wie die Eiszeit die Pflanzenwelt von South Dakota veränderte. Wenn Sie die Antwort nur raten (vielleicht weil Sie unter Zeitdruck stehen), entscheiden Sie sich für eine Antwort, die dem Hauptthema am nächsten kommt. Wenn ein Text von Computern handelt, wählen Sie eine Antwort, in der *computers* tatsächlich vorkommt.

27. **B.** Diese Frage könnte ziemlich schwierig sein! *To advance* heißt soviel wie *voranschreiten. To retreat* bedeutet *sich zurückziehen.* Wenn Sie diese Wörter kennen, fällt Ihnen die Antwort nicht schwer. Andernfalls landen Sie leicht bei einer falschen Antwort! C ist zwar eine wahre Tatsache, aber nicht das, was diese spezielle Zeile bedeutet. D könnte richtig sein oder auch nicht (aus dem Text kann man es nicht erschließen), aber im Text wird nicht erwähnt, ob es immer noch Gletscher gibt. Lesen Sie nicht mehr in einen Text hinein, als tatsächlich dort steht!

28. **B.** In den letzten Zeilen heißt es: »Plants that were one unique to a region now are found in other areas of the land. Regions that once had only a few types of plants now have a great biodiversity. The biodiversity seen today occurred because of this transference of plant species.« (»*Pflanzen, die einst nur in einer einzigen Region vorgekommen waren, fanden sich nun auch in anderen Gebieten. Gegenden, die vorher nur einige wenige Pflanzenarten verzeichnet hatten, wiesen nun große Artenvielfalt auf. Die heute sichtbare Artenvielfalt beruht auf dieser Übertragung von Pflanzensorten.*«) Anders ausgedrückt: die Gletscher haben viele Pflanzen von ihrem ursprünglichen Standort verschoben. *Variety* ist identisch mit *diversity.*

Antwort A ist unlogisch. Vom Studium der Pflanzen ist im Text nirgendwo die Rede. C ist das Gegenteil der richtigen Antwort. Der Text handelt davon, wie die Pflanzen wuchsen und sich entwickelten, nicht davon, wie sie ausstarben (*extinct* bedeutet *ausgestorben*). D ist ebenfalls das Gegenteil der richtigen Antwort. Nicht von einer bestimmten Pflanzensorte ist hier die Rede, sondern von Pflanzen im Allgemeinen.

29. **B.** *Erroneous* heißt *irrtümlich/fälschlich*. Sie können den Sinn aus dem Satzzusammenhang erschließen. Nach *erroneous* fährt der Satz fort: »they actually have been in the United States Navy since the early days of the Republic.« *Actually* (»Nun, eigentlich«) verweist darauf, dass etwas zuvor Gesagtes falsch ist. Beispiel: If your friends says, »I thought the TOEFL was hard«, you may respond, »Actually, I thought it was pretty easy,« if you studied for it. Sie drücken so aus, dass Ihr Freund sich irrt.

30. **B.** Wenn Sie Frage 29 richtig beantwortet haben, haben Sie's hier sicher auch geschafft! Sie haben sich die Bedeutung von *erroneously* erschlossen. Der Autor sagt, dass viele Menschen an etwas glaubten, was letztlich falsch war, ehe er zeigt, worin der Fehler lag und wie er behoben werden kann.

A und D sind negativ formulierte Antworten. Bei dieser Prüfung sind solche Antworten nur ganz selten richtig. Antworten mit *disprove, criticize, ridicule* oder *complain about* sind höchstwahrscheinlich falsch!

31. **A.** Fragen, die mit »According to the passage« beginnen, sind geradezu ein Kinderspiel! Die exakte Antwort finden Sie – meist wortwörtlich – im Text. In diesem Fall heißt es in Zeilen 5-6: »One reason for the lack of information is that service records were not kept by race until a short time before World War I.« (»*Ein Grund für den Mangel an Informationen ist die Tatsache, dass bis kurz vor dem Ersten Weltkrieg keine nach Rasse aufgeschlüsselten Dienstlisten existierten.*«)

Sie sind doch nicht etwa auf B oder C reingefallen, oder? Antwort B ist unlogisch. Natürlich hatten die Afro-Amerikaner Namen, allerdings waren die nirgendwo vermerkt! Antwort C hat Sie vielleicht verwirrt. Der zweite Abschnitt sagt, dass Sklaven nach dem Krieg von 1812 die Freiheit versprochen wurde, erwähnt aber nicht, dass ihre Namen aus den Listen getilgt worden wären. Die Moral von der Geschicht': Verlassen Sie sich nicht zu sehr auf Ihr Gedächtnis! Nur weil Sie sich an irgendetwas mit Sklaven erinnern, muss das noch lange nicht die richtige Antwort sein! Schauen Sie immer noch einmal im Text nach!

32. **D.** Meist ersetzt ein Pronomen das ihm am nächsten stehende Nomen. Dieses Nomen sollten Sie deshalb auch zuerst ansehen. Der Satz heißt: »When Louisiana became a state in 1812, its legislature ...« Der Satz bezieht sich also auf die *legislature* von Louisiana.

Um herauszufinden, welches Nomen das Pronomen (Fürwort) ersetzt, fügen Sie einfach das Wort in den Satz ein. So würden Sie sicher nicht sagen: »When Louisiana became a state in 1812, Africa's legislature authorized ...« (»*Als Louisiana 1812 zum Staat wurde, gestattete es die Legislative von Afrika ...*«).

33. **D.** Zeilen 18-19 beinhalten, dass Andrew Jackson *insisted* (*darauf bestand*), dass das Angebot des Bataillons angenommen werden sollte. Ausgehend von *insisted* können Sie darauf schließen, dass die Leute das Angebot zunächst nicht annehmen wollten und überredet werden mussten.

Antwort A wird nirgendwo im Text angedeutet. Interpretieren Sie nicht zuviel in die Weigerung der Stadt hinein! Antwort B könnte richtig sein oder auch nicht. Der Abschnitt berichtet, dass Louisiana 1812 Soldaten afro-amerikanischer Herkunft akzeptierte, aber nicht, dass die Leute von New Orleans als erste ein afro-amerikanisches Bataillon hatten! Antwort C können Sie ganz schnell vergessen. Wenn die Leute Jacksons Rat annahmen, so vertrauten sie ihm – they *trusted* him, not *distrusted* him.

34. **C.** Mit einem Beispiel soll meist der Hauptgedanke eines Texts unterlegt werden. Das Hauptanliegen dieses Texts ist es zu widerlegen, dass nur wenige Afro-Amerikaner in der Armee dienten. Das Beispiel dient also dazu zu beweisen, dass tatsächlich eine große Zahl von ihnen im Verlaufe der Geschichte militärischen Dienst tat.

   A und D sind Wertungen. Beachten Sie, dass Antworten, die solche Wertungen beinhalten, nur in den seltensten Fällen korrekt sind! (Denn beim TOEFL geht es nicht darum, wer »Recht« und wer »Unrecht« hat.) Antwort B ist verlockend, aber die im Text gegebene Information lässt diesen Schluss nicht zu. Vielleicht waren ja die Afro-Amerikaner, die mit Perry dienten, aus dem Norden und bereits frei. Lesen Sie nicht zuviel in einen Text hinein!

35. **D.** Eine ziemlich leichte Frage! Sie müssen einfach nur den Text lesen.

   Wenn Sie den TOEFL am Computer machen, können Sie Texte nach Belieben nach oben und unten scrollen. Beschränken Sie sich also nicht nur auf den Abschnitt, der gerade auf dem Bildschirm erscheint. Investieren Sie Ihre Zeit (Sie haben insgesamt 90 Minuten für das Leseverständnis), um diese einfache Frage richtig zu beantworten.

36. **A.** Was *published* (veröffentlicht) ist, ist auch *written*. Der Satz sagt, dass Taylor »published her wartime memoirs«). Die anderen Antworten ergeben keinen Sinn, die anderen Dinge kann man nämlich nicht »veröffentlichen«, d.h. *publish. You don't »publish a military«* or *»publish pay«*.

37. **B.** Zeilen 33-34 berichten, dass die Opfer überwiegend auf »diseases associated with the tropical climate of Cuba, not from enemy bullets« zurückzuführen waren. Daraus können Sie ableiten, dass der Krieg in Kuba geführt wurde.

38. **C.** Es heißt: »they were defeated«. Vielleicht sind Sie ja Antwort D in die Falle gegangen, weil eine Armee auch *defeated* (d.h. besiegt) werden kann. Aber hier wurden die Gesetzesvorlagen (*bills*) *defeated*, die dem Kongress vorgelegt wurden.

   Habe ich Sie bei Antwort A in die Falle gelockt? Meist, aber keineswegs immer, ersetzt ein Pronomen (Fürwort) das ihm am nächsten stehende Nomen. In diesem Falle steht das Nomen *Congress* zwar am nächsten beim Pronomen *they*, doch es bezieht sich nicht darauf. Ich wollte Sie mit dieser Frage bewusst in die Irre führen, um Ihnen zu zeigen, dass man sich nicht blindlings auf Tipps verlassen kann! Schalten Sie lieber Ihren eigenen kritischen Verstand ein und untersuchen Sie jeden einzelnen Fall genau!

39. **C.** Abschnitt 4 beginnt mit »African-American women also served in the military.« (»*Auch afro-amerikanische Frauen dienten in der Armee.*«) Das *also* verweist darauf, dass sich der vorangegangene Satz auf Männer bezog.

Auf dem Computerbildschirm sehen Sie ein schwarzes Viereck jeweils an der Stelle, wo der Satz vorkommt. Sie müssen nur das entsprechende Viereck anklicken!

4. Abschnitt: Schreiben

Denken Sie dran: Auf die im Aufsatz gestellte Frage gibt es keine »richtigen« oder »falschen« Antworten. Hier kommt es auf Ihre Grammatik, nicht auf Ihre Meinung an! Kapitel 9 verrät Ihnen, was die Prüfer im Aufsatz gerne lesen.

Übersetzung der Praktischen Prüfung 1

Zeit: 75 Minuten

1. Abschnitt: Hörverständnis

Teil A

Beispiel:

Was meint der Mann?

(A) *Er braucht keinen Pullover.*

(B) *Er findet den ersten Laden auch zu teuer.*

(C) *Seiner Meinung hat die Frau Unrecht.*

(D) *Der Pullover gefällt ihm nicht.*

1. *Was meint der Mann?*

(A) *Er macht sich auch Sorgen um Sven.*

(B) *Sven hat ihn angerufen.*

(C) *Er ist sicher, dass es Sven gut geht.*

(D) *Sven hat Probleme.*

2. *Was meint die Frau?*

   (A) *Yuri ist sehr großzügig.*

   (B) *Sie will Yuri beim Mittagessen das Geld zurückgeben.*

   (C) *Sie kann es sich nicht leisten, Mittagessen zu gehen.*

   (D) *Yuri wird ihr beim Essen noch mehr Geld leihen.*

3. *Was meint die Frau?*

   (A) *Sie ist eine arme Studentin.*

   (B) *Ihre Eltern waren gute Studenten.*

   (C) *Ihre Eltern verstehen nicht, wie schwer das Studium ist.*

   (D) *Ihre Eltern meinen, sie hätte sich leichte Kurse ausgesucht.*

4. *Was meint die Frau?*

   (A) *Die Platten sind zu teuer.*

   (B) *Der Plattenladen hat gute Angebote, selbst wenn nicht gerade Ausverkauf ist.*

   (C) *Sie muss noch vor dem Ausverkauf eine Platte für ihren Bruder kaufen.*

   (D) *Sie will sicher gehen, dass sie den Geburtstag ihres Bruders nicht vergisst.*

5. *Was meint der Mann?*

   (A) *Er will die Show nicht besuchen.*

   (B) *Die Show ist großartig.*

   (C) *Sein Bruder will ihnen keine Karten besorgen.*

   (D) *Sein Bruder wird ihnen für heute abend keine Karten besorgen können.*

6. *Was meint der Mann?*

   (A) *Er will das Auto nicht reparieren.*

   (B) *Er ist nicht in der Lage, das Auto zu reparieren.*

   (C) *Sein Bruder will sich durch die Autoreparatur zusätzlich Geld verdienen.*

   (D) *Sein Bruder ist bereit das Auto zu reparieren.*

7. *Was meint der Mann?*

   (A) *Die Frau hat nicht genügend Stühle für ihre Gäste.*

   (B) *Die Gäste kommen zu früh.*

   (C) *Es sind zu viele Gäste.*

   (D) *Das Haus der Frau ist zu klein.*

8. *Was sagt die Frau über den Bericht?*

    (A) *Es war eine sehr schwere Aufgabe.*

    (B) *Der Mann bekommt wahrscheinlich die Note A für seinen Bericht.*

    (C) *Der Kurs ist leicht.*

    (D) *Der Bericht wurde rechtzeitig fertig.*

9. *Was meint der Mann?*

    (A) *Der Club wird die Frau nicht als Mitglied aufnehmen.*

    (B) *Die Frau wird den Antrag nicht rechtzeitig bekommen.*

    (C) *Der Antrag ist schwierig auszufüllen.*

    (D) *Er ist selbst Mitglied des Clubs.*

10. *Was kann man aus der Unterhaltung schließen?*

    (A) *Die Frau ist reich.*

    (B) *Der Mann hat weniger Geld als die Frau.*

    (C) *Die Frau wartet auf Geld von ihren Eltern.*

    (D) *Die Eltern der Frau haben vergessen, ihr einen Scheck zu senden.*

11. *Was meint die Frau?*

    (A) *Dem Chef würde die Einstellung des Mannes missfallen.*

    (B) *Der Mann ist letztlich weniger intelligent als sein Chef.*

    (C) *Der Chef würde seine Stelle zugunsten des Mannes aufgeben.*

    (D) *Der Mann hat einen langweiligen Job.*

12. *Was meint die Frau?*

    (A) *Sie will nicht ausgehen.*

    (B) *Ihr Tag war auch langweilig.*

    (C) *Ihr fällt nichts ein, was ihr Spaß machen würde.*

    (D) *Sie möchte die Verabredung auf einen späteren Zeitpunkt verschieben.*

13. *Was meint die Frau?*

    (A) *Sie hat Schwierigkeiten, nachts zu schlafen.*

    (B) *Sie möchte mehr Zeit haben, um ihre täglichen Aufgaben schaffen zu können.*

    (C) *Sie arbeitet lieber abends als morgens.*

    (D) *Der Mann sollte härter arbeiten.*

14. _Was meint der Mann?_

   (A) _Der Geschichtsprofessor ist kein guter Lehrer._

   (B) _Der Professor isst gerne in der Cafeteria._

   (C) _Der Professor hat nichts gegen die Frau persönlich._

   (D) _Die Frau hätte mit dem Professor nicht außerhalb der Klasse reden sollen._

15. _Was meint die Frau?_

   (A) _Sie möchte, dass ihre Zimmerkollegin fragt, bevor sie sich Kleidungsstücke von ihr ausleiht._

   (B) _Ihr Mantel steht ihrer Zimmerkollegin besser als ihr selbst._

   (C) _Es gibt nur einen einzigen solchen Mantel in der Schule._

   (D) _Die Zimmerkollegin wird den Mantel wohl nochmals anziehen._

16. _Was meint der Mann?_

   (A) _Die Frau sollte nichts von dem glauben, was der Freund sagt._

   (B) _Der Freund könnte ein Lügner sein._

   (C) _Der Freund lügt immer._

   (D) _Die Frau ist eine Lügnerin._

17. _Was meint der Mann?_

   (A) _Graham ist krank._

   (B) _Graham ist Professor an der Uni._

   (C) _Graham ist wahrscheinlich immer noch an der Uni._

   (D) _Graham ist nicht mehr an der Uni._

18. _Was meint der Mann?_

   (A) _Er wird am Wochenende lernen._

   (B) _Der Test wird sehr schwer sein._

   (C) _Er denkt, dass die Frau ihm beim Lernen helfen sollte._

   (D) _Er arbeitet zu viel für seine Kurse und müsste sich entspannen._

19. _Was meint die Frau?_

   (A) _Sie weiß nicht, wie hoch der Zinssatz ist._

   (B) _Sie hält den Zinssatz für zu niedrig._

   (C) _Sie hat kein Geld bei dieser Bank._

   (D) _Sie hat noch nie Geld angelegt._

20. *Was meint die Frau?*

    (A) *Es ist jetzt 7.30 Uhr*

    (B) *Um 7.30 Uhr geht kein Flug nach San Diego.*

    (C) *Der Mann hätte ein früheres Flugzeug nehmen sollen.*

    (D) *Das Wetter ist zu schlecht zum Fliegen.*

21. *Was meint der Mann?*

    (A) *Er hatte eine schöne Zeit mit seinen Eltern.*

    (B) *Er hatte nicht erwartet, dass seine Eltern kommen würden.*

    (C) *Er wollte nicht, dass seine Eltern kämen.*

    (D) *Er hasst seine Eltern.*

22. *Was meint der Mann?*

    (A) *Fliegen ist teurer als Zugfahren.*

    (B) *Der Zug ist überfüllt.*

    (C) *Sie sollte zurückgehen und das Flugzeug nehmen.*

    (D) *Flugzeuge sind gefährlicher als Züge.*

23. *Was meint die Frau?*

    (A) *Der Mann braucht eine neue Freundin.*

    (B) *Mit diesem Mann würde Yvonne unter gar keinen Umständen ausgehen.*

    (C) *Die Freundin möchte selbst mit dem Mann ausgehen.*

    (D) *Der Mann geht normalerweise nur mit alleinstehenden Frauen aus.*

24. *Was meint der Mann?*

    (A) *Die Frau hat die falsche Seite in ihrem Kalender aufgeschlagen.*

    (B) *Der Mann hat keine Zeit für ein Treffen.*

    (C) *Der Mann ist von der Einladung der Frau überrascht.*

    (D) *Der Mann möchte sich nicht mit der Frau treffen.*

25. *Was meint der Mann?*

    (A) *Er mag keine Kinder.*

    (B) *Er hat kein Geld, um Einkaufen zu gehen.*

    (C) *Die Frau sollte für Zweijährige kein Geld ausgeben.*

    (D) *Er wäre keine große Hilfe beim Aussuchen des Geschenks.*

26. _Was meint der Mann?_

    (A) _Er hat keine Schwester im College._

    (B) _E-Mail ist billiger als Telefonieren._

    (C) _Das Telefon ist kaputt._

    (D) _Seine Schwester hat kein Telefon._

27. _Was meint der Mann?_

    (A) _Der Mann möchte reden._

    (B) _Der Mann versteht nicht, was die Frau sagt._

    (C) _Der Mann stimmt nicht mit der Frau überein._

    (D) _Der Mann stimmt mit der Frau überein._

28. _Was meint der Mann?_

    (A) _Heute abend hat er keine Zeit zu helfen – aber morgen._

    (B) _Er versteht nichts vom Thema._

    (C) _Er meint, die Frau solle ihre Arbeit alleine machen._

    (D) _Es gibt gar keine Hausaufgabe._

29. _Was meint die Frau?_

    (A) _Ihre Vergesslichkeit überrascht sie._

    (B) _Sie ärgert sich, dass der Mann sie aufzieht._

    (C) _Sie hat ihre Aufgabe bereits erledigt._

    (D) _Sie hatte nicht genügend Zeit, ihre Aufgabe zu erledigen._

30. _Was meint der Mann?_

    (A) _Er hat keine Zeit, sich den Sonnenuntergang anzusehen._

    (B) _Er kann den Sonnenuntergang nicht sehen._

    (C) _Er hat noch nie einen Sonnenuntergang gesehen._

    (D) _Er findet den Sonnenuntergang auch schön._

Teil B

Beispiel:

Was ist der Hauptzweck dieser Unterhaltung?

(A) *Zu erklären, warum das Computerprogramm so teuer ist*

(B) *Zu empfehlen, wo man am besten das neue Computerprogramm kauft*

(C) *Um die Vorteile eines neuen Programms zu diskutieren*

(D) *Um die Bedeutung von Mathematik in der Schule zu demonstrieren*

31. *Worüber unterhielt sich der Mann gestern mit Larry Hansen?*

    (A) *Ihre Arbeit*

    (B) *Ihre Bärte*

    (C) *Die Frau*

    (D) *Football*

32. *Wobei irrt sich der Mann – nach Meinung der Frau?*

    (A) *In der Annahme, dass sie einen Kurs in Infinitesimalrechnung gemacht hätte*

    (B) *In der Annahme, dass sie eine Schwester habe*

    (C) *In der Annahme, Larry spiele Fußball*

    (D) *In der Annahme, Larry habe einen Bart*

33. *Was erwähnt der Mann, damit sich die Frau an Larry erinnern kann?*

    (A) *Seine Party*

    (B) *Sein Auto*

    (C) *Sein Hauptfach im Studium*

    (D) *Seinen Ohrring*

34. *Warum hofft der Mann, dass die Frau zur Party kommen wird?*

    (A) *Er möchte sie jemandem vorstellen.*

    (B) *Er will ihr seinen neuen Anzug vorführen.*

    (C) *Er wird dort nicht viele Leute kennen.*

    (D) *Er braucht Hilfe bei seinen Hausaufgaben.*

35. *Welchen Aspekt bei Erziehung betont der Sprecher besonders?*

(A) *Ausbildung von Undergraduates*

(B) *Testvorbereitung für Studenten*

(C) *Prüfungsangst abzubauen*

(D) *Das beste College für einen Studenten zu finden.*

36. *Warum bedankt sich der Sprecher beim Interviewpartner?*

(A) *Für ein Stellenangebot*

(B) *Für seine Bereitschaft, ihn während eines sehr vollen Arbeitstages zu empfangen.*

(C) *Weil er seinen Lebenslauf entgegengenommen hat.*

(E) *Weil er ihn für eine frühere Arbeit gelobt hat.*

37. *Was, so hofft der Sprecher, wird sein Zuhörer nach Beendigung des Gesprächs tun?*

(A) *Ihm eine Frage zu seiner Person stellen*

(B) *Seine Unterlagen kaufen*

(C) *Ihm noch ein Gespräch anbieten*

(D) *Ihm die freien Stellen in der Firma darlegen*

38. *Womit ist der Sprecher derzeit beschäftigt?*

(A) *Einer Grammatik*

(B) *Einem Sachbuch über Mathematik*

(C) *Einem naturwissenschaftlichen Projekt*

(D) *Einem Projekt im Fach Geschichte*

39. *Warum erwähnt der Sprecher jüngere Schüler?*

(A) *Er hat Kinder in diesem Alter.*

(B) *Er glaubt, dass es kaum Konkurrenz in dem Bereich gibt, der sich an diese Altersgruppe wendet und sie fördert.*

(C) *Er weiß, dass die Firma an dieser Altersgruppe Interesse hat.*

(D) *Er denkt, dass der Interviewpartner Kinder in diesem Alter hat.*

40. *Worüber unterhalten sich die Personen vor allem?*

(A) *Reisen*

(B) *Das Auto der Frau*

(C) *Universität*

(D) *Familie und Freunde*

41. Was stimmt nicht mit dem Auto der Frau?

    (A) Geräusche

    (B) Zu hoher Benzinverbrauch

    (C) Schlechte Reifen

    (D) Ein kaputtes Fenster

42. Wohin fährt die Frau?

    (A) Zurück ins College

    (B) Nach Hause zu ihrer Familie

    (C) Sie hat kein festes Ziel

    (D) Zum Strand

43. Warum muss die Frau nach ihrer Reise eine Stelle finden?

    (A) Um für das College zahlen zu können

    (B) Um ein neues Auto anzuschaffen

    (C) Um ihre Familie zu unterstützten

    (D) Um zu heiraten

44. Was ist das Hauptthema der Stunde?

    (A) Kolonialgeschichte der USA

    (B) Das Dezimalklassifizierungssystem nach Dewey

    (C) Bedeutung des Bibliothekssystems

    (D) Das Leben des Melvil Dewey

45. Wie klassifizierten Bibliotheken vor Einführung des Dezimalklassifikationssystem nach Dewey ihren Bestand?

    (A) Nach Größe und Farbe

    (B) Nach Thema

    (C) Nach Veröffentlichungsdatum

    (D) Überhaupt nicht

46. Wonach klassifiziert das Dezimalklassifikationssystem die Bücher?

    (A) Nach Verlag

    (B) Nach Autor

    (C) Nach Thema

    (D) Nach Länge des Buches

47. *Wovon erzählt der Sprecher?*

    (A) *Singen*

    (B) *Camping*

    (C) *Uni*

    (D) *Unternehmungen mit seinem Freund*

48. *Wie hat Björn dem Botanikkurs des Sprechers geholfen, Pflanzen zu klassifizieren?*

    (A) *Björn half, ungewöhnliche Pflanzen zu sammeln.*

    (B) *Björn hat die Hausaufgaben des Sprechers erledigt.*

    (C) *Björn war im Labor der Partner des Sprechers.*

    (D) *Björn war mit dem Professor befreundet.*

49. *Was hat der Sprecher Björn beigebracht?*

    (A) *Rucksacktouren und Wandern*

    (B) *Pfadfinderlieder*

    (C) *Seltene Pflanzen zu erkennen*

    (D) *Norwegische Liebeslieder*

50. *Was will der Sprecher mit den Liedern machen, die ihm Björn beigebracht hat?*

    (A) *In einem Buch veröffentlichen*

    (B) *Ins Englische übersetzen*

    (C) *Ihre Herkunft erforschen*

    (D) *Sie bei einem Rendezvous einem Mädchen vorsingen*

2. Abschnitt: Satzbau

Beispiel: *Flugzeuge _____ vollgetankt geparkt werden, um zu verhindern, dass Kondensat das Benzin verunreinigt.*

(A) *sollten*

(B) be should

(C) should being

(D) are be

Beispiel: *Mit einer Größe von über sechs Fuß gehört Dave zu den größten Jungen seiner Klasse.*

---

1. Dr. Jones, _____ unseres Jahrgangs, konnte zur allgemeinen Enttäuschung nicht am Klassentreffen teilnehmen.

2. Ein Hund, der auf dem Sofa liegt, wird schleunigst herabspringen, wenn sein Herrchen den Raum betritt.

3. Aus Angst, dass beide Weisheitszähne gezogen werden müssten, weigerte sich Martina, zum Zahnarzt zu gehen.

4. Giftmüll wird normalerweise weit entfernt von Siedlungen gelagert; _____ in einigen Fällen wurden auf ehemaligen Müllhalden Häuser errichtet.

5. Bis zum Ende seines letzten Studienjahres hatte Alexi über 500 Dollar für Bücher ausgegeben, _____ für zwei große Wörterbücher.

6. Wenn das Wetter kälter wird, unternehmen die Leute weniger im Freien.

7. Der Elch schaute kaum auf, als die Hunde seinen Pfad kreuzten.

8. Eine erstaunliche Anzahl von Leuten hat sich an dem Versuch beteiligt, ihre Fernsehgeräte _____ und stattdessen zu lesen oder Sport zu treiben.

9. Mr. Kanu hielt Trigonometrie für eines der schwierigsten Fächer, das seine Schule anbot.

10. Eisläufer sind oft _____ Turner, weil beide Sportlertypen meist klein, aber muskulös sind.

11. Als die Krankheit _____ der Behandlung, verschrieb der Arzt ein anderes Medikament.

12. Der Ladeninhaber versicherte der Polizei, dass es im Geschäft keine gestohlene oder gefälschte, sondern ausschließlich rechtmäßige Ware gäbe.

13. Zwei Hauptdiskussionsthemen während des Seminars sind die globale Erwärmung und das Loch in der Ozonschicht.

14. Die Trophäen der Fußballer, _____ in einer besonderen Vitrine, waren Gegenstand großer Aufmerksamkeit und Bewunderung.

15. Als er gefragt wurde, ob er die Stelle annehmen würde, sagte Rintje glücklich zu.

16. Die von den Studenten eingereichten Aufsätze reichten von einem zweiseitigen, in letzter Minute verfassten Versuch bis zu einem 60 Seiten umfassenden Bericht, der offensichtlich auf gründlichen Untersuchungen beruhte.

17. Um eine Erkrankung zu diagnostizieren und zu behandeln, führt der Arzt ein Patientengespräch, macht Tests und verschreibt schließlich ein Medikament.

18. Der Professor sagte, dass alle Aufsätze des Semesters _____ und gebunden werden sollten.

19. Ein Specht _____ sehr schnell, um Insekten aus den Bäumen heraus zu picken.

20. Der Nuklearwissenschaftler hielt einen so langen Vortrag, dass die meisten seiner Studenten entweder einschliefen oder vor dem Ende der Stunde den Raum verließen.

21. Nur durch das Stellen vieler Fragen konnte Robert das schwierige Thema verstehen.

22. Die sehr große Frau _____ fälschlicherweise für ein Modell gehalten.

23. Der Polizeibeamte behauptete, dass es einen direkten Zusammenhang zwischen dem blutbefleckten Hemd und dem Messer, das am Tatort gefunden wurde, gab.

24. Der Bühnenbildner schuf eine Tür, die _____ bewegt werden oder geöffnet und geschlossen werden konnte.

    (A) vorne oder nach hinten

    (B) forwards or backing

    (C) hin und her

    (D) siding to siding

25. Rechtsanwälte sind seit Jahren daran gewöhnt, Witze darüber zu hören, wie viel sie für ihre Leistungen verlangen.

3. Abschnitt: Leseverständnis

Beispiel:

Man nimmt an, dass das Wort Giraffe *vom arabischen* zirafah *stammt, das soviel wie »der Größte von allen« bedeutet. Der Name ist angemessen. Die Giraffe ist das größte Tier der Erde und kann eine Höhe von über 15 Fuß (5 m) erreichen. Ihr exakter wissenschaftlicher Name ist ebenfalls interessant. Offiziell heißt die Giraffe bei Wissenschaftlern* Giraffa camelopardalis, *weil sie ihrer Meinung nach wie ein Kamel mit Leopardenflecken aussieht.*

Die Theorie, nach der die Musterung einer Giraffe mit menschlichen Fingerabdrücken zu vergleichen ist, hat inzwischen an Boden gewonnen. Offensichtlich sind keine zwei Musterungen identisch. Auch wenn Laien annehmen, dass alle Giraffen gleich gemustert seien, kann ein geschultes Auge feine Unterschiede ausmachen. So erstrecken sich bei manchen Giraffen die Flecken auch auf die Beine, bei anderen hingegen nicht. Auch die Farben variieren, von einem glänzenden, annähernd schwarzen Ton bis zu Hellgelb. Die Farben dienen zur Tarnung der Giraffe im Blattwerk eines Baumes, in dem sie sich versteckt. Ihr langer Hals wird oft für einen Ast gehalten.

Wovon handelt dieser Abschnitt in erster Linie?

(A) *Wozu der Hals der Giraffe gut ist*

(B) *Vom Paarungsverhalten der Giraffe*

(C) *Von den Orten, an denen man Giraffen vorfindet*

(D) *Von unterschiedlichen Musterungen und deren Sinn bei Giraffen*

Durch welche der folgenden Wörter kann der Ausdruck gained ground/an Boden gewinnen *ersetzt werden?*

(A) *Wurde größer*

(B) *Erhielt Unterstützung*

(C) *Wurde abgelehnt*

(D) *Wurde verlacht*

Die Fragen 1-7 beziehen sich auf folgenden Text:

Das Funktionieren des Hirns wird in großem Umfang erforscht. Auf den ersten Blick scheinen rechte und linke Hirnhälfte identisch. Es gibt aber etliche Unterschiede zwischen den beiden Hälften. So nimmt man an, dass die Aufgabe der linken Hirnhälfte darin besteht, Sprache zu verarbeiten und zu produzieren. Wissenschaftler haben das durch Untersuchungen von Schlaganfallpatienten herausgefunden. Viele dieser Patienten, die in der linken Hirnhälfte ein Problem haben, verlieren ihre Fähigkeit zu sprechen. Opfer von Schlaganfällen, die dieselben Probleme in der rechten Hirnhälfte aufweisen, können hingegen noch normal sprechen. Auch an Personen, die keinen Schlaganfall erlitten hatten, führten Wissenschaftler Untersuchun-

gen durch und stellten dieselben Unterschiede zwischen linker und rechter Hirnhälfte fest. So können Menschen zwei unterschiedliche Töne leichter mit dem rechten Ohr identifizieren. Das kommt daher, dass das rechte Ohr direkter an die linke Hälfte des menschlichen Gehirns gekoppelt ist.

Manche Wissenschaftler bezweifeln die Rolle der linken Hirnhälfte bei der Interpretation und Produktion von Sprache. Sie behaupten, dass Sprache nur deshalb in der linken Hirnhälfte verarbeitet und produziert wird, weil die linke Hälfte in der Lage ist, schnell wechselnde akustische Informationen zu verarbeiten. Sie nehmen an, dass der entscheidende Faktor, der für die sprachlichen Fertigkeiten der linken Hirnhälfte verantwortlich ist, in einem exakten Steuermechanismus besteht, der aber auch in Tieren vorliegt, die offensichtlich nicht sprechen können.

Die Entdeckung eines solchen Mechanismus bzw. einer solchen Vorrichtung scheint die Lücke zwischen dem Homo sapiens und allen anderen Gattungen zu verringern. Allerdings könnte sie auch indirekt als Zeugnis für die Einzigartigkeit menschlicher Raffiniertheit dienen. Menschen verfügen über kein Instrument, mit dessen Hilfe sie schnell Sprache erwerben könnten. Und doch sind sie die einzige Gattung, die aus grundlegenden neurologischen Strukturen und Funktionen Kapital geschlagen und sie zur Entwicklung eines komplexen sprachlichen Systems integriert hat.

1. *Der Begriff* hemispheres *in Zeile 3 ist am besten zu ersetzen durch:*

   (A) *Hälften*

   (B) *Kreise*

   (C) *Gehirne*

   (D) *Sprachen*

2. *Wovon handelt der Abschnitt in erster Linie?*

   (A) *Den Unterschieden zwischen den Hirnen von Mensch und Tier*

   (B) *Wie das menschliche Hirn mit Sprache arbeitet*

   (C) *Erkrankungen des menschlichen Hirns*

   (D) *Wie Menschen Fremdsprachen lernen*

3. *Das Wort* this *in Zeile 4 soll heißen:*

   (A) *die Anzahl von Hirnhälften*

   (B) *die Fähigkeit des Hirns, unterschiedliche Töne zu identifizieren*

   (C) *Sprache*

   (D) *die Aufgabe der linken Hirnhälfte*

4. *Was – laut Text – widerfährt Schlaganfallpatienten, die Probleme in der linken Hirnhälfte haben?*

   (A) *Sie verlieren die Fähigkeit zu sprechen.*

   (B) *Sie können Töne nur im rechten Ohr erkennen.*

   (C) *Sie können mit dem rechten Ohr nicht mehr hören.*

   (D) *Sie können nicht mehr laufen.*

5. *Der Abschnitt handelt von folgenden Punkten AUSSER*

   (A) *welche Hirnhälfte Sprache entwickelt*

   (B) *warum das rechte Ohr mit der linken Hirnhälfte verbunden ist*

   (C) *was mit einem Schlaganfallpatienten geschieht, wenn seine linke Hirnhälfte geschädigt ist*

   (D) *warum Wissenschaftler meinen, dass Sprache in der linken Hirnhälfte produziert wird*

6. *Das Wort* they *in Zeile 9 bezieht sich auf:*

   (A) *die beiden Hirnhälften*

   (B) *die Wissenschaftler*

   (C) *die Schlaganfallpatienten*

   (D) *die akustische Information*

7. *Man kann aus dem Text schließen, dass der Autor Folgendes glaubt:*

   (A) *Menschen sind die einzige Gattung, die die linke Hirnhälfte benutzen*

   (B) *Menschen sind die einzige Gattung, die schnell Sprache erwerben können*

   (C) *Menschen sind die einzige ausgeklügelte Gattung*

   (D) *Menschen sind die einzige Gattung mit einem komplexen sprachlichen System.*

Die Fragen 8-14 beziehen sich auf folgenden Text:

Der Canyon Pintado Historic District liegt im Nordwesten von Colorado, USA. In prähistorischer Zeit war er 11.000 Jahre lang bewohnt. Im Laufe seiner langen Geschichte besuchten ihn wiederholt die verschiedensten Kulturen. Eine dieser Kulturen, die sichtbare Spuren hinterließen, waren die Fremont. Zahlreiche bemalte Felswände im Canyon Pintado District zeugen von der Kunst der Völker aus der Fremont-Periode.

Canyon Pintado erhielt seinen Namen und seine erste historische Erwähnung im Jahre 1776. Zwei Geistliche, Frater Dominguez und Frater Escalante, vermerkten zahlreiche Beispiele von Felszeichnungen, als sie auf dem Weg zu den kalifornischen Missionsstationen durch das Douglas Creek Valley zogen. Frater Escalante beschrieb die Reise der Expedition durch den cañon pintado (bemalter Canyon).

Die Felszeichnungen im Canyon Pintado verweisen vom Nordwesten Colorados auf prähistorische Aktivitäten in Utah. In der Zeit, als das Fremont-Gebiet in Colorado besiedelt war, blühte die Kultur der Anasazi in den so genannten *Four Corners* von Colorado, Utah, New Mexiko und Arizona. Bestimmte Elemente der Fremont Kultur ähneln denen der Anasazi. Beide Kulturen pflanzten Mais, Bohnen und Kürbis an und züchteten zahme Truthähne. Während allerdings die Anasazi ausgeklügelte Pueblos und Felswohnungen aus behauenem Stein schufen, bauten die Fremont in Douglas Creek halb unterirdische Höhlenbehausungen.

Die Felszeichnungen der Fremont haben wiederkehrende Motive, die sie über Zeit und Kultur hinweg verbinden. Eigenartige, menschenähnliche Figuren mit breiten Schultern, ohne Beine und hornartigem Kopfputz erinnern an Abbildungen im Gebiet des Barrier Canyon im Südosten von Utah. Einige wenige Figuren des Canyon Pintado ähneln darüber hinaus denen von Vernal, Utah. Diese Figuren haben große, trapezförmige Leiber, Beine wie Stöcke, trapezförmige Köpfe und sind oft mit Halsketten geschmückt. Ein weiteres Motiv der Fremont-Kultur ist das Bergschaf mit seinen elegant geschwungenen Hörnern. Muster wie konzentrische Kreise, schlangenförmige und gepunktete Linien sowie Maiskolben finden sich in der Kunst der Fremont häufig. Eine einzigartige Figur in den Abbildungen der Fremont ist Kokopelli, der bucklige Flötenspieler aus der Mythologie der Anasazi.

8. *Wovon handelt der Text in erster Linie?*

   (A) *Der Erkundung von Colorado und Utah*

   (B) *Verschiedenen Ureinwohnern von Colorado und Utah*

   (C) *Der Kunst verschiedener Kulturen in Colorado und Utah*

   (D) *Wie religiöse Unterschiede in Colorado und Utah beigelegt wurden*

9. *Das Wort* It *in Zeile 2 bezieht sich auf:*

   (A) *Colorado*

   (B) *den Canyon*

   (C) *eine Kultur*

   (D) *prähistorische Menschen*

10. *Im Text werden alle folgenden Punkte als Ähnlichkeiten zwischen der Fremont- und der Anasazi-Kultur erwähnt AUSSER*

   (A) *der Blütezeit der Kulturen*

   (B) *von den Kulturen angebaute Feldfrüchte*

   (C) *von den Kulturen gezüchtete Tiere*

   (D) *Baustile von Häusern und Behausungen*

11. *Aus dem zweiten Abssatz kann man schließen, dass*

    (A) *Dominguez und Escalante durch Colorado zogen, ehe sie nach Kalifornien gelangten.*

    (B) *Dominguez und Escalante Künstler waren, die ihre eigenen Felszeichnungen anfertigten.*

    (C) *Dominguez und Escalante – abgesehen von den Ureinwohnern – die ersten Menschen waren, die durch die Gegend des Canyon Pintado zogen.*

    (D) *die Ureinwohner bald nach der Ankunft von Dominguez und Escalante damit aufhörten, Felszeichnungen anzufertigen.*

12. *Welche der folgenden Regionen hat – laut Text – ähnliche Kunst aufzuweisen wie das Gebiet von Canyon Pintado?*

    (A) *Vernal, Utah*

    (B) *Douglas Creek Valley*

    (C) *Kalifornien*

    (D) *Südamerika*

13. *Das Wort* adorned/schmückte *in Zeile 22 kommt folgendem Wort am nächsten:*

    (A) *liebte*

    (B) *tötete*

    (C) *begrab*

    (D) *schmückte*

14. *Was kann man aus dem Text über die Kunstrichtungen in Zeilen 17-20 entnehmen?*

    (A) *Die Muster werden wiederholt.*

    (B) *Jedes Muster ist einmalig und wird nicht wiederholt.*

    (C) *Jeder Künstler bemüht sich, sein eigenes Muster zu entwerfen und nicht etwa die Muster anderer Künstler nachzuahmen.*

    (D) *Die Kunst ähnelt dem Künstler wie nur irgend möglich.*

Die Fragen 15-21 beziehen sich auf folgenden Text:

Der Oregon Trail, ein wichtiger Korridor für die Wanderung nach Westen, symbolisiert den Westen. Trapper, Bergbewohner und Händler waren an der Erkundung und kartographischen Erfassung des Trail beteiligt. Die Gründe für den Oregon Trail waren einfach: Hoffnung auf ein besseres Leben, Freiheit, der Wille, ein Stück wildes Land zu zähmen und eine Zukunft zu schaffen.

Ein wichtiger Umstand führte dazu, dass der Oregon Trail ein maßgeblicher Teil der amerikanischen Geschichte wurde. In den 1830-igern litten die USA unter einer wirtschaftlichen Depression. Geld war knapp, Arbeitslosigkeit hoch, am schlimmsten litten die Unter- und die Mittelschicht. 1838 zog Jason Lee, ein ehemaliger Missionar aus Oregon, durch die Oststaaten und pries die Tugenden des Westen – in erster Linie die von Oregon. In den Ohren der armen Leute klangen seine Worte wie das Versprechen eines neuen Daseins.

Im Frühjahr 1841 versammelten sich in Independence, Missouri, der letzten Siedlung der Frontier (westlichen Besiedlung), etwa 500 Menschen, um sich nach Oregon aufzumachen. Sie waren nicht gut organisiert. Manche hatten Ochsenkarren, andere Mulis und Pferdewagen, einige waren zu Fuß. Ohne gut informierten Führer verloren sie schnell den Mut und gaben die Reise auf. Nur etwa 30 von ihnen schlugen sich bis nach Oregon durch.

Der erste organisierte Zug nach Oregon fand im Frühling 1842 statt. 100 Menschen trafen sich in Independence. Mit einem professionellen Führer aus Fort Hall, im heutigen Idaho, brachen diese hoffnungsvollen Menschen in Richtung Willamette Valley, im Westen Oregons, auf. Sie und andere mussten erfahren, dass diese Reise tödlich verlaufen konnte. Im Sommer verdunsteten die Wasservorräte, Ochsen verendeten, und diejenigen Familien, die nicht genügend Wasserfässer mitgenommen hatten, verdursteten. Andere Karawanen mussten hungern, wenn sie sich nicht von den Vorräten des Landes ernähren konnten, so wie es manche falsch informierte Reisende erwartet hatten. Die größte Sorge war die Cholera. 1849 starben über 5000 Menschen allein in St. Louis an dieser Krankheit, die in Windeseile auch jene Wagen erfasste, die in Richtung Westen unterwegs waren. Das geheimnisvolle Wesen der Cholera ließ sie noch schlimmer erscheinen. Ein starker, gesunder Mensch entwickelte am Morgen ein leichtes Fieber, war am Mittag bewusstlos und starb womöglich am Abend.

15. *Was ist das Hauptthema des Textes?*

   (A) *Wer Oregon entdeckte*

   (B) *Die wirtschaftliche Depression in den USA im 19. Jahrhundert*

   (C) *Die Geschichte des Oregon Trail*

   (D) *Krankheiten, an denen die Menschen im 19. Jahrhundert in Oregon starben*

16. *Der Ausdruck »all had a hand in/waren allesamt beteiligt an« kommt folgendem Begriff am nächsten:*

   (A) *zog*

   (B) *hatten Anteil an*

   (C) *hatten Angst vor*

   (D) *stellten her*

17. *Was bezeichnet der Autor als Furcht erregendsten Aspekt der Cholera?*

   (A) *Die Tatsache, dass sie vor allem Kleinkinder tötete*

   (B) *Die hohen Kosten der Krankheitsbekämpfung*

   (C) *Das unheimliche Tempo, mit dem sie töten konnte*

   (D) *Die hohe Ansteckungsrate der Krankheit*

18. *Die letzten beiden Sätze des zweiten Absatzes deuten an, dass der ehemalige Missionar*

    (A) *einige Menschen ermutigte, nach Westen zu ziehen*

    (B) *viele zu seiner Religion bekehrte*

    (C) *viele davon überzeugte, zu Hause zu bleiben*

    (D) *vielen zu helfen versuchte, die unter der Depression litten*

19. *Alle folgenden Punkte werden im Text als Gründe genannt, warum die meisten 1841 nicht bis nach Oregon gelangten, AUSSER*

    (A) *sie hatten keinen guten Führer*

    (B) *sie waren schlecht organisiert*

    (C) *sie konnten sich die Reise nicht leisten*

    (D) *sie verloren den Mut*

20. *»The most dreaded concern of all/die allergrößte Sorge« kommt folgendem Ausdruck am nächsten:*

    (A) *die teuerste Sache*

    (B) *der größte Anteil*

    (C) *die beste Situation*

    (D) *die größte Angst*

21. *An welcher Stelle im Text bezieht sich der Autor auf die Gründe der Menschen, sich auf den Oregon Trail zu begeben?*

    (A) *Im dritten Satz des ersten Absatzes*

    (B) *In den letzten beiden Sätzen des dritten Absatzes*

    (C) *In den ersten beiden Sätzen des vierten Absatzes*

    (D) *Im sechsten Satz des letzten Absatzes*

Die Fragen 22-28 beziehen sich auf den folgenden Text:

Nicht immer waren Gräser die vorherrschende Pflanzensorte in einer Grassteppe. Über lange Zeiträume des Paläozoikums und Mesozoikums hinweg (vor 570 bis 70 Millionen Jahren) war South Dakota Teil eines riesigen tropischen Flachlands. Eine seichte See bedeckte zu einem Gutteil dieser Ära das Binnenland der USA. Die Präriegegend, die so genannten Great Plains, waren zum letzten Mal vor etwa 809 bis 65 Millionen Jahren überwiegend von Wasser bedeckt.

Das langsame Ansteigen der Rocky Mountains hatte auf das Klima dieser Region tief greifende Auswirkungen. Alles wurde davon betroffen und verändert. Die Gegend der Black Hills erhob sich als eine einzige Bergkuppe. Als das Land aus dem Wasser hervortrat, breitete sich üppige tropische Vegetation über die Region aus.

Mit dem Ansteigen der Rocky Mountains wurde die warme, feuchte Luft aus dem Pazifik, die einst bis in die Prärie vordrang, von den Bergen abgefangen und gekühlt. Durch das anhaltende Abkühlen der Luft kondensierte Wasserdampf, der westlich der Berge als Niederschlag fiel. Die Gegend östlich der Berge, ehemals ein Tropenwald, erhielt dagegen weniger Wasser und wurde trockener. Dieses dürre Land bot den riesigen, üppigen Wäldern keinen Nährboden mehr.

Das Pleistozän zeichnete sich durch große Gletscher und kaltes, trockenes Klima aus. Obwohl der Westen von South Dakota nie von Gletschern bedeckt war, reichte das Kontinentaleis auf immerhin 150 Meilen bis an die Black Hills heran und kühlte diese Region ab. Der Klimawechsel führte zum Entstehen vieler neuer Pflanzengruppen. In der Nähe des Kontinentaleises herrschte die arktische Tundra vor, beherrscht von Flechten, Moosen und Zwergweiden.

Zeiträume mit vorrückenden Gletschern wechselten sich ab mit zurückweichendem Eis. Während dieser Perioden bewegten sich Pflanzengattungen aus dem Süden nach Norden. Pflanzen, die einst nur in einer einzigen Region vorgekommen waren, fanden sich nun auch in anderen Gebieten. Gegenden, die vorher nur einige wenige Pflanzenarten verzeichnet hatten, wiesen nun große Artenvielfalt auf. Die heute sichtbare Artenvielfalt beruht auf dieser Übertragung von Pflanzensorten.

22. _Was ist das Hauptthema des Textes?_

(A) _Arten von Pflanzen und Gräsern, die man heute in South Dakota vorfindet_

(B) _Gründe, warum sich das Wetter in South Dakota im Laufe der letzten Millionen Jahre verändert hat_

(C) _Wie Menschen während der Eiszeit in South Dakota lebten_

(D) _Wie sich im Laufe der Jahre in South Dakota eine vielfältige Vegetation herausbildete_

23. _Welcher der folgenden Punkte wird im ersten Abschnitt NICHT angesprochen?_

(A) _Wie es während des Paläozoikums in South Dakota aussah_

(B) _Wann South Dakota Teil eines tropischen Flachlands war_

(C) _Wann sich die ersten Menschen in South Dakota ansiedelten_

(D) _Wann die Präriegegend, die Great Plains, unter Wasser lagen_

24. _Das Wort_ profound/profund _im ersten Satz des zweiten Absatzes kommt folgendem Wort am nächsten:_

(A) _wichtig_

(B) _schlecht_

(C) _unwichtig_

(D) _unglücklich_

25. *Welchen Grund gibt der Text dafür an, dass sich die Luft abkühlte, als sie zu den Great Plains vordrang?*

    (A) *Die üppige tropische Vegetation*

    (B) *Die flachen Meere, die einen Gutteil des Binnenlandes der USA bedeckten*

    (C) *Die Berge zwischen Meer und Ebene*

    (D) *Der Tropenwald*

26. *Was nennt der Autor als Folge der Klimaveränderungen in South Dakota?*

    (A) *Die Menschen zogen weiter in neue Gebiete*

    (B) *Tiere starben aus*

    (C) *Der nordamerikanische Kontinent teilte sich*

    (D) *Neue Pflanzen bildeten sich heraus*

27. *Welcher der folgenden Sätze kommt dem Satz »Glacial advances alternated with periods of retreat/ Zeiträume mit vorrückenden Gletschern wechselten sich ab mit zurückweichendem Eis« inhaltlich am nächsten?*

    (A) *Gletscher zerstörten eine Vielzahl von Pflanzen und Vegetation*

    (B) *Gletscher rückten vor und dann wieder zurück*

    (C) *Gletscher bildeten die Berge heraus*

    (D) *Gletscher existieren nicht mehr*

28. *Das Wort* biodiversity/Artenvielfalt *kommt folgendem Begriff inhaltlich am nächsten:*

    (A) *Studium der Pflanzen*

    (B) *Vielfalt von Pflanzen*

    (C) *Aussterben der Pflanzen*

    (D) *bestimmte Pflanzenart, die in der Nähe von Gletschergebieten vorkommt*

Die Fragen 29-39 beziehen sich auf den folgenden Text:

Obwohl viele Leute irrtümlicherweise annehmen, dass bis in die Gegenwart nur wenige Afro-Amerikaner Militärdienst leisteten, waren sie bereits seit Anbeginn der Republik in der Marine vertreten. Unglücklicherweise verhinderten die Umstände, unter denen die afro-amerikanischen Matrosen Dienst taten, eine genaue Festlegung ihrer Anzahl. Ein Grund für diesen Informationsmangel ist die Tatsache, dass bis kurz vor dem Ersten Weltkrieg keine nach Rasse aufgeschlüsselten Dienstlisten existierten. Zudem dienten viele Afro-Amerikaner als Ersatzleute für Weiße und wurden deshalb nicht unter ihrem eigenen Namen geführt. Als Gegenleistung erhielten Afro-Amerikaner oft ihre Freiheit.

Als Louisiana 1812 zum Staat wurde, gestattete es die Legislative dem Gouverneur, freie afro-amerikanische Grundbesitzer in die Truppen einzuschreiben. Den Free Men of Color, einer afro-amerikanischen Truppe, war der freiwillige Dienst 1802 im Heer versagt worden, doch 1812 durften sie sich als Bataillon melden. New York war der erste der Nordstaaten, der sich für die Teilnahme von Afro-Amerikanern im Krieg von 1812 einsetzte, als etwa 2000 Afro-Amerikaner, Sklaven wie Freie, in zwei Regimentern als gemeine Soldaten dienten. Den Sklaven versprach man nach Ende des Krieges die Freiheit.

Mit ihrem Einsatz zeichneten sich die afro-amerikanischen Soldaten vor allem bei der Schlacht von New Orleans aus, die ironischerweise nach dem offiziellen Ende des Krieges ausgetragen wurde. Die Stadt war von den Briten bedroht worden, und Andrew Jackson bestand darauf, das Angebot des Bataillons der Free Men of Color anzunehmen und sie gegen die Briten antreten zu lassen. Manchen Schätzungen zufolge sollen um diese Zeit zwischen 10 und 20 Prozent der amerikanischen Marinesoldaten Afro-Amerikaner gewesen sein; allerdings ist es unmöglich, genaue Zahlen anzugeben. Als Perry seinen großen Sieg beim Lake Erie errang, war mindestens jeder zehnte seiner Matrosen ein Afro-Amerikaner.

Auch Afro-Amerikanerinnen dienten in der Armee. Der Geist von Harriet Tubman wurde für alle, die Freiheit schätzten, eine liebevolle Kraft. Obwohl sie für ihre Dienste Lohn weder annehmen wollte noch konnte, war sie oft bei den Soldaten im Feld und erhielt den Spitznamen »General Tubman«. Susan King Tailor, heute anders als damals weniger bekannt als Harriet Tubman, diente als freiwillige Krankenschwester für afro-amerikanische Truppen im Bürgerkrieg. 1902 veröffentlichte sie ihre Kriegserinnerungen und somit den einzigen schriftlichen Beleg über den Einsatz von freiwilligen afro-amerikanischen Krankenschwestern im Bürgerkrieg.

Auch im Spanisch-Amerikanischen Krieg spielten freiwillige afro-amerikanische Krankenschwestern eine große Rolle. Die Armee war nicht in der Lage, medizinisches Personal in ausreichendem Umfang für die Lazarette zur Verfügung zu stellen, die sich eher um die Opfer von Tropenkrankheiten, hervorgerufen durch das kubanische Klima, als um die Opfer von feindlichen Kugeln zu kümmern hatten. Die Armee war von den Krankenschwestern derart angetan, dass man beim Kongress beantragte (was allerdings abgelehnt wurde), ein ständiges Korps von Krankenschwestern in der Armee einzurichten.

29. Welches der folgenden Wörter könnte am besten den Begriff erroneous/irrtümlicherweise im ersten Satz ersetzen?

(A) weise

(B) falsch

(C) erzieherisch

(D) unvollständig

30. Was dürfte der Hauptgrund des Autors gewesen sein, diesen Text zu schreiben?

(A) Eine Untersuchung zu widerlegen

(B) Eine falsche Annahme zu korrigieren

(C) Einen Wechsel vorherzusagen

(D) Eine Einstellung zu kritisieren

31. Welcher der folgenden Gründe ist, laut Text, dafür verantwortlich, dass es keine Statistiken über die Anzahl von Afro-Amerikanern im Militärdienst gibt?

    (A) Die Rasse der Männer wurde in den Unterlagen nicht vermerkt.

    (B) Afro-Amerikaner hatten keine eigenen Namen.

    (C) Die Namen der Sklaven wurden bei ihrer Freilassung aus den Akten getilgt.

    (D) Die Zahl der Afro-Amerikaner im Militär reicht nicht aus, die Statistik valide zu machen.

32. Das Wort its in Zeile 9 bezieht sich auf:

    (A) Africa

    (B) Great Britain

    (C) New York

    (D) Louisiana

33. Der Text lässt darauf schließen, dass die Bürger von New Orleans

    (A) sich im Krieg von 1812 heimlich mit den Briten verbündeten

    (B) die ersten waren, die ein Bataillon von afro-amerikanischen Soldaten einrichteten

    (C) Andrew Jackson nicht trauten

    (D) sich dagegen sträubten, das afro-amerikanische Bataillon 1812 für sich kämpfen zu lassen

34. Was will der Autor damit sagen, wenn er den Anteil von afro-amerikanischen Matrosen auf Perrys Schiff nennt?

    (A) Perry hatte keine rassistischen Vorurteile

    (B) Die Marine war eher als das Heer gewillt, Sklaven freizusetzen, die sich zum Militärdienst meldeten.

    (C) Es gab mehr afro-amerikanische Matrosen als die meisten Leute annehmen.

    (D) Afro-Amerikaner sind bessere Matrosen als Weiße.

35. Welcher Absatz erwähnt den Dienst von Afro-Amerikanern im Bürgerkrieg?

36. Welches Wort kommt der Bedeutung von memoirs/Memoiren in Zeile 28 am nächsten?

    (A) Schriftlicher Beleg der Tätigkeiten

    (B) Militär

    (C) Im Felde

    (D) Entlohnung ihrer Dienste

37. Welche der folgenden Aussagen über den Spanisch-Amerikanischen Krieg kann man aus dem Text entnehmen?

    (A) Spanier und Amerikaner waren Alliierte.

    (B) Der Krieg wurde in Kuba ausgetragen.

    (C) Es war der erste Krieg, an dem afro-amerikanische Frauen beteiligt waren.

    (D) Durch diesen Krieg wurde Harriet Tubman berühmt.

38. Durch welches der folgenden Wörter könnte man they im letzten Satz des Textes ersetzen, ohne die Aussage zu ändern?

    (A) Kongress

    (B) Korps von Krankenschwestern

    (C) Anträge

    (D) Armee

39. Der folgende Satz kann dem Text hinzugefügt werden:

    Nicht alle afro-amerikanischen Freiwilligen waren Männer.

    An welcher Stelle würde er am besten in den Text passen?

    (A) Zwischen Satz eins und zwei im zweiten Absatz.

    (B) Am Ende des zweiten Absatzes

    (C) Am Anfang des vierten Absatzes

    (D) Am Anfang des fünften Absatzes

4. Abschnitt: Schreiben

Stimmen Sie mit der folgenden Behauptung überein?

Das eigentliche Ziel der Schule/Universität liegt darin, Schüler/Studenten zum selbständigen Denken und Lösen von Problemen zu erziehen.

Geben Sie spezifische Beispiele und eine Analyse.

Praktische Prüfung 2

15

So, jetzt können Sie einen TOEFL-Mustertest machen. Die folgende Prüfung besteht aus vier Teilen: Hörverständnis, Satzbau, Leseverständnis sowie Schreiben. Mit den Frageformaten sollten Sie bereits vertraut sein.

Bitte machen Sie diesen Test unter normalen Prüfungsbedingungen:

✔ Suchen Sie sich einen ruhigen Platz, an dem Sie nicht gestört werden (selbst wenn Sie für jede Ablenkung dankbar wären!)

✔ Stellen Sie einen Wecker oder eine Uhr auf die Zeit, die Ihnen jeweils für den Abschnitt eingeräumt wird.

✔ Beginnen Sie nicht mit dem nächsten Abschnitt, ehe Ihre Zeit für den Teil, den Sie gerade machen, abgelaufen ist.

✔ Sollten Sie mit einem Teil eher fertig sein, kontrollieren Sie ausschließlich Ihre Antworten zu diesem Abschnitt. Sie dürfen weder zu einem vorangegangenen Teil zurückgehen noch mit dem folgenden anfangen.

✔ Einzig und allein beim Leseverständnis dürfen Sie eine Frage als »übersprungen« markieren, um später darauf zurückzukommen. Bei den anderen Prüfungsteilen dürfen Sie keine Frage unbeantwortet lassen (weil bei der richtigen Prüfung der Computer erst dann zum nächsten Punkt weitergeht, wenn Sie eine Antwort auf die gerade behandelte Frage gewählt haben).

✔ Die einzelnen Teile dürfen nicht durch eine Pause unterbrochen werden.

✔ Legen Sie zwischen den Teilen 2 und 3 zehn Minuten Pause ein.

Wenn Sie den gesamten Text abgeschlossen haben, überprüfen Sie Ihre Antworten mit Hilfe des Schlüssels am Ende dieses Kapitels.

 Kapitel 16 erläutert die Antworten auf die Prüfungsfragen. Sehen Sie sich die Erklärungen zu allen Fragen an, nicht nur zu denen, die Sie falsch beantwortet haben. Neben wertvollen Hinweisen bekommen Sie nämlich jede Menge Material, das nochmals auf die Lektionen eingeht. Obendrein gibt's noch ein paar Witze, die Sie bei Laune halten sollen!

Praktische Prüfung 2: Lösungsbogen

Abschnitt 1

1. Ⓐ Ⓑ Ⓒ Ⓓ	26. Ⓐ Ⓑ Ⓒ Ⓓ
2. Ⓐ Ⓑ Ⓒ Ⓓ	27. Ⓐ Ⓑ Ⓒ Ⓓ
3. Ⓐ Ⓑ Ⓒ Ⓓ	28. Ⓐ Ⓑ Ⓒ Ⓓ
4. Ⓐ Ⓑ Ⓒ Ⓓ	29. Ⓐ Ⓑ Ⓒ Ⓓ
5. Ⓐ Ⓑ Ⓒ Ⓓ	30. Ⓐ Ⓑ Ⓒ Ⓓ
6. Ⓐ Ⓑ Ⓒ Ⓓ	31. Ⓐ Ⓑ Ⓒ Ⓓ
7. Ⓐ Ⓑ Ⓒ Ⓓ	32. Ⓐ Ⓑ Ⓒ Ⓓ
8. Ⓐ Ⓑ Ⓒ Ⓓ	33. Ⓐ Ⓑ Ⓒ Ⓓ
9. Ⓐ Ⓑ Ⓒ Ⓓ	34. Ⓐ Ⓑ Ⓒ Ⓓ
10. Ⓐ Ⓑ Ⓒ Ⓓ	35. Ⓐ Ⓑ Ⓒ Ⓓ
11. Ⓐ Ⓑ Ⓒ Ⓓ	36. Ⓐ Ⓑ Ⓒ Ⓓ
12. Ⓐ Ⓑ Ⓒ Ⓓ	37. Ⓐ Ⓑ Ⓒ Ⓓ
13. Ⓐ Ⓑ Ⓒ Ⓓ	38. Ⓐ Ⓑ Ⓒ Ⓓ
14. Ⓐ Ⓑ Ⓒ Ⓓ	39. Ⓐ Ⓑ Ⓒ Ⓓ
15. Ⓐ Ⓑ Ⓒ Ⓓ	40. Ⓐ Ⓑ Ⓒ Ⓓ
16. Ⓐ Ⓑ Ⓒ Ⓓ	41. Ⓐ Ⓑ Ⓒ Ⓓ
17. Ⓐ Ⓑ Ⓒ Ⓓ	42. Ⓐ Ⓑ Ⓒ Ⓓ
18. Ⓐ Ⓑ Ⓒ Ⓓ	43. Ⓐ Ⓑ Ⓒ Ⓓ
19. Ⓐ Ⓑ Ⓒ Ⓓ	44. Ⓐ Ⓑ Ⓒ Ⓓ
20. Ⓐ Ⓑ Ⓒ Ⓓ	45. Ⓐ Ⓑ Ⓒ Ⓓ
21. Ⓐ Ⓑ Ⓒ Ⓓ	46. Ⓐ Ⓑ Ⓒ Ⓓ
22. Ⓐ Ⓑ Ⓒ Ⓓ	47. Ⓐ Ⓑ Ⓒ Ⓓ
23. Ⓐ Ⓑ Ⓒ Ⓓ	48. Ⓐ Ⓑ Ⓒ Ⓓ
24. Ⓐ Ⓑ Ⓒ Ⓓ	49. Ⓐ Ⓑ Ⓒ Ⓓ
25. Ⓐ Ⓑ Ⓒ Ⓓ	50. Ⓐ Ⓑ Ⓒ Ⓓ

Abschnitt 2

1. Ⓐ Ⓑ Ⓒ Ⓓ
2. Ⓐ Ⓑ Ⓒ Ⓓ
3. Ⓐ Ⓑ Ⓒ Ⓓ
4. Ⓐ Ⓑ Ⓒ Ⓓ
5. Ⓐ Ⓑ Ⓒ Ⓓ
6. Ⓐ Ⓑ Ⓒ Ⓓ
7. Ⓐ Ⓑ Ⓒ Ⓓ
8. Ⓐ Ⓑ Ⓒ Ⓓ
9. Ⓐ Ⓑ Ⓒ Ⓓ
10. Ⓐ Ⓑ Ⓒ Ⓓ
11. Ⓐ Ⓑ Ⓒ Ⓓ
12. Ⓐ Ⓑ Ⓒ Ⓓ
13. Ⓐ Ⓑ Ⓒ Ⓓ
14. Ⓐ Ⓑ Ⓒ Ⓓ
15. Ⓐ Ⓑ Ⓒ Ⓓ
16. Ⓐ Ⓑ Ⓒ Ⓓ
17. Ⓐ Ⓑ Ⓒ Ⓓ
18. Ⓐ Ⓑ Ⓒ Ⓓ
19. Ⓐ Ⓑ Ⓒ Ⓓ
20. Ⓐ Ⓑ Ⓒ Ⓓ
21. Ⓐ Ⓑ Ⓒ Ⓓ
22. Ⓐ Ⓑ Ⓒ Ⓓ
23. Ⓐ Ⓑ Ⓒ Ⓓ
24. Ⓐ Ⓑ Ⓒ Ⓓ
25. Ⓐ Ⓑ Ⓒ Ⓓ

Abschnitt 3

1. Ⓐ Ⓑ Ⓒ Ⓓ	23. Ⓐ Ⓑ Ⓒ Ⓓ
2. Ⓐ Ⓑ Ⓒ Ⓓ	24. Ⓐ Ⓑ Ⓒ Ⓓ
3. Ⓐ Ⓑ Ⓒ Ⓓ	25. Ⓐ Ⓑ Ⓒ Ⓓ
4. Ⓐ Ⓑ Ⓒ Ⓓ	26. Ⓐ Ⓑ Ⓒ Ⓓ
5. Ⓐ Ⓑ Ⓒ Ⓓ	27. Ⓐ Ⓑ Ⓒ Ⓓ
6. Ⓐ Ⓑ Ⓒ Ⓓ	28. Ⓐ Ⓑ Ⓒ Ⓓ
7. Ⓐ Ⓑ Ⓒ Ⓓ	29. Ⓐ Ⓑ Ⓒ Ⓓ
8. Ⓐ Ⓑ Ⓒ Ⓓ	30. Ⓐ Ⓑ Ⓒ Ⓓ
9. Ⓐ Ⓑ Ⓒ Ⓓ	31. Ⓐ Ⓑ Ⓒ Ⓓ
10. Ⓐ Ⓑ Ⓒ Ⓓ	32. Ⓐ Ⓑ Ⓒ Ⓓ
11. Ⓐ Ⓑ Ⓒ Ⓓ	33. Ⓐ Ⓑ Ⓒ Ⓓ
12. Ⓐ Ⓑ Ⓒ Ⓓ	34. Ⓐ Ⓑ Ⓒ Ⓓ
13. Ⓐ Ⓑ Ⓒ Ⓓ	35. Ⓐ Ⓑ Ⓒ Ⓓ
14. Ⓐ Ⓑ Ⓒ Ⓓ	36. Ⓐ Ⓑ Ⓒ Ⓓ
15. Ⓐ Ⓑ Ⓒ Ⓓ	37. Ⓐ Ⓑ Ⓒ Ⓓ
16. Ⓐ Ⓑ Ⓒ Ⓓ	38. Ⓐ Ⓑ Ⓒ Ⓓ
17. Ⓐ Ⓑ Ⓒ Ⓓ	39. Ⓐ Ⓑ Ⓒ Ⓓ
18. Ⓐ Ⓑ Ⓒ Ⓓ	40. Ⓐ Ⓑ Ⓒ Ⓓ
19. Ⓐ Ⓑ Ⓒ Ⓓ	41. Ⓐ Ⓑ Ⓒ Ⓓ
20. Ⓐ Ⓑ Ⓒ Ⓓ	42. Ⓐ Ⓑ Ⓒ Ⓓ
21. Ⓐ Ⓑ Ⓒ Ⓓ	43. Ⓐ Ⓑ Ⓒ Ⓓ
22. Ⓐ Ⓑ Ⓒ Ⓓ	44. Ⓐ Ⓑ Ⓒ Ⓓ

1. Abschnitt: Hörverständnis

Zeit: 75 Minuten

Teil A

Anweisungen: Im Teil A werden Sie einer kurzen Unterhaltung zwischen zwei Personen folgen. Sie hören diese Unterhaltung nur einmal. Sie dürfen keine Notizen machen. Am Ende jeder Unterhaltung wird Ihnen schriftlich eine Frage gestellt und dazu vier Antworten, von denen Sie eine auswählen müssen. Lesen Sie die Antworten, wählen Sie diejenige, von der Sie denken, dass sie richtig ist, und schwärzen Sie das entsprechende Oval auf dem Lösungsblatt. (Beim Test am Computer werden Sie nur das entsprechende Oval anklicken.)

Beispiel: Auf der CD hören Sie:

[Stellen Sie die CD auf Spur 57 ein, um dieses Beispiel zu hören.]

In Ihrem Buch sehen Sie die Frage und vier mögliche Antworten:

What does the man mean?

(A) He doesn't need a sweater.

(B) He agrees that the first store is too expensive.

(C) He thinks that the woman is wrong.

(D) He doesn't like the sweater.

Aus der Unterhaltung können Sie entnehmen, dass die Frau den Laden für zu teuer hält, woraufhin der Mann auf einen günstigeren Laden verweist. Daraus können Sie schließen, dass auch der Mann dieses Geschäft zu teuer findet. Die richtige Antwort ist demnach B. Auf Ihrem Lösungsbogen malen Sie nun das Oval bei Antwort B schwarz aus.

Hören Sie sich auf der CD nun die Stücke 58 bis 72 an. Jedes Stück besteht aus zwei kurzen Unterhaltungen und Fragen.

1. What does the man imply?

(A) He is not in a hurry.

(B) He needs to read the book for school.

(C) He is in the wrong place.

(D) He wants to leave soon.

2. What does the man mean?

   (A) He got a good grade in his test.

   (B) He doesn't like football.

   (C) The exam was very difficult.

   (D) The football game was at the same time as his test.

3. What does the woman imply?

   (A) The chair is taken.

   (B) The man can move the jacket.

   (C) There are more chairs elsewhere.

   (D) She didn't want the man to sit there.

4. What will the man do?

   (A) Go to the woman's room

   (B) Not go to the party

   (C) Take another woman

   (D) Meet the woman at the party

5. What does the man imply?

   (A) He wants to return the favor sometime.

   (B) He already bought tickets.

   (C) He changed his mind and won't go to the movie.

   (D) He wants to pay the woman for the tickets.

6. What does the woman want to do?

   (A) Borrow another book from the man

   (B) Finish the book before giving it back

   (C) Give the book to a friend of hers

   (D) Reread the book

7. What does the woman imply about Dr. Casparetti?

   (A) He is an excellent teacher.

   (B) His chemistry class is always full.

   (C) He might let the man into his class as a favor to her.

   (D) She likes Dr. Casparetti.

8. What does the man imply?

   (A) He thinks he did well on the test.

   (B) He didn't take the test.

   (C) The professor is late in posting the grades.

   (D) He worries that he did poorly on the test.

9. What does the woman suggest that the man do?

   (A) Buy a new map

   (B) Ask someone else for help

   (C) Take a bus

   (D) Show her the map

10. What does the man mean?

    (A) He doesn't like the woman's parents.

    (B) His own parents are nearby.

    (C) His own parents expect him to write to them frequently.

    (D) He thinks that the woman's parents are too demanding.

11. What does the man imply?

    (A) He didn't know that the parking space was hers.

    (B) He refuses to stop parking in her spot.

    (C) He has the right to park wherever he wants.

    (D) It's not his car in the woman's parking spot.

12. What does the woman suggest?

    (A) The corvette is the best car on the market.

    (B) She doesn't know the price of the Corvette.

    (C) The man is cheap.

    (E) The Corvette is worth the money it costs.

13. What does the woman suggest the man to do?

    (A) Rewrite the paper

    (B) Ask the professor for more time to work on the paper

    (C) Hire someone to proofread the paper.

    (D) Offer her the proofreading job

14. What will the man probably do?

   (A) Exchange the shoes for the woman

   (B) Buy the woman a new pair of shoes

   (C) Take the woman to the store with him

   (D) Buy himself a pair of shoes

15. What does the man imply?

   (A) Movies are inexpensive entertainment.

   (B) Going to movies is his hobby.

   (C) The movie is his favorite.

   (D) He will go to see the movie again.

16. What can be inferred about the woman?

   (A) She cannot give the man a ride.

   (B) She doesn't like the man.

   (C) She usually drives the man where he wants to go.

   (D) She is not going to the party.

17. What does the man mean?

   (A) Dr. Van Dyke works a lot.

   (B) Dr. Van Dyke is a very popular professor.

   (C) Dr. Van Dyke is not married.

   (D) Dr. Van Dyke has the best office in school.

18. What does the woman mean?

   (A) She doesn't like computers.

   (B) She is not happy about having to work in the computer lab all weekend.

   (C) She is looking forward to her weekend.

   (D) She changed her mind about working on the computer.

19. What did the woman probably do?

   (A) Showed her ID and told the librarian a professor's name

   (B) Didn't go to the library

   (C) Told the librarian which book she wanted to check out

   (D) Didn't read the rare book she wanted to read

20. What does the man imply?

    (A) His car was stuck in traffic that morning.

    (B) He enjoys driving in traffic.

    (C) The afternoon traffic will be very bad.

    (D) She woman shouldn't worry about the traffic.

21. What does the man imply?

    (A) The woman's pencil needs sharpening.

    (B) It would be better to take notes in ink than in pencil.

    (C) The women should not take notes during class.

    (D) He will take notes for the woman.

22. What does the man mean?

    (A) The woman shouldn't feel bad about not understanding the name.

    (B) His brother's name is different from his.

    (C) The woman should have listened more carefully.

    (D) The brother will tell her his own name again.

23. What does the woman imply?

    (A) She doesn't need a new car.

    (B) She doesn't like that car.

    (C) The man needs a new car.

    (D) The man should buy a different car.

24. What does the woman imply?

    (A) Calling an employment agency every day is a good idea.

    (B) She is too busy to call so much.

    (C) It is difficult to reach someone at the employment agency.

    (D) She doesn't want to call the agency every day.

25. What does the man imply?

    (A) The food is too expensive.

    (B) If the reviewer liked the food, it must be good.

    (C) The reviewer is incompetent.

    (D) The newspaper should not have printed the review.

26. What does the man mean?

   (A) The cake is easy to make.

   (B) He will make another cake for the woman.

   (C) He's never baked a cake.

   (D) He baked the cake himself.

27. What does the woman imply?

   (A) Dr. La Berge is a good teacher.

   (B) Dr. La Berge will not let the man make up the exam.

   (C) Dr. La Berge is too busy to give a make-up exam.

   (D) She should stop worrying about making up the exam.

28. What does the woman imply?

   (A) The man should drop chemistry class and take an easier course.

   (B) No one understands chemistry at first.

   (C) A tutor will help him to learn chemistry.

   (D) A tutor is not expensive.

29. What does the man think the woman should do?

   (A) Leave now and telephone later

   (B) Telephone right now for the scores

   (C) Ask him to find out the scores for her

   (D) Not go to class today

30. What does the woman mean?

   (A) The man has already told her what he did last night.

   (B) The car looks good.

   (C) The car didn't need to be washed and waxed yesterday.

   (D) She wants the man to wash and wax her car, too.

Teil B

Anweisungen: Die nun folgenden Unterhaltungen sind ein bisschen länger als die in Teil A. Sie hören jede Unterhaltung ein einziges Mal; sie wird nicht wiederholt. Es kommen auch Monologe vor.

Im Anschluss an die Unterhaltung folgen einige Fragen. In Ihrem Buch finden Sie die Fragen mit jeweils vier Lösungsmöglichkeiten. Auf Ihrem Lösungsbogen malen Sie dasjenige Oval an, das zu der besten Antwort gehört.

Beispiel: Dieses Beispiel ist kürzer als die Unterhaltungen, die Sie hören werden.

[Stellen Sie die CD für dieses Beispiel auf Spur 73 ein.]

What is the main purpose of the talk?

(A) To explain why the computer program is so expensive

(B) To tell where to buy the new computer program

(C) To discuss the benefits of the new computer program

(D) To demonstrate the importance of learning math in school

Die beste Antwort auf die Frage ist C – um die Vorteile eines neuen Computerprogramms zu diskutieren.

Sie dürfen nichts aufschreiben und keine Notizen zum gesprochenen Text machen.

Fragen 31-34: Hören Sie sich die Unterhaltung zwischen zwei Schulkameraden an. (Gehen Sie auf Ihrer CD zu Stück Nr. 74, um die Unterhaltung und die darauf folgenden Fragen zu hören.)

31. What did the woman do instead of going to the party?

(A) She went to dinner with friends.

(B) She attended a lecture.

(C) She stayed home and did homework.

(D) She went to a psychology workshop.

32. What did the man feel about his friend's workload?

(A) He was jealous.

(B) He was sympathetic.

(C) He was angry.

(D) He was nervous.

33. Why does the woman have to leave?

    (A) She is meeting a friend.

    (B) She is going to class.

    (C) She is going to a party.

    (D) She doesn't like the man.

34. Why does the man want to call the woman?

    (A) To invite her to a party

    (B) To meet her friends

    (C) To get the phone number of a professor

    (D) To help her with the paper

Fragen 35-39: Lauschen Sie der Unterhaltung zwischen zwei Freunden. (Stellen Sie die CD auf Spur 75 ein, um diese Unterhaltung und die anschließenden Fragen zu hören.)

35. What is the main topic of the friends's conversation?

    (A) Shopping for groceries

    (B) Living in Alaska

    (C) Having lunch together

    (D) Meeting Herb

36. How does Dave know Herb?

    (A) Dave used to work for Herb at a shop.

    (B) Herb was Dave's engineering professor.

    (C) Dave and Herb are related.

    (D) Herb and Dave met in Alaska on vacation.

37. Why is Paulette surprised that Dave ran into Herb?

    (A) She didn't realize that Dave and Herb were friends.

    (B) She didn't like Herb.

    (C) She thought that Herb was in Alaska.

    (D) She thought that Herb had retired from teaching.

38. Why did Herb move back?

   (A) He lost his job in Alaska.

   (B) He missed his friends.

   (C) Alaska was too cold for him.

   (D) He retired from the job.

39. What are Dave and Paulette going to do later that day?

   (A) They are going to meet Herb for lunch.

   (B) They are going to study together for engineering class.

   (C) They are going grocery shopping.

   (D) They are beginning their vacations.

Fragen 40-43: Hören Sie der Rede eines Koordinators von Freiwilligen zu. (Stellen Sie die CD auf Spur 76 ein, um diese Rede und die anschließenden Fragen zu hören.)

40. What does the talk focus mostly on?

   (A) The duties of the volunteers

   (B) The types of animals brought into the shelter

   (C) The history of the animal shelter

   (D) The legal rights of the workers at the shelter

41. Why does the speaker distinguish between dangerous and non-dangerous animals?

   (A) To separate the volunteers from the paid employees

   (B) To tell volunteers that they have to work only with the non-dangerous ones

   (C) To offer an incentive to those who volunteer to work with dangerous animals

   (D) To show why the cost of running the center is so high

42. How much will the physical cost the volunteers?

   (A) Nothing

   (B) Under ten Dollars

   (C) Over ten Dollars

   (D) The woman does not say how much the physical will cost

43. Why are some students volunteering?

   (A) To get free care for their own pets

   (B) To meet other students

   (C) To make money

   (D) To get college credit

Fragen 44-46: Hören Sie einem Teil einer Lektion während einer Vokabelstunde zu. (Stellen Sie die CD auf Spur 77 ein, um die Lektion und die darauf folgenden Fragen zu hören.)

44. What is the main topic of the lecture?

   (A) How many languages are in the world

   (B) Which language is best for university study

   (C) How many languages are similar

   (D) Why languages evolved differently

45. What does the speaker think about learning roots, prefixes, and suffices?

   (A) Learning them is not necessary.

   (B) They are very difficult to understand.

   (C) Knowing them makes learning languages easier.

   (D) They are important only in English.

46. Why does the speaker mention the students in the cafeteria?

   (A) To illustrate how many countries send students to the university

   (B) To show the similarities among languages

   (C) To make a point about roots, prefixes, and suffixes

   (D) To compare native and non-native speakers of English

Fragen 47-50: Hören Sie den Vortrag an, der in einer Uhrfabrik gehalten wird. (Stellen Sie die CD auf Spur 78, um den Vortrag und die anschließenden Fragen zu hören).

47. Who is the man talking?

   (A) A guide at the factory

   (B) A university professor

   (C) A student

   (D) A tourist

48. According to the speaker, who invented the first clock?

 (A) The Chinese

 (B) The Europeans

 (C) The Egyptians

 (D) No one is certain

49. What is a problem with using a sundial to measure time?

 (A) It is too small.

 (B) It is likely to break.

 (C) It doesn't work in the dark.

 (D) It is not precise.

50. What is the audience going into the factory to see?

 (A) A water clock

 (B) A very old sundial

 (C) A modern, precise clock

 (D) A movie about clocks

 **STOPP** Sie können jetzt Ihre Antworten zu diesem Abschnitt – und nur zu diesem Teil – überprüfen. Fangen Sie mit dem nächsten Abschnitt erst an, wenn Sie dazu aufgefordert werden.

2. *Abschnitt: Satzbau*

> **Zeit:** 30 Minuten
>
> **Anweisungen:** In diesem Abschnitt testen zwei unterschiedliche Arten von Fragen Ihre schriftliche Ausdrucksfähigkeit im Englischen.
>
> Der erste Fragetypus ist ein Satz mit Lücke. Unterhalb dieses Satzes stehen vier Wörter oder Wendungen, die den Satz ergänzen können. Wählen Sie die am besten passende Antwort. (Bei einem echten TOEFL auf dem Computer klicken Sie die richtige Antwort an. Im vorliegenden Fall malen Sie das zur Antwort gehörende Oval schwarz aus.)
>
> **Beispiel:** Airplanes _____ stored with the fuel tanks full in order to prevent condensation from contaminating the fuel.
>
> (A) should be
>
> (B) be should
>
> (C) should being
>
> (D) are be
>
> Der Satz sollte richtig heißen: »Airplanes should be stored with the fuel tanks full in order to prevent condensation from contaminating the fuel.« Anwort A ist also die richtige Wahl.
>
> Der zweite Fragetypus besteht aus einem Satz mit vier unterstrichenen Teilen. Wählen Sie diejenige unterstrichene Passage, die verändert werden muss, damit der Satz korrekt ist. Dazu malen Sie einfach das entsprechende Oval auf Ihrem Lösungsbogen aus. (Beim TOEFL am Computer klicken Sie auf die falsche Passage.)
>
> **Beispiel:** Standing just over six feet tall, Dave is one of the tallest boys in his high school
>   (A)   (B)   (C) (D)
> class.
>
> Da der Satz sich auf mehr als einen einzigen Jungen bezieht, ist der Plural *boys* erforderlich. Antwort D ist also die richtige Wahl.
>
> Jetzt können Sie mit den Fragen zum Satzbau beginnen.

1. The cat went back into the burning house several times to rescue it's newborn kittens, ignoring
          (A)   (B)   (C)   (D)
    the danger to itself.

2. The citizen review board _____ to give average citizens some input into the way their city is run.

   (A) created citizens

   (B) was created

   (C) being created

   (D) when created

3. The young boy sang soprano in the choir _____ and he became a bass.

   (A) until his voice changed

   (B) while his voice changing

   (C) because of his changing voice

   (D) and his changing voice

4. The garnish, <u>although edible,</u> <u>is used</u> <u>primary</u> for decoration <u>to make</u> the presentation of the
                   (A)   (B)   (C)   (D)
   food more attractive.

5. <u>Now that</u> the laws <u>requiring</u> equal opportunity <u>for all</u> are enforced, disabled workers are
     (A)   (B)   (C)
   <u>employing</u> in all types of positions.
     (D)

6. The weather reporter was unable _____ the weather more than three or four days in advance.

   (A) for predicting

   (B) of a prediction

   (C) to predict

   (D) to be prediction

7. A head cold prevents a pilot _____ until he is checked by a doctor who gives specific, written permission.

   (A) flight

   (B) to fly

   (C) to flying

   (D) from flying

8. <u>Although</u> bears are usually peaceful, <u>it</u> will <u>attack</u> a human if provoked <u>or</u> threatened.
     (A)   (B)   (C)   (D)

9. Although the diet drug _____ a miracle »cure« for obesity, doctors are worried about possible side effects.

   (A) is being

   (B) seems to be

   (C) seems being

   (D) that seems to be

10. _____ alarms the company officers, who think that the company is growing too quickly.

   (A) Expanding the franchises is

   (B) The expanding number of franchises

   (C) When franchises are expanding, this

   (D) If expanding franchises

11. Sharp and painful headaches may <u>be caused</u> of eating <u>ice cream or</u> other cold foods <u>too quickly</u>.
                                        (A)   (B)   (C) (D)

12. The two nations sharing a border _____ to split the cost of maintaining a peacekeeping border control.

   (A) very agree ready

   (B) are very agreed readily

   (C) agree very ready

   (D) very readily agreed

13. The gymnast <u>was able to get</u> a perfect score on her balance beam routine, <u>but realized</u> that it
                       (A)   (B)
   would be <u>much hard</u> to get that same perfect score <u>on the floor exercise</u>.
                    (C)   (D)

14. <u>Getting a complete</u> physical provides <u>peace of mind</u>, identifies any diseases early, and <u>is</u>
          (A)   (B)
   <u>motivating</u> you <u>to watch</u> your weight.
      (C)   (D)

15. The motivational speaker claimed that the three most important elements of _____ are patience, perseverance, and professionalism.

   (A) being a successful

   (B) being success

   (C) success

   (D) successful

16. The fan has <u>a collections of</u> old toe shoes <u>autographed by</u> their <u>former</u> owners, <u>his</u> favorite
                    (A)   (B)   (C)   (D)
dancers.

17. _____ no one has proven the relationship beyond a shadow of a doubt, most people believe that there is a causal connection between exercise and longevity.

   (A) Although

   (B) But

   (C) Because

   (D) Whenever

18. When a child <u>is given</u> both <u>direction and</u> encouragement, he is <u>able of accomplishing</u> nearly
                (A)   (B)   (C)
any goal he <u>sets for</u> himself.
          (D)

19. The soaring <u>spires</u> of the churches <u>and other buildings</u> in Oxford, England, <u>has inspired</u> <u>much</u>
           (A)   (B)   (C)   (D)
<u>beautiful</u> poetry.

20. _____ properly, model airplanes are amazingly similar to real planes in all details.

   (A) Upon assembly

   (B) When assembled

   (C) Assembling

   (D) To assemble

21. The diaries and journals _____ the identity of the reporter's source, who will therefore remain forever unknown.

   (A) reveal

   (B) do reveal

   (C) do not reveal

   (D) are not revealing

22. Although he <u>gained fame</u> as the inventor of the cotton gin, Eli Whitney <u>made</u> <u>mostly of his</u>
               (A)   (B)   (C)
<u>money</u> <u>as</u> a gun manufacturer.
   (D)

23. _____ the skiers stayed on the slopes during even the most severe snow flurries.

    (A) Dressed warm,

    (B) Being dressed and warm,

    (C) Have warm dress,

    (D) Warmly dressed,

24. Kelly's daughter, a professional photographer, lives in another state, _____ for Kelly to visit her as often as he would like.

    (A) too far for

    (B) so far that

    (C) as far as

    (D) too far

25. The territory <u>was fought over</u> by two nations, <u>but</u> eventually the <u>greater</u> military power won
               (A)   (B)   (C)
    <u>them</u>.
     (D)

Sie können jetzt Ihre Antworten zu diesem Abschnitt – und nur zu diesem Teil – überprüfen. Fangen Sie mit dem nächsten Abschnitt erst an, wenn Sie dazu aufgefordert werden.

3. Abschnitt: Leseverständnis

Zeit: 90 Minuten

Anweisungen: Dieser Abschnitt besteht aus vier Texten. Zu jedem davon gibt es einige Fragen. Malen Sie auf Ihrem Lösungsbogen jenes Oval an, das zu der jeweils besten Antwort gehört.

Sie können die Fragen auf der Grundlage der im Text enthaltenen Aussagen oder Informationen beantworten – es ist keinerlei Spezialwissen erforderlich, um die Fragen beantworten zu können.

Beispiel: Lesen Sie die folgende kurze Beispielpassage und beantworten Sie die beiden anschließenden Fragen.

The word *giraffe* is thought to be derived from the Arabic word *zirafah,* which means "tallest of all." The name is appropriate. The giraffe is the tallest animal on earth and may reach a height of more than 15 feet. The more detailed scientific name is also interesting. Scientists officially call this animal *Giraffa camelopardalis* because they consider the animal to look like a camel with the markings of a leopard.

Line

(5)

The theory that the markings on a giraffe are comparable to the fingerprints of a human has gained ground. It appears that no two sets are alike. Although laypersons consider all giraffes to have the same markings, a trained eye can distinguish subtle differences. The patterns vary from subspecies to subspecies, as does the location of the patterns. Some giraffes, for example, have spots running down their legs; others do not. The colors can also vary, from a glossy near-black to a light yellow. The colors camouflage the giraffe, which blends in well with the leaves of the trees in which it hides. The long neck of the giraffe is mistaken for a tree branch.

(10)

What does the passage primarily discuss?

(A) The purpose of the neck of the giraffe

(B) The mating habits of a giraffe

(C) The locations in which a giraffe may be found

(D) The types and purposes of the markings of a giraffe

In diesem Abschnitt ist in erster Linie von den Musterungen einer Giraffe die Rede und vom Sinn dieser Markierungen. Also ist Antwort D die richtige Lösung.

The words *gained ground* in line 7 could be replaced by which of the following words?

(A) became larger

(B) received support

(C) been disproved

(D) been ridiculed

Die gefragte Wendung *gained ground* bedeutet, dass inzwischen mehr Menschen als früher von einer Sache überzeugt sind. Anders ausgedrückt, die Ansicht erhält jetzt mehr Unterstützung. Antwort B ist hier die richtige Lösung.

Sie können jetzt mit der Bearbeitung der Fragen beginnen.

Die Fragen 1-11 beziehen sich auf folgenden Text:

Homing pigeons are given that name because of their ability to find their way home from tens or even hundreds of kilometers away. Scientists know that pigeons do not use visible landmarks to navigate, because the birds can find their way home even after they have been transported in a covered box and released in an unfamiliar area. However, scientists are not sure *why* pigeons have this acute navigational ability.

The first hypothesis is labeled "the sun compass theory." Pigeons use the sun as a compass to orient themselves. Evidence for this comes from an experiment. Pigeons were placed in a circular cage. Identical food cups were evenly spaced just outside the cage. After being trained to go to the cup due east of the cage's center, pigeons were observed to go to the same cup even after the cage was rotated and the background scenery was changed. Pigeons failed to go to the east cup in two situations. In one situation, the skies were overcast. In the second situation, the experimenters used mirrors to alter the apparent position of the sun.

The second hypothesis has the appellation "the magnetic field theory." Scientists feel that disruptions in the magnetic field surrounding the birds affect the birds' orientation. When bar magnets are placed on pigeons, the pigeons fly in random directions on overcast days. Scientists obtained similar results when they used electrical wires to induce an electrical field in a particular direction. When the wires induced a magnetic field that pointed up through the birds' heads, the pigeons flew away from home. When the field pointed in the opposite direction, the birds flew toward home. These findings, along with the discovery that pigeons are capable of responding to a magnetic field much weaker than that of Earth, indicate that pigeons use the Earth's magnetic field for orientation.

Line

(5)

(10)

(15)

(20)

1. What does the passage mainly discuss?

   (A) The origin of the term homing pigeons

   (B) Why magnetic fields change pigeons' flight patterns

   (C) How pigeons navigate to get back home

   (D) The effect of poor weather on pigeons' navigational abilities

2. The word *this* in line 7 refers to

   (A) The scientist proposing the theory

   (B) The experiment proving the sun compass theory

   (C) The pigeon

   (D) The theory of the sun as a compass

3. Which of the following is NOT mentioned as being true of the sun compass hypothesis?

   (A) Background scenery does not change the trained pigeons' behaviour.

   (B) Rotating the cage does not change the trained pigeons' behaviour.

   (C) Adding a new, untrained pigeon to the cage does not change the current trained pigeons' behaviour.

   (D) Overcast skies may change trained pigeons' behaviour.

4. The word appellation in line 13 is closest in meaning to which of the following?

   (A) name (Name)

   (B) proof (Beweis)

   (C) support (Unterstützung)

   (D) experiment (Versuch)

5. You may infer that, according to the sun compass hypothesis, pigeons with the disrupted magnetic fields would fly in which of the following directions on a sunny day?

   (A) They would fly toward home.

   (B) They would fly in random directions.

   (C) They would fly toward the sun.

   (D) They would fly straight but in a direction away from home.

6. Which finding in the passage is consistent with the sun compass hypothesis but inconsistent with the magnetic field hypothesis?

   (A) The caged pigeons don't fly to the correct cup on overcast days.

   (B) The clock-shifted pigeons fly the wrong way on sunny days.

   (C) The clock-shifted pigeons fly toward home on overcast days.

   (D) Magnetic field disturbances affect pigeons navigation.

7. Which of the following is assumed by the author of the magnetic field hypothesis?

   (A) Pigeons do not use the sun to navigate.

   (B) Magnets have absolutely no effect on pigeons on sunny days.

   (C) No birds use internal compasses to navigate.

   (D) Pigeons with magnets are not affected by the mere presence of metal.

8. The following sentence can be added to the passage: **Two hypotheses have been advanced.**

   (A) At the beginning of the first paragraph

   (B) At the end of the first paragraph

   (C) At the end of the second paragraph

   (D) At the end of the entire passage

9. Which sentence in paragraph three explains why the scientists labeled the second theory »the magnetic field theory«?

   (A) Scientists feel that disruptions in the magnetic field surrounding the birds affect the birds' orientation.

   (B) When bar magnets are placed on pigeons, they fly in random directions on overcast days.

   (C) When the wires induced a magnetic field that pointed up through the birds' heads, the pigeons flew away from home.

   (D) When the field pointed in the opposite direction, the birds flew toward home.

10. What does the author mean by the statement, »Pigeons use the sun as a compass to orient themselves«?

   (A) Pigeons can use the sun to tell time.

   (B) Pigeons can use the sun to tell direction.

   (C) Pigeons can use the sun to tell wind speed.

   (D) Pigeons cannot see when the sun is obscured by clouds.

11. Which of the sentences would be a good summary to the passage?

   (A) Therefore, pigeons traveling through different magnetic fields react differently.

   (B) Scientists are not sure how pigeons use the sun to navigate and are continuing experiments and observation.

   (C) Pigeons, however, have the least acute sense of sight of any bird and must use extrinsic aids.

   (D) Both the sun compass theory and the magnetic field theory of pigeons navigation have been supported by experiments and observations.

Die Fragen 12-22 beziehen sich auf folgenden Text:

Line

(5)

The Pony Express is an outstanding example of courage, endurance, and determination in the westward expansion of the United States. Caught between warring soldiers and Indians, the Pony Express carried important communications 2,000 miles from St. Joseph, Missouri, to Sacramento, California, in ten days.

The Pony Express made its first historic run in April 1860. Despite its long-lived reputation, it lasted only 18 months, until October 1861. The Pony Express was a fast, efficient operation,

but even with its high prices (averaging $1 to $5 an ounce and sometimes totaling $1,000 in receipts in a single day), it failed completely as a financial venture. Its expenses far surpassed
(10)   receipts. Even though the Pony Express was credited with helping to keep California in the Union at the outbreak of the Civil War, the organization never received any financial assistance from Congress.

More than 190 stations were built for the Pony (as it was familiarly called). Five hundred horses and 80 riders were used. Most of the riders were seasoned scouts and skillful guides; all
(15)   were expert horsemen. Each rider changed horses three times in his 90-mile shift per day, covering some of the most dangerous territory in the West. The ponies were usually half-breed California mustangs, quick and full of endurance.

The basic equipment of the Pony Express — a leather vest, or mochila, containing the mail — was placed over the saddle of the animal. Designed for its lightness and ability to be
(20)   transferred quickly from horse to horse, the mochila had four leather cantinas, or boxes, sewn to it to carry the mail. Openings in the front of the mochila allowed it to fit snugly over the saddle, yet when a rider came into a station, he had only to jerk free the mochila and throw it onto another saddled, fresh horse, and he was on his way. To ensure the privacy of the mails, the four pockets containing the letters (wrapped in oiled silk for protection) were locked from St. Joseph to Sacramento.

12.   What does this passage mainly discuss?

(A) The development of the post office from the Pony Express

(B) The history and purpose of the Pony Express

(C) The importance of the Pony Express during the Civil War

(D) How the Pony Express ensured privacy in the mail.

13.   The word *seasoned* in line 13 could best be replaced by

(A) temporary

(B) facetious

(C) experienced

(D) inept

14.   Which of these was seen as an advantage of the mochila?

(A) It was inexpensive to purchase or replace.

(B) It was light and easily transferable from horse to horse.

(C) It was extremely durable and lasted a long time.

(D) It was the only item the horses were willing to have slung across their backs.

15. The word *snugly* in line 20 is closest in meaning to

    (A) loosely

    (B) unattractive

    (C) rich

    (D) tightly

16. Why does the author mention that the letters were wrapped in oiled silk (line 23)?

    (A) To show why the mail was so expensive

    (B) To show how the mail was protected

    (C) To show how light the mail was

    (D) To show how the privacy of the mail was ensured

17. Which of the following does the author consider to be a successful accomplishment of the Pony Express?

    (A) Keeping California from seceding from the Union

    (B) Transporting mail without assistance from Congress

    (C) Holding costs down

    (D) Developing strong relations with the Indian tribes over whose land the Pony express rode

18. According to the second paragraph, the main reason for the failure of the Pony Express was

    (A) Continuing wars with Indian tribes

    (B) The outbreak of the Civil War

    (C) Its high operating costs

    (D) The lack of swift ponies to carry the mail

19. In line 18, the word *its* refers to

    (A) The horse

    (B) The mail

    (C) The Pony Express

    (D) The mochila

21. Which of the following is NOT mentioned as being true of the Pony Express riders?

    (A) They were expert horsemen.

    (B) They changed horses during their shifts.

    (C) They traveled through dangerous territory.

    (D) They were highly paid.

21. In paragraph 3, the author suggests that

    (A) Endurance was a necessary quality for Pony Express horses.

    (B) Pony Express horses were specially trained.

    (C) Pony Express horses were supplied by their riders.

    (D) Mustangs were used for the Pony Express because of their acute directional abilities.

22. The following sentence can be added to the last paragraph: **Only the station clerk, who was a sworn official, had the key to the pockets**.

    Where would this sentence best be placed?

    (A) At the beginning of the paragraph

    (B) After the first sentence of the paragraph

    (C) Before the last sentence of the paragraph

    (D) After the last sentence of the paragraph

Die Fragen 23-33 beziehen sich auf folgenden Text:

The term *Indians* refers to the people we now call Native Americans. It is thought to have derived from the fact that Christopher Columbus believed he had landed in India when he landed in the Americas. Therefore, he called the people he encountered "Indians." Today, there is a difference of opinion as to whether the term *Indians* is derogatory and insulting. Many sports teams and high schools that called themselves (for example) "the Warriors" or other Indian terms have changed their names. The term *Indians,* however, is often still used in television shows and movies, ensuring that the next generation, the children, will grow up using it.

Movies often show United States military officers making treaties, or agreements, with Native Americans. The question arises: Are these treaties still being made today? The answer is no. Congress ended treaty-making with native tribes in 1871. Since then, relations with Native American groups have been facilitated by congressional acts, executive orders, and executive agreements.

The treaties that were made often contain obsolete commitments. Some of these commitments have already been fulfilled. Others have been replaced by congressional legislation. The provisions for education, health, welfare, and other services by the government to tribes often have extended beyond the requirements of the original treaty. In addition, a number of large

Native American groups have no treaties, yet share in the many services for Native American tribes available from the federal government.

(20)   A second question often asked about Native Americans is what their own, internal system of governing is like. Most tribal governments are organized democratically. There is an elected leadership. The governing body is generally referred to as a "council." It is headed by a chairman (sometimes called a "principal chief"). The elected tribal council is recognized by the Secretary of the Interior. Such a council has authority to speak and act for the tribe and to represent it in negotiations with federal, state, and local governments.

23. In line 1, *it* refers to

(A) Native Americans

(B) people

(C) the term Indians

(D) the Indians

24. The word *derogatory* in line 4 is closest in meaning to

(A) complimentary

(B) critical

(C) difficult

(D) appropriate

25. According to the passage, which of the following is true of treaties with Native Americans?

(A) They are always in favor of the Native Americans.

(B) They have been declared null and void by Congress.

(C) They are made only by the President of the United States.

(D) They are no longer being made today.

26. What can be inferred about the tribal governments mentioned in lines 21-25?

(A) They are all headed by principal chiefs.

(B) Some of them are governed by women.

(C) Some of them are not democratic.

(D) Some of them have authority to create laws that conflict with those of the United States federal government.

27. In line 23, the phrase *is recognized by* could best be replaced by which of the following?

    (A) accepted as the authority by

    (B) is not familiar with

    (C) is comfortable with

    (D) knows

28. In lines 16-17, the author mentions education, health, welfare, and other services as examples of

    (A) Ways in which treaties have hurt Native Americans

    (B) Obsolete commitments by the United States government

    (C) Services that have been provided by the U.S. beyond what was requiered by the treaties

    (D) Services that are no longer needed by the self-sufficient Nativer American tribes

29. Where in the passage does the author provide a definition?

    (A) Lines 6-8

    (B) Line 11

    (C) Lines 20-21

    (D) Lines 5-6

30. Look at the word *their* in line 6. Which word or words does *their* replace?

    (A) Indian terms

    (B) sports teams or high schools

    (C) »the Warriors«

    (D) names

31. Why does the author believe that Columbus named the native people Indians?

    (A) He believed that he had landed in India.

    (B) He knew that the people were independent.

    (C) He named them after a racial group in Europa.

    (D) He was ordered by his king to give the people that name.

32. Why does the author mention congressional acts, executive orders, and executive agreement in paragraph two?

    (A) To illustrate broken promises made to the Native Americans

    (B) As examples of actions taken by Native Americans

    (C) As examples of actions that have taken the place of treaties with the Native Americans

    (D) As examples of differences between native and non-native governments

33. Which paragraph focuses on the ways the Native Americans govern themselves?

(A) Paragraph 1

(B) Paragraph 2

(C) Paragraph 3

(D) Paragraph 4

Die Fragen 34-44 beziehen sich auf den folgenden Text:

Multinational corporations frequently encounter problems in their attempts to explain to politicians, human rights groups, and (perhaps most important) their consumer base why they
Line do business with — and even seek closer ties to — countries whose human rights records are considered heinous by the average person in the United States. The officers of those corpo-
(5) rations state that in the business world, the issue of human rights must effectively be detached from the wider spectrum of free trade. Discussion of the uneasy alliance between trade and human rights has trickled down from the boardrooms of large multinational corporations to the consumer on the street, who, given the wide variety of products available, is eager to show support for human rights by boycotting the products of a company he feels does not do enough
(10) to help its overseas workers. International human rights organizations also are pressuring the multinationals to push for more humane working conditions in other countries and to develop a code of business conduct that must be adhered to if the American company is to continue working with the overseas partner.

The President wants economists, business leaders, and human rights groups to work
(15) together to develop a set of principles that the foreign partners of the U.S. corporations will voluntarily embrace. Human rights activists charge that their agenda is being given low priority by the State Department, which takes everyone else's concerns first. The President denies their charges, arguing that each situation is approached on its merits without prejudice, and hopes that all the groups can work together to develop principles based on empirical
(20) research, emphasizing that the businesses with experience in the field must initiate the process of developing such guidelines. Business leaders, while paying lip service to the concept of these principles, fight stealthily against their formal endorsement as they fear that such "voluntary" concepts may someday be given the force of law. Few business leaders have forgotten the Sullivan Principles, in which a set of voluntary rules regarding business conduct with South
(25) Africa (giving benefits to workers and banning apartheid in the companies that worked with U.S. partners) became legislation.

34. Which of the following is the main topic of the passage?

    (A) Multinational corporations have little, if any, influence on the domestic policies of their overseas partners.

    (B) Voluntary principles that are turned into law are unconstitutional.

    (C) Disagreement exists between the approaches (to overseas business) taken by human rights activists and corporations.

    (D) It is inappropriate to expect foreign corporations to adhere to American standards.

35. In line 4, the word *heinous* most probably means

    (A) excellent

    (B) terrible

    (C) expensive

    (D) disorganized

36. According to the passage, the President wants the businesses to start the voluntary principles because

    (A) Businesses have experience in the field.

    (B) Businesses have a moral obligation to their workers because they profit from the workers' labor.

    (C) Workers will accept the principles from the businesses but not from politicians.

    (D) Foreign governments don't trust the U.S. government, but they do trust U.S. businesses.

37. Which of the following best describes the reason the author mentions the boycott of a corporation's products by its consumers?

    (A) To show the difficulties that arise when corporations get involved in politics

    (B) To predict that any plan not involving customers must inevitably fail

    (C) To indicate the pressures that are on multinational corporations

    (D) To ridicule the consumers for thinking that their boycott would influence the large corporations

38. Which of the following statements about the Sullivan Principles can best be inferred from the passage?

    (A) They will have a chilling effect on the adoption of future voluntary guidelines.

    (B) They had a negative effect on the profits of corporations that did business with South Africa.

    (C) They represented an improper alliance between political and business groups.

    (D) They will be used as a model to create future voluntary business guidelines.

39. In paragraph 2, the author suggest that human rights activists

    (A) Don't feel that the State Department is treating them fairly

    (B) Don't like the Sullivan Principles

    (C) Don't want the corporations to do business outside the United States

    (D) Don't want Congress to regulate corporations

40. The following sentence can be added to paragraph 2: **Their greatest concern is that excessive regulation will result in their being unable to operate in the currently highly lucrative overseas market.**

    Where would this new sentence best fit into the paragraph?

    (A) Between the fourth and fifth sentences

    (B) At the end of the first paragraph

    (C) Between the third and fourth sentences

    (D) At the end of the second paragraph

41. The word *their* in line 18 refers to

    (A) the President

    (B) the State Department

    (C) U.S. Corporations

    (D) human rights activists

42. Which of the following could best be substituted for the word detached (line 6) without changing the meaning of the sentence?

    (A) uninvolved

    (B) separated

    (C) connected

    (D) promoted

43. The expression »to push for« (line 11) most nearly means which of the following?

    (A) to pay for

    (B) to hurry up

    (C) to resist

    (D) to encourage

44. All of the following topics are discussed in the passage EXCEPT

(A) What a multinational corporation is

(B) What the Sullivan Principles are

(C) Why business leaders fight against the endorsement of guidelines for foreign partners

(D) Why consumers may boycott a company's products .

STOPP Sie können jetzt Ihre Antworten zu diesem Abschnitt – und nur zu diesem Teil – überprüfen. Fangen Sie mit dem nächsten Abschnitt erst an, wenn Sie dazu aufgefordert werden.

4. Abschnitt: Schreiben

Zeit: 30 Minuten

Anweisungen: Lesen Sie das folgende Aufsatzthema. Halten Sie sich beim Schreiben unbedingt an dieses Thema und schreiben Sie nicht über etwas anderes! Falls Sie eine Gliederung oder Notizen machen, werden diese nicht als Teil Ihres Aufsatzes gelesen und bewertet.

Schreiben Sie Ihren Aufsatz auf die vorgegebenen Zeilen. (Beim eigentlichen TOEFL können Sie Ihren Text auch unterhalb der Frage eingeben.)

Do you agree or disagree with the following statement?

Any action (even a mistake) is better than no action at all.

Verwenden Sie Beispiele, um Ihre Argumentation zu untermauern.

Schlüssel für die Praktische Prüfung 2

1. Abschnitt: Hörverständnis

1. A	18. B	35. D
2. C	19. A	36. B
3. B	20. C	37. C
4. D	21. B	38. C
5. A	22. A	39. A
6. B	23. A	40. A
7. C	24. D	41. B
8. A	25. B	42. A
9. B	26. D	43. D
10. C	27. B	44. C
11. A	28. C	45. C
12. D	29. A	46. B
13. C	30. B	47. A
14. A	31. C	48. D
15. D	32. B	49. C
16. A	33. A	50. C
17. A	34. D	

2. Abschnitt: Satzbau

1. C	10. B	19. C
2. B	11. A	20. B
3. A	12. D	21. C
4. C	13. C	22. C
5. D	14. C	23. D
6. C	15. C	24. D
7. D	16. A	25. D
8. B	17. A	
9. B	18. C	

3. Abschnitt: Leseverständnis

1. C	16. B	31. A
2. D	17. A	32. C
3. C	18. C	33. D
4. A	19. D	34. C
5. A	20. D	35. B
6. A	21. A	36. A
7. D	22. D	37. C
8. B	23. C	38. A
9. A	24. B	39. A
10. B	25. D	40. D
11. D	26. C	41. D
12. B	27. A	42. B
13. C	28. C	43. D
14. B	29. D	44. A
15. D	30. B	

4. Abschnitt: Schreiben

Für den Aufsatz beim TOEFL gibt es keine »richtige Antwort«. In Kapitel 9 finden Sie Tipps, wie Sie beim Aufsatz eine hohe Punktzahl erreichen können!

Praktische Prüfung 2: Antworten und Erläuterungen

1. Abschnitt: Hörverständnis

1. **A.** Der Ausdruck »That's quite all right« bedeutet, dass der Mann nicht verstimmt darüber ist, was die Frau gesagt hat. Er ist bereit zu warten. Er hat ein Buch dabei. Das heißt, dass er etwas zu tun und es nicht eilig hat, dass man sich um ihn kümmert.

    Wenn Sie B gewählt haben, sind Sie zu weit gegangen. Nur weil jemand ein Buch dabei hat, heißt das nicht, dass er es für die Schule lesen muss. Vielleicht liest er das Buch ja nur zum Spaß. Überinterpretieren Sie eine Frage nicht.

2. **C.** Das Wort *brutal* bedeutet brutal, grausam. So ist zum Beispiel das Wetter in Alaska im Winter grausam. Wenn man von einer Prüfung sagt, dass sie brutal war, meint man, sie war sehr schwierig.

    Antwort D stellt die Falle dar. Wenn Sie nicht aufmerksam zugehört haben, haben Sie sich wahrscheinlich für diese Antwort entschieden. Der Mann hat den Test nicht während des Footballspiels abgelegt. Er hat sich vielmehr von dem Test erholt (oder entspannt), indem er anschließend das Spiel verfolgte. Das ist die Art von Falle, die beim TOEFL für Sie aufgestellt werden kann.

3. **B.** Da die Jacke nicht der Frau gehört, ist es ihr auch egal, ob der Mann sie woanders hinlegt oder nicht. Er kann die Jacke woanders hinlegen.

4. **D.** Die Frau wird nicht in ihrem Zimmer sein. Sie hält sich bereits in der Nähe der Party auf. Weil sie sagte, dass sie den Mann dort treffen wird, braucht er nicht zu ihrem Zimmer gehen. Er kann die Frau auf der Party treffen.

5. **A.** Der Ausdruck »I owe you one« means, dass eine Person einer anderen Person einen Gefallen schuldig ist. Es hat nichts damit zu tun, dass man Geld schuldig ist. Wenn Sie sich zum Beispiel mit jemandem zum ersten Rendezvous getroffen haben und Sie diese Entscheidung bedauern und ein Freund zufällig dazukommt, der Sie aus dieser misslichen Lage befreit, sagen Sie vielleicht zu ihm: »Danke, ich bin Dir was schuldig.« Sie schulden Ihrem Freund kein Geld, Sie schulden ihm einen Gefallen.

    Machen Sie sich eine Liste mit all diesen Ausdrücken. Versuchen Sie, diese in Ihrer Umgangssprache mit einzubauen. Je vertrauter Sie mit ihnen sind, desto schneller können Sie die Fragen beim TOEFL beantworten.

6. **B.** Die Frau sagt, dass Sie nur noch ein Kapitel zu lesen hat. Daraus können Sie folgern, dass sie dieses Kapitel lesen möchte. Sie möchte das Buch zu Ende lesen, bevor sie es dem Mann zurückgibt.

7. **C.** Da die Frau für den Professor gearbeitet hat, kennt sie ihn. Indem sie anbietet, den Mann vorzustellen, deutet sie an, dass der Professor einem Freund von ihr vielleicht helfen wird. Der Professor nimmt den Mann vielleicht in seine Klasse auf, um seiner ehemaligen Assistentin einen Gefallen zu tun.

8. **A.** Der Ausdruck »Not me« weist darauf hin, dass man nicht zustimmt. So sagen Sie zum Beispiel: »Ich liebe die alten _Rambo_-Filme« und Ihr Freund antwortet vielleicht darauf: »Ich nicht.« Das heißt, dass er die alten _Rambo_-Filme nicht mag. Wenn der Mann sich ins Büro begibt, um dort nach seinem Testresultat zu fragen, ist er ungeduldig, die Antwort zu erfahren. Es ist nur logisch, anzunehmen, dass jemand, der ungeduldig auf das Ergebnis wartet, beim Test gut abgeschnitten hat.

9. **B.** Der Ausdruck »give you a hand« bedeutet, dass man jemandem seine Hilfe anbietet. Die Frau glaubt, dass jemand anders in der Lage ist, dem Mann zu helfen. Sie schlägt vor, dass er diese andere Person um Hilfe bittet.

10. **C.** »I know what you mean« drückt für gewöhnlich Zustimmung aus. Wenn zum Beispiel ihr Freund sagt: »My life is really busy these days« (»_Ich habe zur Zeit wirklich viel zu tun_«) und Sie darauf antworten: »I know what you mean« (»_Ich weiß, wovon Du sprichst_«), heißt das, dass Sie auch viel zu tun haben. Wenn der Mann sagt, »I know what you mean,« deutet er damit an, dass seine Eltern von ihm das Gleiche verlangen wie die Eltern der Frau von ihr. Sie wünschen sich ebenfalls, dass er ihnen regelmäßig schreibt.

11. **A.** Der Mann wünschte sich, dass die Frau früher etwas gesagt hätte. Daraus können Sie schließen, dass er nicht wusste, was sie ihm erzählte. Wenn sie dem Mann gesagt hätte, dass der Parkplatz, den er belegte, ihrer war, hätte er nicht das Auto an dieser Stelle geparkt.

12. **D.** »Oh, I don't know« (_Oh, ich weiß nicht_) kann bedeuten, dass man mit etwas nicht übereinstimmt. Wenn Sie zum Beispiel zu einem Freund sagen, dass Sie den Film blöd fanden, kann dieser antworten : »Oh, I don't know. I kind of liked it.« (»_Oh, ich weiß nicht. Ich mochte ihn irgendwie._«) Er stimmt mit Ihnen nicht überein. Die Frau ist mit dem Mann nicht einer Meinung. Der Ausdruck »You get what you pay for« bedeutet, dass etwas, das mehr Geld kostet, auch das extra Geld wert ist. Sie kaufen sich zum Beispiel ein billiges Paar Schuhe. Sie sind nicht teuer, aber auch schnell abgetragen. Wenn Sie mehr Geld für Schuhe ausgeben, dann sind diese vielleicht von besserer Qualität und halten länger. Die Frau deutet an, dass das Auto vielleicht teuer, aber das Geld wert ist, das es kostet.

Die Antwort A geht zu weit. Nur weil ein Corvette mehr Geld wert ist, heißt das nicht, dass er der _beste_ Wagen auf dem Markt ist.

13. **C.** Die Notizen am schwarzen Brett stammen von Leuten, die ihre Dienste zum Korrektur lesen von Arbeiten, die Studenten schreiben, anbieten. Indem die Frau den Mann auf diese Notizen hinweist, schlägt sie vor, dass er jemanden sucht, der das für ihn macht.

14. **A.** Der Mann fragt die Frau nach den Schuhen. Da er in der Nähe des Geschäfts sein wird, wo sie diese gekauft hat, wird er die Schuhe dorthin zurückbringen und sie für sie umtauschen.

Manchmal beantwortet man eine Frage am besten, indem man den Eliminierungsprozess anwendet. Wenn alle anderen Fragen falsch sind, muss die eine, die übrig bleibt, die richtige sein. Antwort B ist falsch. Der Mann würde die Schuhe nicht mitnehmen, wenn er ein neues Paar Schuhe für die Frau kaufen würde. Antwort C ist falsch. Der Mann bietet nicht an, die Frau ins Geschäft mitzunehmen, sondern nur ihre Schuhe. Und schließlich ist auch D noch falsch. Sie können aus dem Text nicht schließen, dass der Mann deswegen in den Laden ging, um sich Schuhe zu kaufen. Er ist nur bereit, der Frau zu helfen, den Fehler mit den Schuhen wieder gutzumachen.

15. **D.** »You can't get too much of a good thing« bedeutet, dass man von etwas, was man mag, nicht überdrüssig werden kann. Dieser Mann hat den Film bereits fünf Mal gesehen. Er deutet an, dass er den Film noch ein weiteres Mal anschauen wird.

Antwort C stellt die Falle dar. Nur weil er den Film schon mehrere Male gesehen hat, heißt das nicht, dass es sein Lieblingsfilm ist. Vielleicht hat er ja einen anderen Film schon zehn Mal gesehen!

16. **A.** Die Frau hatte vor, den Mann um eine Mitfahrt zu bitten, das heißt, dass sie ihm das nicht anbieten kann. Ihr Auto ist in der Werkstatt, was bedeutet, dass sie kein Auto hat, in dem sie ihn mitnehmen könnte.

17. **A.** »I know what you mean« drückt für gewöhnlich Zustimmung aus. Wenn Sie dem zustimmen, was jemand sagt, sagen Sie: »I know what you mean« (»*Ich weiß, was Sie meinen*«). Der Mann sagt weiter, dass er nicht glaubt, dass der Professor ein Leben außerhalb der Schule hat. Damit drückt er aus, dass der Professor sehr oft in der Schule ist. Daraus, dass der Professor in der Schule arbeitet und sich sehr oft dort aufhält, können Sie schließen, dass er viel arbeitet.

Bonus: Kennen Sie den Slang-Ausdruck »Get a life«? Jemand sagt das zu ihnen, wenn er glaubt, dass Sie noch etwas anderes tun sollten. Wenn Sie zum Beispiel sehr aufgeregt sind, weil Sie einen neuen Computer bekommen, könnte Ihr Freund im Spaß sagen: »Get a life!« Damit will er ausdrücken, dass Sie mehr ausgehen sollten, um Spaß zu haben, anstatt zu Hause zu bleiben und die ganze Zeit mit dem Computer zu spielen.

18. **B.** »Stuck in« (»*festhängen*«) verwendet man, um anzudeuten, dass sich jemand in einer Lage befindet, in der er sich nicht befinden möchte. So könnten Sie zum Beispiel sagen, dass Sie in der Bücherei festhängen (»stuck in the library«), wenn Sie sich lieber am Strand oder auf der Skipiste aufhalten würden. Die Frau wird das ganze Wochenende im Computerraum verbringen, worüber sie nicht glücklich ist.

19. **A.** Die Frau nennt die Bedingungen: Weisen Sie sich aus und nennen Sie den Namen eines Professors als Referenz. Wenn das die Voraussetzungen dafür sind, in den Raum mit den seltenen Büchern zu kommen, und die Frau hineinkam, dann heißt das, dass sie die Bedingungen erfüllt hat.

20. **C.** Der Ausdruck »If you think this is bad, wait until ...« (*Wenn Sie glauben, dass das schlimm ist, dann warten Sie ab bis ...*«) deutet an, dass Schlimmeres folgen wird. So sagen Sie zum Beispiel, »If you think lunch was bad, wait until you taste dinner in the school cafeteria!« (»*Wenn Sie denken, dass das Mittagessen schlecht war, dann warten Sie mal das Abendessen in der Cafeteria ab.*«)

21. **B.** Die Frau beschwert sich darüber, dass sie ihre Notizen nicht lesen kann, welche mit dem Bleistift geschrieben wurden. Der Mann bietet ihr einen Kugelschreiber an, den sie das nächste Mal für die Notizen verwenden kann. Der Mann muss daher von der Annahme ausgehen, dass Notizen, die mit dem Kugelschreiber geschrieben sind, leichter zu lesen sind als jene, die mit dem Bleistift geschrieben werden.

22. **A.** »That's okay« (»*Das ist in Ordnung*«) verwendet man, wenn man möchte, dass sich jemand besser fühlt. Wenn Sie zum Beispiel auf meinen Fuß steigen, sich dafür entschuldigen und ich Ihnen antworte: »That's okay«, dann bedeutet das, dass ich Ihre Entschuldigung angenommen habe und Sie nicht weiter ein schlechtes Gewissen haben sollten. Der Mann möchte, dass es der Frau nicht weiter unangenehm ist, dass sie den Namen seines Bruders nicht verstanden hat und sagt deshalb: »That's okay.«

23. **A.** Das Wort *if* weist auf etwas hin, was nicht wahr ist. So könnten Sie zum Beispiel sagen: »If I were rich« ... (»*Wenn ich reich wäre ...*«), wodurch Sie ausdrücken, dass Sie nicht reich sind. Dadurch, dass die Frau sagt: »If I needed a new car ...« (»*Wenn ich einen neuen Wagen bräuchte ...*«), drückt sie aus, dass sie keinen neuen Wagen braucht.

24. **D.** Die Frau hat das Gefühl, dass sie die Firma durch ihre häufigen Anrufe belästigt. Deswegen möchte sie nicht mehr so oft anrufen.

Ist Ihnen aufgefallen, dass die Antwort A fast das genaue Gegenteil von dem aussagt, was richtig ist? Es kommt beim TOEFL häufig vor, dass Ihnen zwei Fragen gestellt werden, die gegensätzliche Meinungen vertreten. Eine dieser Fragen stellt häufig die richtige Antwort dar. Wenn Sie nur noch durch Raten weiterkommen (und vergessen Sie nicht, dass der Computer Sie mit dem Test nicht fortfahren lässt, so lange Sie nicht eine Antwort gewählt haben), dann schauen Sie sich diese gegensätzlichen Antworten an und wählen eine davon.

25. **B.** *But* deutet auf eine Nicht-Übereinstimmung hin. So sagen Sie zum Beispiel: »I don't want to go to the party« (»*Ich möchte nicht auf die Party gehen.*«) Ihr Freund stimmt dem nicht zu und sagt: »But I do. (»*Aber ich möchte.*«) In diesem Beispiel möchte die Frau nicht ins Restaurant gehen. Der Mann teilt nicht ihre Meinung und sagt, dass es bei einer Bewertung des Essens gut abgeschnitten hat. Er verlässt sich auf die Meinung des Kritikers und denkt, wenn der Kritiker das Essen lobt, muss es gut sein.

26. **D.** Der Mann bietet der Frau das Rezept an. Man kann davon ausgehen, dass er es selbst benutzte, um den Kuchen zu backen.

Machen Sie den Test nicht schwieriger als er ist. Sie könnten argumentieren, dass es sein könnte, dass jemand anderer den Kuchen gebacken hat und er nur das Rezept dafür hat. Das könnte natürlich der Fall sein, aber doch eher unwahrscheinlich. Ob Sie es glauben oder nicht, der TOEFL möchte Ihnen nicht absichtlich Fallen stellen. Für gewöhnlich ist die offensichtlichste Antwort die richtige. Überanstrengen Sie Ihr Gehirn nicht damit, indem Sie sich schwierige, eher unwahrscheinliche Möglichkeiten ausdenken.

27. **B.** Der Ausdruck »Good luck« (*Viel Glück*) wird oft sarkastisch verwendet. Ein Beispiel: Sie sagen zu einem Freund, »I am going to ask out that beautiful woman« (*Ich frage diese schöne Frau, ob sie mit mir ausgeht*). Ihr Freund antwortet, da er nicht glaubt, dass Ihr Unterfangen Erfolg haben wird: »Good luck!« Ihr Freund meint, dass er Ihnen einen Erfolg nicht zutraut. Das Gleiche gilt in dieser Testfrage. Die Frau deutet an, dass der Lehrer mit seinen Grundsätzen sehr strikt ist und dass es dem Mann wahrscheinlich nicht gelingen wird, unvorbereitet in den Test zu gehen.

28. **C.** Die Frau schlägt vor, dass sich der Mann einen Nachhilfelehrer nimmt. Deshalb kann man davon ausgehen, dass sie denkt, dass ein Nachhilfelehrer dem Mann helfen kann.

29. **A.** Der Mann schlägt vor, dass die Frau anruft, wenn sie vom Unterricht zurückkommt. Er meint, dass sie nun zum Unterricht gehen sollte (damit sie nicht zu spät kommt) und später anruft.

30. **B.** Die Wörter »I can tell« (*Das weiß ich*) drücken aus, dass etwas offensichtlich ist. So sagt zum Beispiel Ihr Freund zu Ihnen: »I just got a haircut« (*Ich habe mir gerade die Haare schneiden lassen*). Sie antworten darauf: »I can tell« (*Das sehe ich*). Sie drücken damit aus, dass das ganz offensichtlich ist. Wenn die Frau sagen kann, dass der Mann sein Auto gewaschen und gewachst hat, dann bedeutet das, dass es gut aussieht.

31. **C.** Der Mann beschwert sich darüber, dass er die Frau auf der Party nicht finden konnte. Die Frau sagt, dass sie wegen der vielen Hausarbeiten, die sie zu erledigen hatte, nicht kommen konnte. Daraus können Sie schließen, dass sie zu Hause war, um ihre Hausarbeiten zu erledigen.

32. **B.** Mit »That's rough« (*Das ist hart*) drückt man sein Mitgefühl aus. Die Person, die diesen Ausdruck verwendet, meint, dass sie einschätzen und verstehen kann, wie schwierig etwas ist. So erzählt Ihnen zum Beispiel ein Freund, dass sein Hund starb. Sie antworten darauf: »That's rough,« und drücken damit aus, dass Ihnen Ihr Freund Leid tut und dass Sie wissen, dass er eine schwierige Zeit durchmacht.

33. **A.** Die Frau sagt: »I'd love to tell you more about this, but I'm *meeting a friend* in a few minutes, so I have to leave now« (*Ich würde Dir das zu gerne erzählen, aber ich treffe in ein paar Minuten einen Freund, deswegen muss ich jetzt gehen*).

34. **D.** Der Mann sagt: »May I call you later?« (*Kann ich Dich später anrufen?*) und fügt unmittelbar darauf hinzu: »Maybe I can help you with your paper« (*Vielleicht kann ich Dir bei Deiner Hausarbeit helfen*). Er möchte sie anrufen, damit er ihr bei der schriftlichen Hausarbeit helfen kann.

35. **D.** Das Erste, was der Mann getan hat, war, der Frau zu erzählen, wen er diesen Nachmittag getroffen hatte. Der Mann und die Frau sprechen über das Treffen, darüber, was Herb macht.

Die Antworten B und C stellen die Fallen dar. Ja, der Unterhaltung ist zu entnehmen, dass Herb in Alaska gelebt hatte, aber das ist nicht das Hauptthema. Ja, in der Unterhaltung wird auch gesagt, dass sich Dave und Herb für ein Mittagessen verabreden werden. Aber auch das ist nicht das Hauptthema. Nur weil etwas erwähnt wird oder weil es sich um eine wahre Aussage handelt, heißt das nicht, dass es das Hauptthema ist. Um die Hauptaussage zu finden, sollten Sie sich vorstellen, dass ein Freund auf Sie zukommt und sagt »Hey, what are you listening to?« (*Hey, was hörst Du Dir an?*). Die erste Antwort, die Ihnen dazu einfällt, ist das Hauptthema. In diesem Fall sagen Sie vielleicht, »Oh, this conversation is about a friend the man ran into (met, encountered)« (*Oh, diese Unterhaltung ist über einen Freund, den der Mann zufällig traf*).

36. **B.** Der Mann sagt zu der Frau: »You remember Herb. He was my engineering professor.« (*Du erinnerst Dich an Herb. Er war mein Professor während des Ingenieurstudiums*).

Antwort D ist die Falle. Alaska wird zwar erwähnt, aber nicht als ein Ort, wo sich Dave aufgehalten hat. Dieser Unterhaltung können Sie nur entnehmen, dass Herb in Alaska war.

37. **C.** Die Frau sagt: »I thought he moved to Alaska« (*Ich dachte, er ist nach Alaska gezogen*). Sie war überrascht zu erfahren, dass Dave und Herb sich trafen, da sie dachte, dass Herb in Alaska sei.

38. **C.** Der Mann erklärte, dass Herb zurückkam. »He says, Alaska was too cold.« (*Er sagte, Alaska war zu kalt*).

39. **A.** Der Mann erwähnt, dass er Herb zum Mittagessen treffen wird, und lädt die Frau ein. Sie sagt, dass sie sich gerne den beiden Männern anschließen würde.

40. **A.** Die Sprecherin erzählt hauptsächlich davon, was die Freiwilligen tun werden, von ihren Pflichten. So spricht sie zum Beispiel darüber, wie einige Leute sich um die Hunde und Katzen kümmern, aber sie müssen sich nicht um die größeren Tiere kümmern.

41. **B.** Die Frau erwähnt die gefährlichen Tiere, die Schlangen. Sie fügt aber sofort im Anschluss hinzu: »Don't worry about those animals; we have specialists to take care of them. Your only task is to work with the dogs and cats.« (*Machen Sie sich keine Sorgen wegen dieser Tiere; wir haben Spezialisten, die sich um sie kümmern. Ihre Arbeit besteht darin, auf die Hunde und Katzen zu achten*). Der Grund, warum sie die gefährlichen Tiere erwähnt, ist der, den freiwilligen Helfern zu sagen, dass sie nicht bei diesen gefährlichen Tieren arbeiten müssen.

42. **A.** Die Frau sagt, »The campus health center has agreed to provide [the physical] at no cost to volunteers« (*Die Krankenstation auf dem Universitätsgelände hat zugestimmt, die Freiwilligen kostenlos zu untersuchen*). Der Ausdruck »at not cost« (*kostenlos*) bedeutet, dass etwas umsonst ist; es kostet nichts.

43. **D.** Die Frau sagt, dass sie einige Leute kennt, die freiwillig in der Tierstation arbeiten, was ihnen auf ihren Kurs in Naturwissenschaften angerechnet wird. Sie erinnert diese Personen daran, ihre Anträge frühzeitig für eine Bearbeitung einzureichen, da dies den Studenten sonst nicht mehr angerechnet werden kann. Diesen Worten können Sie entnehmen, dass einige Studenten freiwillige Arbeit leisten, die ihnen auf ihre Noten angerechnet wird.

44. **C.** Der Professor nennt Beispiele, um zu illustrieren, wie ähnlich manche Wörter in verschiedenen Sprachen sind. Er sagt, dass die Kenntnis einer Sprache den Studenten dabei helfen kann, eine andere Sprache zu verstehen. Er möchte durch seine Beispiele die Ähnlichkeit unterschiedlicher Sprachen aufzeigen.

45. **C.** Der Professor gibt ein Beispiel dafür, wie die Kenntnis eines Suffix den Studenten bei der Interpretation schwieriger Wörter helfen kann. Er sagt, wenn man weiß, dass *–ate* »to make« (*machen*) bedeutet, kann dies einer Person, die Spanisch spricht, dabei helfen, zu erkennen, dass *facilitate* »to make facil« (*leichter machen*) oder »to make easy« (*einfacher machen*) bedeutet. *Facíl* ist das spanische Wort für »easy« (*leicht*).

Wenn Sie bei Antworten nicht wissen, welche die richtige ist, dann wählen Sie diejenige, die der Hauptaussage am nächsten kommt. In diesem Fall ist die Hauptaussage, dass Sprachen, weil sie sich ähnlich sind, leicht zu erlernen sind. Wenn Sie wissen, dass die Hauptaussage »learning languages« (*Sprachen lernen*) ist, dann können Sie die Antworten auf A und C einengen. Antwort A ist unlogisch. Kein Test, für den Sie eine andere Sprache lernen müssen (wie beim TOEFL), wird eine Textstelle beinhalten, die sagt, dass das Lernen anderer Sprachen unnötig ist!

46. **B.** Der Professor erwähnt, dass er weiß, dass Studenten verschiedene Sprachen sprechen und sich dennoch verstehen. Er will damit ausdrücken, dass es zwischen den Sprachen viele Ähnlichkeiten gibt, die es den Personen ermöglichen, zumindest die Idee zu verstehen, auch wenn die Wörter etwas unterschiedlich sind.

Der Zweck eines Beispiels ist, die Hauptaussage zu untermauern. Das ergibt Sinn, oder? Warum verwenden Sie ein Beispiel, wenn Sie mit jemandem sprechen? Um Ihre Aussage zu untermauern. Die Hauptaussage in diesem Text ist, dass Sprachen verwandt, ähnlich miteinander sind. Der Professor erwähnt die Studenten, die in verschiedenen Sprachen miteinander sprechen, um zu zeigen, dass es zwischen den Sprachen viele Ähnlichkeiten gibt. Denken Sie an die Kernaussage dieser Rede, wenn Sie Fragen darüber beantworten. Es kommt häufig vor, dass einige Antworten mit dieser Kernaussage in Verbindung stehen.

47. **A.** Der Mann sagt: »As your guide, I want to …« (*Als Ihr Führer möchte ich ….*) Er führt die Besucher durch die Fabrik.

Eine typische TOEFL-Frage ist die nach dem Sprecher – was er oder sie tut. Hören Sie gut zu, wenn ein Sprecher oder eine Sprecherin Erklärungen über sich abgeben. Bringen Sie so viel wie möglich über den Sprecher in Erfahrung.

48. **D.** Der Mann sagt ausdrücklich »Now, no one knows for certain who invented the very first clock« (*Niemand kann mit Sicherheit sagen, wer die erste Uhr erfand*).

49. **C.** Der Sprecher sagt, »Unfortunately, a sundial was useless in the dark« (*Leider war eine Sonnenuhr im Dunkeln nicht zu gebrauchen*). Die Sonnenuhr funktioniert nur bei Sonnenschein und nicht im Dunkeln.

50. **C.** Am Ende des Monologs sagt der Sprecher, »If you'll follow me now into our factory, I'll take you to see one of the most modern and precise clocks the world has developed« (*Wenn Sie mir nun in die Fabrik folgen, werde ich Ihnen eine der modernsten und präzisesten Uhren zeigen, die jemals entwickelt wurden*).

2. Abschnitt: Satzbau

1. **C.** Das Wort *it's*, mit einem Apostroph, bedeutet *it is*. Sie würden nicht sagen, »The cat went back into the burning house several times to rescue it is newborn kittens« (*Die Katze lief mehrmals in das brennende Haus zurück, um ihre neugeborenen Jungen zu retten*). Das Wort, das wir hier verwenden müssen, ist *its* (ohne Apostroph). *Its* ist die besitzanzeigende Form von *it*.

Hier nenne ich Ihnen eine einfache Möglichkeit, wie Sie *its* und *it's* voneinander unterscheiden können. Die Pronomen *he, she* und *it* werden in ihrer besitzanzeigenden Form ohne Apostroph geschrieben: *his, hers* und *its*. Sie würden nicht *his's* oder *her's* sagen, sagen Sie also auch nicht *it's*. (Im vierten Kapitel, Wiederholung der Grammatik, erfahren Sie mehr zu diesem Thema.)

2. **B.** »The board *was* created« (*Der Ausschuss wurde gegründet*) ist im Passiv. Haben Sie bemerkt, dass Antwort A die Bedeutung des Satzes verändert? Hier klingt es so, als hätte der Auschuss die Bürger gegründet! Haben Sie die Falle, *being*, in Antwort C bemerkt? Das Wort *being* wird oft falsch verwendet. Gehen Sie nicht automatisch davon aus, dass *being* jedes Mal, wenn Sie es sehen, falsch ist ... aber sehen Sie lieber zweimal hin.

3. **A.** Der Satz deutet an, dass etwas passierte, was die Situation veränderte. Der Junge sang die erste Stimme, *bis* (*until*) sich seine Stimme veränderte. Seien Sie bei *–ing*-Wörtern sehr, sehr vorsichtig. Sowohl in den Antworten B, C und D kommt das Wort *changing* vor. Obwohl ein *–ing*-Wort nicht automatisch *immer* falsch ist, so ist es dennoch oft genug falsch, um Ihre besondere Aufmerksamkeit zu erhalten.

4. **C.** Ein Adverb beantwortet die Frage »Wie?« (*How?*) und endet oft auf *-ly*. Wie wird die Verzierung verwendet? Hauptsächlich (*primarily*) als Dekoration.

5. **D.** Behinderte wurden von jemandem eingestellt, das heißt, dass sie die Arbeit machen. Wenn Sie wählen würden »disabled workers are employing« (*Behinderte beschäftigen*), hieße das, dass es die Behinderten sind, die andere Arbeiter eingestellt haben. Das ist es aber nicht, was der Satz sagen möchte.

Sind Sie, sobald Sie ein *-ing*-Verb sahen, nervös geworden? Das spricht für Sie! Sie können nicht automatisch davon ausgehen, dass ein *-ing*-Wort immer falsch ist, aber Sie tun gut daran, es mindestens zweimal anzusehen.

6. **C.** Die Wörter *able* (*fähig*) und *unable* (*unfähig*) sind oft von einem Infinitiv oder der *to*-Form eines Verbs gefolgt. I am able *to laugh* at stupid jokes (*Ich kann über dumme Witze lachen*). You are able *to score* well at the TOEFL. (*Sie können beim TOEFL ein gutes Ergebnis erzielen*). The weather reporter was unable *to predict* the weather more than three of four days in advance. (*Der Wetterberichterstatter war nicht fähig, das Wetter mehr als drei oder vier Tage vorherzusagen*).

7. **D.** Haben Sie automatisch die Antwort D fallen gelassen, weil es ein *-ing*-Verb enthält? Wenn ja, dann habe ich Sie erwischt! Obwohl die *-ing*-Wörter bei diesem Test oft (für gewöhnlich) falsch sind, sind sie es nicht *immer*. Ich habe diese Frage deswegen eingebaut, weil ich all diejenigen denkfaulen Studenten erwischen wollte, welche ihr Gehirn abschal-

ten und sich auf »Suzee says so« verlassen. Nur weil ich gesagt habe, dass ein Wort oft falsch ist, heißt das noch lange nicht, dass es immer falsch ist. In diesem Fall ist das *-ing*-Wort korrekt, das nach der Präposition *from* der Gerund folgt. Das Verb *prevents* (verhindert) wird in der Regel von einem *-ing*-Verb gefolgt. Die Reihenfolge *ist prevents + from + Gerund*. Ein Beispiel: A good friend prevents you from driving when you have been drinking too much alcohol. (*Ein guter Freund hindert Sie am Fahren, wenn Sie zu viel Alkohol getrunken haben.*)

8. **B.** Ein Pronomen muss die gleiche Anzahl ausdrücken (Singular oder Plural) wie das Hauptwort, das es ersetzt. In diesem Satz bezieht sich das *it*, welches in der Einzahl steht, auf das Hauptwort *bears* (Bären), welches Plural ist. Deshalb ist in diesem Fall das Pronomen falsch. Anstelle von *it* sollte *they* stehen. Although bears are usually peaceful, they will attack a human if provoked or threatened. (*Obwohl Bären im Normalfall friedfertige Tiere sind, greifen sie, wenn sie gereizt oder bedroht werden, Menschen an.*)

Da wir gerade von Bären sprechen, möchte ich Ihnen einen Witz nicht vorenthalten, den Sie wahrscheinlich lieben werden, wenn Sie in Ihrer Kindheit Trickfilme aus Amerika im Fernsehen verfolgten:

Why is there only one Yogi Bear?

When they tried to make another, they made a Boo Boo!

9. **B.** Das Wort *seems* (scheint) ist oft von einem Infinitiv (der *to*-Form eines Verbs) gefolgt. The diet seems *to be* working. (*Die Diät scheint zu wirken.*) The refrigerator seems *to be* broken. (*Der Kühlschrank scheint kaputt zu sein.*) The TOEFL seems *to be* getting easier. (*Der TOEFL scheint leichter zu werden.*)

Haben Sie das gefürchtete Wort *being* in den Antworten A und C entdeckt? Obwohl *being* nicht immer falsch ist, so ist es das doch für gewöhnlich. Schauen Sie sich das Wort lieber zweimal an und versuchen Sie, ob Sie es durch etwas anderes ersetzen können. Natürlich sollten Sie das Wort auch in Ihrem Aufsatz vermeiden. Ich habe schon oft Aufsätze gelesen, in denen Dinge wie diese standen: »I took a year off from school, the reason being I backpacked around Asia.« Schauderhaft! Der Satz sollte lauten: »I took a year off from school *to backpack* around Asia.« (*Ich setzte die Schule ein Jahr aus, um mit dem Rucksack durch Asien zu ziehen.*)

10. **B.** Hierbei handelt es sich um ein ziemlich schwierige Frage. Wenn Sie sich nicht sicher sind, suchen Sie das Verb und das dazugehörige Subjekt. In diesem Fall fehlt dem Verb *alarms* (aufschrecken) das Subjekt. What alarms the officers? The expanding number of franchises alarms the officers. (*Was schreckt die Verantwortlichen auf? Die wachsende Zahl von Franchise-Unternehmen schreckt die Verantwortlichen auf.*)

Wenn Sie A oder D gewählt haben, dann haben Sie wahrscheinlich vergessen, in den Satz die möglichen Antworten einzusetzen und diesen zu lesen. Obwohl diese Vorgehensweise Zeit benötigt (und Sie sich vielleicht Gedanken darüber machen, ob Ihnen davon genügend zur Verfügung steht), ist sie dennoch sehr wichtig. Sie können wegen des *is* nicht sagen: »Expanding the franchises is alarms the company officers ...« und auch das Einsetzen von Antwort D ergibt keinen Sinn, da damit der Satz zu einem Fragment, einem unvollständigen Gedanken wird: »If expanding franchises alarms the company officers, who think that the company is growing too quickly.« Was stimmt damit nicht? Der Satz ist unvollständig und verlangt nach einer Antwort.

11. **A.** Etwas ist caused *by* (*verursacht durch*) und nicht caused *of*. Headaches are caused by eating ice cream too quickly. (*Zu schnelles Essen von Eiscreme verursacht Kopfschmerzen.*) Sie sind nicht selbst die Ursache dafür!

Wenn Sie diese kleinen Präpositionen (wie *of, by, with, from* und *to*) verwirren, sollten Sie sich eine Liste davon anfertigen, wie sie verwendet werden. Machen Sie sich zum Beispiel eine Karte, auf der steht »caused by«, mit einem Beispiel: »Mistakes are caused by not knowing the rules« (*Fehler entstehen, wenn man die Regeln nicht kennt.*) Kurz bevor Sie den TOEFL machen, sollten Sie diese Ausdrücke wiederholen. Hierbei handelt es sich um ein gutes Last-Minute-Konzept der Wiederholung.

12. **D.** Ein Adverb beantwortet häufig die Frage »Wie?« und endet oft auf *-ly*. How did the nations agree? (*Wie kamen die Nationen zu einer Übereinkunft?*) Very readily. (*Ohne Schwierigkeiten.*) Eliminieren Sie die Antworten A und C. Antwort B ist zu lang und wortreich. Oft ist die kürzeste Antwort die beste. Ein guter Schreibstil ist kurz und bündig.

13. **C.** Bei einem Vergleich benötigt man häufig die *-er*-Form eines Wortes. One action is harder, not hard, than another. (*Eine Handlung ist schwerer, nicht schwerer, als eine andere.*) Getting a date with a sports hero or a supermodel is harder than getting a date with the boy or girl next door. (*Eine Verabredung mit einem Sportidol oder einem Supermodel zu bekommen ist schwerer, als eine mit einem Jungen oder Mädchen von nebenan.*)

14. **C.** Diese Frage testet die Parallelstruktur. Aufzählungen in einer Reihe, wie die Verben in diesem Satz, müssen parallel sein oder die gleiche Form haben. In diesem Fall sollte der Satz lauten: »Getting a complete physical provides peace of mind, identifies any diseases early, and motivates you to watch your weight« (*Eine vollständige Untersuchung beruhigt das Gewissen, lässt Krankheiten früh erkennen und motiviert sie dazu, auf Ihr Gewicht zu achten.*) Das *is* im Satzteil *is motivating* ändert die Form des Verbs. (Im vierten Kapitel, Wiederholung der Grammatik, wird die Parallelstruktur ausführlicher erklärt.)

15. **C.** Ich halte mich immer an das Motto, »When in doubt, leave it out« (*Wenn im Zweifel, lass es weg*). Immer wenn ich mich zwischen zwei Möglichkeiten entscheiden muss, wie ich etwas schreibe oder sage, wähle ich die kürzere davon. Ein guter Schreibstil ist präzise. Der richtige Ausdruck hier ist »elements of success« (*Merkmale des Erfolgs*).

Haben Sie misstrauisch die Fragen beäugt, in denen *being* vorkommt? Ein Pluspunkt für Sie. *Being* ist nicht immer falsch, wird aber häufig inkorrekt verwendet und verlangt daher nach Ihrer besonderen Aufmerksamkeit.

16. **A.** *A* deutet darauf hin, dass etwas im Singular ist: *a collection* (*eine Sammlung*). Der Satz sollte sagen, dass der Fan entweder über eine Sammlung (collection) oder über Sammlungen (collections, ohne bestimmten Artikel) von Ballettschuhen verfügt.

17. **A.** *Although* weist darauf hin, dass man sich über etwas nicht einig ist. Der Satz sagt, dass manche Leute denken, dass eine Verbindung zwischen Sport und längerem Leben besteht. Allerdings konnte hierfür noch kein Beweis erbracht werden.

Bonus: Immer, wenn ich denke, dass es gut wäre, etwas Sport zu betreiben, fällt mir einer meiner Lieblingssprüche ein, den ich auf einem Auto las: »Every time I have the urge to exercise, I lie down until it passes.« (Jedesmal, wenn ich das Gefühl verspüre, Sport zu treiben, lege ich mich hin und warte, bis es wieder vorbei ist.)

18. **C.** *Able* (*fähig, in der Lage sein*) ist für gewöhnlich von einem Infinitiv (der *to*-Form eines Verbs) gefolgt. A child is able *to accomplish* nearly any goal he sets for himself (*Ein Kind ist fähig, nahezu jedes Ziel zu erreichen, das es selbst für sich gesetzt hat*). Noch ein paar weitere Beispiele: You are able *to make* friends at a new school (*Sie sind in der Lage, an einer neuen Schule Freunde zu gewinnen*). A student is able *to ask* for help with her homework (*Eine Studentin ist in der Lage, um Hilfe bei ihren Hausaufgaben zu bitten*). A professor is able *to explain* a concept (*Ein Lehrer ist fähig, ein Konzept zu erklären*).

19. **C.** Diese Frage sollte Ihnen relativ leicht gefallen sein. Hier wird Ihre Fähigkeit getestet, Subjekt und Verb übereinzustimmen. Ein Subjekt im Singular verlangt nach einem Verb im Singular. Wie heißt das Subjekt in diesem Satz? *Spires* (*Turmspitzen*), was der Plural ist. Deshalb müssen Sie hier auch das Verb *have* im Plural verwenden. The spires have inspired much beautiful poetry (*Die Turmspitzen waren Inspiration für viele schöne Gedichte*).

20. **B.** Die richtige Form lautet »when assembled properly« (*wenn richtig zusammengebaut*). Vielleicht mussten Sie hier den Eliminierungsprozess anwenden, um die richtige Antwort zu finden. Mit der Antwort D klingt der Satz so, als würden die Modellflugzeuge den Zusammenbau selbst machen, anstatt zusammengebaut zu werden. In der Antwort C steht ein *-ing*-Verb (von dem wir wissen, dass es häufig falsch ist), und es klingt ebenfalls so, als würden die Modellflugzeuge das Zusammenbauen selbst übernehmen. Antwort A passt einfach nicht, wenn wir den Satz damit lesen. (Sie denken daran, sich ein paar Sekunden Zeit zu nehmen, um jede Antwort einzusetzen und den Satz zu lesen, nicht wahr?.)

21. **C.** Wenn Sie A oder B gewählt haben, haben Sie den Satz nicht sorgfältig genug gelesen. Wenn die Quellen für die Informationen des Reporters nicht genannt werden, dann haben die Tagebücher und Journale seine oder ihre Identität nicht preisgegeben. Antwort D ist zwar im Prinzip richtig (*not* revealing), aber unnötig lang und wortreich.

22. **C.** Der richtige Ausdruck ist »most of his money« (*das Meiste seines Geldes*) und nicht »mostly of his money«. *Mostly* (*meistens*) ist ein Adverb und beantwortet die Frage »How?« (*Wie?*), wird aber selten benutzt. Sie könnten sagen: »I mostly swim for exercise, rather than walk or skate« (*Meistens schwimme ich lieber, um mich zu bewegen, als zu gehen oder zu skaten*), der Satz klingt aber nicht gut. Ich gebe Ihnen den Tipp, *mostly* so gut es geht zu vermeiden. Sie können es gut durch den Ausdruck »most of the time« (*die meiste Zeit*) ersetzen. Most of the time I swim for exercise, rather than walk or skate.

23. **D.** Ein Adverb beantwortet oft die Frage »Wie?« (How?) und endet oft mit *-ly*. (Wenn Sie diese Auflösung der Fragen gelesen haben, haben Sie diesen Satz schon zigmal gelesen). How are the skiers dresses? Warmly. (*Wie sind die Skifahrer angezogen? Warm.*)

Haben Sie sich aufmerksam die Antwort B angesehen? Das Wort *being* wird oft falsch verwendet. Diese Antwort klingt einfach lächerlich. Natürlich sind die Skifahrer angezogen. Nackte Skifahrer trifft man auf den Pisten äußerst selten an!

24. **D.** Wenn Kelly seine Tochter nicht so oft besuchen kann, wie er gerne möchte, dann deshalb, weil sie zu weit weg lebt. Wenn Sie A gewählt haben, dann haben Sie wahrscheinlich vergessen, jede Antwort einzusetzen und den Satz zu lesen. »Kelly's daughter, a professional photographer, lives in another state, too far for Kelly to visit her as often as he would like« (*Kellys Tochter, eine Berufsfotografin, wohnt in einem anderen Bundesland, zu weit weg, als dass Kelly sie so oft besuchen könnte, wie er gerne möchte*). Haben Sie den Fehler entdeckt? Das *for* wird wiederholt! Ich habe dieses Beispiel für diejenigen Studenten ausgesucht, die nicht alle Antworten einsetzen und den Satz sorgfältig lesen.

25. **D.** Ein Pronomen muss in der gleichen Anzahl (Singular oder Plural) stehen wie das Hauptwort, das es ersetzt. The greater military power eventually won the territory. (*Die größere Militärmacht hat schließlich das Gelände eingenommen*). Weil *territory* in der Einzahl ist, muss auch das Pronomen *it* (Einzahl) verwendet werden.

Die Verwendung von Pronomen wird beim TOEFL häufig getestet. Sie sollten daher jedes Pronomen zweimal ansehen. Kapitel 4 beinhaltet einen eigenen Abschnitt, wie ein Pronomen verwendet werden soll. Warum blättern Sie nicht zurück und wiederholen diese? (Chapter 4 has a complete discussion of how to use a pronoun. Why not go back and reread them quickly right now?)

Haben Sie den Fehler im letzten Satz bemerkt? Sie sollten aufgeschrien haben: »Suzee, diesmal hab ich Dich erwischt!« Ich habe absichtlich (ganz ehrlich) das falsche Pronomen verwendet. Ich habe *them* geschrieben, welches ein Plural ist, und beziehe mich auf ein Kapitel (Singular)! Ich sollte *it* verwendet haben. Wenn Sie diesen Fehler entdeckt haben, dürfen Sie sich stolz auf die Schulter klopfen.

3. Abschnitt: Leseverständnis

1. **C.** Die Hauptaussage eines Textes ist meist sehr allgemein und breit gehalten. Obwohl A, B und D im Text angedeutet werden, unterstützen diese nur Fakten und sind nicht umfassend genug. Wenn Sie B gewählt haben, sollten Sie den Rucksack packen und einen Bußgang antreten. Weil diese Information als letzte im Text erwähnt wird, ist sie noch besonders frisch in Ihrem Gedächtnis (es ist vielleicht das Einzige, woran Sie sich vom Text erinnern). Seien Sie vorsichtig, eine Antwort nur deshalb zu wählen, weil Sie sich am besten daran erinnern. Versuchen Sie, eine Antwort vorherzusagen, indem Sie zusammenfassen, was Sie gelesen haben, *bevor* Sie sich die Antworten ansehen.

2. **D.** Beim TOEFL werden Sie oft gefragt, das Antecetend (*Bezugswort*) eines Pronomen zu nennen, auf welches Wort oder welches Konzept sich das Pronomen bezieht. In diesem Fall müssen Sie wissen, was *this* is. *This* bezieht sich auf die Theorie, dass Tauben zur Orientierung die Sonne als Kompass verwenden. Hinweis: Oft bezieht sich das Pronomen auf ein Hauptwort oder Konzept, das unmittelbar vorher genannt wird. So können Sie zum Beispiel sagen: »I don't like most exercise, but this is fun.« (*Ich mag die meisten Übungen nicht, aber diese macht Spaß.*) Das *this* bezieht sich auf das Hauptwort, das unmittelbar davor steht, *exercise*.

Haben Sie ganz schnell Antwort A fallen gelassen? Ein Wissenschaftler ist eine Person, auf die man mit *who* und nicht mit *this* verweist.

3. **C.** In diesem Textabschnitt wird über den sich verändernden Hintergrund, über das Drehen des Käfigs und das Verhalten der Tauben bei wolkenverhangenem Himmel gesprochen. Nichts in diesem Textabschnitt spricht davon, trainierte und nicht trainierte Tauben zusammen zu bringen.

4. **A.** Die einfachste Möglichkeit, die richtige Antwort zu finden, ist, jede Antwort einzusetzen, den Satz ganz zu lesen und zu entscheiden, welche davon einen Sinn ergibt. Es ist logisch, wenn man sagt, dass der Name der zweiten Hypothese die magnetische Feldtheorie ist. Die anderen Antworten ergeben im Kontext des Satzes keinen Sinn.

Denken Sie daran, dass in diesem Testabschnitt nicht Ihr Wortschatz geprüft wird. Deshalb sollten Sie sich nicht grämen, wenn Sie das Wort *appellation* (*Bezeichnung*) nicht kennen – das müssen Sie nämlich nicht. Die Erfinder des TOEFL geben sich alle Mühe, Wörter zu finden, die Sie nicht kennen, um zu testen, wie gut Sie diese Wörter aus dem Kontext erschließen können. Obwohl es offensichtlich hilfreich ist, über einen großen Wortschatz zu verfügen, müssen Sie nicht lange Listen mit Wörtern auswendig lernen, um diesen Teil des Tests erfolgreich durchzuführen.

5. **A.** Die Hypothese des Sonnenkompasses besagt, dass Tauben sich nach der Sonne orientieren. Da die Tauben die Sonne sehen können (auch wenn das Magnetfeld unterbrochen wurde), können Sie sich für den Heimflug nach der Sonne richten.

6. **A.** Wenn Sie D gewählt haben, liegen Sie völlig falsch, da es sich hierbei genau um das Gegenteil dessen handelt, was richtig ist. Achten Sie auf die Paarung von positiven-negativen Wörtern wie consistent/inconsistent (*in Übereinstimmung mit/nicht in Übereinstimmung mit*). Antwort D unterstützt eindeutig die Hypothese des Magnetfelds. Antwort C stützt sich ebenfalls auf die Theorie des Magnetfeldkompasses. Antwort B ist zwar im Einklang mit der Theorie des Sonnenkompasses, der Vertreter der Theorie des Magnetfeldes kann jedoch anführen, dass das Magnetfeld einen Faktor darstellt, der an sonnigen Tagen manchmal außer Kraft gesetzt wird. Das richtige Ergebnis konnte daher durch einen Eliminierungsprozess gefunden werden. Antwort A ist richtig. Ohne Sonne würden, in Übereinstimmung mit der Hypothese des Sonnenkompasses, die Tauben Schwierigkeiten haben, die Heimat anzusteuern. Andererseits besagt die Hypothese des Magnetfelds, dass besonders an wolkenverhangenen Tagen Tauben das Magnetfeld zur Orientierung verwenden.

Diese Frage ist ein schwieriges Beispiel, für das Sie wahrscheinlich viel Zeit aufgewendet haben. Ein guter Testteilnehmer zeichnet sich dadurch aus, dass er sofort erkennt, welche Fragen einfach sind und schnell beantwortet werden können (die Antwort ist im Text enthalten) und welche, bei denen man mehr überlegen muss (hierbei handelt es sich um Fragen, die nur beantwortet werden können, wenn Sie den gesamten Text verstanden haben). Wenn Sie den Text nicht richtig verstehen, sollten Sie sich nicht zu lange damit aufhalten, sondern am besten einfach raten.

7. **D.** Beantworten Sie diese Frage durch Anwendung des Eliminierungsprozesses. Antwort A ist übertrieben. Der Vertreter der Magnetfeldtheorie scheint zu glauben, dass die Sonne unter bestimmten Bedingungen zur Orientierung herangezogen werden kann, dass dies aber (seiner Meinung nach) nicht die Möglichkeit ist, nach der sich Tauben hauptsächlich richten. Antwort B scheint der Aussage, dass Magneten wichtig sind, zu widersprechen. Antwort C ist ebenfalls zu weit hergeholt. Hier wird über alle Vögel gesprochen, der Text bezieht sich aber nur auf Brieftauben. Im TOEFL sind oft Antworten enthalten, die »zu weit gehen«, die über den eigentlichen Text hinausgehen und daher verworfen werden können. Es bleibt als richtige Antwort nur noch D übrig.

8. **B.** Um diese Frage zu beantworten, sollten Sie den neuen Satz an jeder der genannten Stellen einsetzen. Anschließend sollten Sie den Text noch einmal schnell durchlesen und entscheiden, an welcher Stelle im Text der Satz den meisten Sinn ergibt. Sie werden schnell merken, an welcher Stelle der Absatz mit dem hinzugefügten Satz keinen Sinn ergibt.

In diesem Beispiel wird am Ende des ersten Absatzes gesagt, dass Wissenschaftler nicht sicher sind, warum Tauben einen guten Orientierungssinn haben. Es ist daher nur logisch, an dieser Stelle einen Satz einzufügen, der »ankündigt«, dass es mehr als eine Erklärung dafür geben könnte.

9. **A.**. Der erste Satz im dritten Absatz nennt den Namen der Theorie, und im nächsten Satz wird erklärt, woher dieser Name stammt. Obwohl sich alle anderen Antworten auch auf das Magnetfeld beziehen – was es ist und wie es sich auswirkt –, wird hier nichts darüber gesagt, warum die Theorie diesen Namen trägt. (Es handelt sich hier um eine wirklich schwere Frage. Seien Sie daher nicht zu enttäuscht, wenn Sie sie falsch beantwortet haben.)

10. **B.** Sie orientieren (*to orient*) sich, indem Sie sich in eine bestimmte Lage versetzen, um zu verstehen, wo Sie sind und in welche Richtung Sie sich bewegen. Wenn Sie zum Beispiel über das Universitätsgelände gehen, werden Sie sich an den Gebäuden um Sie herum orientieren. Der Autor deutet an, dass Tauben die Sonne verwenden, um ihre Position zu bestimmen.

Wenn Sie nur den einen Satz lesen, den Sie hinzufügen sollen, können Sie die Frage wahrscheinlich nicht richtig beantworten. Sie müssen schon den ganzen zweiten Absatz lesen, um den Satz im Kontext zu sehen. Wenn Sie, zur Beantwortung einer Frage, auf eine bestimmte Stelle im Text verwiesen werden, sollten Sie diese Textstelle nur als Ausgangspunkt betrachten. Um die Frage richtig beantworten zu können, müssen Sie aber den Kontext kennen. Lesen Sie daher auch den Text im Umfeld der bezeichneten Stelle.

11. **D.** Eine Zusammenfassung kann den Inhalt eines Textes nur im weitesten Sinne wiedergeben. Es ist sozusagen eine Wiederholung des Hauptthemas. Der vorliegende Text befasst sich mit zwei Theorien, der des Sonnenkompasses und der des Magnetfeldes. Der Autor macht den Leser mit beiden Theorien vertraut und untermauert jede mit Beispielen und Beobachtungen.

Die anderen Antworten können durchaus richtige Aussagen machen, sind jedoch für eine Zusammenfassung viel zu spezifisch. Wählen Sie die Antwort, die beide Theorien umfasst, die im Text erwähnt werden.

12. **B.** Das Hauptthema eines Textes ist immer sehr umfassend. Antwort A geht über den Text hinaus, da in diesem nichts über das moderne Postwesen enthalten ist. Die Fragen C und D werden angesprochen, aber nur ganz knapp. Beide unterstützen das Hauptthema des Textes, sind aber nicht das Thema selbst. Nur weil etwas im Text behandelt wird, heißt das nicht, dass es auch die richtige Antwort ist. Es kommt häufig vor, dass im Text alle vier Antworten erwähnt werden, aber nur eine davon das Hauptthema darstellt.

13. **C.** Der Text spricht davon, wie gut die Reiter waren, dass es sich bei allen um Experten handelte. *Seasoned* heißt in diesem Zusammenhang erfahren, wie etwa in dem Satz »They've been around for several seasons and know what's going on« (*Sie haben schon etliche Saisons mitgemacht und wissen, was los ist*).

Haben Sie Antwort B oder D gewählt? Wissen Sie, was *facetious* (scherzhaft) oder *inept* (unbrauchbar) bedeutet? Wenn nicht, dann sind Sie wahrscheinlich in die »Unsicherheitsfalle« getappt. Es passiert uns allen, dass wir Wörter nicht kennen und aus dieser Unsicherheit heraus uns bei der Beantwortung der Fragen für diese entscheiden und dies damit begründen, dass sie so schwierig sind, dass sie einfach richtig sein müssen. Falsch gedacht. Meist sind die Wörter, nach denen gefragt wird, relativ leicht. Wählen Sie ein Wort, das Sie nicht kennen, erst dann als richtig aus, wenn Sie ganz sicher sind, dass alle anderen Wörter, die Sie kennen, falsch sind.

Bonus: Wissen Sie, was beim Wort *facetious* wirklich besonders ist? Es ist eines der beiden Wörter in der englischen Sprache, in denen alle Selbstlaute in alphabetischer Reihenfolge (a, e, i, o, u) vorkommen. Das einzige andere Wort ist *abstemious*, was so viel wie enthaltsam bedeutet. So lebt zum Beispiel eine Person, die nicht trinkt, enthaltsam.

14. **B.** Diese Frage ist ziemlich einfach, da hier ganz gezielt nach einem im Text vorkommenden Ereignis gefragt wird. Die Zeilen 18 und 19 sagen: »Designed for its lightness and ability to be transferred quickly from horse to horse, the mochila... (*Die mochila, die leicht gebaut ist, damit sie schnell von einem Pferd zum anderen gewechselt werden kann, ...*).

15. **D.** In den Zeilen 20 bis 22 steht, »Openings in the front of the mochila allowed it to fit snugly over the saddle, yet when a rider came into a station, he had only to jerk free the mochila ...« (*Öffnungen vorne in der mochila erlaubten es, diese eng anliegend am Sattel festzumachen, wenn jedoch der Reiter in der Poststation ankam, konnte er diese mit einem Ruck lösen ...*). Wenn die mochila mit einem Ruck gelöst werden musste, heißt dass, dass sie fest am Sattel befestigt war (*fit snugly*).

Sind Sie auf den billigen Trick in Antwort B hereingefallen? Das Wort *ugly* bedeutet hässlich, *snugly* (eng anliegend) meint jedoch etwas völlig anderes.

Haben Sie bemerkt, dass Antwort A genau das Gegenteil von D ausdrückt? Wenn zwei Antworten genau Gegensätzliches aussagen, dann ist eine davon häufig die richtige. Das ist natürlich nur ein Hinweis und keine Regel, was ich hier sage (schalten Sie Ihr Gehirn nicht aus, um sich ganz auf die Tipps zu verlassen; sie sind häufig brauchbar, aber keineswegs unfehlbar). Sie sind eine gute Hilfe, wenn Sie die Antworten schnell auf zwei reduzieren möchten.

16. **B.** Diese Frage erfordert eine einfache, direkte Antwort. Schauen Sie sich die Zeile an, die genannt wird (sind die beim TOEFL nicht manchmal wirklich nett?) und lesen Sie: »wrapped in oiled silk for protection« (*zum Schutz in eingeölte Seide verpackt*) ....

Antwort D ist die Falle. In den Zeilen 22 bis 24 steht »To ensure the privacy of the mails ...« (um das Briefgeheimnis zu hüten ...). Um das Geheimnis zu hüten, wurden die Taschen, in denen sich die Post befand, versperrt. Die eingeölte Seide befand sich in einer der versperrten Taschen. Die Seide diente dem Schutz der Post vor Nässe und nicht dazu, das Briefgeheimnis zu wahren. Diese Antwort hat es wirklich in sich. Wenn Sie das richtige Ergebnis haben, dürfen Sie sich stolz auf die Schulter klopfen.

17. **A.** In den Zeilen 9 bis 11 steht: »Even though the Pony Express was credited with helping to keep California in the Union at the outbreak of the Civil War ...« *(Obwohl man es auch dem Pony-Express zu verdanken hatte, dass Kalifornien beim Ausbruch des Bürgerkriegs in der Union blieb ...)*

Hinter der Antwort B verbirgt sich die Falle. Ja, der Pony-Express hat die Post transportiert und ja, er hat es ohne finanzielle Unterstützung des Kongresses getan. Der Autor stellt dies jedoch nicht als ein erfolgreiches Unternehmen heraus, da er ja darauf verweist, dass der Pony-Express in finanzieller Hinsicht keinen Erfolg darstellte.

18. **C.** Zeilen 8 bis 9 sagen, »... it failed completely as a financial venture. Its expenses far surpassed receipts« (... *in finanzieller Hinsicht ein totaler Misserfolg war. Die Ausgaben überstiegen bei weitem die Einnahmen*).

Die Antworten A und B werden im Text zwar erwähnt, jedoch nicht als Grund für den Misserfolg des Pony-Expresses. Bitte denken Sie daran, dass die Erwähnung eines Ereignisses nicht automatisch bedeutet, dass es die Frage korrekt beantwortet. Es ist sogar meist so, dass diejenigen Antworten, die eine Falle darstellen, im Text vorkommen.

19. **D.** Fragen Sie sich selbst: Was war so gefertigt, dass es leicht war und mühelos von einem Pferd zum anderen gewechselt werden konnte? Es kann sich dabei sicherlich nicht um das Pferd handeln! Es konnte auch nicht der Pony-Express sein, da es sich dabei um ein System und um keinen physischen, greifbaren Gegenstand handelte. Vielleicht haben Sie kurz Antwort B als die richtige erwogen. Obwohl die Post schnell befördert wurde, war diese nicht »leicht gefertigt.« Es bleibt also nur die mochila übrig, die Ledertasche, in der die Post transportiert wurde.

20. **D.** Sie beantworten eine NICHT (oder AUSSER)-Frage durch den Eliminierungsprozess. Im dritten Absatz steht, dass die Boten erfahrene Reiter waren, dass sie Pferde während ihrer Arbeitsschicht wechselten und dass sie sehr gefährliches Gelände durchquerten. Anhand des Eliminierungsprozesses kristallisiert sich Antwort D als die richtige heraus.

Die hohen Transportkosten für die Post (zwischen einem und fünf Dollar für eine Unze, und das vor langer Zeit im 18. Jahrhundert) werden im Absatz erörtert. Nicht wird jedoch darüber geschrieben, dass die hohen Transportgebühren auch bedeuten, dass die Reiter sehr gut bezahlt wurden. Irgendjemand, irgendwo, hat einen guten Profit erzielt, aber Sie wissen nicht wer. Passen Sie auf, dass Sie in einen Text nicht zu viel hineininterpretieren.

21. **A.** Der letzte Satz im dritten Absatz lautet, »The ponies were usually half-breed California mustangs, quick and full of endurance (*Die Pferde waren meist gezüchtete kalifornische Mustangs, schnell und ausdauernd).* Weil diese Pferde für den Transport ausgewählt wurden, liegt es nur nahe, davon auszugehen, dass diese Eigenschaften, Schnelligkeit und Ausdauer, vorausgesetzt wurden.

Antwort D stellt die Falle dar. Ja, es stimmt, Mustangs wurden für diesen Dienst ausgewählt, aber nichts im Text weist darauf hin, dass sie wegen ihres guten Orientierungssinns bevorzugt wurden.

22. **D.** Die »pockets« (*Taschen*) beziehen sich auf die Taschen in dem Lederbehälter, der mochila, in denen die Post aufbewahrt wurde. Der letzte Satz des Textes lautet, »To ensure the privacy of the mails, the four pockets containing the letters (wrapped in oiled silk for protection) were locked from St. Joseph to Sacramento« (*Damit das Briefgeheimnis gewahrt werden konnte, waren die vier Taschen, die die Briefe enthielten [die wiederum zum Schutz in geölte Seide gewickelt waren], von St. Joseph bis Sacramento verschlossen).* Weil in diesem Satz über das Schloss gesprochen wird, wird im nächsten vom Schlüssel erzählt.

23. **C.** Ein Pronomen ersetzt ein Hauptwort (noun). Deshalb müssen Sie, um diese Frage zu beantworten, das Pronomen durch ein Hauptwort ersetzen. Gehen Sie dabei so vor, dass Sie jede der vier möglichen Antworten nacheinander im Satz einsetzen und diesen lesen. Entscheiden Sie nun, welcher Satz einen Sinn ergibt. Sie würden zum Beispiel nicht sagen »Native Americans was thought to have referred to the fact …,« oder »People was thought to have referred to the fact ….« Richtig ist jedoch, »The term *Indians* was thought to have referred to the fact ….«

Weil Sie in so vielen TOEFL-Fragen nach Pronomen gefragt werden, sollten Sie sich diese immer gut ansehen, sobald sie im Text auftauchen. Zu den Pronomen gehören *I, you, he, she, it, we, us, they, them, this* und *that.* (Weitere Pronomen werden im vierten und elften Kapitel behandelt).

24. **B.** Geraten Sie nicht in Panik, wenn Sie nicht wissen, was *derogatory* bedeutet; das Wort kennen die meisten nicht. Hier soll nicht Ihr Wortschatz getestet werden, sondern Ihr Leseverständnis, in wie weit Sie die Bedeutung eines Wortes aus dem Kontext heraus erschließen können. Weil dieses Wort mit dem Adjektiv *insulting* (»derogatory and insulting«) zusammen verwendet wird, kann man davon ausgehen, dass es etwas Negatives ausdrückt. Verwerfen Sie die Antworten A und D. Antwort C ist die Falle. Vielleicht finden Sie das Wort *derogatory* schwierig (weil Sie nicht wissen, was es bedeutet), das heißt jedoch nicht, dass es schwierig meint. Tatsächlich bedeutet *derogatory* so viel wie »insulting« (*beleidigend).*

Haben Sie bemerkt, dass die Antworten A und B genau das Gegenteil sagen? Oft (aber nicht immer), ist eine von zwei gegensätzlichen Antworten die richtige. Wenn Sie bei einer Frage nur raten können, dann wählen Sie bei den Antworten eine aus, die in Opposition zu einer anderen ist.

25. **D.** Eine Frage, die mit den Worten »According to the passage« (*Laut Aussage des Textes*) beginnt, ist in der Regel ziemlich leicht zu beantworten. Lesen Sie den entsprechenden Text noch einmal durch und halten Sie Ausschau nach den Schlüsselwörtern. In den Zeilen 10 bis 11 steht, »Are these treaties still being made today? The answer is no« (*Werden diese Verträge auch heute noch gemacht? Die Antwort lautet nein*).

In der Antwort A wird zu sehr übertrieben. Antworten, die *always* (*immer*) enthalten, sind selten richtig (da nur sehr wenige Dinge *immer* wahr sind). Antworten B und C kommen im Text nicht vor.

Haben Sie jemals den Ausdruck »paralysis by analysis« gehört? Er bedeutet, dass etwas so lange analysiert wird, bis es zur Entscheidungsunfähigkeit kommt. Das kann ziemlich leicht passieren, vor allem bei so einfachen Fragen wie dieser. Bitte denken Sie daran, dass nicht jede TOEFL-Frage schrecklich ist.

26. **C.** Hier handelt es sich um eine sehr schwierige Frage. In Zeile 21 steht: »Most tribal governments are organized democratically« (*Die meisten Regierungen der Ureinwohner folgen demokratischen Prinzipien*). Daraus können Sie folgern, dass nicht alle demokratischen Prinzipien folgen.

A geht zu weit. Eine Antwort, die das Wort *all* (*alle*) enthält, ist selten richtig. Obwohl die meisten Stämme von Häuptlingen angeführt werden, deutet nichts im Text darauf hin, dass dies bei *allen* Stämmen so ist. Nirgendwo im Text kommen Frauen vor, deshalb fällt Antwort B weg. D könnte uns kurz in Versuchung führen, ist aber unlogisch. Aus dem Text erfahren wir, dass die *councils* mit der US-Regierung zwar verhandeln, aber nicht in direktem Konflikt damit treten dürfen.

27. **A.** To *recognize* someone (*jemanden anerkennen*) bedeutet, ihn mit der Macht oder Autorität zu versehen, zu handeln. So kann bei einer Besprechung der Vorsitzende zum Beispiel sagen: »The chair recognizes Ms. Rodriguez« (*Der Vorstand erteilt Ms. Rodriguez das Wort*), wenn diese eine Rede halten soll.

Antwort D stellt die Falle dar. In der realen Welt (die, was Sie bereits bemerkt haben sollten, wenig mit dem TOEFL zu tun hat) erkennen (*recognize*) Sie Menschen, Sie kennen Sie. In diesem Kontext hat das Wort aber eine andere Bedeutung. Nehmen Sie sich die Zeit festzustellen, wie das Wort aus dem *Kontext des Satzes* zu verstehen ist. Beim TOEFL wird getestet, ob Sie verstehen, wie der Autor des Textes, und nicht Sie, das Wort verwendet.

28. **C.** In den Zeilen 16 bis 17 steht, »The provisions for education, health, welfare, and other services by the government to tribes often have extended beyond the requirements of the original treaty« (*Die Bestimmungen hinsichtlich Bildung, Gesundheit, sozialer Fürsorge und anderer Dienste von Seiten der Regierung den Ureinwohnern gegenüber gingen oft über die Forderungen des Originalvertrags hinaus*).

29. **D.** Zeile 22 sagt: »The government body is generally referred to as a »council«« (*Alle Mitglieder einer Regierung werden im Allgemeinen als »council« bezeichnet*). Das ist eine Möglichkeit, um das Wort *council* zu definieren.

Quizfrage: Als eine Gruppe von Amerikanern gefragt wurde, einen Ureinwohner Amerikas, der für seinen Kampfesmut berühmt war, zu nennen, nannten die meisten den Namen Geronimo, der auch den Spitznamen »The Apache Terror« (*Terror der Apachen*) trug. Aber keiner der Befragten wusste, dass der Name Geronimo in der Apachensprache »he who yawns« (*der, der gähnt*) bedeutet. Wenn Sie das nächste Mal in der Klasse gähnen, weil Sie müde sind, werden Sie sich daran erinnern, was Sie mit Geronimo gemeinsam haben!

30. **B.** Der Satz lautet »Many sports teams and high schools that called themselves (for example) »the Warriors« or other Indian terms have changed their names« (*Viele Sportvereine oder Schulen, die sich (zum Beispiel) »the Warriors« oder nach einem anderen indianischen Ausdruck nannten, haben ihre Namen geändert). Their* bezieht sich hier auf Sportvereine und Schulen.

31. **A.** Ich hoffe, dass Sie diese relativ einfache Frage richtig beantwortet haben. Hier wird ziemlich direkt nach einem Detail gefragt. Sie brauchen nur im Text die Antwort zu finden, die ziemlich eindeutig gegeben wird. Im zweiten Satz steht: »It is thought to have derived from the fact that Christopher Columbus believed he had landed in India when he landed in the Americas« (*Man denkt, dass der Grund hierfür darin liegt, dass Christopher Columbus glaubte, Indien erreicht zu haben, als er tatsächlich Amerika entdeckte*).

32. **C.** Auch in dieser Frage wird ziemlich direkt nach einem Detail gefragt, also eine weitere Chance für Sie, eine Frage richtig zu beantworten. Um diese Frage zu beantworten, müssen Sie den Text nicht analysieren oder interpretieren. Sie müssen im Text nur nach der Stelle suchen, in der die Antwort steht. Im zweiten Absatz erfahren Sie, dass anstelle von Abkommen »relations with Native American groups have been facilitated by congressional acts, executive orders, and executive agreements« (*die Beziehungen zu den Ureinwohnern durch Erlasse des Kongress, Gesetze und Abkommen vereinfacht wurden*).

33. **D.** Im ersten Satz des vierten Absatzes wird ein neues Thema eingeführt: »A second question often asked about Native Americans is what their own, internal system of governing is like« (*Eine zweite Frage, die häufig im Zusammenhang mit Ureinwohnern gestellt wird, ist die, wie sie sich selbst untereinander regieren*). Im Anschluss wird in diesem Absatz diskutiert, wie sich die Ureinwohner selbst regieren.

34. **C.** Es kommt häufig vor, dass ein Thema im ersten oder zweiten Satz eingeführt wird. In diesem Beispiel beschreibt der erste Satz die Schwierigkeiten, die Unternehmen haben, wenn sie ihre Firmenpolitik Mitgliedern von Menschenrechtsgruppen erklären wollen. Dieser Aussage können Sie entnehmen, dass die Gruppen der von Unternehmen vertretenen Politik nicht zustimmen.

Bei Antwort D handelt es sich um eine persönliche Beurteilung. Diese Antworten sind ganz selten richtig, denn wer kann darüber entscheiden, welche Überzeugung richtig oder falsch ist. Eine Antwort, die eine persönliche Meinung ausdrückt, enthält häufig das Wort *inappropriate* (*unangebracht*). In diesem Fall können Sie meist davon ausgehen, dass diese Antwort falsch ist.

35. **B.** *Heinous* bedeutet grauenhaft, schrecklich, wirklich schlimm. (So bekommen Sie zum Beispiel grauenhafte Kopfschmerzen, wenn Sie sich auf den TOEFL vorbereiten!) Niemand erwartet wirklich von Ihnen, dass Sie dieses schwierige Wort kennen, sondern dass Sie aus dem Kontext dessen Bedeutung erschließen. Der erste Absatz handelt von der Überzeugung von Menschenrechtsgruppen, dass das Verhalten von Unternehmen bei Geschäften mit dem Ausland sehr zu wünschen übrig lässt (dabei handelt es sich auch um das Hauptthema des Textes, wie es in Frage 34 bereits angedeutet wurde). All dem ist zu entnehmen, dass *heinous* etwas Schlechtes, Unangenehmes bedeutet.

36. **A.** In den Zeilen 21 bis 22 steht: »... emphasizing that the businesses with experience in the field must initiate the process of developing such guidelines« *(stellt ausdrücklich fest, dass diejenigen Firmen, die auf diesem Gebiet über Erfahrung verfügen, den Prozess zur Erstellung dieser Verhaltensregeln auslösen müssen).*

Fragen, die mit den Wörtern »according to the question« *(entsprechend der Frage)* beginnen, sind oft am einfachsten zu beantworten. In diesem Fall verwenden Sie Ihre Zeit sinnvoll, wenn Sie den Text noch einmal lesen und nach der Antwort Ausschau halten. (Manchmal meint es der TOEFL sogar so gut mit Ihnen, dass er Sie mit Hilfe eines Pfeiles am Rand des Textes auf die Stelle hinweist, die Sie lesen sollen.) Die Antwort steht häufig direkt im Text; Sie müssen nicht interpretieren oder überlegen. Studenten, die nicht zu faul dazu sind, die Textstelle noch einmal zu lesen, sollten keine Schwierigkeiten mit dieser Art von Fragen haben.

37. **C.** Diese Frage ist schwierig, denn hier wird von Ihnen verlangt, dass Sie sich in den Autor hineinversetzen, seine Gedanken lesen, ergründen, *warum* er eine bestimmte Aussage machte. (An diesem Beispiel sehen Sie ganz deutlich den Unterschied zwischen der Frage aus Aufgabe 36 und dieser. Im ersteren Fall müssen Sie nur den Text lesen, die Antwort ist bereits darin enthalten.) Oft empfiehlt es sich in diesem Fall, diejenige Antwort zu wählen, die irgendwie mit der Hauptaussage des Textes in Zusammenhang steht. Im ersten Satz wird bereits erklärt, dass Unternehmen Schwierigkeiten damit haben, ihre Unternehmenspolitik verschiedenen Interessengruppen zu erklären. Daraus können Sie folgern, dass diese Gruppen auf die Unternehmen Druck ausüben.

Antwort B ergibt zwar einen Sinn, ist aber in seiner Aussage zu extrem. Wörter wie *must* *(müssen)* und *inevitably (unweigerlich)*, welche sagen, dass etwas geschehen muss oder wird, sind selten in der richtigen Antwort enthalten. Antwort C ist negativ. Beim TOEFL kommt es so gut wie nie vor, dass etwas oder jemand lächerlich gemacht wird.

38. **A.** Antwort B möchte Sie in die Falle locken. Im Text wird nichts über Gewinne gesagt. Nur weil die Unternehmen die Sullivan Principles anscheinend nicht mögen, heißt das nicht, dass diese die Gewinne beeinträchtigen; es könnte andere Gründe für Ablehnung geben. Interpretieren Sie in einen Text nicht zu viel hinein.

In Antwort A wird darauf hingewiesen, dass wiederholte schlechte Erfahrungen eine negative, ernüchternde Wirkung haben können. Anders ausgedrückt, sie nehmen uns den Mut, bestimmte Handlungen zu wiederholen. Wenn Sie zum Beispiel eine Person dreimal gefragt haben, ob sie mit Ihnen ausgeht, und dreimal eine Abfuhr erhielten, hätte dies auf Sie eine ernüchternde Wirkung. Diese wird Sie davor zurückhalten, ein viertes Mal zu fragen.

39. **A.** Die Zeilen 17 bis 18 sagen, »Human rights activists charge that their agenda is being given low priority by the State Department, which takes everyone else's concerns first« (*Vertreter der Menschenrechtsorganisationen behaupten, dass ihre Anliegen bei den Staatsvertretern nur wenig Gehör finden und sich diese lieber mit allen anderen Problemen zuerst befassen*). Wenn die Aktivisten glauben, dass sich die Staatsvertreter lieber mit anderen Problemen zuerst befassen, heißt das, dass sie glauben, dass sie nicht fair behandelt werden.

40. **D.** Im zweiten Absatz wird über Anweisungen gesprochen, Antwort A und B scheiden deshalb aus, da sich diese auf den ersten Absatz beziehen. Antwort C klingt ganz gut, aber auch hier wird nichts über Anweisungen gesagt, vor allem nicht über die Sullivan Principles. Bei Anwendung des Eliminierungsprozesses verbleibt D als die richtige Antwort.

Auf dem Computerbildschirm sind die Zeilen nicht nummeriert. Sie werden schwarze Rechtecke sehen. Klicken Sie auf das Rechteck, wo Sie glauben, dass der Satz am besten hineinpasst. (Diese Vorgehensweise ist einfacher, als sich an den Zeilennummern zu orientieren. Sie werden angenehm überrascht sein, wie einfach es ist, den Test am Computer zu machen.)

41. **D.** Wenn Sie A gewählt haben, sind Sie in die Falle getappt. Ja, es stimmt, für gewöhnlich nehmen Pronomen den Platz eines Hauptworts ein oder beziehen sich auf das, das ihnen am nächsten steht. In diesem Fall ist das nächststehende Hauptwort *President*. Sie wissen jedoch, dass *President* die Einzahl ist, während *their* auf einen Plural verweist. Sie sollten also sofort hellhörig werden und bemerken, dass sich *their* auf ein anderes Wort beziehen muss, auf ein Wort im Plural. Nur die Antworten C und D sind im Plural. Die Worte des Präsidenten beziehen sich auf die Beschuldigungen der *Menschenrechtler*, die im vorherigen Satz erwähnt werden.

42. **B.** To *detach* bedeutet, etwas voneinander zu trennen. Aus dem Kontext können Sie erkennen, dass die Unternehmen glauben, dass es keine Verbindung zwischen dem freien Handel und Menschenrechten geben sollte und diese beiden Konzepte voneinander getrennt sein sollten.

Antwort A könnte eine Falle sein. Im wahren Leben bedeutet, wenn Sie von etwas getrennt sind, dass Sie damit nichts zu tun haben. So können Sie zum Beispiel mit der Politik an Universitäten nichts zu tun haben, wenn Sie sich nicht für die Studentenvertretung interessieren. Sie müssen in diesem Beispiel aus dem Kontext erschließen, wie der Autor dieses Wort verwendet, und nicht davon ausgehen, was es normalerweise bedeutet.

43. **D.** Sehen Sie sich auch hier den Kontext an, um zu verstehen, wie das Wort gemeint ist. Der letzte Satz deutet an, dass die internationalen Menschenrechtsorganisationen Druck auf multinationale Unternehmen ausüben, menschengerechtere, bessere Konditionen zu schaffen. To *push for* something heißt, etwas zu unterstützen. So können Sie zum Beispiel die Forderung unterstützen, dass die Bibliothek länger geöffnet bleibt, damit Sie noch mehr glückliche Stunden dort verbringen können, um für den TOEFL zu lernen.

44. **A.** Eine Frage, in der »nach allem Folgenden AUSSER« gefragt wird (all of the following EXCEPT) ist meist sehr zeitaufwändig und trickreich. Wenn Sie nicht sicher sind, welche Antwort richtig ist, oder wenn Sie die Antwort nicht schnell erkennen, sollten Sie diesen Typ von Fragen auslassen. (Sie erinnern sich, dass der Abschnitt Leseverständnis als einziger die Möglichkeit bietet, eine Frage auszulassen.)

Sie wenden bei der EXCEPT-Frage den Eliminierungsprozess an. Der letzte Satz im Text erklärt, worum es sich bei den Sullivan Principles handelt. Antwort B scheidet aus. Der vorletzte Satz beschreibt, warum die Vorsitzenden von Unternehmen gegen die Einführung von Richtlinien in den Geschäftsbeziehungen mit ausländischen Partnern kämpfen; Antwort C fällt ebenfalls weg. Der dritte Satz im ersten Absatz erklärt, warum Verbraucher die Produkte eines Unternehmens boykottieren könnten. Antwort D scheidet somit aus. Die korrekte Antwort, die durch die Durchführung des Eliminierungsprozesses ermittelt wurde, ist A.

4. Abschnitt: Schreiben

Denken Sie dran: Auf die im Aufsatz gestellte Frage gibt es keine »richtigen« oder »falschen« Antworten. Hier kommt es auf Ihre Grammatik, nicht auf Ihre Meinung an! Kapitel 9 verrät Ihnen, was die Prüfer im Aufsatz gerne lesen.

Übersetzung der Praktischen Prüfung 1

1. Abschnitt: Hörverständnis

Teil A

Beispiel:

Was meint der Mann?

(A) *Er braucht keinen Pullover.*

(B) *Er findet den ersten Laden auch zu teuer.*

(C) *Seiner Meinung nach hat die Frau Unrecht.*

(D) *Der Pullover gefällt ihm nicht.*

1. *Was deutet der Mann an?*

   (A) *Er ist nicht in Eile.*

   (B) *Er muss das Buch für den Unterricht lesen.*

   (C) *Er ist am falschen Ort.*

   (D) *Er möchte bald gehen.*

2. *Was meint der Mann?*

   (A) *Er hat im Test eine gute Note erhalten.*

   (B) *Er mag Football nicht.*

   (C) *Die Prüfung war sehr schwer.*

   (D) *Das Football-Spiel fand zur gleichen Zeit statt wie der Test.*

3. *Was deutet die Frau an?*

   (A) *Der Stuhl ist besetzt.*

   (B) *Der Mann kann die Jacke wegnehmen.*

   (C) *Es gibt woanders noch weitere Stühle.*

   (D) *Sie wollte nicht, dass der Mann sich da hinsetzt.*

4. *Was wird der Mann tun?*

   (A) *In das Zimmer der Frau gehen*

   (B) *Nicht zur Party gehen*

   (C) *Eine andere Frau mitnehmen*

   (D) *Die Frau auf der Party treffen*

5. *Was deutet der Mann an?*

   (A) *Er möchte sich eines Tages für den Gefallen revanchieren.*

   (B) *Er hat bereits Eintrittskarten gekauft.*

   (C) *Er hat es sich anders überlegt und wird nicht ins Kino gehen.*

   (D) *Er möchte der Frau das Geld für die Eintrittskarten geben.*

6. *Was möchte die Frau tun?*

   (A) *Vom Mann ein anderes Buch ausleihen*

   (B) *Das Buch zu Ende lesen, bevor sie es zurückgibt*

   (C) *Das Buch an einen Freund/eine Freundin weitergeben*

   (D) *Das Buch noch einmal lesen*

7. _Was deutet die Frau bezüglich Dr. Casparetti an?_

   (A) _Er ist ein ausgezeichneter Lehrer._

   (B) _Seine Chemieklasse ist immer voll besetzt._

   (C) _Er nimmt ihr zuliebe den Mann im Unterricht auf._

   (D) _Sie mag Dr. Casparetti._

8. _Was deutet der Mann an?_

   (A) _Er denkt, dass es ihm beim Test gut erging._

   (B) _Er hat den Test nicht gemacht._

   (C) _Der Professor ist mit der Bekanntgabe der Noten spät dran._

   (D) _Er macht sich Sorgen, dass er beim Test schlecht abschnitt._

9. _Was schlägt die Frau vor, was der Mann tun soll?_

   (A) _Einen neuen Plan zu kaufen_

   (B) _Jemand anderen um Hilfe zu bitten_

   (C) _Einen Bus zu nehmen_

   (D) _Ihr den Plan zu zeigen_

10. _Was meint der Mann?_

   (A) _Er mag die Eltern der Frau nicht._

   (B) _Seine eigenen Eltern sind ganz in der Nähe._

   (C) _Seine eigenen Eltern erwarten von ihm, dass er ihnen regelmäßig schreibt._

   (D) _Er denkt, dass sich die Eltern der Frau zu fordernd verhalten._

11. _Was deutet der Mann an?_

   (A) _Er wusste nicht, dass der Parkplatz ihr zustand._

   (B) _Er weigert sich, ihren Parkplatz aufzugeben._

   (C) _Er hat das Recht, wo immer er will, zu parken._

   (D) _Es ist nicht sein Auto, das auf dem Parkplatz der Frau steht._

12. _Was schlägt die Frau vor?_

   (A) _Der Corvette ist das beste Auto auf dem Markt._

   (B) _Sie kennt den Preis für den Corvette nicht._

   (C) _Der Mann ist geizig._

   (D) _Der Corvette ist seinen Preis wert._

13. *Was schlägt die Frau vor, was der Mann tun soll?*

    (A) *Die Arbeit noch einmal zu schreiben*

    (B) *Den Professor um mehr Zeit für die Arbeit zu bitten*

    (C) *Jemanden dafür zu bezahlen, die Arbeit Korrektur zu lesen*

    (D) *Ihr das Korrektur lesen anzubieten*

14. *Was wird der Mann wahrscheinlich machen?*

    (A) *Die Schuhe für die Frau umtauschen?*

    (B) *Der Frau ein neues Paar Schuhe kaufen*

    (C) *Die Frau mit in das Geschäft nehmen*

    (D) *Selbst ein Paar Schuhe kaufen*

15. *Was deutet der Mann an?*

    (A) *Kinofilme sind eine billige Unterhaltung.*

    (B) *Ins Kino zu gehen ist sein Hobby.*

    (C) *Diesen Film hat er am liebsten.*

    (D) *Er wird sich den Film noch einmal ansehen.*

16. *Was kann man aus dem Verhalten der Frau schließen?*

    (A) *Sie kann den Mann nicht fahren.*

    (B) *Sie mag den Mann nicht.*

    (C) *Für gewöhnlich fährt sie den Mann dahin, wo er hinwill.*

    (D) *Sie geht nicht auf die Party.*

17. *Was meint der Mann?*

    (A) *Dr. Van Dyke arbeitet viel.*

    (B) *Dr. Van Dyke ist ein sehr beliebter Professor.*

    (C) *Dr. Van Dyke ist nicht verheiratet.*

    (D) *Dr. Van Dyke hat das beste Büro in der Schule.*

18. Was meint die Frau?

   (A) Sie mag Computer nicht.

   (B) Sie ist nicht froh darüber, dass sie das ganze Wochenende über im Computerraum arbeiten muss.

   (C) Sie freut sich auf das Wochenende.

   (D) Sie hat es sich mit der Arbeit am Computer anders überlegt.

19. Was hat die Frau wahrscheinlich gemacht?

   (A) Ihren Ausweis gezeigt und der Bibliothekarin den Namen eines Professors genannt

   (B) Ist nicht in die Bibliothek gegangen

   (C) Der Bibliothekarin gesagt, welches Buch sie ausleihen möchte

   (D) Das seltene Buch nicht gelesen, das sie lesen wollte

20. Was deutet der Mann an?

   (A) Sein Auto blieb an jenem Morgen im Verkehr stecken.

   (B) Er fährt gerne in dichtem Verkehr.

   (C) Der Nachmittagsverkehr wird sehr stark sein.

   (D) Die Frau sollte sich über den Verkehr keine Sorgen machen.

21. Was deutet der Mann an?

   (A) Der Bleistift der Frau muss gespitzt werden.

   (B) Es wäre besser, mit Füller als mit Bleistift zu schreiben.

   (C) Die Frau sollte während des Unterrichts nicht mitschreiben.

   (D) Er wird für die Frau mitschreiben.

22. Was meint der Mann?

   (A) Die Frau sollte kein schlechtes Gewissen haben, weil sie den Namen nicht versteht.

   (B) Der Name seines Bruders ist anders als seiner.

   (C) Die Frau sollte aufmerksamer zugehört haben.

   (D) Der Bruder wird ihr seinen Namen noch einmal nennen.

23. *Was deutet die Frau an?*

    (A) *Sie braucht kein neues Auto.*

    (B) *Sie mag dieses Auto nicht.*

    (C) *Der Mann braucht ein neues Auto.*

    (D) *Der Mann sollte ein anderes Auto kaufen.*

24. *Was deutet die Frau an?*

    (A) *Es ist eine gute Idee, jeden Tag eine Arbeitsvermittlungsstelle anzurufen.*

    (B) *Sie ist zu beschäftigt, um so viele Anrufe zu machen.*

    (C) *Es ist schwierig, jemanden in der Arbeitsvermittlungsstelle zu erreichen.*

    (D) *Sie möchte die Agentur nicht jeden Tag anrufen.*

25. *Was deutet der Mann an?*

    (A) *Das Essen ist zu teuer.*

    (B) *Wenn der Kritiker das Essen mochte, muss es gut sein.*

    (C) *Der Kritiker ist nicht kompetent.*

    (D) *Die Zeitung sollte die Besprechung nicht veröffentlicht haben.*

26. *Was meint der Mann?*

    (A) *Der Kuchen ist leicht zu machen.*

    (B) *Er wird für die Frau einen anderen Kuchen machen.*

    (C) *Er hat noch nie einen Kuchen gebacken.*

    (D) *Er hat den Kuchen selbst gebacken.*

27. *Was deutet die Frau an?*

    (A) *Dr. La Berge ist ein guter Lehrer.*

    (B) *Dr. La Berge wird nicht erlauben, dass sich der Mann den Test ausdenkt.*

    (C) *Dr. La Berge hat zu viel zu tun, um einen selbst erdachten Test abzuhalten.*

    (D) *Sie sollte sich nicht weiter über den erfundenen Test Gedanken machen.*

28. *Was deutet die Frau an?*

    (A) *Der Mann sollte den Chemiekurs fallen lassen und einen leichteren nehmen.*

    (B) *Niemand versteht gleich Chemie.*

    (C) *Ein Nachhilfelehrer wird ihm beim Chemielernen helfen.*

    (D) *Ein Nachhilfelehrer ist nicht teuer.*

29. _Was denkt der Mann, dass die Frau tun sollte?_

   (A) _Jetzt gehen und später telefonieren_

   (B) _Gleich jetzt anrufen, um nach den Ergebnissen zu fragen_

   (C) _Ihn bitten, die Ergebnisse für sie ausfindig zu machen_

   (D) _Heute nicht am Unterricht teilnehmen_

30. _Was meint die Frau?_

   (A) _Der Mann hat ihr bereits erzählt, was er letzte Nacht getan hat._

   (B) _Das Auto sieht gut aus._

   (C) _Das Auto brauchte gestern nicht gewaschen und gewachst werden._

   (D) _Sie möchte, dass der Mann ihr Auto auch wäscht und wachst._

Teil B

Beispiel:

Was ist der Hauptzweck dieser Unterhaltung?

(A) _Zu erklären, warum das Computerprogramm so teuer ist_

(B) _Zu empfehlen, wo man am besten das neue Computerprogramm kauft_

(C) _Um die Vorteile eines neuen Computerprogramms zu demonstrieren_

(D) _Um die Bedeutung von Mathematik in der Schule zu demonstrieren_

---

31. _Was hat die Frau getan, anstatt auf die Party zu gehen?_

   (A) _Sie ist mit Freunden zum Abendessen gegangen._

   (B) _Sie hat einen Vortrag angehört._

   (C) _Sie blieb zu Hause und hat Hausarbeiten erledigt._

   (D) _Sie hat an einem Psychologie-Workshop teilgenommen._

32. _Was empfindet der Mann hinsichtlich der Arbeitslast seines Freundes?_

   (A) _Er war eifersüchtig._

   (B) _Er fühlte mit ihm._

   (C) _Er war wütend._

   (D) _Er war nervös._

33. *Warum muss die Frau gehen?*

    (A) *Sie trifft einen Freund.*

    (B) *Sie geht zum Unterricht.*

    (C) *Sie geht auf eine Party.*

    (D) *Sie mag den Mann nicht.*

34. *Warum möchte der Mann die Frau anrufen?*

    (A) *Um sie auf eine Party einzuladen*

    (B) *Um seine Freunde zu treffen*

    (C) *Um die Telefonnummer eines Lehrers zu bekommen*

    (D) *Um ihr bei der schriftlichen Arbeit zu helfen*

35. *Was ist das Hauptthema in der Unterhaltung der Freunde?*

    (A) *Lebensmittel einkaufen*

    (B) *Das Leben in Alaska*

    (C) *Zusammen Mittagessen*

    (D) *Ein Treffen mit Herb*

36. *Woher kennt Dave Herb?*

    (A) *Dave hat für Herb in einem Geschäft gearbeitet.*

    (B) *Herb war Daves Lehrer während des Ingenieurstudiums.*

    (C) *Dave und Herb sind verwandt.*

    (D) *Herb und Dave haben sich im Urlaub in Alaska getroffen.*

37. *Warum ist Paulette überrascht, dass Dave Herb zufällig traf?*

    (A) *Sie hat nicht gewusst, dass Dave und Herb Freunde sind.*

    (B) *Sie mochte Herb nicht.*

    (C) *Sie dachte, dass Herb in Alaska ist.*

    (D) *Sie dachte, dass Herb nicht mehr unterrichtet.*

38. *Warum zog Herb zurück?*

    (A) *Er verlor seinen Job in Alaska.*

    (B) *Er vermisste seine Freunde.*

    (C) *Alaska war ihm zu kalt.*

    (D) *Er ging in Rente.*

39. *Was werden Dave und Paulette später an diesem Tag tun?*

    (A) *Sie werden Herb zum Mittagessen treffen.*

    (B) *Sie werden zusammen für das Ingenieurstudium lernen.*

    (C) *Sie werden zusammen Lebensmittel einkaufen gehen.*

    (D) *Sie beginnen ihren Urlaub.*

40. *Wovon handelt die Rede hauptsächlich?*

    (A) *Den Pflichten der Freiwilligen*

    (B) *Den Arten von Tieren, die in das Tierheim gebracht werden*

    (C) *Dem Werdegang des Tierheims*

    (D) *Den gesetzlichen Rechten der Arbeiter im Tierheim*

41. *Warum macht der Sprecher einen Unterschied zwischen gefährlichen und ungefährlichen Tieren?*

    (A) *Um die freiwilligen Mitarbeiter von den bezahlten zu unterscheiden*

    (B) *Um den Freiwilligen zu sagen, dass sie nur mit den ungefährlichen Tieren arbeiten müssen*

    (C) *Um denen einen Anreiz zu bieten, die sich freiwillig dazu anbieten, mit gefährlichen Tieren zu arbeiten*

    (D) *Um zu illustrieren, warum die Unterhaltskosten für das Heim so hoch sind*

42. *Wieviel wird die Freiwilligen die Untersuchung kosten?*

    (A) *Nichts*

    (B) *Weniger als zehn Dollar*

    (C) *Mehr als zehn Dollar*

    (D) *Die Frau sagt nicht, wieviel die Untersuchung kosten wird*

43. *Warum arbeiten einige Studenten freiwillig?*

    (A) *Um für die Pflege ihrer eigenen Tiere nichts bezahlen zu müssen*

    (B) *Um andere Studenten zu treffen*

    (C) *Um Geld zu verdienen*

    (D) *Um vom College Kredit zu erhalten*

44. *Was ist das Hauptthema der Lektion?*

    (A) *Wie viele Sprachen es auf der Welt gibt*

    (B) *Welche Sprache am besten für ein Universitätsstudium ist*

    (C) *Wie viele Sprachen ähnlich sind*

    (D) *Warum sich Sprachen unterschiedlich entwickelten*

45. *Was hält der Sprecher davon, etwas über Wortstamm, Vor- und Nachsilben zu lernen?*

    (A) *Das zu lernen, ist nicht notwendig.*

    (B) *Diese sind sehr schwierig zu verstehen.*

    (C) *Sie zu kennen erleichtert das Lernen.*

    (D) *Sie sind nur in der englischen Sprache wichtig.*

46. *Warum erwähnt der Sprecher die Studenten in der Cafeteria?*

    (A) *Um zu erläutern, wie viele Länder Studenten an die Universität schicken*

    (B) *Um die Ähnlichkeiten zwischen Sprachen zu zeigen*

    (C) *Um auf Wortstamm, Vor- und Nachsilben hinzuweisen*

    (D) *Um Muttersprachler in Englisch mit Nicht-Muttersprachlern zu vergleichen*

47. *Wer ist der Mann, der spricht?*

    (A) *Ein Führer in der Fabrik*

    (B) *Ein Universitätsprofessor*

    (C) *Ein Student*

    (D) *Ein Tourist*

48. *Wer hat laut Sprecher die erste Uhr erfunden?*

    (A) *Die Chinesen*

    (B) *Die Europäer*

    (C) *Die Ägypter*

    (D) *Niemand weiß es genau*

49. *Was ist das Problem, wenn man mit einer Sonnenuhr die Zeit messen will?*

    (A) *Sie ist zu klein.*

    (B) *Sie ist leicht zerbrechlich.*

    (C) *Sie funktioniert nicht im Dunklen.*

    (D) *Sie ist nicht genau.*

50. *Was möchten die Besucher in der Fabrik sehen?*

   (A) *Eine Wasseruhr*

   (B) *Eine sehr alte Sonnenuhr*

   (C) *Eine moderne, genaue Uhr*

   (D) *Einen Film über Uhren*

2. Abschnitt: Satzbau

> **Beispiel:** *Flugzeuge _____ vollgetankt geparkt werden, um zu verhindern, dass Kondensat das Benzin verunreinigt.*
>
> **Beispiel:** *Mit einer Größe von über sechs Fuß gehört Dave zu den größten Jungen seiner Klasse.*

1. *Die Katze lief mehrmals in das brennende Haus zurück, um ihre neugeborenen Jungen zu retten, ohne Rücksicht auf die Gefahr, der sie sich selbst aussetzte.*

2. *Der Prüfungsausschuss der Einwohner _____, um normalen Einwohnern ein Mitspracherecht dabei zu geben, was in ihrer Stadt passieren sollte.*

3. *Der Junge sang die Sopranstimme im Chor, _____ und er zum Bass wurde.*

4. *Die Verzierungen, obwohl essbar, sind in erster Linie Dekorationen, die dazu dienen, das Essen attraktiver darzustellen.*

5. *Nun, da das Gesetz, das gleiches Recht für alle vorschreibt, eingeführt wurde, werden Behinderte in den unterschiedlichsten Jobs beschäftigt.*

6. *Der Wetterberichterstatter konnte das Wetter nicht mehr als drei oder vier Tage im Voraus _____.*

7. *Eine Erkältung hindert einen Piloten so lange daran _____, bis er bei einem Arzt war, der ihm eine spezielle, schriftliche Erlaubnis dafür gibt.*

8. *Obwohl Bären sich im Allgemeinen friedlich verhalten, greifen sie Menschen an, wenn sie provoziert oder bedroht werden.*

9. *Obwohl die Diätpille ein »Wundermittel« gegen Fettleibigkeit _____, machen sich die Ärzte Sorgen über die Nebenwirkungen.*

10. *Die _____ beunruhigt die Firmenobersten, da sie denken, dass die Firma zu schnell wächst.*

11. *Die Ursache für heftige und schmerzhafte Kopfschmerzen kann der zu schnelle Verzehr von Eis oder anderen kalten Lebensmitteln sein.*

12. *Die zwei Nationen, die sich eine Grenze teilen, _____ die Kosten für eine den Frieden sichernde Grenzkontrolle zu teilen.*

13. *Die Gymnasiastin konnte am Balken eine ausgezeichnete Note für ihre Übung erzielen, erkannte aber, dass es viel schwerer sein würde, die gleiche Bestnote für ihre Bodenübung zu bekommen.*

14. *Eine ärztliche Vorsorgeuntersuchung erleichtert unser Gewissen, stellt Krankheiten frühzeitig fest und motiviert uns dazu, unser Gewicht zu kontrollieren.*

15. Der engagierte Sprecher behauptete, dass die drei wichtigsten Elemente für _____ Geduld, Beständigkeit und Professionalität sind.

16. Der Fan besitzt eine Sammlung alter, von ihren früheren Besitzern, seinen Lieblingstänzern, signierte Ballettschuhe.

17. _____ niemand zweifelsfrei die Verbindung bewiesen hat, glauben die meisten Menschen, dass ein kausaler Zusammenhang zwischen körperlicher Bewegung und Langlebigkeit besteht.

18. Wenn man einem Kind sowohl Anleitung als auch Unterstützung gibt, kann es fast jedes Ziel erreichen, das es sich selbst setzt.

19. Die emporstrebenden Turmspitzen der Kirchen und anderer Gebäude in Oxford, England, waren die Inspiration für viele wunderschöne Gedichte.

20. _____ sie richtig zusammengebaut sind, sind Modellflugzeuge in allen Details den echten Flugzeugen erstaunlich ähnlich.

21. Die Tagebücher und Journale _____ die Identität der Quellen, auf die sich der Reporter stützt, und werden daher für immer unbekannt bleiben.

22. Obwohl er als der Erfinder des Baumwollgins berühmt wurde, hat Eli Whitney den Großteil seines Geldes als ein Waffenfabrikant gemacht.

23. _____ angezogen blieben die Skifahrer sogar während der schlimmsten Schneetreiben auf der Piste.

24. Kellys Tocher, von Beruf Fotografin, lebt in einem anderen Staat, _____, als dass sie Kelly so oft besuchen könnte, wie er möchte.

25. Zwei Nationen kämpften um das Gebiet, aber schließlich gewann die mit der stärkeren Militärmacht.

3. Abschnitt: Leseverständnis

Beispiel:

Man nimmt an, dass das Wort Giraffe *vom arabischen* zirafah *stammt, das soviel wie »der Größte von allen« bedeutet. Der Name ist angemessen. Die Giraffe ist das größte Tier der Erde und kann eine Höhe von über 15 Fuß (5 m) erreichen. Ihr exakter wissenschaftlicher Name ist ebenfalls interessant. Offiziell heißt die Giraffe bei Wissenschaftlern* Giraffa camelopardalis, *weil sie ihrer Meinung nach wie ein Kamel mit Leopardenflecken aussieht.*

Die Theorie, nach der die Musterung einer Giraffe mit menschlichen Fingerabdrücken zu vergleichen ist, hat inzwischen an Boden gewonnen. Offensichtlich sind keine zwei Musterungen identisch. Auch wenn Laien annehmen, dass alle Giraffen gleich gemustert seien, kann ein geschultes Auge feine Unterschiede ausmachen. So erstrecken sich bei manchen Giraffen die Flecken auch auf die Beine, bei anderen hingegen nicht. Auch die Farben variieren, von einem glänzenden, annähernd schwarzen Ton bis zu Hellgelb. Die Farben dienen zur Tarnung der Giraffe im Blattwerk eines Baumes, in dem sie sich versteckt. Ihr langer Hals wird oft für einen Ast gehalten.

Wovon handelt dieser Abschnitt in erster Linie?

(A) *Wozu der Hals der Giraffe gut ist*

(B) *Vom Paarungsverhalten der Giraffe*

(C) *Von den Orten, an denen man Giraffen vorfindet*

(D) *Von unterschiedlichen Musterungen und deren Sinn bei Giraffen*

Durch welche der folgenden Wörter kann der Ausdruck gained ground/an Boden gewinnen *ersetzt werden?*

(A) *wurde größer*

(B) *erhielt Unterstützung*

(C) *wurde abgelehnt*

(D) *wurde verlacht*

Die Fragen 1-11 beziehen sich auf folgenden Text:

Brieftauben verdanken ihren Namen der Fähigkeit, dass sie auch über Entfernungen von mehreren Hundert Kilometern wieder nach Hause finden. Wissenschaftler wissen, dass Tauben für die Navigation keine hervorstechenden Geländepunkte verwenden, da die Vögel sogar dann wieder nach Hause finden, wenn sie in verschlossenen Behältern transportiert und in einer ihnen unbekannten Gegend freigelassen wurden. Die Wissenschaftler sind sich jedoch nicht sicher darüber, warum Tauben über diese hervorragenden navigatorischen Fähigkeiten verfügen.

Eine Hypothese wird die »Theorie des Sonnenkompasses« genannt. Tauben verwenden die Sonne als einen Kompass, an dem sie sich orientieren. Beweise hierfür erhielt man anhand eines Experiments. Man hat die Vögel in einen runden Käfig gesperrt. Gleich aussehende Futterschalen wurden außerhalb des Käfigs in gleichmäßigen Abständen aufgestellt. Nachdem die Tauben darauf trainiert worden waren, das Futter aus der Schale zu nehmen, die von der Mitte des Käfigs aus in östlicher Richtung stand, wurde beobachtet, dass sie auch dann weiterhin zu dieser Schale gingen, wenn der Käfig gedreht und die Hintergrundszene geändert wurde. Die Tauben wichen von diesem Verhalten nur unter zwei Bedingungen ab. In dem einen Fall war der Himmel verhangen, und im zweiten Fall wurden Spiegel so angebracht, dass die Vögel die tatsächliche Position der Sonne nicht mehr erkennen konnten.

Die zweite Hypothese trägt den Namen »Magnetfeldtheorie.« Die Wissenschaftler glauben, dass Unterbrechungen des Magnetfeldes, das die Vögel umgibt, die Orientierung der Vögel beeinflusst. Wenn die Tauben mit einem Magneten ausgestattet werden, fliegen die Tauben an bewölkten Tagen in verschiedene Richtungen davon. Ähnliche Resultate erzielten Wissenschaftler dann, wenn sie mit elektrischen Drähten ein elektrisches Feld in eine bestimmte Richtung aufbauten. Wenn durch diese Drähte ein magnetisches Feld entstand, das durch die Köpfe der Tauben nach oben ausstrahlte, entfernten sich die Tauben von zu Hause. Wenn das Feld genau anders herum verlief, flogen die Vögel in Richtung Heimat. Diese Ergebnisse, zusammen mit der Entdeckung, dass Tauben in der Lage sind, auf ein magnetisches Feld zu reagieren, das schwächer als das der Erde ist, weisen darauf hin, dass Tauben das Magnetfeld der Erde zur Orientierung verwenden.

1. Wovon handelt dieser Text hauptsächlich?

   (A) Der Herkunft des Wortes Brieftauben

   (B) Warum Magnetfelder das Flugverhalten von Tauben verändern

   (C) Wie Tauben navigieren, um nach Hause zu kommen

   (D) Der Einfluss von schlechtem Wetter auf die Navigationsfähigkeiten von Tauben

2. Das Wort this in der siebten Zeile bezieht sich auf:

   (A) Den Wissenschaftler, der diese Theorie vorschlägt

   (B) Das Experiment, das die Theorie des Sonnenkompasses beweist

   (C) Die Taube

   (D) Die Theorie der Sonne als Kompass

3. Welche der folgenden Aussagen wird NICHT erwähnt als Bestätigung der Hypothese von der Sonne als Kompass?

   (A) Die Umgebungs-Szenerie verändert das antrainierte Verhalten der Vögel nicht.

   (B) Ein Drehen des Käfigs verändert das antrainierte Verhalten der Vögel nicht.

   (C) Das Hinzufügen einer neuen, untrainierten Taube im Käfig verändert das Verhalten der bereits trainierten Tauben nicht.

   (D) Verhangener Himmel kann das Verhalten der trainierten Tauben beeinflussen.

4. Das Wort apellation *(Bezeichnung)* in der 14. Zeile ist in seiner Bedeutung folgendem Ausdruck am nächsten?

   (A) *Name*

   (B) *Beweis*

   (C) *Unterstützung*

   (D) *Versuch*

5. *In welche der folgenden Richtungen würden Tauben, die Magnetfeldstörungen ausgesetzt sind, an einem sonnigen Tag gemäß der Sonnenkompass-Hypothese fliegen?*

   (A) *Sie würden in Richtung Heimat fliegen.*

   (B) *Sie würden in alle Richtungen fliegen.*

   (C) *Sie würden in Richtung Sonne fliegen.*

   (D) *Sie würden geradeaus, aber in eine Richtung weg von zu Hause fliegen.*

6. *Welche Aussage im Text ist im Einklang mit der Hypothese des Sonnenkompasses, aber nicht mit der Hypothese des Magnetfeldes?*

   (A) *Die Tauben im Käfig fliegen an bewölkten Tagen nicht zur richtigen Schale.*

   (B) *Wenn der Käfig gedreht wird, fliegen die Tauben an sonnigen Tagen in die falsche Richtung.*

   (C) *Wenn der Käfig gedreht wird, fliegen die Tauben an bewölkten Tagen in Richtung Heimat.*

   (D) *Eine Veränderung des Magnetfeldes beeinflusst die Navigation der Tauben.*

7. *Welche der folgenden Aussagen wird vom Verfasser der Hypothese des Magnetfeldes als richtig angenommen?*

   (A) *Tauben richten sich bei der Navigation nicht nach der Sonne.*

   (B) *Magneten haben an sonnigen Tagen auf Tauben keinerlei Wirkung.*

   (C) *Kein Vogel folgt bei der Navigation einem inneren Kompass.*

   (D) *Tauben mit Magneten sind von der alleinigen Anwesenheit von Metall nicht beeinflusst.*

8. *Der folgende Satz könnte in den Text eingefügt werden:* **Zwei Hypothesen wurden aufgestellt.**

   (A) *Am Anfang des ersten Absatzes.*

   (B) *Am Ende des ersten Absatzes*

   (C) *Am Ende des zweiten Absatzes*

   (D) *Am Ende des Textes*

9. Welcher Satz im dritten Paragraph erklärt, warum die Wissenschaftler die zweite Theorie die »Magnetfeldtheorie« nannten?

(A) Wissenschaftler glauben, dass Veränderungen des die Vögel umgebenden Magnetfeldes die Orientierung der Vögel beinflussen.

(B) Wenn an den Vögeln Magneten angebracht werden, fliegen diese an bewölkten Tagen in unterschiedliche Richtungen.

(C) Wenn von den Drähten ein magnetisches Feld erzeugt wurde, das nach oben durch die Köpfe der Vögel verlief, flogen die Vögel nicht in Richtung Heimat.

(D) Wenn das Feld in die andere Richtung zeigte, flogen die Vögel Richtung Heimat.

10. Was meint der Autor, wenn er sagt: »Tauben verwenden die Sonne als einen Kompass, nach dem sie sich orientieren«?

(A) Tauben können die Sonne verwenden, um die Zeit zu bestimmen.

(B) Tauben können die Sonne verwenden, um die Richtung zu bestimmen.

(C) Tauben können die Sonne verwenden, um die Windgeschwindigkeit zu bestimmen.

(D) Tauben können nicht sehen, wenn Wolken die Sonne bedecken.

11. Welcher der folgenden Sätze wäre eine gute Zusammenfassung des Textes?

(A) Deshalb reagieren Tauben, die durch unterschiedliche Magnetfelder fliegen, unterschiedlich.

(B) Wissenschaftler sind sich nicht sicher, wie Tauben die Sonne für die Navigation verwenden, und setzen deshalb ihre Versuche und Beobachtungen fort.

(C) Wie auch immer, Tauben haben von allen Vögeln den am wenigsten ausgeprägten Sehsinn und müssen äußere Hilfen verwenden.

(D) Beide, die Sonnenkompass- und die Magnetfeldtheorie, wurden bei der Navigation der Tauben durch Versuche und Beobachtungen unterstützt.

Die Fragen 12-22 beziehen sich auf folgenden Text:

Der Pony-Express ist ein herausragendes Beispiel an Mut, Ausdauer und Entschlossenheit bei der westlichen Ausbreitung der Vereinigten Staaten. Gefangen zwischen den Fronten gegeneinander Krieg führender Soldaten und Indianer, transportierte der Pony-Express innerhalb von zehn Tagen wichtige Nachrichten 2000 Meilen weit von St. Joseph, Missouri, nach Sacramento, Kalifornien.

Der Pony-Express startete seinen historischen Lauf im April 1860. Obwohl er noch viele Jahre in der Erinnerung wach blieb, gab es ihn nur 18 Monate, bis Oktober 1861. Der Pony-Express war eine schnelles, effizientes Unternehmen, das jedoch trotz seiner hohen Preise (im Durchschnitt 1 bis 5 Dollar pro Unze = 28,35g und einem Gesamtumsatz von 1000 Dollar an einem einzigen Tag) in finanzieller Hinsicht total versagte. Die Ausgaben überstiegen bei weitem die Einnahmen. Obwohl man es auch dem Pony-Express zu verdanken hatte, dass Kali-

fornien beim Ausbruch des Bürgerkriegs in der Union blieb, erhielt die Organisation keine finanzielle Unterstützung durch den Kongress.

Mehr als 190 Haltestellen wurden für den Pony (wie er von den Leuten genannt wurde) eingerichtet. Fünfhundert Pferde und achtzig Reiter waren im Einsatz. Die meisten Reiter waren Scouts und erfahrene Führer; alle waren sehr gute Reiter. Jeder Reiter wechselte das Pferd während seines 90 Meilen-Ritts (etwa 150 km) pro Tag dreimal, während er oftmals gefährliches Gelände im Westen durchquerte. Die Pferde waren meist gezüchtete kalifornische Mustangs, schnell und voller Ausdauer.

Die Grundausrüstung des Pony-Express', – eine Ledertasche oder mochila, die die Post enthielt – wurde über den Sattel des Tiers gelegt. Die mochila war so gemacht, dass sie leicht war und mühelos von einem Pferd zum anderen gewechselt werden konnte. An die mochila waren vier Taschen aus Leder genäht, in denen die Post transportiert wurde. Öffnungen vorne an der mochila ermöglichten es, dass diese leicht über den Sattel gelegt werden konnte. Wenn ein Reiter an einem Halteposten ankam, musste er die mochila nur mit einem kräftigen Ruck vom Sattel ziehen und diese auf den Sattel eines anderen, noch frischen Pferdes legen, und schon konnte er weiter reiten. Damit das Briefgeheimnis gewahrt werden konnte, waren die vier Taschen, die die Briefe enthielten (die wiederum zum Schutz in geölte Seide gewickelt waren), von St. Joseph bis Sacramento verschlossen.

12. *Was ist das Hauptthema dieses Textes?*

    (A) *Die Entwicklungsgeschichte des Postwesens mit dem Pony-Express*

    (B) *Die Geschichte und der Zweck des Pony-Express'*

    (C) *Die Bedeutung des Pony-Express' während des Bürgerkriegs*

    (D) *Wie der Pony-Express das Briefgeheimnis wahrte*

13. *Das Wort* seasoned *in Zeile 13 kann am besten ersetzt werden durch:*

    (A) *vorübergehend*

    (B) *scherzhaft*

    (C) *erfahren*

    (D) *untauglich*

14. *Welche der folgenden Merkmale machten die Vorteile der mochila aus?*

    (A) *Sie war billig zu kaufen oder zu ersetzen.*

    (B) *Sie war leicht und konnte leicht von einem Pferd zum anderen gewechselt werden.*

    (C) *Sie war sehr robust und hielt lange*

    (D) *Es war der einzige Gegenstand, den die Pferde auf dem Rücken befestigt duldeten.*

15. *Das Wort* snugly *in Zeile 21 kommt in der Bedeutung folgendem Wort am nächsten:*

    (A) *locker*

    (B) *nicht anziehend*

    (C) *reich*

    (D) *eng*

16. *Warum weist der Autor darauf hin, dass die Briefe in ölgetränkte Seide gewickelt waren?*

    (A) *Um zu zeigen, warum der Posttransport so teuer war*

    (B) *Um zu zeigen, wie die Post geschützt wurde*

    (C) *Um zu zeigen, wie leicht die Post war*

    (D) *Um zu zeigen, wie das Briefgeheimnis gewahrt wurde*

17. *Welche Aussage betrachtet der Autor als erfolgreiche Errungenschaft des Pony-Express'?*

    (A) *Es hielt Kalifornien davon ab, aus der Union auszutreten*

    (B) *Es ermöglichte den Posttransport ohne Unterstützung des Kongresses*

    (C) *Die Kosten niedrig zu halten*

    (D) *Starke Verbindungen mit den Indianerstämmen aufzubauen, durch deren Land der Pony-Express verlief*

18. *Laut Aussage des zweiten Absatzes war der Hauptgrund für die Pleite des Pony-Express':*

    (A) *Die andauernden Kämpfe mit Indianerstämmen*

    (B) *Der Ausbruch des Bürgerkrieges*

    (C) *Seine hohen Unterhaltskosten*

    (D) *Der Mangel an schnellen Pferden für den Transport der Post*

19. *In Zeile 18 bezieht sich das Wort* its *auf:*

    (A) *Das Pferd*

    (B) *Die Post*

    (C) *Den Pony-Express*

    (D) *Die mochila*

21. *Welche Aussage ist im Text NICHT als wahr über die Reiter des Pony-Expresses erwähnt worden?*

    (A) *Sie waren erfahrene Reiter.*

    (B) *Sie wechselten während ihrer Schicht die Pferde.*

    (C) *Sie durchquerten gefährliches Gelände.*

    (D) *Sie wurden sehr gut bezahlt.*

21. *Im dritten Absatz deutet der Autor an, dass*

    (A) *Ausdauer ein wichtiges Merkmal für die Pferde des Pony-Expresses war.*

    (B) *die Pferde des Pony-Express' einem Spezialtraining unterzogen wurden.*

    (C) *die Pferde des Pony-Express' von ihren Reitern gestellt wurden.*

    (D) *Mustangs für den Pony-Express wegen ihres ausgeprägten Richtungssinns verwendet wurden.*

22. *Der folgende Satz kann dem letzten Absatz hinzugefügt werden:* **Nur der Postmeister, der ein vereidigter Beamter war, besaß den Schlüssel für die Taschen.**

    Wo würde dieser Satz am besten passen?

    (A) *Am Anfang des Absatzes*

    (B) *Nach dem ersten Satz des Absatzes*

    (C) *Vor dem letzten Satz des Absatzes*

    (D) *Nach dem letzten Satz des Absatzes*

    Die Fragen 23-33 beziehen sich auf folgenden Text:

    Der Ausdruck Indianer *bezeichnet die Menschen, die wir heute die Ureinwohner Amerikas nennen. Man denkt, dass der Grund hierfür darin liegt, dass Christopher Columbus glaubte, Indien erreicht zu haben, als er tatsächlich Amerika entdeckte. Deshalb hat er die Leute, die er hier antraf, »Indianer« genannt. Heute gehen die Meinungen darüber auseinander, ob der Ausdruck* Indianer *herabwürdigend und beleidigend ist. Viele Sportvereine oder Schulen, die sich (zum Beispiel) »the Warriors« oder nach einem anderen indianischen Ausdruck nannten, haben ihre Namen geändert. Trotzdem wird der Ausdruck* Indianer *noch oft in Fernsehsendungen und Filmen verwendet, was natürlich dazu führt, dass auch die nächste Generation, die Kinder, diesen wieder verwenden wird.*

    In Filmen wird häufig gezeigt, wie Vertreter des Militärs der Vereinigten Staaten mit den Ureinwohnern Amerikas Verträge schließen oder Übereinkommen treffen. Die Frage taucht auf: Werden diese Verträge auch heute noch gemacht? Die Antwort lautet nein. Der Kongress beendete den Abschluss von Verträgen mit den Ureinwohnern bereits 1871. Seit dieser Zeit wurden die Beziehungen zu den Ureinwohnern durch Erlasse des Kongresses, Gesetze und Abkommen vereinfacht.

Die Verträge, die einst geschlossen wurden, enthalten oft hinfällige Verpflichtungen. Einige dieser Verpflichtungen wurden bereits erfüllt. Andere wurden durch Beschlüsse des Kongresses ersetzt. Die Bestimmungen hinsichtlich Bildung, Gesundheit, Fürsorge und anderer Dienste von Seiten der Regierung den Ureinwohnern gegenüber gingen oft über die Forderungen des Originalvertrags hinaus. Hinzu kommt, dass viele Stämme der Ureinwohner überhaupt keine Verträge abgeschlossen haben, dennoch aber an den Dienstleistungen teilhaben, die ihnen die Regierung von Amerika zur Verfügung stellt.

Eine zweite Frage, die häufig im Zusammenhang mit Ureinwohnern gestellt wird, ist die, wie sie sich selbst, untereinander, regieren. Die meisten Regierungen der Ureinwohner folgen demokratischen Prinzipien. Gewählte Führer stehen an der Spitze. Alle Mitglieder einer Regierung werden im Allgemeinen als »council« bezeichnet. An der Spitze steht der Vorsitzende (der manchmal auch »principal chief« genannt wird). Die gewählten Vertreter eines Stammes sind vom Innenministerium anerkannt. Diese Vertreter haben die Vollmacht, für den Stamm zu sprechen und zu handeln und ihn in Verhandlungen mit staatlichen, bundesstaatlichen und lokalen Regierungen zu vertreten.

23. *In Zeile 1 bezieht sich das it auf:*

(A) *Ureinwohner Amerikas*

(B) *Menschen*

(C) *den Ausdruck Indianer*

(D) *Mittelamerika*

24. *Das Wort derogatory kommt in seiner Meinung folgendem Wort am nächsten:*

(A) *ergänzend*

(B) *kritisch*

(C) *schwierig*

(D) *angebracht*

25. *Welche Aussage ist laut Text im Zusammenhang mit Verträgen mit Ureinwohnern wahr?*

(A) *Sie sind immer zum Vorteil der Ureinwohner*

(B) *Sie wurden vom Kongress für nichtig und ungültig erklärt.*

(C) *Sie werden nur vom Präsidenten der Vereinigten Staaten gemacht.*

(D) *Sie werden heute nicht mehr abgeschlossen.*

26. Welcher Schluss kann über die Regierungen der Stämme aus den Zeilen 21-25 gezogen werden?

    (A) Sie werden alle von principal chiefs angeführt.

    (B) Einige von ihnen werden von Frauen regiert.

    (C) Einige von ihnen sind nicht demokratisch.

    (D) Einige von ihnen haben die Befugnis, Gesetze zu erlassen, die mit denen der Regierung der Vereinigten Staaten in Konflikt sind.

27. In Zeile 24 könnte der Ausdruck is recognized by durch welchen der folgenden Ausdrücke am besten ersetzt werden?

    (A) als Autorität anerkannt von

    (B) kennt sich damit nicht aus

    (C) fühlt sich wohl damit

    (D) weiß

28. In den Zeilen 16-17 nennt der Autor Bildung, Gesundheit, Sozialfürsorge und andere Dienste als Beispiele für:

    (A) Wege, wie Verträge den Ureinwohnern Schaden zugefügt haben

    (B) hinfällige Verpflichtungen der Regierung der Vereinigten Staaten

    (C) Dienstleistungen der USA, die über das hinausgingen, was in den Verträgen gefordert wurde

    (D) Dienstleistungen, die von den selbständigen Stämmen der Ureinwohner nicht mehr benötigt werden

29. Wo im Absatz gibt der Autor eine Definition ab?

30. Sehen Sie sich das Wort their in Zeile 6 an. Welches Wort oder welche Wörter ersetzt their?

    (A) Indianische Ausdrücke

    (B) Sportvereine oder Schulen

    (C) die »Krieger«

    (D) Namen

31. Warum glaubt der Autor, dass Columbus die Ureinwohner Indianer nannte?

    (A) Er dachte, dass er in Indien angekommen sei.

    (B) Er wusste, dass die Leute unabhängig waren.

    (C) Er nannte sie nach einer Menschenrasse in Europa.

    (D) Er hat diesen Menschen auf Befehl seines Königs hin diesen Namen gegeben.

32. *Warum erwähnt der Autor im zweiten Absatz Erlasse des Kongress', Gesetze und Abkommen?*

(A) *Um zu zeigen, wie Versprechungen, die man den Ureinwohnern gemacht hatte, gebrochen wurden*

(B) *Als Beispiele für Aktionen der Ureinwohner*

(C) *Als Beispiele für Aktionen, die die Verträge mit den Ureinwohnern ersetzten*

(D) *Als Beispiele für die Unterschiede, die zwischen den Regierungen der Ureinwohner und der von Amerika bestehen*

33. *Welcher Absatz diskutiert die Art und Weise, wie sich die Ureinwohner selbst regieren?*

Die Fragen 34-44 beziehen sich auf den folgenden Text:

Multinationale Unternehmen sehen sich immer wieder mit Problemen konfrontiert, wenn sie versuchen Politikern, Menschenrechtsgruppen und (vielleicht am wichtigsten von allen) ihren Kunden zu erklären, warum sie mit Ländern Geschäfte machen – oder sogar eine engere Beziehung herstellen wollen –, in denen Menschenrechte auf eine Art und Weise verletzt werden, die vom Durchschnittsamerikaner als abscheulich verurteilt werden. Die Vorsitzenden dieser Unternehmen sagen, dass in der Geschäftswelt das Thema Menschenrechte nicht mit dem breiteren Spektrum des freien Handels in Zusammenhang gebracht werden darf. Diskussionen über die schwierige Verflechtung zwischen Geschäftsbeziehungen und Menschenrechten sind aus den Konferenzräumen großer multinationaler Unternehmen zum Verbraucher auf der Straße durchgesickert, welcher, da er ja unter einer Vielzahl von Produkten wählen kann, daran interessiert ist, die Menschenrechte zu unterstützen, indem er die Produkte einer Firma boykottiert, von der er glaubt, dass sie nicht genügend für ihre Arbeiter im Ausland tut. Internationale Menschenrechtsorganisationen üben ebenfalls Druck auf die internationalen Konzerne aus, indem sie bessere Arbeitsbedingungen in diesen Ländern und einen Verhaltenskodex fordern, an den sich ein amerikanisches Unternehmen halten muss, wenn es mit den Partnern im Ausland weiterhin Geschäfte machen will.

Der Präsident möchte Wirtschaftswissenschaftler, Führer aus der Industrie und Vertreter von Menschenrechtsgruppen dazu bringen, dass sie zusammen daran arbeiten, eine Reihe von Prinzipen aufzustellen, die die ausländischen Partner von U.S.-Unternehmen freiwillig übernehmen werden. Vertreter der Menschenrechte behaupten, dass ihre Anliegen bei den Staatsvertretern nur wenig Gehör finden und sich diese lieber mit allen anderen Problemen zuerst befassen. Der Präsident weist diese Vorwürfe zurück und argumentiert, dass jeder einzelne Fall ohne jedes Vorurteil behandelt wird, und hofft, dass alle Gruppen zusammen arbeiten können, um Prinzipien aufzustellen, die auf empirischen Daten beruhen und aus denen klar hervorgeht, dass diejenigen Firmen, die auf diesem Gebiet über Erfahrung verfügen, den Prozess starten müssen, um diese Verhaltensregeln aufzustellen. Vorsitzende von Unternehmen, die immer wieder Lippenbekenntnisse hinsichtlich dieser Prinzipien abgeben, kämpfen heimlich gegen deren formale Einführung, da sie befürchten, dass diese »freiwilligen« Konzepte eines Tages zu Gesetzen werden könnten. Nur wenige Industriebosse haben die Auswirkungen der Sullivan Principles vergessen: eine Anzahl freiwilliger Leistungen im Wirtschaftsverkehr mit Südafrika (man gewährte Arbeitern in Firmen, die mit den USA Geschäfte machten, Sozialleistungen und verbot die Apartheid) wurden verbindlich.

34. Welche der folgenden Antworten nennt das Hauptthema des Textes?

    (A) Multinationale Unternehmen haben wenig, wenn überhaupt, Einfluss auf die Innenpolitik ihrer ausländischen Partner.

    (B) Freiwillige Leistungen, die Rechtsgültigkeit erlangen, verstoßen gegen die Verfassung.

    (C) Unstimmigkeit herrscht bezüglich des Verhaltens (bei Geschäftsverbindungen mit dem Ausland) zwischen Aktivisten für Menschenrechte und Unternehmen.

    (D) Es ist nicht angemessen, von ausländischen Unternehmen zu erwarten, dass sie sich an amerikanische Standards halten.

35. Das Wort heinous in der vierten Zeile bedeutet wahrscheinlich:

    (A) ausgezeichnet

    (B) schrecklich

    (C) teuer

    (D) unorganisiert

36. Laut Aussage des Textes möchte der Präsident, dass die Firmen freiwillige Leistungen erbringen, weil

    (A) Firmen auf diesem Gebiet über Erfahrung verfügen.

    (B) Firmen ihren Arbeitern gegenüber eine moralische Pflicht haben, da sie von der Tätigkeit der Arbeiter profitieren.

    (C) Arbeiter die Richtlinien von Firmen, aber nicht von Politikern akzeptieren werden.

    (D) ausländische Regierungen der US-Regierung misstrauen, aber sie vertrauen den US-Firmen.

37. Welche der folgenden Aussagen bezeichnet am besten den Grund, den der Autor für den Boykott von Produkten eines Unternehmens durch die Verbraucher nennt?

    (A) Das Aufzeigen von Schwierigkeiten, die auftauchen, wenn sich Unternehmen an der Politik beteiligen

    (B) Die Vorhersage, dass jeder Plan, der nicht die Verbraucher berücksichtigt, zum Scheitern verurteilt ist

    (C) Die Darstellung des Drucks, der auf multinationalen Unternehmen lastet

    (D) Die Verspottung von Verbrauchern, weil diese denken, dass ihr Boykott einen Einfluss auf die Handlungen von großen Unternehmen hat

38. Welche der folgenden Aussagen über die Sullivan Principles kann am besten aus dem Text geschlossen werden?

(A) Sie werden eine abschreckende Wirkung auf die Annahme zukünftiger freiwilliger Leistungen haben.

(B) Sie hatten eine negative Auswirkung auf die Gewinne von Unternehmen, die mit Südafrika Geschäfte betrieben.

(C) Sie repräsentierten eine unangebrachte Verbindung zwischen politischen und Wirtschaftsgruppen.

(D) Sie werden als Modell verwendet, wenn es um die Schaffung zukünftiger Richtlinien auf freiwilliger Basis geht.

39. Im zweiten Absatz deutet der Autor an, dass Aktivisten für Menschenrechte

(A) das Gefühl haben, dass sie von der Regierung nicht fair behandelt werden

(B) die Sullivan Principles nicht mögen

(C) nicht möchten, dass Unternehmen außerhalb der USA Geschäftsbeziehungen unterhalten.

(D) nicht möchten, dass der Kongress in Unternehmen regulierend eingreift

40. Der folgende Satz kann dem zweiten Absatz hinzugefügt werden: **Ihre größte Sorge ist, dass übertrieben viele Regelungen dazu führen könnten, dass es für sie unmöglich wird, in dem momentan sehr lukrativen Auslandsgeschäft tätig zu sein.**

An welcher Stelle würde dieser neue Satz am besten in den Absatz passen?

(A) Zwischen dem vierten und fünften Satz

(B) Am Ende des ersten Absatzes

(C) Zwischen dem dritten und vierten Satz

(D) Am Ende des zweiten Absatzes

41. Das Wort their in Zeile 19 bezieht sich auf:

(A) den Präsidenten

(B) das Außenministerium

(C) U.S.-Firmen

(D) Aktivisten für Menschenrechte

42. Welches der folgenden Wörter könnte am besten das Wort detached *(Zeile 6)* ersetzen, ohne dass sich dabei die Bedeutung des Satzes ändert?

    (A) *unbeteiligt*

    (B) *getrennt*

    (C) *verbunden*

    (D) *gefördert*

43. Der Ausdruck »to push for« in Zeile 11 kommt in seiner Bedeutung welchem Ausdruck am nächsten?

    (A) *dafür zahlen*

    (B) *sich beeilen*

    (C) *widerstehen*

    (D) *ermutigen*

44. Alle folgenden Themen werden in diesem Text diskutiert AUSSER

    (A) *Was ein multinationales Unternehmen ist*

    (B) *Worum es sich bei den Sullivan Principles handelt*

    (C) *Warum Wirtschaftsbosse gegen die Übertragung von Richtlinien auf ausländische Partner kämpfen*

    (D) *Warum Verbraucher die Produkte einer Firma boykottieren könnten*

4. Abschnitt: Schreiben

Stimmen Sie mit der folgenden Behauptung überein?

Jede Handlung (sogar ein Fehler) ist besser als nicht zu handeln.

Teil VII

Zehn wichtige Hinweise

The 5th Wave By Rich Tennant

»Einmal, Tarzan wollte werden Stadtplaner oder Architekt. Aber nicht
genug lernen für TOEFL. Jetzt Tarzan leben in Bäume mit Affen.«

In diesem Teil ...

Nehmen Sie Ihre Studiermütze ab und setzen Sie sich einen Partyhut auf. Jetzt ist es Zeit zum Feiern!

Dieser Teil ist Ihre Belohnung dafür, dass Sie die sechs davor überlebt haben. Sie müssen sich keine Grammatikregeln merken. Sie müssen sich nicht krampfhaft bemühen, über laaaaaaaangen und langweiligen Texten nicht einzuschlafen. Sie müssen auch keinen Aufsatz schreiben. Sie müssen auch überhaupt nicht Ihr Hirn einschalten oder Ihre Synapsis stimulieren. Diese Kapitel sind nur dazu da, Sie zu unterhalten – und Ihnen gleichzeitig wertvolle Informationen zur Verfügung zu stellen. Wo sonst als im *TOEFL für Dummies* können Sie das Wissen erwerben, mit dem Sie Ihren Freunden beweisen, dass sie nicht Recht haben mit ihren neuesten Gerüchten über den Test? Lesen Sie weiter!

Zehn falsche Gerüchte über den TOEFL

17

In diesem Kapitel

▷ Sie müssen bestimmte Kurse absolvieren, wenn Sie am TOEFL teilnehmen wollen

▷ Der TOEFL testet Ihren IQ

▷ Ihr TOEFL-Ergebnis entspricht den Ergebnissen von SAT/GRE/GMAT

▷ Sie können sich auf den TOEFL nicht vorbereiten

▷ Das Bestehen des TOEFL setzt ein bestimmtes Ergebnis voraus

▷ Der TOEFL ist in manchen Ländern einfacher als in anderen

▷ Ein schlechtes Abschneiden bei den ersten Fragen verbessert Ihr Gesamtergebnis

▷ Das Ergebnis wird sich nicht verbessern, wenn Sie den Test wiederholen

▷ Der TOEFL favorisiert eine Kultur

▷ Der TOEFL ist eine teuflische Erfindung von Psychiatern, um mehr Patienten zu bekommen

I mmer wenn sich zwei Leute treffen, die den TOEFL machen werden, verbreitet zumindest einer davon ein weiteres Gerücht über den Test. »Du kannst bei dem Test eigene Notizen verwenden.« (Schön wär's!) »Es kommen auch Fragen aus der Mathematik und den Wissenschaften vor.« (Bestimmt nicht.) Ich wäre eine reiche Frau, wenn ich von jedem Studenten einen Nickel verlangen würde, der mich am Abend vor dem Test anruft und sehr besorgt ist, weil schon wieder ein Gerücht in Umlauf gesetzt wurde. In diesem Kapitel nenne ich die zehn häufigsten Gerüchte über den TOEFL, die im Umlauf sind und von denen Ihnen sicher auch einige zu Ohren kommen. Denken Sie daran, diese Gerüchte sind *falsch*.

Sie müssen bestimmte Kurse absolvieren, wenn Sie am TOEFL teilnehmen wollen

Obwohl es sicher nicht schlecht ist, wenn Sie zur Vorbereitung auf den TOEFL Grammatik- und Schreibkurse belegen, so ist dies dennoch keine Voraussetzung, die Sie erfüllen müssen. Sie müssen keinerlei Kurse belegen oder Unterricht nehmen, um am TOEFL teilzunehmen. Auch wenn Sie im Hauptstudiengang Elektronik studieren und Ihr Freund sich für das Studium der englischen Literatur entschließt, können Sie den Test zusammen machen.

Der TOEFL testet Ihren IQ

Die beste Beleidigung, die ich hörte, kam von meinem Bruder, nachdem ich etwas besonders Dummes gesagt hatte. Er schaute mich an und sagte: »Because of you, some village is deprived of its idiot!« (_Wegen dir ist irgendein Ort eines Idioten beraubt!_). (Als »Village idiot« bezeichnet man die dümmste Person in einem Ort. Jemand einen »village idiot« zu nennen, ist eine humorvolle Beleidigung.)

Niemand kann anhand des TOEFL-Ergebnisses sagen, ob Sie ein Genie sind. Der TOEFL ist kein IQ(Intelligenzquotient)-Test. Er testet Ihre Lese- und Schreibkenntnisse und Ihre Fähigkeit, sich in der englischen Sprache auszudrücken. Er sagt nichts darüber aus, ob Sie intelligent sind, was Sie als Person wert sind oder wie wichtig Sie als Mitglied der menschlichen Rasse sind. Natürlich wird eine sehr kluge Person über mehr Wissen verfügen und deshalb beim Test besser abschneiden als die große Mehrheit, aber jeder kann etwas dafür tun, dass er beim TOEFL ein gutes Ergebnis erzielt. (Haben Sie nicht aus diesem Grund das Buch gekauft?) Es ist sehr schwer, Ihren IQ zu erhöhen; mit der richtigen Vorbereitung können Sie jedoch bessere TOEFL-Ergebnisse erzielen.

Ihr TOEFL-Ergebnis entspricht den Ergebnissen von SAT/GRE/GMAT

Obwohl einige Abschnitte des TOEFL denen anderer Tests ähnlich sind, sind die Tests dennoch sehr unterschiedlich. So kommt beim TOEFL zum Beispiel keine Mathematik vor, aber beim SAT, GRE und GMAT. Der TOEFL enthält keinen Abschnitt, in dem speziell der Wortschatz geprüft wird. Sie werden auch auf keine Fragen stoßen, wo Sie nach dem Gegenteil eines Wortes gefragt werden oder die leeren Stellen in einer Frage ergänzen sollen, deren Beantwortung davon abhängt, ob Sie die Definition eines Wortes kennen. Sowohl beim SAT als auch beim GRE wird Ihr Wortschatz abgefragt.

Sowohl beim TOEFL als auch beim SAT, GRE und GMAT wird das Leseverständnis getestet. Man sagt jedoch, dass die Texte beim TOEFL leichter zu lesen und zu verstehen sind als jene bei den anderen Tests. Hinzu kommt, dass die anderen Tests häufiger gemeine Tricks und hinterhältige Fallen enthalten als der TOEFL. In den meisten Fällen sind die Fragen beim TOEFL ziemlich direkt gestellt.

Weder beim SAT noch beim GRE wird die Grammatik getestet, jedoch beim GMAT. Ein Abschnitt beim GMAT (Usage) ähnelt sehr stark einem Fragentyp, der beim TOEFL vorkommt. Der Unterschied zwischen dem GMAT und dem TOEFL liegt im Schwierigkeitsgrad: Der GMAT ist schwieriger als der TOEFL. Wenn Sie sich schon mal am GMAT (oder am GRE oder am SAT) versucht haben und von dem, was da verlangt wurde, überfordert waren, sollten Sie dennoch keine Angst vor dem TOEFL haben, da dieser nicht so schlimm ist.

 Wenn Sie sich auf die anderen Tests vorbereiten, dann mag es Sie vielleicht interessieren, dass es für diese ebenfalls Lernhilfen gibt. Bei IDG Books Worldwide Inc. sind hierzu folgende Titel erschienen: _The SAT 1 For Dummies_, _The GRE For Dummies_ und _The GMAT For Dummies_. Fragen Sie Ihren Buchhändler danach oder bestellen Sie sie im Internet. (Diese Titel sind jedoch nur im amerikanischen Original erhältlich.)

Sie können sich auf den TOEFL nicht vorbereiten

Warum würde ich ein Buch wie dieses schreiben, wenn diese Aussage richtig wäre? Es gibt zwei Möglichkeiten, sich auf diesen großen Test vorzubereiten. Die erste ist der Last-Minute-Ansatz, in dem Sie sich innerhalb von ein paar Wochen auf den Test vorbereiten. Sie machen sich mit der Art der Fragestellung vertraut, lernen, wie Sie sich diesen Fragen am besten nähern, und sehen sich die Tipps und Tricks an, die in den Fragen enthalten sein können. Kommt Ihnen das irgendwie bekannt vor? Kein Wunder, das ist die Methode, der Sie in diesem Buch gefolgt sind.

Die zweite Möglichkeit, wie Sie sich auf den Test vorbereiten, ist die langwierige Methode. Sie lernen Englisch über viele Jahre hinweg. Es ist wohl offensichtlich, dass Sie, wenn Sie so viel Zeit haben, um sich auf den Test vorzubereiten, beim Test ein erstklassiges Ergebnis erzielen sollten. Wenn es Ihnen aber wie den meisten von uns ergeht, dass Ihnen für die Vorbereitung nur ein paar Monate – vielleicht nur ein paar Wochen – zur Verfügung stehen, können Sie von einem Last-Minute-Programm, wie jenes in diesem Buch, profitieren.

Das Bestehen des TOEFL setzt ein bestimmtes Ergebnis voraus

Sie können beim TOEFL nicht durchfallen. Manche Schulen verlangen jedoch, dass Sie ein bestimmtes Ergebnis erzielen, um aufgenommen zu werden. Diese Voraussetzungen sind von Schule zu Schule unterschiedlich. Setzen Sie sich daher mit der Schule Ihrer Wahl in Verbindung, um herauszufinden, was dort verlangt wird. Manche Schulen nehmen Sie auch schon mit einem ziemlich niedrigen Ergebnis auf. Andere machen das TOEFL-Ergebnis von Ihrem GPA (grade point average) abhängig. Das bedeutet, dass, je besser Ihre Noten im Zeugnis sind, desto niedriger darf das TOEFL-Ergebnis ausfallen. Ich möchte es noch einmal betonen: *Jede Schule hat ihre eigenen Anforderungen.* Erkundigen Sie sich danach bei den Schulen, an denen Sie aufgenommen werden möchten.

Der TOEFL ist in manchen Ländern einfacher als in anderen

Das stimmt nicht. Das kann gar nicht sein. Ich hatte schon Studenten, die mir erzählt haben, dass sie bereit wären, in einem anderen Land den TOEFL zu machen, da sie gehört hatten, dass er »dort leichter wäre.« Falsch. Jeder und jedes Land greift auf die gleichen Fragen zurück. Nicht jeder jedoch, der den Test am Computer macht, erhält die gleichen Fragen. Der Test passt sich Ihren Fähigkeiten an. Alle Abschnitte, außer der Abschnitt Leseverständnis, berücksichtigen Ihre Leistungen beim Test und passen sich diesen an. Wenn Sie die ersten Fragen erfolgreich beantworten, werden die folgenden Fragen automatisch schwerer (was die Chance erhöht, ein gutes Ergebnis zu erzielen). Wenn Sie bei den ersten Fragen aber bereits Fehler machen, werden die Fragen leichter (was zu einem niedrigeren Ergebnis führt). Deshalb ist das Ergebnis allein von Ihrem Gehirn, und nicht von der Geographie abhängig. Alle haben beim TOEFL die gleichen Voraussetzungen und sind einzig und allein für das Ergebnis verantwortlich.

Ein schlechtes Abschneiden bei den ersten Fragen verbessert Ihr Gesamtergebnis

Genau das Gegenteil ist wahr. In jedem Abschnitt, außer dem Abschnitt Leseverständnis, bestimmen die ersten Fragen, wie schwer oder wie leicht der Test sein wird. Wenn Sie bereits die ersten Fragen falsch beantworten, wird der Test in der Folge leichter sein. Und Sie denken, das ist gut? Falsch. Auch wenn Sie dann alle Fragen richtig beantworten würden, können Sie kein ausgezeichnetes Ergebnis mehr erzielen (für ein halbwegs anständiges Ergebnis, das für die meisten Schulen ausreicht, langt es aber immer noch). Wenn Sie ein wirklich gutes Ergebnis erzielen wollen, muss der Test schwerer sein. Das schaffen Sie dadurch, dass Sie die ersten Fragen richtig beantworten. Auch wenn Sie in diesem Fall vielleicht mehr Fragen als beim leichteren Test falsch beantworten, wird Ihnen das mehr Punkte einbringen als ein leichterer Test mit weniger falsch beantworteten Fragen.

Das Ergebnis wird sich nicht verbessern, wenn Sie den Test wiederholen

Über diese Aussage wird heftig diskutiert. Manche Ausbilder vertreten die Meinung, dass, wenn Sie den Test zweimal gemacht haben, sich das Ergebnis nicht mehr viel verändern wird. Andere wiederum denken, dass mit der Übung auch der Erfolg größer wird, sich die Ergebnisse verbessern. Ich schließe mich der Meinung der letzteren Gruppe an. Ich glaube, dass Sie besser und besser werden, je mehr Sie üben. Sie werden bei jeder Wiederholung des Tests unter weniger Stress leiden, da Sie nun ja schon wissen, was auf Sie zukommt. Oder es liegt vielleicht einfach daran, dass Sie mehr Zeit haben, sich auf den Test vorzubereiten, oder es endlich schaffen, dumme Fehler zu überwinden.

 Warnende Worte: Bevor Sie immer wieder den Test machen, sollten Sie sich bei der Schule, die Sie besuchen möchten, nach den Aufnahmebedingungen erkundigen. Manche Schulen setzen kein Limit, wie oft Sie den TOEFL machen dürfen, so lange Sie nur das geforderte Ergebnis erfüllen. Andere Schulen wiederum bevorzugen diejenigen Studenten, die den Test nur einmal oder zweimal gemacht haben. Um böse Überraschungen zu vermeiden, erkundigen Sie sich besser vorher bei den Schulen Ihrer Wahl nach den Bedingungen.

Der TOEFL favorisiert eine Kultur

Das ist ein weiterer Punkt, über den sich Leute streiten. Die Verfasser des TOEFL geben sich viel Mühe, keine Kultur zu bevorzugen. Dennoch höre ich immer wieder von meinen Studenten, dass sie glauben, dass der Test für Leute aus dem westlichen Kulturkreis viel einfacher ist, auch wenn diese nicht mit Englisch aufgewachsen sind. So sagen zum Beispiel meine chinesischen Studenten, dass der TOEFL leichter für Spanisch sprechende Studenten ist als für diejenigen, die Mandarin sprechen. Sie könnten durchaus Recht haben. Bedenken Sie jedoch, dass jeder die gleiche Chance hat, sich auf den Test vorzubereiten und ein gutes Ergebnis zu erzielen. Es macht mehr Sinn, die Zeit mit der Vorbereitung auf den Test zu verbringen, als damit, sich über etwas Gedanken zu machen, was nicht zu ändern ist. Bereiten

Sie sich auf den Test vor und befassen Sie sich mit den prinzipiellen Dingen später, wenn es vielleicht, aufgrund Ihrer Position in Ihrer Macht steht, Dinge zu verändern.

Der TOEFL ist eine teuflische Erfindung von Psychiatern, um mehr Patienten zu bekommen

Ich bin fast geneigt, diesem Gerücht zuzustimmen. Sie können jedoch den mentalen und emotionalen Stress verringern, indem Sie sich auf die Prüfung vorbereiten. Wenn Sie das Buch aufmerksam gelesen und die Tricks gelernt haben, mit den Regeln vertraut sind und viele Übungsaufgaben gemacht haben, können Sie ziemlich beruhigt in die Prüfung gehen.

Zehn Grammatikregeln, die Sie unbedingt kennen müssen

18

In diesem Kapitel

▶ Adjektive

▶ Adverbien

▶ Vergleichsformen

▶ Fehler in der Diktion

▶ Doppelte Verneinung

▶ Teilsätze

▶ Parallelstruktur

▶ Präpositionen und präpositionale Wendungen

▶ Pronomen

▶ Übereinstimmung von Subjekt und Verb

Die meisten meiner ausländischen Studenten haben mehr Englisch-Grammatikkurse belegt als ich und sind umgangssprachlich besser als viele Leute, die in den Staaten geboren und unterrichtet wurden. Dennoch empfiehlt es sich, sich ein paar Minuten Zeit zu nehmen, um für den TOEFL ein paar sehr spezifische Punkte zu wiederholen. Sie müssen die folgenden Grammatikregeln gut kennen, um nicht nur beim Multiple-Choice-Test, sondern auch beim Aufsatz gut abzuschneiden.

 Wenn Sie diese Regeln immer noch verwirren, sollten Sie sich noch einmal Kapitel 4 ansehen.

Adjektive

Ein Adjektiv ist ein Wort, das ein Hauptwort (Nomen) oder Fürwort (Pronomen) beschreibt. Mit dem Adjektiv werden Eigenschaften und Merkmale benannt. Sie beantworten die Fragen »welcher Art?« (what kind of?) oder »welche?« (which?) oder »wessen?« (whose?). Welchen Pullover hast Du gekauft? Ich habe den *roten* Pullover gekauft. Sie mag *ihren roten* Pullover. Ich bevorzuge *diesen* Pullover. Alle kursiv geschriebenen Wörter sind Adjektive, weil diese uns sagen, *wessen* und *welcher* und *was für ein* Pullover es ist. Verwechseln Sie die Adjektive nicht mit den Adverbien, die im Englischen für gewöhnlich auf *-ly* enden. Nur sehr wenige Adjektive enden auf *-ly*.

Adverbien

Ein Adverb beschreibt für gewöhnlich ein Verb. (Es kann auch ein anderes Adverb oder ein Adjektiv beschreiben; diese Verwendung des Adverbs kommt im TOEFL jedoch sehr selten vor.) Ein Adverb beantwortet in der Regel die Frage »Wie?« (How?). »Wie joggst du?« (How do you jog?) »Ich jogge *langsam*« (I jog *slowly*). *Slowly* (langsam) ist das Adverb, das das Verb *jog* (joggen) beschreibt. Adverbien enden im Englischen oft auf *-ly*.

Vergleichsformen

Wenn Sie zwei Dinge vergleichen, verwenden Sie die *-er*-Form (bigger, better) oder die Steigerungsformen *less* and *more* (weniger und mehr): less or more interesting (*mehr oder weniger interessant*), less or more amazing (*mehr oder weniger erstaunlich*). Wenn Sie mehr als zwei Dinge vergleichen, verwenden Sie die *-est*-Form (biggest, best) oder Wörter wie *most* (am meisten) and *least* (am wenigsten): most amazing und least dangerous.

Fehler in der Diktion (Sprachstil)

Fehler in der Diktion treten häufig dann auf, wenn man Wörter falsch gebraucht, was häufig bei ähnlich klingenden Wörtern vorkommt. Dazu gehören *its/it's*, *affekt/effect*, *lie/lay* und viele andere, die im vierten Kapitel, Grammatikwiederholung, behandelt werden.

 Ein Fehler in der Diktion fällt natürlich am meisten in geschriebener Form auf. Deshalb sollten Sie in Ihrem Aufsatz besonders darauf achten. Am besten verwenden Sie diese ähnlich klingenden Wörter gar nicht, wenn Sie nicht ganz sicher wissen, was sie bedeuten. Wenn Sie sich jedoch sicher sind, dann sollten Sie diese im Aufsatz unbedingt verwenden – der Leser des TOEFL-Aufsatzes wird beeindruckt sein.

Doppelte Verneinung

In vielen Sprachen ist der Gebrauch der doppelten Verneinung korrekt. Im Englischen ist es jedoch falsch. Passen Sie auf, dass Sie nicht Wortkombinationen wie »not none«, »hardly none« und »not never« verwenden.

Teilsätze

Ein *Teilsatz* ist ein unvollständiger Satz. Er kann nicht für sich alleine stehen. Beim TOEFL ist es häufig der einfachste Weg, aus einem unvollständigen Satz einen vollständigen zu machen, wenn Sie die unterordnenden Konjunktionen weglassen. Ein Beispiel: »While I was swimming and relaxing yesterday« (*Während ich gestern schwamm und faulenzte*) ist ein Teilsatz. Wenn Sie nun das *While* einfach weglassen, erhalten Sie einen vollständigen Satz: »I was swimming and relaxing yesterday« (*Gestern schwamm und faulenzte ich*). Weitere Beispiele unterordnender Konjuktionen sind *although* (*obwohl*), *because* (*weil*) und *despite* (*trotz*).

Parallelstruktur

Wörter in Aufzählungen müssen die gleiche Form haben. Sie würden zum Beispiel nicht sagen: »I was smiling, laughing, and flirted.« Richtig ist: »I was smiling, laughing, and flirting.« Die Wörter in einer Aufzählung können Hauptwörter, Verben, Adjektive oder Adverbien sein.

Präpositionen und präpositionale Wendungen

Lernen Sie die wichtigsten Präpositionen wie *of, by, to, with* und *from* auswendig. Bestimmte Präpositionen treten zusammen mit bestimmten Wörtern auf und sind nur in dieser Kombination richtig. So haben Sie zum Beispiel a percentage **of** something und nicht a percentage **with** something. Eine Präposition leitet eine präpositionale Wendung ein (wie *of the mountains* oder *down the street*). Es ist wichtig, dass Sie die präpositonalen Wendungen erkennen, damit Sie diese bei der Betrachtung der Übereinstimmung von Subjekt und Verb außer Betracht lassen. Präpositionen sind häufig von *-ing*-Wörtern gefolgt (die man Gerund nennt): She won by *running* farther (*Sie gewann, weil sie weiter lief*).

Pronomen

Pronomen sind Wörter, die den Platz eines Hauptwortes (Nomen) einnehmen können. Die Pronomen *I, you, he, she, it, we* und *they* dienen als Subjekt. (Sie üben in der Regel eine Handlung aus.) Die Pronomen *me, you, him, her, it, us* und *them* dienen als Objekt. (Auf sie wird die Handlung ausgeübt.) Die Possessivpronomen zeigen an, wem etwas gehört. Dazu gehören *my (mine), your (yours), his, hers, its, our (ours)* und *their (theirs)*. Ein Pronomen, das ein Hauptwort in der Einzahl ersetzt, muss ebenfalls in der Einzahl sein. Ein Pronomen, das ein Hauptwort in der Mehrzahl ersetzt, muss ein Pronomen in der Plural-Form sein.

Übereinstimmung von Subjekt und Verb

Die Übereinstimmung von Subjekt und Verb gehört mit zu den am häufigsten gestellten Fragen beim TOEFL. Halten Sie in einem Satz immer nach dem Subjekt und Verb Ausschau. Ein Subjekt im Plural erfordert auch ein Verb im Plural; ein Subjekt im Singular erfordert ein Verb in der Einzahl. Präpositonale Wendungen haben keinen Einfluss auf die Übereinstimmung von Subjekt und Verb (mit ganz wenigen Ausnahmen). Achten Sie auf die »speziellen« Wörter wie *each* und *every* (welche auf ein Subjekt und Verb im Singular hindeuten) und *few, both, several* und *many* (welche auf ein Subjekt und Verb im Plural hinweisen).

Zehn erstaunliche Fragen, die man mir zum TOEFL gestellt hat

19

In diesem Kapitel

▶ Zählt das TOEFL-Ergebnis?

▶ Darf man Unterlagen dafür verwenden?

▶ Ist es für alle der gleiche TOEFL?

▶ Können Sie mir eine Liste mit der Art von Fragen geben, die beim TOEFL drankommen?

▶ Kann ich während des Tests ein Wörterbuch verwenden?

▶ Kann ich mein Ergebnis nachträglich verbessern?

▶ Können mir meine Freunde beim Test helfen?

▶ Muss ich den TOEFL während des Studiums wiederholen?

▶ Macht ein gutes TOEFL-Ergebnis aus mir einen Fachidioten?

▶ Gibt es ein Leben nach dem TOEFL?

*I*m normalen Leben, wenn ich keine Bücher über die Vorbereitung auf Tests schreibe, unterrichte ich Studenten, die sich auf standardisierte Prüfungen vorbereiten. Dazu gehören der TOEFL, GRE, GMAT, LSAT, SAT und ACT. Ich liebe diesen direkten Kontakt zu meinen Studenten, die Unterrichtsstunden, in denen ich ihnen zeige, wie sie diese Furcht einflößenden Prüfungen bezwingen. Ziel meines Unterrichts ist es, dass die Studenten verstehen, was die Prüfer von ihnen erwarten, damit sie es ihnen geben können. Selbstverständlich fordere ich meine Studenten immer wieder dazu auf, Fragen zu stellen. Nachfolgend nenne ich die zehn am häufigsten gestellten Fragen, natürlich mit der Antwort darauf.

Zählt das TOEFL-Ergebnis?

Hunderte von Colleges und Universitäten verlangen von Tausenden von Studenten, dass sie den TOEFL machen. Natürlich zählt das TOEFL-Ergebnis! Wie wichtig die erzielten Punkte sind, ist jedoch von Schule zu Schule unterschiedlich. Einige Schulen, vor allem die mit vielen Studenten, haben nicht die Zeit, sich jedes Detail im Aufnahmeformular anzusehen. Diese Schulen legen bei ihren Entscheidungen viel Wert auf das TOEFL-Ergebnis. Andere Schulen verwenden den TOEFL nur als Teil der Bewertung eines Studenten. Sie berücksichtigen auch den Notendurchschnitt (GPA=grade point average) und das Ergebnis, das bei einer Aufnahmeprüfung erzielt wurde (wie etwa das GRE oder GMAT). Erkundigen Sie sich an allen Schulen, an denen Sie sich bewerben, danach, wie wichtig im einzelnen Fall das TOEFL-Ergebnis genommen wird. Es könnte ja sein, dass Sie angenehm überrascht sind, wenn Sie erfahren, dass von Ihnen kein perfektes oder spektakuläres Ergebnis erwartet wird. Viele Schulen verlangen zwar, dass Sie am TOEFL teilnehmen, legen dann aber nicht so viel Gewicht darauf, wie Sie abschneiden.

Darf man Unterlagen dafür verwenden?

Das hätten Sie gern! Nein, Sie können keine Bücher oder Notizen mit in den Prüfungsraum nehmen. Sie sollten die Informationen bereits in Ihrem Gehirn eingebrannt haben. Ich erinnere mich an einen besonders hartnäckigen Studenten, der Folgendes zu mir sagte: »Die Absicht des TOEFL ist es doch, festzustellen, wie gut ich mit anderen kommunizieren kann, richtig, und ob ich dem Unterricht folgen kann? Nun, ich werde meine Bücher dabei haben, wenn ich andere treffe, und ganz sicher immer in der Schule. Deshalb sollte es doch auch möglich sein, diese während des TOEFL zu verwenden.« Das war zwar ein interessantes Argument, aber leider vergeblich. Ich gehe jede Wette ein, dass aus diesem Studenten ein Anwalt wird.

Ist es für alle der gleiche TOEFL?

Nein. Der Test ist für jeden Studenten anders. Das ist deshalb so, weil der Computer sich auf den Kenntnisstand eines jeden Studenten einstellen kann. Wenn Sie die ersten paar Fragen richtig beantworten, werden die folgenden schwerer, da der Computer davon ausgeht, dass Sie wissen, was Sie tun. Wenn Sie die ersten paar Fragen jedoch falsch beantworten, werden die Fragen automatisch einfacher. Der Computer kann bei der Auswahl der Fragen auf ein riesiges Reservoir zurückgreifen; deshalb ist der Test für jeden anders. Natürlich wird bei jeder Prüfung nach den gleichen Dingen gefragt (so muss, als Beispiel, jeder Prüfling die Regel der Übereinstimmung von Subjekt und Verb kennen), wenn auch die Fragen unterschiedlich sind.

Können Sie mir eine Liste mit der Art von Fragen geben, die beim TOEFL drankommen?

Stellen Sie sich dieses Buch als einzige große Liste vor. Besonders im Kapitel Grammatikwiederholung finden Sie die Regeln, die beim TOEFL im Abschnitt Satzbau getestet werden. In den Abschnitten Lese- und Hörverständnis werden keine »Regeln« getestet. **Denken Sie daran:** Beim TOEFL werden *keine* Fragen aus der Mathematik gestellt, deshalb müssen Sie keine Formeln kennen. Beim TOEFL wird auch nicht direkt der Wortschatz geprüft. Obwohl Sie wissen müssen, was Wörter bedeuten, damit Sie den Text verstehen oder einer Unterhaltung folgen können (im Abschnitt Hörverständnis), müssen Sie die Wörter nicht definieren (anders als beim GRE zum Beispiel).

Kann ich während des Tests ein Wörterbuch verwenden?

Nein! Ich wiederhole hier noch einmal, dass während des Tests keine Bücher, Notizen, Spickzettel verwendet werden dürfen. Das einzige Wörterbuch, das Sie mitnehmen dürfen, ist dasjenige, das in Ihren kleinen grauen Gehirnzellen Platz findet.

Kann ich mein Ergebnis nachträglich verbessern?

Sie finden diese Frage vielleicht komisch, aber mir wird jedes Jahr von mehreren Studenten diese Frage gestellt. Ich glaube, es hängt damit zusammen, dass es sich um eine logische Frage handelt. In der realen (nicht-TOEFL) Welt, kommt es immer wieder vor, dass Lehrer ihren Schülern, die bei einem Test schlecht abschnitten, die Möglichkeit einräumen, das Ergebnis zu verbessern, indem sie noch weitere Leistungen erbringen, wie zum Beispiel eine Hausarbeit oder ein Referat. Aber leider hat die TOEFL-Welt keinen Bezug zur realen Welt. Die einzige Möglichkeit, Ihr TOEFL-Ergebnis zu verbessern, besteht darin, dass Sie mehr lernen und den Test noch einmal machen.

Können mir meine Freunde beim Test helfen?

Was nun – Teamwork beim TOEFL? Das ist ein interessanter Gedanke. Aber leider nicht praktikabel. Sie sind während des Tests völlig allein. Ich werde im Geiste mit Ihnen sein (denken Sie, ich lasse Sie nach all dem, was wir zusammen in diesem Buch durchgestanden haben, im Stich?), aber es ist allein Ihr Gehirn, das die Fragen beantworten muss. Wenn Sie planen, sich ein wenig Unterstützung »von außen« zu holen, dann ist das Betrug. Sie können sich wohl kaum vorstellen, wie viele Probleme Sie sich dadurch aufhalsen. Glauben Sie mir, Betrügereien sind nicht das Risiko wert.

Muss ich den TOEFL während des Studiums wiederholen?

Nein. Der TOEFL ist eine Aufnahmeprüfung. Schulen verwenden ihn, um zu entscheiden, ob Ihnen die Aufnahme in ihre geheiligten Hallen gewährt wird. Sobald Sie mal drin sind, werden Sie nur noch an den regulären Prüfungen teilnehmen. Den TOEFL müssen Sie nur einmal schaffen, das war's dann.

Macht ein gutes TOEFL-Ergebnis aus mir einen Fachidioten?

Nein. Es ermöglicht Ihnen den Eintritt in eine gute Schule, Erfolg im Beruf und ein Leben in Saus und Braus, mit dem besten Auto und dem tollsten Ehepartner an Ihrer Seite, wenn Sie sich zum 20jährigen Klassentreffen zusammenfinden.

Gibt es ein Leben nach dem TOEFL?

Ja, und es wird besser sein, als Folge Ihrer Mühen und Plagen. Viel Glück!

Zehn Entspannungsübungen während des Tests

20

In diesem Kapitel

▶ Atmen Sie tief

▶ Lassen Sie Ihren Kopf kreisen

▶ Bewegen Sie Ihre Schultern

▶ Verdrehen Sie Ihre Augen

▶ Schütteln Sie Ihre Hände aus

▶ Strecken und dehnen Sie Ihre Beine

▶ Halten Sie sich die Augen zu

▶ Massieren Sie Ihre Kopfhaut

▶ Unterdrücken Sie negative Gedanken

▶ Visualisieren Sie vor dem Test und in der Pause

Question: What sits at the bottom of the sea and shivers?

Answer: A nervous wreck!

Wenn Sie zu aufgeregt und überdreht sind, um über meine lahmen Witze lachen zu können, dann haben Sie dieses Kapitel wirklich nötig. Die meisten Leute sind vor dem Test angespannt, in ihrem Bauch flattern Schmetterlinge. Damit dies nicht passiert, sollten Sie Entspannungsübungen machen, die dabei helfen, dass sich Ihr Gehirn auf den Test und nicht auf den Bauch konzentriert.

Atmen Sie tief

Der Atmung wird viel zu wenig Bedeutung beigemessen. Atmen tut gut. Holen Sie tief Luft, bis sich Ihr Bauch wölbt, halten Sie die Luft ein paar Sekunden an und atmen Sie durch die Nase kräftig aus. Machen Sie keine kurzen, flachen Atemzüge; diese könnten Sie noch unruhiger werden lassen, da sie dem Körper Sauerstoff vorenthalten.

Lassen Sie Ihren Kopf kreisen

Versuchen Sie, hinter Ihren Kopf zu blicken. Drehen Sie Ihren Kopf so weit wie möglich nach rechts, bis Sie einen Zug auf der linken Seite Ihres Nackens verspüren. Dann wiederholen Sie die gleiche Bewegung genau anders herum. Neigen Sie Ihren Kopf zurück, als würden Sie die Decke betrachten, und dann so weit wie möglich nach vorne. Sie werden überrascht sein, wie viel Anspannung aus Ihnen entweicht, wenn Sie diese Übungen ein paar Mal machen.

Bewegen Sie Ihre Schultern

Während des Einatmens ziehen Sie Ihre Schultern nach oben, als wollten Sie damit Ihre Ohren berühren. Rollen Sie beim Ausatmen die Schultern nach hinten und unten. Setzen Sie sich kerzengerade hin und halten Sie Ihren Kopf so, als wäre oben ein Faden befestigt, mit dem Sie Richtung Decke gezogen werden. Lassen Sie anschließend Ihren Oberkörper zusammenfallen, wobei Sie das untere Ende Ihres Rückens gegen die Stuhllehne pressen. Diese Übungen sind besonders hilfreich, wenn Ihr Rücken verspannt ist.

Verdrehen Sie Ihre Augen

Schauen Sie nach unten auf Ihren Tisch, wenn Sie diese Übung machen, damit die Leute nicht denken, dass Sie verrückter sind, als Sie wirklich sind. Schielen Sie nach innen und schauen Sie so weit wie möglich in Richtung untere Augenlider. Schauen Sie nach rechts, dann hoch in die oberen Augenlider und nach links. Wenn Sie diese Sequenz ein paar Mal wiederholt haben, sollten Ihre Augen wieder frisch sein.

Schütteln Sie Ihre Hände aus

Das machen Sie wahrscheinlich bereits automatisch, um Ihre Finger zu entkrampfen, die auf die Tasten einschlagen. Sie sollten es jedoch öfter und bewusst tun. Lassen Sie Ihre Arme seitlich am Körper hinunterhängen, so dass sich Ihre Hände unterhalb des Stuhlsitzes befinden. Schütteln Sie die Hände kräftig aus und stellen Sie sich vor, dass Anspannung und Stress aus den Fingern heraus fließen und auf den Fussboden tropfen.

Strecken und dehnen Sie Ihre Beine

Während Sie am Tisch sitzen, sollten Sie immer wieder Ihre Beine nach vorne ausstrecken, so als wollten Sie mit Ihren Fersen etwas wegdrücken. Ziehen Sie die Zehen nach hinten, Richtung Knie. Sie fühlen eine Spannung hinten in den Beinen. Zählen Sie bis drei, anschließend lassen Sie locker.

Halten Sie sich die Augen zu

Legen Sie Ihre Hände, Finger zusammen, über die geschlossenen Augen. Sie befinden sich nun in einer Welt von samtener Dunkelheit, die sehr beruhigend wirkt. Versuchen Sie, dass Ihre Hände die Augen nicht berühren. (Wenn Sie Sterne und Blitze sehen, drücken Sie mit Ihren Händen auf die Augen.)

Massieren Sie Ihre Kopfhaut

Legen Sie Ihre offene Hand, Handfläche nach unten, auf Ihre Kopfhaut. Machen Sie nun kleine, kreisförmige Bewegungen. Sie fühlen, wie sich die Kopfhaut bewegt. Heben Sie die Hand, und legen Sie sie auf eine andere Stelle der Kopfhaut. Wiederholen Sie die kreisförmigen Bewegungen. Sie bereiten sich selbst eine sehr entspannende Kopfmassage.

Unterdrücken Sie negative Gedanken

Jedes Mal, wenn Sie spüren, dass in Ihnen die Panik hochkommt oder sich negative Gedanken einschleichen, machen Sie eine bewusste Anstrengung, dies zu stoppen. Sagen Sie zu sich selbst: »Stopp«. Verschwenden Sie Ihre Energie nicht mit negativen Gedanken, sondern rufen Sie sich positive ins Gedächtnis. Nehmen wir mal an, Sie ertappen sich dabei, wie Sie denken: »Warum habe ich diese Grammatikregeln nicht besser gelernt? Ich habe sie mir einhundert Mal angeschaut und kann mich jetzt nicht daran erinnern!« Ändern Sie sofort den Gedankengang. Sagen Sie sich: »Ich kenne die meisten dieser Grammatikregeln; wenn ich mein Unterbewusstsein arbeiten lasse, dann werde ich mich vielleicht auch an diese andere Regel erinnern. Es hat keinen Zweck, dass ich mich jetzt darüber gräme. Alles in allem denke ich, dass es mir bisher ganz gut erging.«

Visualisieren Sie vor dem Test und in der Pause

Visualisieren Sie nicht während des Tests; Sie verschwenden damit nur Zeit und verlieren die Konzentration. Sie sollten dies vor dem Test und in der Pause tun. Schließen Sie die Augen und stellen Sie sich im Testraum vor: Sie kennen die Antwort auf die Fragen, Ihre Finger gleiten emsig über die Tastatur, Sie sind früh mit allen Aufgaben fertig und winken der Stoppuhr ein fröhliches Good-bye zu. Stellen Sie sich vor, wie Ihnen der Computer das Ergebnis mitteilt, Sie vor Freude herumhüpfen und schnell den Raum verlassen, um Ihren Freunden davon zu berichten. Denken Sie daran, wie stolz Ihre Eltern sein werden. Stellen Sie sich den Brief von der Schule, an der Sie schon immer studieren wollten, vor, in dem Ihnen mitgeteilt wird, dass Sie akzeptiert wurden. Malen Sie sich aus, wie Sie in zehn Jahren in einem feuerroten Ferrari herumfahren werden und dem Reporter auf dem Beifahrersitz erzählen, wie alles anfing: mit Ihrem ausgezeichneten TOEFL-Ergebnis. Das Ziel dieser Übung ist, den TOEFL mit guten Gefühlen zu assoziieren.

Auf der CD

Sie können die Fragen zum Hörverständnis nicht üben, wenn Sie nichts haben, dem Sie zuhören können. Für die Kapitel 3, 13 und 15 brauchen Sie deshalb die CD, die diesem Buch beigefügt ist.

Außerdem finden Sie auf der CD auch zahlreiche Kontaktadressen von Universitäten und Colleges, damit Sie sich schon einmal über Aufnahmebedingungen erkundigen können.

Immer wenn es so weit ist, dass Sie die CD für die Übungen brauchen, mache ich Sie im Text darauf aufmerksam. Ich sage Ihnen vor jeder Übung, welche Spur Sie auf der CD einstellen sollen. Verwenden Sie die Vorwärts- oder Rückwärtstaste auf Ihrem CD-Player oder auf Ihrer Fernsteuerung, um die gewünschte Spur einzustellen. Damit Sie auch genügend Zeit haben, die Fragen zu beantworten, habe ich zwischen den einzelnen Fragen auf der CD eine Pause eingelegt. Wenn Ihnen jedoch die vorgegebene Zeit nicht ausreicht, drücken Sie die Pause-Taste auf Ihrem CD-Player oder Ihrer Fernsteuerung. Wenn Sie mit der Frage fertig sind und die Übungen fortsetzen möchten, drücken Sie erneut auf die Pause-Taste.

 Hinweis: Um die Hörbeispiele auch über den Computer zu hören, benötigen Sie ein Softwareprogramm, das es Ihnen ermöglicht, Audio-CDs anzuhören. Beim wirklichen TOEFL werden Sie die Sprecher auf dem Bildschirm abgebildet sehen, während Sie die Texte hören. Auf dieser CD sehen Sie natürlich nichts, sie ist – bis auf die pdf-Datei mit den Adressen – nur zum Zuhören gedacht. Stellen Sie sich vor, wie viel einfacher diese Fragen erscheinen werden, wenn Sie sich während des Zuhörens die Sprecher ansehen können!

Für den Fall, dass Sie beim Verständnis der Texte Schwierigkeiten haben, sind in diesem Appendix alle auf der CD vorkommenden Konversationen, Monologe und Fragen abgedruckt. Hören Sie sich die Texte auf der CD an und konsultieren Sie diese Seiten nur, wenn Sie wirklich Schwierigkeiten damit haben, den Text zu verstehen. Es ist nun einmal die beste Möglichkeit, die gesprochene Sprache zu lernen, wenn Sie das Zuhören und nicht das Lesen üben.

Kapitel 3: Übungsaufgaben zum Leseverständnis

Dieses Kapitel verwendet die Spuren 1 bis 34 auf der *TOEFL für Dummies*-CD.

Kurze Unterhaltungen

Spur 1

1. **Woman:** Where have you been? The show is almost ready to begin. (*Wo warst du? Die Vorstellung wird gleich beginnen.*)

   Man: The line in the lobby to buy a program was very long and moved very slowly. (*Die Schlange in der Lobby, wo man sich anstellen musste, um ein Programm zu kaufen, war sehr lang und bewegte sich nur langsam vorwärts.*)

   Narrator (Erzähler): What does the man imply? (*Was deutet der Mann an?*)

Spur 2

2. **Man:** The path I like to jog on is now covered with snow. (*Der Weg, auf dem ich gerne jogge, ist jetzt mit Schnee bedeckt.*)

   Woman: The running track at the gym is less dangerous than the outdoor track during this time of year. (*Die Laufbahn im Sportcenter ist in dieser Jahreszeit weniger gefährlich als die Bahn draußen*).

   Narrator (Erzähler): What does the woman imply? (*Was deutet die Frau an?*)

Spur 3

3. **Woman:** My brother's birthday is on Friday the 13th this year. I wish I knew what he wanted for his birthday. (*Der Geburtstag meines Bruders fällt in diesem Jahr auf Freitag den Dreizehnten. Ich wünsche, ich wüsste, was er sich zum Geburtstag wünscht.*)

   Man: I saw him looking at briefcases at the store last week. (*Ich habe gesehen, wie er sich letzte Woche in einem Laden Aktentaschen anschaute.*)

   Narrator (Erzähler): What does the man imply? (*Was deutet der Mann an?*)

Spur 4

4. **Man:** That's the end of our tutorial session. Next time, please get your homework done on time. (*Das ist das Ende unserer Nachhilfestunde. Bitte erledigen Sie das nächste Mal Ihre Hausaufgaben rechtzeitig.*)

   Woman: I promise to try, but my life is very busy right now. (*Ich verspreche, dass ich es versuchen werde, aber ich habe zur Zeit viel zu tun.*)

   Narrator (Erzähler): What does the woman imply? (*Was deutet die Frau an?*)

Spur 5

5. **Man:** It seems as if the smoke alarm in my home goes off every evening, even if I am not doing anything. Why is that? (*Ich habe den Eindruck, dass der Feueralarm bei mir zu Hause jeden Abend angeht, auch wenn ich gar nichts mache. Wie ist das möglich?*)

Woman: I can't think of any reason right now, but let me get back to you on that. (*Ich habe im Moment keine Erklärung dafür, werde aber später darauf zurückkommen.*)

Narrator (Erzähler): What does the woman mean? (*Was deutet die Frau an?*)

Spur 6

6. **Man:** You were concentrating so hard in the library that you didn't see me waving. What were you reading? (*Du warst in der Bücherei so in das Lesen vertieft, dass du mich gar nicht winken gesehen hast. Was hast du gelesen?*)

Woman: I was lost in an article about famous explorers. (*Ich war in einen Artikel über berühmte Forscher vertieft.*)

Narrator (Erzähler): What does the woman mean? (*Was deutet die Frau an?*)

Spur 7

7. **Man:** If we work together, we can finish the project in half the time. (*Wenn wir zusammen arbeiten, können wir das Projekt in der halben Zeit erledigen.*)

Woman: Why don't we get together this Saturday afternoon? (*Warum treffen wir uns nicht diesen Samstag Nachmittag?*)

Narrator: What does the woman imply? (*Was deutet die Frau an?*)

Spur 8

8. **Woman:** I miss my grandmother. She used to tell me such funny stories. (*Meine Großmutter fehlt mir. Sie hat mir immer so lustige Geschichten erzählt.*)

Man: I know what you mean. (*Ich weiß, wie es dir geht.*)

Narrator (Erzähler): What does the man imply about his own grandmother? (*Was deutet der Mann über seine eigene Großmutter an?*)

Spur 9

9. Man: I think my shirt is too short. Can you see my belly button? (*Ich glaube, mein Hemd ist zu kurz. Kannst du meinen Bauchnabel sehen?*)

Woman: Only if I open my eyes! (*Nur wenn ich meine Augen aufmache.*)

Narrator: What does the woman mean? (*Was deutet die Frau an?*)

Spur 10

10. Man: I'm trying to remember what the seven deadly sins are for my report. (*Ich versuche, mich für meinen Bericht an die sieben Todsünden zu erinnern.*)

Woman: There's a reference book on the top shelf in my dorm room. (*Auf dem obersten Regal in meinem Schlafraum liegt ein Nachschlagewerk.*)

Narrator: What does the woman imply? (*Was deutet die Frau an?*)

Lange Unterhaltungen

Spur 11

Fragen 1–5:

Woman: Hey, Jean-Luc, look what I found here on the sale table! (*Hey, Jean-Luc, schau, was ich hier auf dem Verkaufstisch gefunden habe.*)

Man: A sweater? I thought we came here to find a new purse for you. (*Einen Pullover? Ich dachte, wir sind hierher gekommen, um für dich eine neue Handtasche zu finden?*)

Woman: You're right. I need a new purse. I don't need a new sweater. (*Du hast recht. Ich brauche eine neue Handtasche. Ich brauche keinen neuen Pullover.*)

Man: But it really is a pretty sweater. And look, it's marked down to half price. (*Der Pullover ist aber wirklich hübsch. Und schau, er wurde um die Hälfte herabgesetzt.*)

Woman: That really is a good price. And you can never have too many sweaters, can you? (*Das ist wirklich ein guter Preis. Um man kann nie zu viele Pullover haben, oder?*)

Man: I don't know. I've never seen you wear the same sweater twice. I've seen you in at least a dozen sweaters. How many sweaters do you have? (*Ich weiß nicht. Ich habe bisher nicht gesehen, dass du einen Pullover zweimal anhattest. Ich habe dich in mindestens einem Dutzend Pullover gesehen. Wie viele Pullover hast du?*)

Woman: I've never counted. But you're right. I don't need another sweater. Help me find a purse. (*Ich habe sie nie gezählt. Aber du hast recht. Ich brauche keinen weiteren Pullover. Hilf mir dabei, eine Handtasche zu finden.*)

Man: Make up your mind. Do you want this sweater or not? (*Jetzt entscheide dich endlich. Willst du diesen Pullover oder nicht?*)

Woman: No, I don't want the sweater. Let's get out of this department. I don't want to be tempted. (*Nein, ich will den Pullover nicht. Lass uns aus dieser Abteilung hinausgehen. Ich möchte nicht in Versuchung geführt werden.*)

Man: You never told me what kind of purse you want to buy. Do you need it for some special occasion? (*Du hast mir bisher nicht gesagt, welche Art von Handtasche du kaufen willst. Brauchst du sie für einen bestimmten Anlass?*)

Woman: Yes. I have a job interview coming up in three weeks, and all my purses are too cheap-looking. I need something that looks expensive. (*Ja, ich habe in drei Wochen ein Vorstellungsgespräch. Alle meine Handtaschen sehen zu billig aus. Ich brauche eine, die teuer aussieht.*)

Man: How much money are you willing to spend? (*Wie viel willst du dafür ausgeben?*)

Woman: Not much. I said I want something that looks expensive, not something that really is expensive. (*Nicht viel. Ich habe gesagt, ich möchte eine, die teuer aussieht, nicht eine, die wirklich teuer ist.*)

Man: How much money can you afford to spend? (*Wie viel Geld kannst du dafür ausgeben?*)

Woman: I guess I'd like to spend about 20 or 30 dollars. If something is really, really nice, I can spend a little bit more. (*Ich denke, ich möchte zirka 20 oder 30 Dollar ausgeben. Wenn ich eine ganz besonders hübsche Tasche sehe, kann ich dafür ein wenig mehr ausgeben.*)

Man: This purse is very elegant. It costs 100 dollars. Can you manage that? (*Diese Handtasche sieht sehr elegant aus. Sie kostet 100 Dollar. Kannst du dir die leisten?*)

Woman: I'm afraid not. My semester tuition is due, and I need several new books as well. (*Ich fürchte nein. Meine Semestergebühr ist fällig, und ich brauche auch ein paar neue Bücher.*)

Man: I know what you mean. (*Ich weiß, wovon du sprichst*).

Woman: Maybe this entire store is too expensive. (*Vielleicht ist der Laden überhaupt zu teuer.*)

Man: There's another store just across the mall. (*Es gibt einen anderen auf der anderen Seite des Einkaufszentrums.*)

Spur 12

1. **Narrator (Erzähler)** What are the man and woman doing? (*Was tun der Mann und die Frau?*)

Spur 13

2. **Narrator (Erzähler):** Why is the woman interested in the sweater? (*Warum interessiert sich die Frau für den Pullover?*)

Spur 14

3. **Narrator (Erzähler):** How many sweaters does the woman have? (*Wie viele Pullover besitzt die Frau?*)

Spur 15

4. **Narrator (Erzähler):** Why does the woman want to buy a purse? (*Warum möchte sich die Frau eine Handtasche kaufen?*)

Spur 16

5. **Narrator (Erzähler):** What does the man suggest that he and the woman do next? (*Was schlägt der Mann vor, dass er und die Frau als Nächstes tun sollen?*)

Spur 17

Fragen 6–10:

Man: Liz! Hey, Liz! I'm trying to talk to you here. (*Liz! Hey, Liz! Ich versuche, mit dir zu sprechen.*)

Woman: Sorry, Herb. I guess I was lost for a minute. (*Entschuldigung, Herb. Ich glaube, ich war eine Minute abwesend.*)

Man: That's okay. I wasn't saying anything important anyway. I was just asking you what you wanted to do this weekend. (*Schon in Ordnung. Ich habe sowieso nichts Wichtiges gesagt. Ich habe dich nur gefragt, was du dieses Wochenende tun möchtest.*)

Woman: I thought we already agreed to go see that new movie. It's showing at the theater on campus, and the afternoon show has half-price tickets. (*Ich dachte, wir haben schon abgemacht, uns diesen neuen Film anzusehen. Er wird im Kino auf dem Campus gezeigt, bei der Nachmittagsvorstellung kostet es nur die Hälfte.*)

Man: I do want to see that movie, but not this weekend. The first weekend of a movie, the theater is too crowded. (*Ich möchte diesen Film gerne sehen, aber nicht dieses Wochenende. Wenn ein Film neu ins Kino kommt, ist das Kino immer zu voll.*)

Woman: That's a good point. (*Damit hast du recht.*)

Man: Would you like to go hiking in the desert? (*Würdest du gerne in der Wüste wandern gehen?*)

Woman: No, the weather is going to be awful this weekend. The weather forecasters predict that we will get lightning and thunder. (*Nein, das Wetter wird dieses Wochenende schrecklich sein. Die Wettervorhersager kündigen ein Gewitter an.*)

Man: Well, what other suggestions do you have? What can we do in the bad weather? (*Nun, welchen anderen Vorschlag kannst du machen? Was können wir bei schlechtem Wetter machen?*)

Woman: You won't like this idea. (*Mein Vorschlag wird dir nicht gefallen.*)

Man: I know what you are going to say. You want to spend the weekend studying, don't you? (*Ich weiß, was du sagen wirst. Du möchtest das Wochenende mit Lernen verbringen.*)

Woman: I'm sorry, but the exam is coming up soon. Maybe the weather can be a good excuse for staying in and getting some work done. (*Es tut mir leid, aber es ist nicht mehr lange bis zur Prüfung. Vielleicht ist das Wetter ein guter Grund, drinnen zu bleiben und einige Arbeiten zu erledigen.*)

Man: Let's make a deal. If the weather is nice, we'll go hiking. And if the weather is bad, we'll stay here and study. (*Lass uns ein Abkommen treffen. Falls das Wetter schön ist, gehen wir wandern. Und falls das Wetter schlecht ist, werden wir hier bleiben und lernen.*)

Woman: Okay, that sounds fair. (*Okay, damit bin ich einverstanden.*)

Spur 18

6. **Narrator (Erzähler):** What is the man asking the woman? (*Was fragt der Mann die Frau?*)

Spur 19

7. **Narrator (Erzähler):** Why doesn't the man want to go to see the movie? (*Warum möchte der Mann den Film nicht sehen?*)

Spur 20

8. **Narrator (Erzähler):** Why doesn't the woman want to go hiking in the desert? (*Warum möchte die Frau nicht in der Wüste wandern gehen?*)

Spur 21

9. **Narrator (Erzähler):** What does the woman want to do over the weekend? (*Was möchte die Frau am Wochenende tun?*)

Spur 22

10. **Narrator (Erzähler):** What »deal« do the man and woman agree to? (*Worauf einigen sich der Mann und die Frau?*)

Monologe

Spur 23

Fragen 1–5:

Man: Welcome to all of you who are interested in joining our fraternity. We appreciate your coming to our open house today. I hope this speech will answer your questions and tell you a little more about our fraternity. We have been on campus longer than any other fraternity and have a reputation as one of the best houses on campus. Nationwide, we have more members than any other fraternity but one. We always have a full fraternity house, unlike other houses that can't get enough members.

Because we had many senior members who graduated last year, our fraternity is looking for new members. We don't accept just anyone. We are proud of the fact that our fraternity has the highest grade point average of any group on campus. Don't think, however, that this means we take only geniuses. We're all normal guys here. We take anyone who is willing to work hard, and we all tutor each other to help keep those grade point averages high.

We also want men who give back to the community, men who are willing to spend time on charity events. Last year, our fraternity put on four fund-raisers. In just over ten days, these four fund-raisers made over 5,000 dollars for charity. We also put in many volunteer hours on different charity projects, like painting houses for poor and underprivileged people.

Finally, we are looking for men who want to be a part of the campus life. We are very involved in campus activities such as going to football games and having parties. While we take our studying and our charity work seriously, we also know how to have fun!

Mann: *Ein herzliches Willkommen all denjenigen, die sich dafür interessieren, unserer studentischen Verbindung beizutreten. Wir wissen den Besuch unseres heutigen offenen Hauses zu schätzen. Ich hoffe, dass diese Rede Ihre Fragen beantwortet und Ihnen mehr Informationen über unsere Verbindung vermittelt. Unsere Verbindung existiert bereits länger als jede andere auf diesem Campus, und wir haben den Ruf, zu einer der besten auf dem Campus zu gehören. Auf nationaler Ebene sind wir nach Mitgliedern die zweitgrößte Verbindung. Unser Haus ist immer voll und wir unterscheiden uns dadurch von anderen Verbindungen, die nicht genügend Mitglieder gewinnen können.*

Da wir im vergangenen Jahr viele Mitglieder hatten, die ihr Studium beendeten, sucht unsere Verbindung neue Mitglieder. Aber nicht jeder wird einfach aufgenommen. Wir sind stolz darauf, sagen zu können, dass unsere Verbindung den besten Notendurchschnitt auf dem Campus vorweisen kann. Sie sollten daraus jedoch nicht schließen, dass wir nur Genies akzeptieren. Wir sind hier alle ganz normale Typen. Wir nehmen jeden auf, der die Bereitschaft mitbringt, hart zu arbeiten, und wir unterstützen uns gegenseitig beim Lernen, um den Notendurchschnitt hoch zu halten.

Wir wünschen uns auch Männer in unserer Verbindung, die bereit sind, ihre Zeit für wohltätige Zwecke zur Verfügung zu stellen. Im vergangenen Jahr hat unsere Verbindung vier Spendensammler aufgestellt. In etwas mehr als zehn Tagen haben diese vier über 5000 Dollar für wohltätige Zwecke gesammelt. Wir haben auch viele Stunden für wohltätige Projekte aufgebracht, wie zum Beispiel für das Streichen von Häusern von armen und unterprivilegierten Menschen.

Schließlich wünschen wir uns auch Männer, die am Leben auf dem Campus aktiv teilnehmen wollen. Wir beteiligen uns rege an Aktivitäten, die auf dem Campus stattfinden, wie der Besuch von Footballspielen und die Organisation von Parties. Auch wenn wir unser Studium und unsere wohltätigen Dienste sehr ernst nehmen, vergessen wir den Spaß nicht.

Spur 24

1. **Narrator (Erzähler):** Why is the speaker talking to the students? (*Warum wendet sich der Sprecher an die Studenten?*)

Spur 25

2. Narrator (Erzähler): How does the fraternity help its members to get good grades? (*Was tut die Verbindung, um ihren Mitgliedern dabei zu helfen, gute Noten zu erzielen?*)

Spur 26

3. Narrator (Erzähler): What does the speaker mention as an example of charity work? (*Was nennt der Sprecher als ein Beispiel für wohltätige Dienste?*)

Spur 27

4. Narrator (Erzähler): Why does the speaker mention football games? (*Warum erwähnt der Sprecher Footballspiele?*)

Spur 28

5. Narrator (Erzähler): What is the main topic of the speech? (*Was ist das Hauptthema der Rede?*)

Spur 29

Fragen 6–10:

Man: The most important aspect of skating is conditioning. There is a mistaken belief that technique and style are the most important parts of skating. This belief is wrong. While technique and style are certainly important, they are secondary, in my opinion, to conditioning. If you don't have the muscular strength to go high in the air, you will never be able to land your jumps. If your thighs aren't strong enough to give you that spring, you won't be able to leap up. If you can't get the height in the air, you will not have enough time to spin around, no matter how beautiful and precise your spin is.

Stretching is a part of conditioning. I make my students stretch at least 15 minutes before each workout and 15 minutes after. Some of them complain that this stretching is taking time away from skating. I tell them that unless they stretch, they will hurt their muscles and be off the ice entirely for weeks or even months. Stretching actually allows them to skate more, not less. I insist that my students make stretching as much a part of their daily routines as brushing their teeth.

Cardiovascular conditioning, meaning doing exercises to improve how your heart beats and how you breathe, is also important. People tend to hold their breath when doing a difficult move. Holding your breath hurts the move, because you lack oxygen when you need it the most. Some skaters hold their breath so long that they pass out. I will never forget one of my students doing a great jump, landing beautifully, and then falling on her face because she had forgotten to breathe. Good conditioning can prevent this type of mistake.

Mann: *Das Wichtigste beim Eislaufen ist die Kondition. Es herrscht häufig die falsche Vorstellung, dass Technik und Stil die wichtigsten Voraussetzungen beim Eislaufen sind. Diese Vorstellung ist* falsch. Wenn auch Technik und Stil ohne Frage wichtig sind, kommen sie meiner Meinung nach erst nach der Kondition. Wenn Sie nicht die Muskelstärke haben, hoch in die Luft zu springen, werden Sie niemals Ihre Sprünge richtig ausführen können. Wenn Ihre Schenkel für Sprünge nicht kräftig genug sind, können Sie diese nicht ausführen. Wenn Sie nicht hoch genug springen können, werden Sie nicht genug Zeit haben, in der Luft die Drehungen zu beenden, und es spielt dann keine Rolle, wie präzise und formvollendet Sie diese begonnen haben.

Stretching ist ein Teil der Konditionierung. Ich verlange von meinen Schülern, dass sie vor und nach jedem Training mindesten 15 Minuten lang Stretchübungen machen. Einige von ihnen beschweren sich darüber, dass diese Übungen Zeit vom Eislaufen wegnehmen. Ich antworte ihnen darauf, dass sie ohne Stretching ihre Muskeln verletzen und dann für Wochen oder sogar Monate völlig aufs Eislaufen verzichten müssen. Es ist also tatsächlich so, dass sie wegen des Stretchings länger Eislaufen können als ohne. Ich bestehe darauf, dass für meine Schüler das Stretching wie das Zähne putzen zur alltäglichen Routine wird.

Ein Ausdauertraining für die Verbesserung des Herzschlags und der Atmung ist ebenfalls wichtig. Menschen neigen dazu, den Atem anzuhalten, wenn sie eine schwierige Bewegung ausführen. Den Atem anzuhalten schadet jedoch der Bewegung, da der Sauerstoff fehlt, wenn er am meisten gebraucht wird. Manche Eisläufer halten den Atem so lange an, bis sie ohnmächtig werden. Ich werde nie die Begebenheit mit einer meiner Schülerinnen vergessen, die einen großartigen Sprung ausführte, wunderbar auf dem Eis landete und dann auf das Gesicht fiel, weil sie das Atmen vergessen hatte. Eine gute Konditionierung kann diese Art von Fehler verhindern.

Spur 30

6. **Narrator (Erzähler):** What is the main topic of the lecture? (*Was ist das Hauptthema des Vortrags?*)

Spur 31

7. **Narrator (Erzähler):** Why does the speaker mention brushing teeth? (*Warum erwähnt der Redner das Zähne putzen?*)

Spur 32

8. **Narrator (Erzähler):** What does the speaker say might happen to a skater who holds her breath? (*Was sagt der Sprecher darüber, was passieren kann, wenn eine Eisläuferin den Atem anhält?*)

Spur 33

9. **Narrator (Erzähler):** What does the coach mention as something that will make a skater unable to complete a jump? (*Was nennt der Coach als Grund, der den Eisläufer darin hindert, den Sprung zu Ende zu führen?*)

Spur 34

10. **Narrator (Erzähler):** Why do some students complain about having to do stretching exercises? (*Warum beschweren sich einige Schüler darüber, dass sie Stretchübungen ausführen müssen?*)

Kapitel 13: Praktische Prüfung 1

Dieses Kapitel verwendet die Spuren 35 bis 56 auf der *TOEFL für Dummies*-CD.

Teil A

Spur 35

Example (*Beispiel*):

Woman: This store is too expensive. No one needs to pay 100 dollars for a simple sweater. (*Dieses Geschäft ist zu teuer. Man muss keine 100 Dollar für einen einfachen Pullover bezahlen.*)

Man: The store just down the street sells the same sweaters for only 30 dollars. (*Das Geschäft weiter unten in der Straße verkauft die gleichen Pullover für nur 30 Dollar.*)

Narrator (Erzähler): What does the man mean? (*Was meint der Mann?*)

Spur 36

1. **Woman:** I'm beginning to worry about Sven. No one has seen him all day. (*Ich fange an, mir Sorgen um Sven zu machen. Den ganzen Tag hat ihn noch niemand gesehen.*)

   Man: It isn't like Sven to miss his classes. (*Es ist nicht typisch für Sven, dass er nicht zum Unterricht kommt.*)

   Narrator (Erzähler): What does the man imply? (*Was deutet der Mann an?*)

2. **Man:** I can't believe how many times you have looked in your wallet. (*Ich kann kaum glauben, wie oft du bereits in deine Geldbörse geschaut hast.*)

   Woman: Well, I'm meeting Yuri for lunch, and I borrowed 20 dollars from him last week. (*Nun, ich treffe Yuri zum Mittagessen, und ich habe mir vergangene Woche 20 Dollar von ihm geliehen.*)

   Narrator (Erzähler): What does the woman imply? (*Was deutet die Frau an?*)

Spur 37

3. **Man:** My parents don't understand how difficult school is for me. (*Meine Eltern verstehen nicht, wie schwer mir die Schule fällt.*)

   Woman: Mine, either. They expect me to get all A's. (*Meine auch nicht. Sie erwarten von mir nur As.*)

   Narrator (Erzähler): What does the woman mean? (*Was meint die Frau?*)

4. **Man:** The sale at the record store begins this weekend. (*Der Sonderverkauf im Schallplattenladen beginnt dieses Wochenende.*)

   Woman: But my brother's birthday is tomorrow! (*Aber der Geburtstag meines Bruders ist morgen!*)

   Narrator (Erzähler): What does the woman mean? (*Was meint die Frau?*)

Spur 38

5. **Woman:** This show has been sold out for weeks. It's lucky your brother is an usher and can get us seats. (*Diese Show ist bereits seit Wochen ausverkauft. Gut, dass dein Bruder ein Platzanweiser ist und uns Plätze besorgen kann.*)

   Man: Bad news. My brother won't be working tonight. (*Schlechte Neuigkeiten. Mein Bruder wird heute Abend nicht arbeiten.*)

   Narrator (Erzähler): What does the man imply? (*Was deutet der Mann an?*)

6. **Woman:** Emilio, are you coming over to tune up my car for me tonight? (*Emilio, kommst du heute Abend vorbei, um mein Auto herzurichten?*)

   Man: No, but I asked my brother, and he'll be glad to take my place, if that's okay with you. (*Nein, aber ich habe meinen Bruder gefragt, und er würde das gerne für mich machen, wenn du damit einverstanden bist.*)

   Narrator (Erzähler): What does the man mean? (*Was meint der Mann?*)

Spur 39

7. **Woman:** My house guests will be here tonight. (*Meine Gäste werden heute Abend hier sein.*)

   Man: I'll bring over my extra chairs this afternoon. (*Ich werde meine Stühle, die ich nicht benötige, diesen Nachmittag rüber bringen.*)

   Narrator (Erzähler): What does the man imply? (*Was deutet der Mann an?*)

8. **Man:** I was up all night long working on that report for our geology class. (*Ich war die ganze Nacht auf und habe an diesem Bericht für unseren Geologieunterricht gearbeitet.*)

   Woman: But you turned it in on time. (*Aber du hast ihn rechtzeitig abgegeben.*)

   Narrator (Erzähler): What does the woman say about the report? (*Was sagt die Frau über den Report?*)

Spur 40

9. **Woman:** The club application is due this afternoon, but I haven't picked one up yet. (*Der Aufnahmeantrag für den Club ist diesen Nachmittag fällig, aber ich habe bisher noch keinen abgeholt.*)

   Man: Oh, well, there's always next month's meeting. (*Na ja, nächsten Monat gibt es auch noch ein Treffen.*)

   Narrator (Erzähler): What does the man imply? (*Was deutet der Mann an?*)

10. **Woman:** Do you have 10 dollars that you can loan me for a few days? (*Hast du 10 Dollar, die du mir ein paar Tage leihen kannst?*)

    Man: Oh, the check from your parents hasn't come yet. (*Oh, der Scheck deiner Eltern ist noch nicht eingetroffen.*)

    Narrator (Erzähler): What can be inferred from the conversation? (*Was kann aus dieser Unterhaltung geschlossen werden?*)

Spur 41

11. **Man:** My boss isn't very smart. I bet I could do a better job than he does. (*Mein Chef ist nicht sehr klug. Ich wette, dass ich es besser machen könnte als er.*)

    Woman: You'd better not let him hear you talk like that. (*Du lässt ihn besser nicht hören, wie du über ihn sprichst.*)

    Narrator (Erzähler): What does the woman imply? (*Was deutet die Frau an?*)

12. **Man:** This has been a really boring day. Let's go do something fun and exciting tonight. (*Das war ein wirklich langweiliger Tag. Lass uns heute Abend was Lustiges und Aufregendes unternehmen.*)

    Woman: My day has been more than exciting enough for me, but thanks anyway. (*Mein Tag war mehr als aufregend für mich, aber dennoch danke.*)

    Narrator (Erzähler): What does the woman mean? (*Was meint die Frau?*)

Spur 42

13. **Man:** I wish there were more hours in the day. (*Ich wünsche, der Tag hätte mehr Stunden.*)

    Woman: I know what you mean. I have a hard time finishing everything before I go to sleep. (*Ich weiß, wovon du sprichst. Ich kann kaum alles zu Ende machen, bevor ich schlafen gehe.*)

    Narrator (Erzähler): What does the woman mean? (*Was meint die Frau?*)

14. **Woman:** I don't think that our history professor likes me. He saw me in the cafeteria and barely nodded at me. (*Ich glaube nicht, dass mich unser Geschichtslehrer mag. Er sah mich in der Cafeteria und hat mir kaum zugenickt.*)

    Man: That's the way he is with everyone. (*So verhält er sich allen gegenüber.*)

    Narrator (Erzähler): What does the man imply? (*Was deutet der Mann an?*)

Spur 43

15. Man: I saw a woman yesterday who looked just like you; she even had on the same kind of coat you wear. (*Ich habe gestern eine Frau gesehen, die wie du aussah; sie hatte sogar die gleiche Art von Mantel an, die du trägst.*)

Woman: That was probably my roommate wearing my coat. She borrows it without my permission, even though I ask her not to. (*Das war wahrscheinlich meine Zimmergenossin, die meinen Mantel trug. Sie leiht ihn sich ohne meine Erlaubnis aus, auch wenn ich sie bitte, es nicht zu tun.*)

Narrator: What does the woman imply? (*Was deutet die Frau an?*)

16. Woman: My boyfriend says he doesn't tell lies. (*Mein Freund sagt, dass er nicht lügt.*)

Man: But what if that statement is a lie? (*Was, wenn diese Aussage eine Lüge ist?*)

Narrator (Erzähler): What does the man mean? (*Was meint der Mann?*)

Spur 44

17. Woman: Is Graham still at the university? (*Ist Graham immer noch an der Universität?*)

Man: I spotted him in the computer lab last Tuesday. (*Ich habe ihn letzten Dienstag im Computerraum gesehen.*)

Narrator (Erzähler): What does the man imply? (*Was deutet der Mann an?*)

18. Woman: The test is Monday. Are you ready? (*Die Prüfung ist am Montag. Bist du vorbereitet?*)

Man: Hardly. I'm going to cancel my weekend plans and spend a lot of time in the library. (*Kaum. Ich werde meine Wochenendpläne absagen und viel Zeit in der Bibliothek verbringen.*)

Narrator (Erzähler): What does the man mean? (*Was meint der Mann?*)

Spur 45

19. Man: Do you know what the interest rate is at the bank? (*Weißt du, wie hoch die Zinsen auf der Bank sind?*)

Woman: I'm the wrong person to ask. I can never remember numbers. (*Ich bin die falsche Person danach zu fragen. Ich kann mich nie an Zahlen erinnern.*)

Narrator: What does the woman mean? (*Was meint die Frau?*)

20. Man: I'm taking the 7:30 flight to San Diego. (*Ich nehme den 7.30 Uhr Flug nach San Diego.*)

Woman: If I were you, I'd check that schedule again. (*Wenn ich du wäre, würde ich die Abflugzeit nochmal kontrollieren.*)

Narrator (Erzähler): What does the woman imply? (*Was deutet die Frau an?*)

Spur 46

21. Woman: How was your visit from your parents? (*Wie war der Besuch deiner Eltern bei dir?*)

Man: It couldn't have been better — they didn't come after all! (*Er könnte nicht besser gewesen sein – sie sind schließlich doch nicht gekommen!*)

Narrator (Erzähler): What does the man imply? (*Was deutet der Mann an?*)

22. Woman: My flight was postponed for four hours. When is the next train to Orlando? (*Mein Flug wurde um vier Stunden verschoben. Wann fährt der nächste Zug nach Orlando?*)

Man: You just missed the last one of the day. (*Sie haben eben den letzten dieses Tages verpasst?*)

Narrator (Erzähler): What does the man imply? (*Was deutet der Mann an?*)

Spur 47

23. Man: I just saw Yvonne kissing her new boyfriend. (*Ich habe eben gesehen, wie Yvonne ihren neuen Freund geküsst hat.*)

Woman: There go your plans to ask her out this weekend! (*Damit sind deine Pläne, sie dieses Wochenende zum Ausgehen einzuladen, dahin.*)

Narrator (Erzähler): What does the woman imply? (*Was deutet die Frau an?*)

24. Woman: Let's get together next Saturday, the 24th. (*Lass uns am nächsten Samstag, den 24., treffen.*)

Man: Next Saturday is the 23rd. You need to turn the page of your calendar. (*Der nächste Samstag ist der 23. Du musst in deinem Kalender einen Tag weiter blättern.*)

Narrator (Erzähler): What does the man imply? (*Was deutet der Mann an?*)

Spur 48

25. Woman: How about going with me to buy a gift for my nephew? (*Hast du Lust mitzukommen, um für meinen Neffen ein Geschenk zu kaufen?*)

Man: He's 2, right? I know nothing about what children that age like as presents. (*Er ist 2, oder? Ich habe keine Ahnung, was Kinder in diesem Alter als Geschenke mögen.*)

Narrator (Erzähler): What does the man imply? (*Was deutet der Mann an?*)

26. Woman: Do you use e-mail with your sister in college? (*Schickst du deiner Schwester im College E-Mails?*)

Man: Absolutely. It's great not to have those huge long-distance phone bills. (*Absolut. Es ist einfach toll, nicht diese riesigen Telefonrechnungen für Ferngespräche zu haben.*)

Narrator (Erzähler): What does the man mean? (*Was meint der Mann?*)

Spur 49

27. **Woman:** This sunshine sure beats the rain we had last week. (*Dieser Sonnenschein übertrifft ganz sicher den Regen der vergangenen Woche!*)

    Man: I'll say! (*Ich stimme dir zu!*)

    Narrator (Erzähler): What does the man mean? (*Was meint der Mann?*)

28. **Woman:** Is there any chance that you could help me with my homework tonight? (*Besteht die Möglichkeit, dass du mir heute Abend bei meiner Hausaufgabe hilfst?*)

    Man: Tomorrow would be better for me. (*Morgen wäre für mich besser.*)

    Narrator (Erzähler): What does the man imply? (*Was deutet der Mann an?*)

Spur 50

29. **Man:** I can't believe that you forgot to do your lab project. What were you thinking? (*Ich kann nicht glauben, dass du vergessen hast, deine Laborarbeit zu erledigen. Woran hast du gedacht?*)

    Woman: I don't know. I can't believe that I forgot it, either. (*Ich weiß nicht. Ich kann es selbst nicht glauben, dass ich es vergaß.*)

    Narrator (Erzähler): What does the woman mean? (*Was meint die Frau?*)

30. **Woman:** This sunset is absolutely stunning. The colors are gorgeous. (*Dieser Sonnenuntergang ist absolut atemraubend. Die Farben sind prächtig.*)

    Man: I know what you mean. There's nothing like it. (*Ich weiß, was du meinst. Es gibt nichts Vergleichbares.*)

    Narrator (Erzähler): What does the man mean? (*Was meint der Mann?*)

Teil B

Spur 51

Example:

Man: Thank you for letting me show you our new computer program to help you with your math skills. As I'm sure you'll agree when I'm done with my talk, this program is the finest one on the market. It explains everything very clearly. It gives many simple examples to help you practice. And surprisingly enough, it is no more expensive than other programs that offer you much less. This is the best value on the market today.

Mann: Danke, dass ich Ihnen unser neues Computerprogramm vorstellen darf, das Ihnen bei Ihren Mathekenntnissen hilft. Wenn ich mit meinem Vortrag zu Ende bin, werden Sie mir sicherlich zustimmen, dass dieses Programm das Beste auf dem Markt ist. Es erklärt alles sehr deutlich. Es enthält viele einfache Beispiele, die Ihnen beim Üben helfen können. Und es ist überraschender-

weise nicht teurer als andere Programme, die viel weniger bieten. Hier haben Sie das Beste, das der Markt zur Zeit bietet.

Narrator (Erzähler): What is the main purpose of the talk? (*Was ist die Hauptaussage des Textes?*)

Spur 52

Fragen 31–34:

Man: I was talking about you to a friend yesterday. (*Ich habe gestern mit einem Freund über dich gesprochen.*)

Woman: Oh, really? Which friend was that? (*Oh, wirklich? Welcher Freund war das?*)

Man: Larry Hansen. You remember him, don't you? We were all in calculus class together last semester. (*Larry Hansen. Du erinnerst dich an ihn, nicht wahr? Wir waren im letzten Semester zusammen in einer Mathematikklasse.*)

Woman: You must be mistaken. I have never taken calculus. And I don't remember any Larry Hansen. (*Du musst dich täuschen. Ich habe nie Mathe belegt. Und ich erinnere mich an keinen Larry Hansen.*)

Man: That's odd. He remembers you. He even asked about your sister, Ann. (*Das ist komisch. Er erinnert sich an dich. Er hat sogar nach deiner Schwester Ann gefragt.*)

Woman: What does this Larry look like? Maybe if you described him to me, I'd remember him. (*Wie sieht dieser Larry aus? Wenn du ihn mir beschreibst, erinnere ich mich vielleicht an ihn.*)

Man: Well, he's our age. He is tall, a little over 6 feet, and has the build of an athlete. He used to play football and is quite muscular. (*Nun, er ist in unserem Alter. Er ist groß, etwas über 1,80 m und wie ein Athlet gebaut. Er hat mal Football gespielt und ist ziemlich muskulös.*)

Woman: Does he have a beard? (*Hat er einen Bart?*)

Man: No, he's clean-shaven. He has never had a beard, or even a mustache, as long as I've known him. But he does wear an earring. (*Nein, er ist glatt rasiert. Er hatte nie einen Bart oder einen Schnurrbart, so lang ich ihn kenne. Aber er trägt einen Ohrring.*)

Woman: Oh, now I know who you're talking about. That's funny, I always thought his name was Barry. You say his name is Larry, right? (*Oh, jetzt weiß ich, von wem du sprichst. Das ist lustig, ich habe immer gedacht, dass er Barry heißt. Du sagst, dass sein Name Larry ist, richtig?*)

Man: Right. Anyway, he said to tell you hello, and to ask you to his party this weekend. I hope you can come with me. (*Richtig. Nun, er bat mich, dich zu grüßen und dich dieses Wochenende auf seine Party einzuladen.*)

Woman: I have a lot of homework this weekend. If I get it done before Friday night, I'll give you a call and come along. Thanks for asking me. (*Ich muss dieses Wochenende viele Hausaufgaben machen. Wenn ich vor Freitag Abend fertig werde, werde ich dich anrufen und mitkommen. Danke für die Einladung.*)

Man: You're welcome. And I really hope that you can come. I won't know too many people there, and I'd like to see a friendly face. (*Bitte. Und ich hoffe wirklich, dass du kommen kannst. Ich werde dort nicht viele Leute kennen, und ich wünsche mir, ein freundliches Gesicht zu sehen.*)

Woman: Let's make a deal. If you'll help me study for my test, I'll go to the party with you. (*Lass uns einen Deal vereinbaren. Wenn du mir dabei hilfst, für meine Prüfung zu lernen, werde ich mit dir zur Party gehen.*)

Man: It's a deal. What time shall I be at your place? (*Abgemacht. Wann soll ich bei dir sein?*)

Woman: About six this evening. See you then! (*Etwa um sechs Uhr heute Abend. Bis dann!*)

31. **Narrator (Erzähler):** What was the man talking about with Larry Hansen yesterday? (*Worüber hat der Mann gestern mit Larry Hansen gesprochen?*)

32. **Narrator (Erzähler):** What is the man mistaken about, according to the woman? (*Worin irrt sich der Mann nach Meinung der Frau?*)

33. **Narrator (Erzähler):** What does the man mention that helps the woman remember Larry? (*Was erwähnt der Mann, das der Frau hilft, sich an Larry zu erinnern?*)

34. **Narrator (Erzähler):** Why does the man hope that the woman will come to the party? (*Warum hofft der Mann, dass die Frau auf die Party kommt?*)

Spur 53

Fragen 35–39:

Man: Thank you for giving me this interview. I know that you are a very busy woman, and I appreciate your taking the time to see me. You made it clear to me on the telephone that you can spare only 15 minutes for me. I'm going to get right to the point and tell you what my qualifications are and how I can be a good asset to your company. I hope that when I am done with my presentation, you will feel free to ask me any questions that you may have.

Here is my resume. As you can see, I have both undergraduate and graduate degrees in education, as well as a Masters of Business Administration degree. My career goal is to put my educational background to use to develop educational materials that will be sold to school systems. Specifically, I like to work on books and software projects that prepare students to do well on standardized exams. I have worked part-time for a large test prep firm the past three years, teaching classes to students ranging from high school to graduate school levels. I also helped to develop the materials used in those classes. I am especially proud of the diagnostic tests that I created. The firm used those tests to help students to identify their strengths and weaknesses.

Currently I am working on a book that includes a very comprehensive math review. It covers topics in algebra, geometry, and arithmetic that are tested on most standardized exams. This material could be used for such tests as the SAT to get high school students into college, and the GRE to get college students into graduate school. In addition, the basic format could be changed and used to work with even younger students, such as those in middle school. I know that your company is interested in this younger age group.

Mann: *Danke, dass Sie mir dieses Interview ermöglichen. Ich weiß, dass Sie eine vielbeschäftigte Frau sind, und ich weiß es zu schätzen, dass Sie sich die Zeit nehmen, mich zu treffen. Sie haben am Telefon deutlich gemacht, dass Sie mir nur 15 Minuten Ihrer Zeit zur Verfügung stellen können. Ich werde daher gleich auf den Punkt kommen und Ihnen darstellen, über welche Qualifikationen ich verfüge und wie Sie mich zum Vorteil Ihrer Firma einsetzen können. Ich hoffe, dass, wenn ich mit meiner Präsentation am Ende bin, Sie so frei sind, mir diejenigen Fragen zu stellen, die Sie noch haben.*

Hier mein beruflicher Werdegang. Wie Sie daraus ersehen, habe ich sowohl einen Abschluss in Erziehungswissenschaften als auch einen in Masters of Business Administration. Mein Berufsziel ist es, meine Ausbildung dafür einzusetzen, neues Lehrmaterial zu entwickeln, das an Schulen verkauft wird. Bevorzugt arbeite ich an Bücher- und Softwareprojekten, die Studenten darauf vorbereiten, bei standardisierten Tests gut abzuschneiden. Ich habe während der letzten drei Jahre in Teilzeit für ein großes Ausbildungsunternehmen gearbeitet, wo ich Personen, von Highschool-Schülern bis hin zu Universitätsstudenten, unterrichtet habe. Ich habe auch dabei mitgewirkt, das Unterrichtsmaterial für diese Klassen zu entwickeln. Ich bin vor allem auf die Diagnosetests stolz, die ich erfand. Das Unternehmen verwendet diese Tests, um den Studenten dabei zu helfen, ihre Stärken und Schwächen zu erkennen.

Im Moment arbeite ich an einem Buch, das einen sehr umfassenden Überblick über die Mathematik enthält. Die Themen umfassen Algebra, Geometrie und Arithmetik, welche Teil der Prüfung bei den meisten standardisierten Tests sind. Dieses Material könnte bei Tests verwendet werden, wie zum Beispiel dem SAT, den Highschool-Absolventen bestehen müssen, um in ein College aufgenommen zu werden, oder dem GRE, der notwendig ist, um nach dem College das Studium an einer Universität fortführen zu können. Darüber hinaus kann das Format des Tests auch so verändert werden, dass es auch für jüngere Schüler, die einen mittleren Schulabschluss anstreben, geeignet ist. Ich weiß, dass sich Ihr Untenehmen auf diese Altersgruppe spezialisiert.

35. **Narrator (Erzähler):** What aspect of education does the speaker focus on most? (*Welchen Aspekt der Erziehung stellt der Sprecher hauptsächlich heraus?*)

36. **Narrator (Erzähler):** Why does the speaker thank the interviewer? (*Warum bedankt sich der Sprecher bei seiner Interviewerin?*)

37. **Narrator (Erzähler):** What does the speaker hope that the listener will do when the speaker is done talking? (*Was erhofft sich der Sprecher von der Zuhörerin, wenn der Sprecher mit seiner Rede am Ende ist?*)

38. **Narrator (Erzähler):** What is the speaker currently working on? (*Woran arbeitet der Sprecher im Moment?*)

39. **Narrator (Erzähler):** Why does the speaker mention younger students? (*Warum erwähnt der Sprecher jüngere Studenten?*)

Spur 54

Fragen 40–43:

Man: This is a beautiful car. (*Das ist ein schönes Auto.*)

Woman: Thank you. I have had it for more than ten years. I hope you can fix it. I really enjoy driving it. (*Danke. Ich habe es schon länger als zehn Jahre. Ich hoffe, Sie können es reparieren. Ich genieße es wirklich, es zu fahren.*)

Man: I'm sure I can fix it. I've been a mechanic for many years and have seen everything. Now, specifically, what's wrong with the car? (*Ich bin sicher, dass ich es reparieren kann. Ich bin seit Jahren Automechaniker und habe bereits alles gesehen. Was ist denn nun genau bei dem Auto nicht in Ordnung?*)

Woman: It suddenly started having trouble going up hills. It goes very slowly and sometimes makes a lot of noise. I've tried using a better brand of gasoline, but that didn't help. (*Ich hatte plötzlich Probleme, wenn ich einen Berg hochfuhr. Das Auto wird sehr langsam und gibt manchmal laute Geräusche von sich. Ich habe es mit einem besseren Benzin versucht, das hat aber auch nicht geholfen.*)

Man: It sounds as if you have a transmission problem. (*Das klingt, als hätten Sie ein Problem mit dem Getriebe.*)

Woman: I'm sure that's not it. I had a new transmission put in this car just last year. (*Ich bin sicher, dass es das nicht ist. Erst im vergangenen Jahr habe ich ein neues Getriebe einbauen lassen.*)

Man: I hope that new transmission has a guarantee. If it does, you can just get the transmission replaced again. But I'll be glad to check this out for you while you're here. (*Ich hoffe, dass Sie auf das Getriebe Garantie haben. Wenn ja, dann können Sie dies einfach austauschen lasssen. So lange Sie hier sind, kann ich das für Sie herausfinden, wenn Sie wollen.*)

Woman: Thanks. I appreciate that. And would you go ahead and give the car a tune-up and rotate the tires? I'm going to take a long trip and want to be sure that everything is in good order. (*Danke. Das wäre mir recht. Und würden Sie das Auto auch gleich richtig einstellen und die Reifen inspizieren? Ich werde eine längere Reise unternehmen und möchte sicher sein, dass alles in Ordnung ist.*)

Man: No problem. Where are you going on your trip? (*Kein Problem. Wo geht Ihre Reise hin?*)

Woman: Nowhere special. My best friend and I are just going to drive across country, with no planned destination. We're going to stop at anything that seems interesting. (*Nirgendwo speziell. Meine beste Freundin und ich werden nur im Land herumfahren, wir haben kein bestimmtes Ziel im Auge. Wir werden überall da anhalten, wo etwas interessant aussieht.*)

Man: What a neat plan. I wish I could do something fun like that. But I'm stuck in this garage all summer. (*Was für ein hübscher Plan. Ich wünsche, ich könnte etwas Ähnliches unternehmen. Aber ich muss diesen Sommer über in der Werkstatt bleiben.*)

Woman: Well, at least you'll be making money. I'm going to be spending all my money. When I get back, I'll have to get a job if I'm going to pay for my tuition at school next year. (*Nun, Sie werden* *zumindest Geld verdienen. Ich werde mein ganzes Geld ausgeben. Wenn ich zurückkomme, muss ich mich nach einem Job umsehen, damit ich die Schulgebühr für nächstes Jahr bezahlen kann.*)

40. Narrator (Erzähler): What are the speakers mainly discussing? (*Worüber unterhalten sich die Sprecher hauptsächlich?*)

41. Narrator (Erzähler): What problem does the woman's car have? (*Welche Probleme hat die Frau mit ihrem Auto?*)

42. Narrator (Erzähler): Where is the woman going on her car trip? (*Wohin geht die Reise der Frau in ihrem Auto?*)

43. Narrator (Erzähler): Why does the woman need to get a job when she returns from her trip? (*Warum muss sich die Frau nach einem Job umsehen, wenn sie aus dem Urlaub zurückkommt?*)

Spur 55

Fragen 44–46:

Woman: The Dewey Decimal System was created by Melvil Dewey. He lived from 1851 to 1931. He was a librarian at Amherst College in the United States. His goal was to modernize the old library classification system. The old system often grouped books by size (all the large books on one shelf, the small books on another) or even by color. Looking for a book on the history of the American Civil War was very difficult unless you happened to know that the book had a red cover!

Dewey devised his system and published it in 1876. The system breaks books down by their subject matter. For example, books in the 100–199 section cover topics in philosophy; books in the 200–299 section cover topics in religion; and books in the 300–399 section cover topics in social sciences. Sections are further broken down into smaller portions. For example, section 500–599 covers all sciences, including math. The math sections are further broken down into portions on algebra, geometry, and arithmetic. Each of those portions is further broken down. The system can become incredibly detailed. Someone who understands the system can use it to find very precise information.

The system is called the Dewey Decimal System because the topics are classified by using decimals to make the sections smaller and more precise. The 900–999 segment covers history. The U.S. colonial system is found in 973.2. This system is complete enough to handle the requirements of many libraries and is still in widespread use today.

Frau: Die Dezimalklassifikation nach Dewey wurde von Melvil Dewey eingeführt. Er lebte von 1851 bis 1931. Er war ein Bibliothekar am Amherst College in den Vereinigten Staaten. Sein Ziel war es, das alte Klassifizierungssystem, das in Bibliotheken verwendet wurde, zu modernisieren. Nach dem alten System waren Bücher oft nach der Größe geordnet (alle großen Bücher auf einem Regal, die kleineren auf einem anderen) oder sogar nach Farbe. Die Suche nach einem Buch über den Amerikanischen Bürgerkrieg war sehr schwierig, außer man wusste, dass es einen roten Einband hatte.

Dewey ersann sein System und veröffentlichte es 1876. Das System teilt die Bücher nach Themen ein. So befassen sich die Bücher in den Abschnitten 100-199 mit dem Thema Philosophie, in den

Abschnitten 200-299 mit Religion und Bücher in den Abschnitten 300-399 mit Themen aus den Sozialwissenschaften. Die Abschnitte sind jeweils wieder in kleinere Teile unterteilt. So befinden sich zum Beispiel im Abschnitt 500-599 Bücher zu allen Wissenschaften einschließlich Mathematik. Die Abschnitte zu Mathematik sind weiter unterteilt in die Themenbereiche Algebra, Geometrie und Arithmetik. Jeder dieser Themenbereiche ist wiederum unterteilt. Das System kann unglaublich detailliert sein. Jemand, der dieses System versteht, kann es dazu verwenden, sehr genaue Informationen zu finden.

Das System wird das Dezimalklassensystem nach Dewey genannt, weil die Bereiche unter Verwendung des Dezimalsystems in kleinere und genauere Abschnitte eingeteilt werden. Der Abschnitt 900-999 enthält Bücher zur Geschichte. Das amerikanische Kolonialsystem befindet sich in 973.2. Das System ist umfassend genug, um den Ansprüchen der meisten Büchereien gerecht zu werden und wird auch heute noch häufig verwendet.

44. **Narrator (Erzähler):** What is the main topic of the lecture? (_Wovon handelt der Vortrag hauptsächlich?_)

45. **Narrator (Erzähler):** How did libraries classify books before the Dewey Decimal System? (_Wie haben die Büchereien ihre Bücher vor dem Dezimalklassensystem nach Dewey klassifiziert?_)

46. **Narrator (Erzähler):** How are books classified in the Dewey Decimal System? (_Wie werden Bücher nach dem Dezimalklassensystem von Dewey klassifiziert?_)

Spur 56

Fragen 47–50:

Man: Mom, Dad, this is my friend Bjorn. I told you about him. Bjorn is the very smart student who helped me so much in my botany class. If it weren't for his help, I'm sure I never would have passed the class, let alone received an A. Bjorn was the friend who talked me into going for the drive in the country where we found the unusual plants that impressed our professor so much.

But I don't want you to get the idea that all Bjorn and I do is work. We have become good friends, and we know how to have fun together, too. Last week, we went on a hiking trip up a mountain. Do you know Mt. Conway, that small mountain in the southern part of the country? I think I've heard you both talking about having climbed it when you were younger.

During our hike, I taught Bjorn the songs that I learned at summer camp in New York when I was a Boy Scout. And Bjorn taught me the songs that he learned when he went to summer camp in Norway. I can now sing the Norwegian version of «The Bear Came Over the Mountain." I also learned some Norwegian love songs and poetry. At least, Bjorn tells me that they are love songs and poetry. If I use them on a date sometime and the woman slaps me, I'll knew that Bjorn wasn't telling me the truth, or maybe I just mispronounced something.

**Mann:** Mom, Dad, das ist mein Freund Björn. Ich habe euch schon von ihm erzählt. Björn ist der sehr kluge Student, der mir so viel in Botanik half. Ich bin sicher, dass ich den Kurs nicht bestanden hätte, ganz zu Schweigen mit der Note A, wenn er mir nicht geholfen hätte. Björn war der Freund, der mich dazu überredete, eine Spazierfahrt auf dem Land zu unternehmen, wo wir dann diese ungewöhnlichen Pflanzen fanden, die unseren Professor so beeindruckten.

Aber ich möchte nicht, dass ihr denkt, dass Björn und ich zusammen nur arbeiten. Wir sind gute Freunde geworden und wissen wie wir zusammen Spaß haben können. Letzte Woche haben wir eine Wanderung auf einen Berg unternommen. Kennt ihr Mt. Conway, diesen kleinen Berg im Süden des Landes? Ich glaube, ihr habt mal davon erzählt, dass ihr ihn bestiegen habt, als Ihr jünger wart.

Während der Wanderung habe ich Björn die Lieder beigebracht, die ich als Pfadfinder im Sommerlager in New York gelernt habe. Und Björn hat mir die Lieder beigebracht, die er im Sommerlager in Norwegen gelernt hat. Ich kenne jetzt die norwegische Version des Lieds »Der Bär kam über den Berg.« Ich habe auch ein paar norwegische Liebeslieder und Gedichte gelernt. Zumindest behauptet Björn, dass es sich dabei um Liebeslieder und Gedichte handelt. Wenn ich sie einmal bei einem Rendezvous mit einer Frau verwende und sie mich schlägt, weiß ich, dass mir Björn nicht die Wahrheit gesagt hat, oder ich etwas vielleicht nur falsch ausgesprochen habe.

47. **Narrator (Erzähler):** What is the subject of the speaker's talk? (*Über welches Thema spricht der Redner?*)

48. **Narrator (Erzähler):** How did Bjorn help the speaker's botany class grade? (*Was hat Björn getan, um die Note des Sprechers in Botanik zu verbessern?*)

49. **Narrator (Erzähler):** What did the speaker teach Bjorn? (*Was hat der Sprecher Björn beigebracht?*)

50. **Narrator:** What does the speaker intend to do with the songs Bjorn taught him? (*Was hat der Sprecher mit den Liedern vor, die ihm Björn beibrachte?*)

Kapitel 15: Praktische Prüfung 2

Dieses Kapitel verwendet Spur 57 bis 78 auf der *TOEFL für Dummies* CD.

Teil A

Spur 57

Beispiel:

Woman: This store is too expensive. No one needs to pay 100 dollars for a simple sweater. (*Dieses Geschäft ist zu teuer. Man muss keine 100 Dollar für einen einfachen Pullover ausgeben.*)

Man: The store just down the street sells the same sweaters for only 30 dollars. (*Der Laden weiter unten in dieser Straße verkauft die gleichen Pullover für nur 30 Dollar.*)

Narrator (Erzähler): What does the man mean? (*Was meint der Mann?*)

Spur 58

1. **Woman:** Sir, I'm very busy right now. Please take a seat and I'll take care of you as soon as I have a minute. (*Mein Herr, ich bin momentan sehr beschäftigt. Bitte setzen Sie sich, und ich werde mich um Sie kümmern, sobald ich eine Minute Zeit habe.*)

   Man: That's quite all right. I brought a book with me. (*Das ist schon in Ordnung. Ich habe ein Buch mitgebracht.*)

   Narrator (Erzähler): What does the man imply? (*Was deutet der Mann an?*)

2. **Woman:** I looked for you at the football game last weekend, but I couldn't find you. (*Ich habe während des Football-Spiels am vergangenen Wochenende nach dir Ausschau gehalten, konnte dich aber nicht finden.*)

   Man: I was recuperating from my history final. It was brutal! (*Ich habe mich von meiner Abschlussprüfung in Geschichte erholt. Die war brutal!*)

   Narrator (Erzähler): What does the man mean? (*Was meint der Mann?*)

Spur 59

3. **Man:** Excuse me. May I move your jacket off this chair? It seems to be the last seat available. (*Entschuldigung. Darf ich Ihre Jacke von diesem Stuhl wegnehmen? Es scheint der letzte freie Platz zu sein.*)

   Woman: That's not my jacket. (*Das ist nicht meine Jacke.*)

   Narrator (Erzähler): What does the woman imply? (*Was deutet die Frau an?*)

4. **Man:** We are all getting together at Jose's fraternity house this evening around six. Shall I stop by your room and walk you there? (*Wir treffen uns alle diesen Abend gegen 6 Uhr in Joses Verbindungshaus. Soll ich dich in Deinem Zimmer abholen und Dich dahin begleiten?*)

   Woman: Thanks, but I have a class right by his place. I'll meet you there. (*Danke, aber ich habe Unterricht ganz in seiner Nähe. Ich werde dich dort treffen.*)

   Narrator (Erzähler): What will the man do? (*Was will der Mann tun?*)

Spur 60

5. **Woman:** I heard you say you were going to the movies tonight, so I asked my sister who works at the theater for free tickets. You may have these. (*Ich habe dich sagen gehört, dass du dir diesen Abend einen Film ansehen wirst, deshalb habe ich meine Schwester, die im Kino arbeitet, um freie Eintrittskarten gebeten. Du kannst sie haben.*)

   Man: Thanks. I owe you one. (*Danke. Ich bin dir was schuldig.*)

   Narrator (Erzähler): What does the man imply? (*Was deutet der Mann an?*)

6. Man: I told Clive that he could borrow my book on the history of the movies. (*Ich habe Clive gesagt, dass er sich mein Buch über die Geschichte des Films ausleihen kann.*)

Woman: Okay. I'm almost done with it. I have only one more chapter to read in it. (*Okay. Ich bin fast durch damit. Ich habe nur noch ein Kapitel zu lesen.*)

Narrator (Erzähler): What does the woman want to do? (*Was möchte die Frau tun?*)

Spur 61

7. Man: I really hope Dr. Casparetti will let me into his advanced chemistry class. (*Ich hoffe wirklich, dass mich Dr. Casparetti in seinen Chemiekurs für Fortgeschrittene aufnimmt.*)

Woman: Let me introduce you. I was a teaching assistant for Dr. C last year. (*Ich stelle dich gern vor. Ich war letztes Jahr eine Assistentin von Dr. C.*)

Narrator (Erzähler): What does the woman imply about Dr. Casparetti? (*Was deutet die Frau über Dr. Casparetti an?*)

8. Woman: That was the most difficult exam I've ever taken! I am not looking forward to seeing my grade. (*Das war die schwierigste Prüfung, die ich jemals gemacht habe! Ich freue mich nicht darauf, meine Note zu sehen.*)

Man: Not me. I am going to be checking the professor's office every day, waiting for the grades to be posted. (*Ich nicht. Ich werde jeden Tag am Büro des Professors vorbeigehen und nachsehen, ob die Noten bereits aushängen.*)

Narrator (Erzähler): What does the man imply? (*Was deutet der Mann an?*)

Spur 62

9. Man: Could you please tell me where this street is on the map? (*Könntest du mir bitte sagen, wo ich diese Straße auf der Karte finde?*)

Woman: I'm sorry. I'm hopeless when it comes to navigation. Maybe Hari could give you a hand. (*Es tut mir leid. Aber ich bin völlig untauglich, wenn es um Navigation geht. Vielleicht kann Hari dir weiterhelfen.*)

Narrator: What does the woman suggest that the man do? (*Was schlägt die Frau vor, was der Mann tun soll?*)

10. Woman: I think it's unfair of my parents to expect me to write them every single day. (*Ich finde, dass es von meinen Eltern unfair ist, dass sie erwarten, dass ich ihnen jeden Tag schreibe.*)

Man: I know what you mean. My parents think there's nothing else in my life. (*Ich weiß, was du meinst. Meine Eltern glauben, ich habe nichts anderes zu tun.*)

Narrator (Erzähler): What does the man mean? (*Was meint der Mann?*)

Spur 63

11. **Woman:** If you don't mind, I'd really appreciate it if you didn't park in my spot every time you come visit my roommate. It's starting to get annoying. (*Ich möchte dir sagen, dass ich es wirklich schätzen würde, wenn du nicht jedesmal, auf meinem Parkplatz parkst, wenn du meine Mitbewohnerin besuchst.*)

    Man: Why didn't you say something sooner? (*Warum hast du nicht schon früher etwas gesagt?*)

    Narrator (Erzähler): What does the man imply? (*Was deutet der Mann an?*)

12. **Man:** Those new Corvettes are overpriced, don't you think? (*Diese neuen Corvettes sind überteuert, findest du nicht auch?*)

    Woman: Oh, I don't know. You get what you pay for, I always say. (*Oh, ich weiß nicht. Ich sage immer, du bekommst das, wofür du bezahltst.*)

    Narrator (Erzähler): What does the woman suggest? (*Was deutet die Frau an?*)

Spur 64

13. **Man:** I have to get someone to proofread my paper before I turn it in. (*Ich muss jemanden finden, der meine Arbeit Korrektur liest, bevor ich sie abgebe.*)

    Woman: Aren't there advertisements for that sort of thing on the bulletin board in the English department office? (*Sind nicht auf dem Schwarzen Brett im englischen Institut Anzeigen für diese Art von Arbeit angebracht?*)

    Narrator (Erzähler): What does the woman suggest the man do? (*Was schlägt die Frau dem Mann vor, was er tun soll?*)

14. **Woman:** Last week, the salesclerk at the department store gave me the wrong shoes. I got home and couldn't believe it when I opened the box. (*Letzte Woche hat mir der Verkäufer im Kaufhaus die falschen Schuhe gegeben. Ich kam nach Hause und konnte es nicht glauben, als ich die Schachtel öffnete.*)

    Man: Here, give them to me. I'll be at that store this afternoon. (*Hier, gib sie mir. Ich werde diesen Nachmittag in dem Geschäft sein.*)

    Narrator (Erzähler): What will the man probably do? (*Was wird der Mann wahrscheinlich tun?*)

Spur 65

15. **Woman:** You are going to see that movie again? Isn't this the fifth time that you've seen it? (*Du schaust dir den Film nochmal an? Ist es nicht bereits das fünfte Mal, das du da reingehst?*)

    Man: You can never get too much of a good thing, I always say. (*Ich sage immer, von etwas Gutem kann man nie genug haben.*)

    Narrator (Erzähler): What does the man imply? (*Was deutet der Mann an?*)

16. Man: Can you give me a ride to the party this evening? (*Kannst du mich diesen Abend zur Party fahren?*)

Woman: I was just going to ask you the same thing. My car is in the shop until tomorrow afternoon. (*Ich wollte dich gerade das Gleiche fragen. Mein Auto ist bis morgen Nachmittag in der Werkstatt.*)

Narrator (Erzähler): What can be inferred about the woman? (*Was kann aus den Worten der Frau geschlossen werden?*)

Spur 66

17. Woman: There's Dr. Van Dyke again, still in his office as usual. (*Da ist schon wieder Dr. Van Dyke, wie immer noch in seinem Büro.*)

Man: I know what you mean. I sometimes think he doesn't have a life outside of school. (*Ich weiß, was du meinst. Manchmal denke ich, es gibt für ihn außerhalb der Schule kein Leben.*)

Narrator (Erzähler): What does the man mean? (*Was meint der Mann?*)

18. Man: This weekend is going to be great. I am going to work on my car, mow the lawn, and then just relax. How about you? (*Dieses Wochenende wird wunderbar werden. Ich werde etwas an meinem Auto tun, den Rasen mähen und dann nur faulenzen. Was machst du?*)

Woman: I'm stuck in the computer lab all weekend, finishing that class project. (*Ich muss das ganze Wochenende im Computerraum verbringen, um das Projekt zu erledigen.*)

Narrator (Erzähler): What does the woman mean? (*Was meint die Frau?*)

Spur 67

19. Man: Did you have to fill in any special paperwork to be allowed to visit the rare book collection in the library? (*Musstest du irgendwelche Formulare ausfüllen, damit du in der Bibliothek die Sammlung der seltenen Bücher sehen konntest?*)

Woman: I just had to show my student ID and give them the name of a professor who knows me. (*Ich musste ihnen nur meinen Studentenausweis zeigen und einen Professor nennen, der mich kennt.*)

Narrator (Erzähler): What did the woman probably do? (*Was hat die Frau wahrscheinlich getan?*)

20. Woman: I can't believe this awful traffic. It took me an hour to get to school this morning. (*Ich kann nicht glauben, wie schlimm der Verkehr ist. Ich habe heute Morgen eine Stunde gebraucht, um in die Schule zu kommen.*)

Man: If you think this is bad, wait until you have to drive home this evening. (*Wenn du denkst, dass das schlimm ist, dann warte erst mal, bis du heute Abend nach Hause fährst.*)

Narrator (Erzähler): What does the man imply? (*Was deutet der Mann an?*)

Spur 68

21. **Woman:** I can't read my notes. The pencil is all smeared and messy. (_Ich kann meine Aufzeichnungen nicht lesen. Dieser Stift schmiert und kleckst_.)

    Man: Here, you can have this pen of mine for next time. (_Hier, du kannst meinen Kugelschreiber das nächste Mal benutzen._)

    Narrator (Erzähler): What does the man imply? (_Was deutet der Mann an?_)

22. **Woman:** I'm sorry, I didn't catch what the name of your older brother was when you introduced us. (_Entschuldigung, ich habe den Namen deines älteren Bruders nicht verstanden, als du uns vorgestellt hast._)

    Man: That's okay. His name is a little hard to remember for most people. (_Das ist schon in Ordnung. Es fällt den meisten Leuten schwer, sich an seinen Namen zu erinnern._)

    Narrator (Erzähler): What does the man mean? (_Was meint der Mann?_)

Spur 69

23. **Man:** That car was absolutely beautiful, and the price was right. (_Das Auto war absolut schön und der Preis in Ordnung_.)

    Woman: If I needed a new car, that's the one I'd get myself. (_Wenn ich ein neues Auto bräuchte, dann würde ich dieses (für mich selbst) nehmen._)

    Narrator (Erzähler): What does the woman imply? (_Was deutet die Frau an?_)

24. **Man:** Didn't the employment agency say you should call every day to hear about the new job openings? (_Hat nicht das Arbeitsamt gesagt, dass du jeden Tag anrufen sollst, um dich nach den offenen Stellen zu erkundigen?_)

    Woman: Yes, but I feel as if I'm bothering them when I call so often. (_Ja, aber ich habe das Gefühl, dass ich sie störe, wenn ich so oft anrufe._)

    Narrator (Erzähler): What does the woman imply? (_Was deutet die Frau an?_)

Spur 70

25. **Woman:** I don't think I want to go to that Italian restaurant. (_Ich glaube nicht, dass ich in dieses italienische Restaurant gehen möchte._)

    Man: But the newspaper food critic wrote a rave review about it. (_Aber der Restaurantkritiker hat in der Zeitung davon geschwärmt._)

    Narrator (Erzähler): What does the man imply? (_Was deutet der Mann an?_)

26. Woman: This cake is absolutely delicious. Did you make it yourself? (*Dieser Kuchen ist absolut köstlich. Hast du ihn selbst gemacht?*)

Man: Glad you like it. I'll give you the recipe, if you'd like. (*Es freut mich, dass er dir schmeckt. Ich werde dir das Rezept geben, wenn du möchtest.*)

Narrator (Erzähler): What does the man mean? (*Was meint der Mann?*)

Spur 71

27. Man: I am going to ask Dr. La Berge to let me make up that exam I missed. (*Ich werde Dr. La Berge fragen, ob ich das Examen wiederholen darf, das ich verpasst habe.*)

Woman: Good luck. You know how stubborn he is about sticking to his schedule and not making exceptions. (*Viel Glück. Du weißt, wie engstirnig er ist, wenn es darum geht, seinen Zeitplan einzuhalten und keine Ausnahmen zu machen.*)

Narrator (Erzähler): What does the woman imply? (*Was deutet die Frau an?*)

28. Man: I can't seem to understand chemistry, no matter how hard I try. (*Es scheint, dass ich Chemie nicht verstehe, egal, wie sehr ich es versuche.*)

Woman: Maybe you should hire a tutor. (*Vielleicht solltest du Nachhilfestunden nehmen.*)

Narrator (Erzähler): What does the woman imply? (*Was deutet die Frau an?*)

Spur 72

29. Woman: I'm in a big rush. But I have to take a minute to call in for the results of my exam. (*Ich habe es sehr eilig. Ich muss mir jedoch eine Minute die Zeit nehmen, um nach den Ergebnissen meiner Prüfung zu fragen.*)

Man: You'd better not be late for your class. You can call for the score when you get back. (*Komm lieber nicht zu spät in deine Klasse. Du kannst nach dem Ergebnis fragen, wenn du zurückkommst.*)

Narrator (Erzähler): What does the man think the woman should do? (*Was denkt der Mann, was die Frau tun sollte?*)

30. Man: I spent over three hours last night washing and waxing my car. (*Ich habe gestern Abend über drei Stunden damit verbracht, mein Auto zu waschen und einzuwachsen.*)

Woman: I can tell. (*Das sehe ich.*)

Narrator (Erzähler): What does the woman mean? (*Was meint die Frau?*)

Teil B

Spur 73

Beispiel:

Man: Thank you for letting me show you our new computer program to help you with your math skills. As I'm sure you'll agree when I'm done with my talk, this program is the finest one on the market. It explains everything very clearly. It gives many simple examples to help you practice. And surprisingly enough, it is no more expensive than other programs that offer you much less. This is the best value on the market today.

Mann: Danke, dass ich Ihnen unser neues Computerprogramm vorstellen darf, das Ihnen bei Ihren Mathekenntnissen hilft. Wenn ich mit meinem Vortrag zu Ende bin werden Sie mir sicherlich zustimmen, dass dieses Programm das Beste auf dem Markt ist. Es erklärt alles sehr deutlich. Es enthält viele einfache Beispiele, die Ihnen beim Üben helfen können. Und es ist überraschenderweise nicht teurer als andere Programme, die viel weniger bieten. Hier haben Sie das Beste, das der Markt zur Zeit bietet.

Narrator (Erzähler): What is the main purpose of the talk? (*Was ist die Hauptaussage des Textes?*)

Spur 74

Fragen 31–34:

Man: I couldn't find you at the party last night. Where were you? (*Ich habe dich gestern Abend nicht auf der Party gesehen. Wo warst du?*)

Woman: I was home. I had too much homework to go to the party. (*Ich war zu Hause. Ich hatte zu viele Hausarbeiten zu erledigen, um zur Party zu gehen.*)

Man: Homework? It's just the beginning of the semester. How can you have homework already? (*Hausarbeiten? Das Semester hat eben erst angefangen. Warum hast du bereits jetzt Hausarbeiten auf?*)

Woman: My professors all assigned papers. I have to turn in outlines for four papers by next week. (*Meine Professoren haben bereits alle Themen verteilt. Ich muss nächste Woche vier Gliederungen für die Hausarbeiten abgeben.*)

Man: Four papers? That's rough. I bet you were up all night. (*Vier Gliederungen? Das ist hart. Ich wette, du warst die ganze Nacht auf.*)

Woman: You win that bet. And I'll be up late every night this week, too. (*Diese Wette gewinnst Du. Und ich werde diese Woche auch jede Nacht lange auf sein.*)

Man: Are your subjects at least interesting? (*Sind die Themen wenigstens interessant?*)

Woman: Well . . . two of them are. In psychology, I'm researching how women and men interpret the same event differently. (*Nun … zwei sind es. Für Psychologie untersuche ich, wie Frauen und Männer den gleichen Vorfall unterschiedlich interpretieren.*)

Man: Can you give me an example? (*Kannst Du mir ein Beispiel nennen?*)

Woman: Sure. When a crime takes place that both a man and a woman see, the man pays attention to the criminal, while the woman pays attention to the victim. (*Sicher. Wenn ein Verbrechen passiert, dem sowohl ein Mann als auch eine Frau zusehen, konzentriert sich der Mann auf den Kriminellen, wohingegen die Frau das Opfer betrachtet.*)

Man: That's very interesting. Where do you get your information? What kind of research are you doing? (*Das ist sehr interessant. Woher hast du deine Informationen? Wonach forschst du in deiner Arbeit?*)

Woman: I'd love to tell you more about this, but I'm meeting a friend in a few minutes, so I have to leave now. (*Ich würde dir gerne mehr darüber erzählen, treffe aber in ein paar Minuten einen Freund, weshalb ich jetzt gehen muss.*)

Man: May I call you later? Maybe I can help you with your paper. (*Kann ich dich später anrufen? Vielleicht kann ich dir bei deiner Arbeit helfen.*)

Woman: That would be great! (*Das wäre toll!*)

31. **Narrator (Erzähler):** What did the woman do instead of going to the party? (*Was hat die Frau getan, anstatt zur Party zu gehen?*)

32. **Narrator (Erzähler):** What did the man feel about his friend's workload? (*Was hat der Mann über das große Arbeitspensum der Frau gesagt?*)

33. **Narrator (Erzähler):** Why does the woman have to leave? (*Warum muss die Frau gehen?*)

34. **Narrator (Erzähler):** Why does the man want to call the woman? (*Warum möchte der Mann die Frau anrufen?*)

Spur 75

Fragen 35–39:

Man: Hi, Paulette. (*Hallo, Paulette.*)

Woman: Hi, Dave. (*Hallo, Dave.*)

Man: You'll never guess who I saw yesterday at the grocery store. (*Du wirst nie erraten, wen ich gestern im Lebensmittelgeschäft sah.*)

Woman: There are one million people in this city. Of course I can't guess! (*In dieser Stadt leben eine Million Leute. Natürlich kann ich es nicht erraten!*)

Man: I saw Herb. (*Ich sah Herb.*)

Woman: Herb? Who's Herb? Is this someone I know? (*Herb? Wer ist Herb? Ist das jemand, den ich kenne?*)

Man: You remember Herb. He was my engineering professor. (*Du erinnerst dich an Herb. Er war mein Professor beim Ingenieurstudium.*)

Woman: Oh, yes, I met him at the party at your place. I thought he moved to Alaska. (_Oh, ja, ich traf ihn bei dir auf einer Party. Ich dachte, er ist nach Alaska gezogen._)

Man: He came back. He said Alaska was too cold. (_Er kam zurück. Er sagte, Alaska war zu kalt._)

Woman: I agree with him. I was in Alaska on vacation once, and it was freezing. What's he doing here now? Is he teaching again? (_Ich stimme ihm zu. Ich habe einmal in Alaska Urlaub gemacht und es war eiskalt. Was macht er jetzt hier? Unterrichtet er wieder?_)

Man: No, he opened his own private business. (_Nein, er hat sich mit einem Geschäft selbständig gemacht._)

Woman: What kind of business? (_Welche Art von Geschäft?_)

Man: He wants to get together for lunch this afternoon and tell me about it. Would you like to join us? (_Er möchte mich diesen Nachmittag zum Essen treffen und mir davon erzählen. Möchtest du gerne mitkommen?_)

Woman: I'd love to. Thanks for asking me. (_Sehr gerne. Danke, dass du mich gefragt hast._)

35. **Narrator (Erzähler):** What is the main topic of the friends' conversation? (_Was ist der Hauptgegenstand der Unterhaltung zwischen den Freunden?_)

36. **Narrator (Erzähler):** How does Dave know Herb? (_Woher kennt Dave Herb?_)

37. **Narrator (Erzähler):** Why is Paulette surprised that Dave ran into Herb? (_Warum ist Paulette überrascht, dass Dave zufällig Herb getroffen hat?_)

38. **Narrator (Erzähler):** Why did Herb move back? (_Warum ist Herb zurückgezogen?_)

39. **Narrator (Erzähler):** What are Dave and Paulette going to do later that day? (_Was werden Dave und Paulette später am Tag machen?_)

Spur 76

Fragen 40–43

Woman: Thank you for coming today. This is the training session for volunteers. Everyone here is volunteering to help take care of the dogs and cats in the animal shelter. Occasionally, a larger animal such as a horse is brought in. Sometimes, we get exotic animals or dangerous animals, like snakes. We even had a cheetah in here one year. Don't worry about those animals; we have specialists to take care of them. Your only task is to work with the dogs and cats.

We need you to sign this waiver form, releasing the center from liability should you be bitten or otherwise injured. This waiver is mandatory, as is a complete physical exam, which the Campus Health Center has agreed to provide at no cost to volunteers.

Finally, I realize some of you are volunteering as a part of your science classes. Be sure to turn in your class forms by the end of this orientation or I won't be able to sign and process them in time for you to receive class credit.

Frau: Ich bedanke mich für Ihr Kommen. Dies ist eine Einführungsstunde für Freiwillige. Jeder hier hilft freiwillig bei der Pflege von Hunden und Katzen im Tierheim. Hin und wieder wird auch ein größeres Tier, beispielsweise ein Pferd, hierher gebracht. Manchmal übergibt man uns auch exotische oder gefährliche Tiere wie Schlangen. Einmal hatten wir sogar einen Gepard hier. Keine Angst vor diesen Tieren; wir haben Spezialisten, die sich darum kümmern. Ihre einzige Aufgabe ist es, für die Hunde und Katzen zu sorgen.

Wir müssen Sie bitten, diese Verzichtserklärung zu unterschreiben, mit der Sie das Tierheim von allen Schadensansprüchen frei sprechen, sollten Sie gebissen oder anderweitig verletzt werden. Die Unterzeichnung dieser Erklärung ist verbindlich wie auch eine umfassende ärztliche Untersuchung, welche das Gesundheitscenter auf dem Campus kostenlos an den Freiwilligen durchführen wird.

Zuletzt möchte ich noch anmerken, dass mir bekannt ist, dass einige unter Ihnen diesen freiwilligen Dienst als Teil des Unterrichts in Naturwissenschaften leisten. Vergessen Sie nicht, Ihre Formulare am Ende dieser Einführung vorzulegen, damit ich diese unterzeichnen und die entsprechenden Einträge rechtzeitig vornehmen kann und Ihnen diese freiwilligen Leistungen auf Ihren Kurs angerechnet werden können.

40. Narrator (Erzähler): What does the talk focus mostly on? (*Wovon ist hauptsächlich die Rede?*)

41. Narrator (Erzähler): Why does the speaker distinguish between dangerous and non-dangerous animals? (*Warum unterscheidet die Sprecherin zwischen gefährlichen und nicht gefährlichen Tieren?*)

42. Narrator (Erzähler): How much will the physical cost the volunteers? (*Wie viel wird die ärztliche Untersuchung für die Freiwilligen kosten?*)

43. Narrator (Erzähler): Why are some students volunteering? (*Warum leisten einige Studenten diese freiwillige Arbeit?*)

Spur 77

Fragen 44–46:

Man: The English language has many words that are derived from Latin and Greek; therefore, we are going to learn today about common roots and prefixes and suffixes from those languages. Some of you who speak Romance languages, such as Spanish or French, will recognize many roots which are similar to those in your native tongues.

In addition, if you know a few basic suffixes, words from your own language facilitate your understanding of English. Take, for example, the word I just used: *facilitate*. Knowing that the suffix *-ate* means «to make," Spanish speakers reason that *facil* means «easy" and that the whole word therefore must mean «to make easy."

I believe that knowing more than one foreign language enhances your ability to learn even more languages. Many of you here already speak three or more languages. For example, Spanish speakers often know, or at least can understand, French, Italian, and Portuguese. As a professor at a multicultural university, it is common for me to walk through the cafeteria and hear four friends at a table talking in four different languages and somehow understanding one another sufficiently well to have a conversation.

Mann: _In der englischen Sprache gibt es viele Wörter, die vom Lateinischen oder Griechischen abstammen. Deshalb werden wir uns heute mit den Gemeinsamkeiten, Vor- und Nachsilben dieser Sprachen befassen. Einige von Ihnen, die romanische Sprachen wie Spanisch oder Französisch sprechen, werden viele dieser Gemeinsamkeiten, die auch in Ihrer Muttersprache bestehen, erkennen._

Darüber hinaus wird die Kenntnis der häufigsten Nachsilben in Ihrer Muttersprache Ihnen das Verständnis der englischen Sprache erleichtern. Nehmen wir zum Beispiel das Wort facilitate. _Spanisch sprechende Personen wissen, dass die Nachsilbe_ -ate _die Bedeutung von »machen« hat und_ facil _»einfach« meint und können daraus folgern, dass das ganze Wort »einfacher machen« bedeuten muss._

Ich glaube, dass die Kenntnis von mehr als einer Fremdsprache unsere Fähigkeit, noch mehr Sprachen zu lernen, erhöht. So sprechen oder zumindest verstehen zum Beispiel Spanisch sprechende Personen Französisch, Italienisch und Portugiesisch. Als Lehrer an einer multikulturellen Universität ist es für mich nichts Ungewöhnliches, durch die Cafeteria zu gehen und vier Freunde an einem Tisch miteinander in vier verschiedenen Sprachen reden zu hören und die anderen zumindest so weit zu verstehen, dass eine Unterhaltung möglich ist.

44. **Narrator (Erzähler):** What is the main topic of the lecture? (_Was ist das Hauptthema des Vortrags?_)

45. **Narrator (Erzähler):** What does the speaker think about learning roots, prefixes, and suffixes? (_Was hält der Sprecher davon, Wortstamm, Vor- und Nachsilben zu kennen?_)

46. **Narrator (Erzähler):** Why does the speaker mention the students in the cafeteria? (_Warum erwähnt der Sprecher die Studenten in der Cafeteria?_)

Spur 78

Fragen 47–50:

Man: Welcome to the Porter Watchworks. As your guide, I want to do more than just make clocks and watches; I want to try to help you understand the whole concept of time. Now, no one knows for certain who invented the very first clock, but we do know that sundials have been traced back as far as 2000 B.C. A sundial tracks the shadow made around a fixed object as the sun moves across the sky. Unfortunately, a sundial was useless in the dark, meaning that there was no way to tell time at night. Perhaps for this reason, water and sand clocks were invented. A water clock or a sand clock measured time by allowing a constant flow of water or sand from one space to another. Because this flow was not dependent on the sun, these clocks told time in the dark.

Mechanical clocks were perhaps invented by the Chinese and became popular in Europe a few centuries later. The original mechanical clocks were based on falling weights. Later clocks used springs that measured the time it took the spring to wind or unwind. Pendulum clocks came along in the 1500s, and quartz clocks in the 1900s. Since 1900, clocks have developed very rapidly. If you'll follow me now into our factory, I'll take you to see one of the most modern — and precise — clocks the world has developed.

Mann: *Willkommen in der Porter Uhrenfabrik. Als Ihr Führer möchte ich mehr tun, als nur Uhren zu machen; ich möchte versuchen, Ihnen dabei zu helfen, das Konzept von Zeit zu verstehen. Nun, niemand weiß sicher, wer die erste Uhr erfunden hat, aber wir wissen, dass die ersten Sonnenuhren bis in das Jahr 2000 v.C. zurückverfolgt werden können. Eine Sonnenuhr zeigt den Schatten, den die Sonne während ihrer Wanderung am Himmel um einen Fixpunkt herum wirft, an. Leider ist eine Sonnenuhr im Dunkeln wertlos, weshalb man nachts nicht sagen konnte, wie spät es ist. Vielleicht wurden aus diesem Grund Uhren aus Wasser und Sand erfunden. Eine Wasser- oder Sanduhr maß die Zeit, indem eine konstante Menge Wasser oder Sand von einem Ort zum andern floss. Da das Fließen nicht von der Sonne abhängig war, konnte man auch nachts die Zeit bestimmen.*

Mechanische Uhren wurden vielleicht von den Chinesen erfunden und in Europa ein paar Jahrhunderte später bekannt. Die ersten mechanischen Uhren beruhten auf dem Prinzip fallender Gewichte. Später hat man in den Uhren Federn verwendet, welche die Zeit maßen, die es brauchte, eine Feder auf- oder abzuwickeln. Pendeluhren wurden im 15. Jahrhundert eingeführt und Quartzuhren im Neunzehnten. Seit 1900 verlief die Weiterentwicklung bei den Uhren sehr schnell. Wenn Sie mir nun in unsere Fabrik folgen, werde ich Ihnen eine der modernsten – und präzisesten – Uhren zeigen, die jemals entwickelt wurde.

47. **Narrator (Erzähler):** Who is the man talking? (*Wer ist der Mann, der spricht?*)

48. **Narrator (Erzähler):** According to the speaker, who invented the first clock? (*Wer entwickelte laut Sprecher die erste Uhr?*)

49. **Narrator (Erzähler):** What is one problem with using a sundial to measure time? (*Welches Problem taucht auf, wenn man die Zeit mit einer Sonnenuhr misst?*)

50. **Narrator (Erzähler):** What is the audience going into the factory to see? (*Was werden die Zuhörer in der Fabrik besichtigen?*)

Dirk Sutro

Jazz für Dummies

Aus dem Amerikanischen übersetzt von Harriet Gehring

Aus dem Inhalt:

✔ Stile und Geschichte des Jazz erkunden
✔ Legendäre Jazz-Größen kennen lernen
✔ »Besser hören« lernen
✔ Neue Lieblingsplatten entdecken

ISBN 3-8266-2836-5
www.mitp.de

Aber nicht nur Jazz-Freunde kommen bei uns auf den Geschmack!

Schauen Sie doch auch hier mal rein:

Stichwortverzeichnis

COMPUTERGRUNDLAGEN / BETRIEBSSYSTEME

3-8266-3033-5   **3-8266-3106-4**   **3-8266-3121-8**

Außerdem erhältlich:

CDs und DVDs brennen
für Dummies
ISBN 3-8266-3049-1

DOS für Dummies
ISBN 3-8266-2812-8

PCs reparieren und
aufrüsten für Dummies
ISBN 3-8266-2946-9

PC Troubleshooting
für Dummies
ISBN 3-8266-3081-5

Unix für Dummies
ISBN 3-8266-2932-9

Windows 95 für Dummies
ISBN 3-8266-2630-3

Windows 98 für Dummies
ISBN 3-8266-2796-2

Windows 2000
Professional für Dummies
ISBN 3-8266-2875-6

Windows XP für Dummies
ISBN 3-8266-2995-7

OFFICE

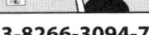

3-8266-3094-7   **3-8266-3096-3**   **3-8266-3107-2**

Außerdem erhältlich:

Access 97 für Dummies
ISBN 3-8266-2746-6

Access 2000 für Dummies
ISBN 3-8266-2819-5

Access 2002 für Dummies
ISBN 3-8266-2960-4

Access 2003 für Dummies
ISBN 3-8266-3095-5

Excel 2000 für Dummies
ISBN 3-8266-2818-7

Excel 2003 für Dummies
ISBN 3-8266-3096-3

Microsoft Project 2000
für Dummies
ISBN 3-8266-2889-6

Office 97 für Dummies
ISBN 3-8266-2754-7

Office 2000 für Dummies
ISBN 3-8266-2820-9

Office 2003 für Dummies
ISBN 3-8266-3107-2

Powerpoint 2000
für Dummies
ISBN 3-8266-2871-3

PowerPoint 2003
für Dummies
ISBN 3-8266-3098-X

Word 97 für Dummies
ISBN 3-8266-2744-X

Word 2000 für Dummies
ISBN 3-8266-2817-9

Word 2003 für Dummies
ISBN 3-8266-3094-7

MAC

3-8266-3120-X   **3-8266-3052-1**

Außerdem erhältlich:

iBook für Dummies
ISBN 3-8266-2969-8

iMac für Dummies
ISBN 3-8266-2929-9

Mac für Dummies
ISBN 3-8266-2909-4

Mac & Co für Dummies
ISBN 3-8266-2861-6

FÜR DUMMIES®

PROGRAMMIERUNG

3-8266-3073-4

3-8266-3091-2

3-8266-3069-6

Außerdem erhältlich:

C für Dummies
ISBN 3-8266-2943-4

C++ für Dummies
ISBN 3-8266-3117-X

C# für Dummies
ISBN 3-8266-3037-8

Objektorientierte
Programmierung
für Dummies
ISBN 3-8266-2984-1

PHP 4 für Dummies
ISBN 3-8266-2982-5

VBA für Dummies
ISBN 3-8266-3146-3

Visual Basic 6 für Dummies
ISBN 3-8266-3067-X

Visual Basic .NET
für Dummies
ISBN 3-8266-3024-6

Visual C++ .NET
für Dummies
ISBN 3-8266-3023-8

DATENBANKEN / BÜROSOFTWARE

3-8266-2960-4

3-8266-2973-6

3-8266-3022-X

Außerdem erhältlich:

Access 2000 für Dummies
ISBN 3-8266-2819-5

Access 2003 für Dummies
ISBN 3-8266-3095-5

Crystal Reports 9
für Dummies
ISBN 3-8266-3045-9

Lotus Notes 6
für Dummies
ISBN 3-8266-3063-7

Oracle 9i für Dummies
ISBN 3-8266-3026-2

SQL für Dummies
ISBN 3-8266-3147-1

Webdatenbanken
für Dummies
ISBN 3-8266-3010-6

BUSINESS

3-8266-3131-5

3-8266-2954-X

3-8266-3068-8

Außerdem erhältlich:

Businessplan für Dummies
ISBN 38266-2911-6

Coaching für Dummies
ISBN 3-8266-2940-X

Consulting für Dummies
ISBN 3-8266-2883-7

Erfolgreich führen
für Dummies
ISBN 3-8266-3066-1

Erfolgreich Präsentieren
für Dummies
ISBN 3-8266-2935-3

Erfolgreich Verhandeln
für Dummies
ISBN 3-8266-2933-7

Erfolgreich Verkaufen
für Dummies
ISBN 3-8266-2934-5

Existenzgründung
für Dummies
ISBN 3-8266-2923-X

Management
für Dummies
ISBN 3-8266-2898-5

Mitarbeiter motivieren
für Dummies
ISBN 3-8266-3038-6

PR für Dummies
ISBN 3-8266-2966-3

Statistik für Dummies
ISBN 3-8266-3087-4

FÜR DUMMIES

SPORT

3-8266-3086-6

3-8266-3053-X

3-8266-3057-2

Außerdem erhältlich:

Fitness für Dummies
ISBN 3-8266-2857-8

Golf-Fitness für Dummies
ISBN 3-8266-3119-6

Golfregeln und
Golfetikette für Dummies
ISBN 3-8266-3085-8

Laufen für Dummies
ISBN 3-8266-3054-8

Radsport für Dummies
ISBN 3-8266-2884-5

Tauchen und Schnorcheln
für Dummies
ISBN 3-8266-2881-0

Tennis für Dummies
ISBN 3-8266-3058-0

Yoga für Dummies
ISBN 3-8266-2902-7

Fit über 40 für Dummies
ISBN 3-8266-3115-3

MUSIK

3-8266-3109-9

3-8266-3075-0

3-8266-3108-0

Außerdem erhältlich:

Blues für Dummies
ISBN 3-8266-2837-3

E-Bass für Dummies
ISBN 3-8266-3112-9

Gitarre für Dummies
ISBN 3-8266-2856-X

Jazz für Dummies
ISBN 3-8266-2836-5

Oper für Dummies
ISBN 3-8266-3076-9

Piano für Dummies
ISBN 3-8266-2855-1

KÖRPER UND GEIST

3-8266-3102-1

3-8266-2903-5

3-8266-3116-1

Außerdem erhältlich:

Ahnenforschung online
für Dummies
ISBN 3-8266-3099-8

Astrologie für Dummies
ISBN 3-8266-2896-9

Astronomie für Dummies
ISBN 3-8266-3127-7

Chemie für Dummies
ISBN 3-8266-3123-4

Diät für Dummies
ISBN 3-8266-2877-2

Ernährung für Dummies
ISBN 3-8266-2876-4

Mythologie für Dummies
ISBN 3-8266-3122-6

Philosophie für Dummies
ISBN 3-8266-3071-8

Pilates für Dummies
ISBN 3-8266-3141-2

Rotwein für Dummies
ISBN 3-8266-3113-7

Schach für Dummies
ISBN 3-8266-2925-6

Schwangerschaft
für Dummies
ISBN 3-8266-3118-8

Stressmanagement
für Dummies
ISBN 3-8266-2882-9

T'ai Chi für Dummies
ISBN 3-8266-3142-0

Weißwein für Dummies
ISBN 3-8266-3114-5

Zaubern für Dummies
ISBN 3-8266-3070-X

FÜR DUMMIES®

Haustiere für Dummies

ALLES ZUM RICHTIGEN UMGANG MIT IHREM HUND

Hunde für Dummies
Gina Spadafori
ISBN 3-8266-3140-4

Hunde erziehen für Dummies
Jack und Wendy Volhard
ISBN 3-8266-3136-6

Ältere Hunde für Dummies
Susan McCullough
ISBN 3-8266-3138-2

**Hundegesundheit
und -ernährung für Dummies**
M. Christine Zink
ISBN 3-8266-3137-4

ALLES ZUM RICHTIGEN UMGANG MIT IHREM „PELZTIGER"

Katzen für Dummies
Gina Spadafori, Paul D. Pion
ISBN 3-8266-3139-0

Frettchen für Dummies
Kim Schilling
ISBN 3-8266-3135-8

ALLES ZUM RICHTIGEN UMGANG MIT IHREN EXOTEN

Reptilien und Amphibien für Dummies
Patricia Bartlett
ISBN 3-8266-3134-X

Meerwasser-Aquarium für Dummies
Gregory Skomal
ISBN 3-8266-3133-1